政大人文系列叢書

陳誠

與現代中國

周惠民 主編

政大人文中心

政大出版社
Chengchi University Press

國家圖書館出版品預行編目（CIP）資料

陳誠與現代中國 / 劉維開等著；周惠民主編 . -- 初
版 . -- 臺北市：政大出版社出版：政大人文中心
發行 , 2017.09
　　面：　公分 . --（政大人文系列叢書）
ISBN 978-986-95436-1-3（平裝）

1. 陳誠 2. 傳記 3. 現代史 4. 文集

783.3886　　　　　　　　　　　　106018135

政大人文系列叢書

陳誠與現代中國

主　　編　周惠民
著　　者　劉維開、何智霖、楊維眞、余子道、蘇聖雄
　　　　　孫宅巍、鄧一帆、張　雲、徐炳三、林桶法
　　　　　彭　劍、任育德、周　濟

發 行 人　周行一
發 行 所　國立政治大學人文中心
出 版 者　政大出版社
執行編輯　蕭淑慧、林淑禎
助理編輯　李佳若
封面設計　譚明軒
地　　址　11605 臺北市文山區指南路二段 64 號
電　　話　886-2-29393091#80625
傳　　眞　886-2-29387546
網　　址　http://nccupress.nccu.edu.tw

經　　銷　元照出版公司
地　　址　10047 臺北市中正區館前路 18 號 5 樓
電　　話　886-2-23756688
傳　　眞　886-2-23318496
網　　址　http://www.angle.com.tw
郵撥帳號　19246890
戶　　名　元照出版有限公司

法律顧問　黃旭田律師
電　　話　886-2-2391-3808

排版印刷　鴻柏印刷事業股份有限公司
初版一刷　2017 年 9 月
定　　價　360 元
I S B N　9789869543613
G P N　1010601619

政府出版品展售處
‧國家書店松江門市：104 臺北市松江路 209 號 1 樓
　電話：886-2-25180207
‧五南文化廣場臺中總店：400 臺中市中山路 6 號
　電話：886-4-22260330

目　次

序

陳履安
前中華民國監察院院長

　　先父辭修公生於前清光緒24年（1898），浙江省立處州第十一師範學校本科畢業後，感於時艱，乃立志從軍，於民國8年投考保定陸軍軍官學校第八期，入炮科就讀，後因直皖戰爭爆發，軍校停辦，才南下廣州，入新建粵軍第一師第三團服務，並加入中國國民黨。民國10年，保定軍官學校復課，辭修公回校繼續學業，次年畢業後，補少尉排長，分發浙江紹興浙軍見習。後轉上海投效鄧演達，加入國民革命軍，追隨蔣公參與東征、北伐、中原大戰諸戰役，迭建軍功，於民國19年擢升為國民革命軍第十八軍軍長。中日戰爭爆發之後，辭修公先任第三戰區前敵總指揮兼第十五集團軍總司令，參與淞滬戰役，後隨戰事發展，歷任軍政部長、湖北省政府主席、國防部參謀本部參謀總長兼海軍總司令部總司令等職，無不兢兢業業，恪盡厥職。

　　國共戰爭期間，辭修公也親赴東北戰場，指揮若定，惟此時胃疾復發，於民國37年，奉命自瀋陽飛返南京，入上海國防醫學院治療，割除胃部病灶，後又轉臺北草山療養。同年底，蔣公任辭修公為臺灣省政府主席兼臺灣省警備總司令，以確保臺灣，徐圖復興。此後，辭修公歷任行政院院長、

副總統和中國國民黨副總裁。辭修公不幸於民國53年確診罹患肝癌，群醫束手，民國54年3月5日病逝，享壽68歲。民國103年秋，國立政治大學人文中心與履安及家姊夫傳韜兄商議，以次年為辭修公逝世50週年，擬舉辦學術研討會及文物展覽會，以資紀念，家屬欣然同意。為此，履安與傳韜兄乃董理舊藏，將辭修公部分文物及用品交國立政治大學圖書館與社會科學資料中心，依辭修公勳業，按年編排，撰寫說明，並由國史館提供部分影音資料，以求周全。文物展開幕之時，辱承社會賢達光臨，前行政院長郝柏村先生並發表專題演講，諸多推崇之詞，身為家屬，衷心感謝。

　　國立政治大學並舉辦學術研討會，邀請兩岸三地學者專家，準據辭修公一生功業，條陳縷析，詳明清楚。當時履安即表示：大時代中，許多人都有重大貢獻，今日我輩才得安居樂業。許多人的功績未曾紀錄，未有流傳。辭修公原有保存資料之習慣，又勤於著述，故能讓後人充分了解其一生志業。彰顯先人為人子之義，於家屬而言，辭修公是生活與事業的典範，但對近代中國而言，辭修公為時代見證。透過辭修公保存的文獻與資料，後人得以多體識一個偉大的時代，方符合先父保存資料的初衷。

　　學術研討會之際，發表論文的學者專家互相問難、論學，會議之後，又費盡心血，修改論文，終於於今年先父辭修公忌辰竣事，出版之前，政治大學囑咐為本書作序，謹綴數語，敬申對政治大學銘感之忱，同時希望本書出版，有助學者認識民國史實，幸莫大焉。

序

余傳韜

財團法人亞太科學技術協會董事長

前國立中央大學校長

　　民國103年初，國立政治大學人文中心主任周惠民教授與我商議，希望提供先岳丈辭修公之文物、檔案，在次年舉辦「陳誠與現代中國學術研討會」及「陳誠副總統文物特展」以紀念辭修公（1898-1965）逝世50週年。籌備工作會議中，要為特展訂一主題，人文中心以為辭修公一生樸實行事，負責認真，輔佐蔣公，綜理國務，當可用「誠樸輔國」四字定論，余甚為贊同，遂名。

　　辭修公一生輔佐元戎，經歷北伐、抗戰、國共內戰。於民國38年共軍席捲中國大陸之際，出任臺灣省政府主席及東南軍政長官公署軍政長官，終使難民潰軍雲集，物資缺乏，強敵壓境，風雨飄搖的臺灣，逐漸安定下來，使臺灣僥倖逃過了毛澤東暴政27年之害（1949-1976）。毛澤東專政最後十年的「文化大革命」（1966-1976），鄧小平名之為「十年浩劫」，其實毛專政之前段17年，國人死於鬥爭、飢餓者達數千萬人，數倍於「十年浩劫」的「千萬人頭落地」。

辭修公在任臺灣省政府主席兼臺灣省警備總司令，不到一年的任期中（民國38年1月5日至12月21日），首先，管制臺灣入境人口：因難民湧入，人口增加甚速，經濟上衣食住行均不堪負荷，於2月18日經省府會議及省參議會討論通過的《入境限制辦法》，管制入境人口。其次，糧食增產，因戰爭的破壞，臺灣光復初期糧食不足情況嚴重，民國34年年產量63萬餘噸，與當時人口需要量不敷21萬餘公噸。經過政府各種努力於民國37年生產增至99萬公噸。惟人口原有600餘萬，兩三年內增加150餘萬，糧食仍不足。省府乃訂定民國38年再增產糧食20萬噸之計畫，除實施三七五減租以提高農民生產興趣外，並投資3.5萬億舊臺幣（是當時舊臺幣發行量1萬億的3.5倍）以改進農業生產的措施，如肥料、水利、墾荒、種子品質及農具等。增產糧食20萬噸的目標達到了，市值為5萬億舊臺幣。從此，每年有餘糧。第三，發行新臺幣：民國37年8月南京國民政府發行金圓券，因為原有的法幣貶值太快，已到崩潰邊緣，不變不行。二次世界大戰後，被戰爭破壞不堪的歐洲及中國，都需要大量的經濟援助才能恢復生產供應民生需要。歐洲有美國的「馬歇爾計畫」支援才能從戰墟中重建，逐漸恢復。中國沒有「馬歇爾計畫」的支援，更有較對日戰爭更大的國共戰爭，不但不能重建以裕民生，而是有更大的破壞以及戰爭需要更多的軍事費用。南京政府只有以印鈔票維生。抗戰勝利時民國35年法幣的發行量是0.56兆元，民國36年增加到3.5兆，民國37年8月增加到604兆。民國36年發行量是民國35年的6.25倍；民國37年是36年的17倍。這種趨勢還會更快，因為人民對鈔票沒有信心，一有鈔票就買東西，造成物資缺乏物價上漲。幣制改革要成功有兩條路；第一條路是發行量要有限制，第二條路是政府要有充分的物資，包括黃金、外匯、民生用品等。民國37年8月19日蔣中正總統頒布《財政經濟緊急處分令》發行金圓券取代法幣。

金圓券的發行，原訂發行量上限是20億元，價值為原法幣發行量的十倍，發行後不過四個多月，到38年1月已發行208億，是原法幣發行量的一百多倍。金圓券不免重蹈法幣崩潰之一途，只是其勢更猛，其為害更烈。民國38年7月3日政府宣布以銀元券代替金圓券時，金圓券發行量是130萬3千餘億元，是原法幣發行量的6萬5千倍。金圓券急速貶值，臺幣與金圓券之比值雖可調整，但金圓券貶值太快，調整不能及時配合，致使臺灣物價也隨大陸物價而狂漲。辭修先生於民國38年1月即開始籌劃改革幣制，5月中央政府同意將在臺生產事業、進出口貿易及外匯管理交由臺灣省管理，並撥借黃金80萬兩作改革幣值基金。改革幣制之條件粗具，乃於民國38年6月15日發行新臺幣，與金圓券脫勾，其它要點如下：

一、由臺灣銀行發行新臺幣2億元。

二、新臺幣1元折合舊臺幣4萬元。

三、新臺幣5元折合美金1元。

新臺幣的發行，穩定了臺灣的物價、金融。

辭修先生藏書中有張君勱著論《總體戰》一書，認為國家的力量不僅堅甲厲兵一項，而更包括人與物的質量以及好而有效的政經制度。執政者必須使人民有好的教育及充分生活資源。書裡有作者簽名送蔣百里先生，又有百里先生簽送辭修先生的字樣，時間是抗日戰爭初期。總體戰的論述與中山先生的三民主義要義不謀而合。民國29年9月辭修先生乃得一實行總體戰，抗戰與建國並重的機會。民國29年5月日寇自豫南、鄂中兩路集結六個師團進擊，於6月12日攻下宜昌。自宜昌沿長江西上便是四川的三峽，戰時首都重慶最後的一道防線。政府決定重設第六戰區，以保衛重慶，其轄境包括鄂西、湘西、湘北、川東、黔東等地。辭修先生於民國29年7月1日就任第六戰區司令長官，9月1日再兼湖北省主席職。軍事方面第六戰區不負所託，

日軍從此至民國34年投降，宜昌以西未得寸進，拱衛四川重慶的任務圓滿達成。省政方面，興利除弊，增加生產，提高行政效率以裕民生。其中提高農業生產一項包括建設灌溉渠道、擴大耕作面積、提供優良品種、貸款購買農具耕牛等。為提高占農民7至8成的佃農生產意願，實行三七五減租，即農民交地主之田租不得超過每年主產物37.5%。為在臺灣實行土地改革的初步工作，開創先例。

　　民國38年初，辭修先生主持臺政時，我仍在北大就讀，先父已經到臺灣。民國39年2月我才輾轉各地到達香港，3月獲得臺灣入境證抵達臺灣。抵臺後應臺中農學院考試，已取得農學院學籍，但家兄已為我請得美國獎學金，乃於39年8月去香港，搭乘美輪克利夫蘭總統號前往舊金山。一去22年。民國53年初，受國立臺灣大學之約，返臺任客座教職，停留8個月，經常有機會與岳丈長談，辭修公講述往事，至得意處，口講指畫，至今仍歷歷在目。其後讀辭修公《六十自述》稿，其為文氣勢，似曾相識，乃悟其內容多為53年辭修公講述之往事也。

　　民國61年我回臺工作，民國85年離開公職，乃得專心整理先嚴及辭修公的諸多文稿。民國89年與國史館館長潘振球先生洽妥出版「石叟叢書」中之《抗日戰爭》，後擱置。《抗日戰爭》由國史館出版時已是民國93年12月，館長為張炎憲先生。余持《抗日戰爭》全部至潘府，敬獻潘前館長，以稍補延誤4年出版之愧疚。國史館出版辭修先生作品到現在為止計12冊。[1]其中《六十自述》，係辭修公於民國46年（1957），約故舊十餘人在週末聚會暢談往事。由辭修公先自述繼由與會人士補充討論，作成紀錄。共聚會八次，每至深夜，完成紀錄二卷，為《六十自述》初稿。書前有照片100楨。民國104

1　《抗日戰爭》、《建設臺灣》、《北伐平亂》、《國共戰爭》、《與蔣介石先生往來函電》、《與友人書》共六部取自「石叟叢書」。臺灣省議會記錄、美援委員會議記錄、整肅往來函電紀要取自「石叟資料室」所製作之錄影卷。《家書》、《六十自述》及《日記》為辭公自存。

年7月國史館出版的最後一部《陳誠先生日記》係民國53年底辭修先生病，余自美國回臺探視後帶往美國，在銀行保險箱儲存了30年。

　　政大有意於辭修先生逝世50週年之際召開學術研討會及辦理「陳誠副總統文物特展」乃將手邊所藏部分檔案文交政大人文中心運用。我雖參加了研討會及其多次籌備會議，惟所有工作均由人文中心同仁在周惠民主任領導下努力執行，使研討會順利完成。學者專家論文亦經審定，即將付梓之際，我應囑作序，特綴數語致謝政大人文中心同仁及周惠民教授，並希望各界透過論文集，了解今日臺灣所以能安居樂業，實為前人努力經營的結果。

序

唐磊

上海淞滬抗戰紀念館館長

　　國立政治大學人文中心主任周惠民先生致函給我，爲其主編之「陳誠與現代中國學術研討會」會議論文專書出版之序。儘管我對陳誠將軍的瞭解和研究不多，水準也有限，但惠民主任是一位我很尊敬的學者，恭敬不如從命了。

　　與惠民主任相識在2014年1月的上海，當時是爲了商討共同舉辦首屆海峽兩岸「淞滬抗戰史學術研討會」的相關事宜。正是那次學術研討會，兩岸專家學者充分運用最新檔案史料，突破傳統的研究方法，從新的視角全方位地論述了兩次淞滬抗戰的歷史地位、歷史意義和現實意義，拓展了淞滬抗戰史研究的深度和廣度，也爲上海淞滬抗戰紀念館的改陳布展奠定了成功的基礎。一來二往，彼此就成了好朋友，究其相識相交的主要原因，是基於共同的話語，共同的訴求，共同的志向。

　　上海淞滬抗戰紀念館是全面展示兩次淞滬抗戰史的主題紀念館，是上海市愛國主義教育基地。國立政治大學人文中心是辨識與討論人文價值在現代社會中的功能、角色及發展方向的專業學術機構。本著「優勢互補、互惠互

利、共同發展」的原則，雙方開展了多層次、多領域、多形式、可持續之全面戰略合作。

2015年3月5日適逢陳誠將軍逝世50週年，在如此深具意義的時刻，受周惠民主任邀約，我非常榮幸地參與了「陳誠與現代中國學術研討會」。

來自海峽兩岸三地包括復旦大學、中國人民解放軍國防大學、華中師範大學、香港珠海書院、國立政治大學、輔仁大學、財團法人亞太科學技術協會、財團法人中正文教基金會、財團法人陳誠文教基金會等多家高校及科研機構的專家、學者共約50餘人濟濟一堂，圍繞陳誠將軍對抗戰勝利和對現代中國的貢獻及影響作深入探討和交流。

陳誠將軍是現代中國歷史上的重要人物和抗戰名將，對於淞滬會戰更可謂「貢獻卓著、厥功甚偉，有其不可磨滅的重要歷史地位。」正如余子道教授所述：「陳誠將軍是抗日戰爭初期淞滬會戰中一位運籌帷幄、總攬全域的領導人物。他率先提出和參與策定『擴大滬戰』的戰略決策，並且自始至終親臨前線。他先後擔任第三戰區前敵總指揮和前敵總司令，參與策定和指揮會戰過程中幾乎所有重要的作戰計畫、作戰部署和作戰行動。」得益於惠民主任相助，我館可以有展示陳誠將軍當時珍貴的電文、手令以及相關實物，來詳實地還原那段可歌可泣的悲壯歷史，在這裡我代表上海淞滬抗戰紀念館，向惠民主任以及他的同事表示誠摯的謝意。

今天，「陳誠與現代中國學術研討會」會議論文集如期出版，用歷史的維度，客觀、公正，多方位地對陳誠將軍思想理念、抗戰歷史地位以及對臺灣發展所做的貢獻進行了分析，不僅探討了陳誠將軍在現代中國歷史發展過程中，所承擔的責任及影響力，重新還原其歷史原貌，還有助於化解兩岸歧見，互通學術資訊、分享學術成果、增強民族認同感。

讓我們共同攜手，為實現中華民族的偉大復興而砥礪前行！

主編序

周惠民

國立政治大學歷史學系教授兼人文中心主任

　　國立政治大學人文中心以現代中國的形塑為研究主題，關注對影響現代中國的人物與事件，辦理過關鍵年代工作坊、國際冷戰研究團隊籌組工作坊、蔣中正先生講座與胡宗南將軍文物史料特展及開羅宣言70週年國際學術研討會等學術活動，也蒐集各種檔案，出版研究成果。民國103年初，政治大學人文中心以陳誠先生50週年冥誕將屆，計畫籌辦「陳誠副總統文物特展」及「陳誠與現代中國學術研討會」，特與余傳韜校長商議，希望余校長能提供辭修先生之相關檔案、文物，以憑辦理。為此，余校長與陳履安院長連袂來校，商討工作計畫。

　　籌備會議中，余校長以為：辭修公一生樸實無華，負責認真，輔佐蔣公，綜理國務，當可用「誠樸輔國」四字為定論，遂以此四字為特展主題。會中並建議，邀請上海淞滬抗戰紀念館與香港珠海學院共襄盛舉。上海淞滬抗戰紀念館與政治大學人文中心長期合作，探討淞滬戰役相關史事，唐磊館長自是一諾無辭。珠海書院亞洲研究中心也經常與政治大學人文中心辦理學術會議，胡春惠教授特地代為邀請相關學者，撰寫論文。

　　籌備期間，余校長經常關切進度，並提所藏各種資料、檔案，包括辭修先生指揮淞滬戰役之手令、辭修先生日記等珍藏檔案，交政治大學人文中心運用。陳履安院長也提供珍藏之家書、相片、塑像及辭修先生所用之文具借展，另委託國史館複製辭修先生戎裝參展，文物頓時豐富異常。

　　「陳誠與現代中國學術研討會」如期於104年3月5日展開。開幕儀式由本校周行一校長主持，特邀郝柏村先生發表專題演講，華中師大章開沅教授特預錄賀詞，於會場放映。隨後，來自兩岸三地的學者專家展開會議，共宣讀20餘篇，主題涵蓋辭修先生一生，從早年參加兩廣事變，指揮淞滬戰役、主持湖北省政到督導遠征軍，在臺開展各項建設工作等重要事蹟。學者充分討論後，政治大學人文中心再請原作者參考各方意見，仔細修改論文，以便出版。今（106）年3月，論文收整完畢，計13篇，並請劉維開教授導論，履安先生、余校長及淞滬抗戰紀念館唐館長作序。書中綜括辭修先生一生功業，其中又以討論辭修先生對臺灣建設之貢獻與當前關係國家發展關係最為密切，誠如余校長在其序言中所提示者：「透過論文集，了解今日臺灣所以能安居樂業，實為前人努力經營的結果。」只可惜胡春惠教授溘然長逝，長留追思。付梓之際，特說明本書因緣始末。

 謹誌

導言

劉維開

國立政治大學歷史學系教授

一

陳誠，字辭修，浙江青田人，保定陸軍軍官學校畢業後，開始軍旅生涯，歷任連長、營長、團長、師長、軍長，深受蔣中正倚重。1933年2月，國民政府對於盤據江西的中共，部署第四次圍剿事宜，以陳爲中路軍總指揮；是年秋，蔣中正在廬山創辦軍官訓練團，蔣自任團長，任陳爲副團長。1934年9月，國民政府進行第五次圍剿，奉派爲北路軍前敵總指揮兼第三路軍總指揮；10月，共軍主力竄逃，任駐贛預備軍總指揮。1935年3月，蔣中正指示國民政府軍事委員會委員長武昌行營設立陸軍整理處，派陳兼任處長，分期整理全國陸軍；是年秋，蔣中正在四川峨嵋山舉辦軍官訓練團，自兼團長，以陳與劉湘爲副團長，由陳主持其事。1936年2月，奉命擔任晉、綏、陝、甘四省邊區剿匪總指揮，率領國軍進入山西堵擊紅軍。6月，陳濟棠、李宗仁以抗日爲名發動「兩廣事變」，陳奉命赴粵設立廣州行營，和平解決事變。1937年春，任軍政部政務次長，兼武漢行營副主任；7月，任廬山訓練團教育長。8月，淞滬會戰發生後，擔任第三戰區前敵總指揮兼第

十五集團軍總司令，率部抗擊日軍。1938年受任武漢衛戍總司令，並兼任軍事委員會政治部部長、第九戰區司令長官等職。1940年9月，專任第六戰區司令長官及湖北省政府主席，率部防阻日軍沿長江西上入川。1943年2月，任中國遠征軍司令長官。1944年11月，任軍政部部長；1945年1月，兼後勤部總司令。1946年5月，任參謀總長；6月，兼海軍總司令。國共戰爭發生後，1947年8月，兼國民政府主席東北行轅主任，指揮國軍在東北軍事行動。1948年5月，以胃疾嚴重，至上海施行手術，請辭參謀總長兼東北行轅主任，獲准，並移居臺灣休養。是年12月，受任臺灣省政府主席，陳事前毫不知悉，身體亦尚未復原，但以國難當前，只有抱著鞠躬盡瘁的決心，出任艱鉅，於1949年1月就職，至是年12月行政院改組臺灣省政府去職，專任東南軍政長官。1950年3月，蔣中正總統復行視事，提名陳誠出任行政院院長，經立法院同意後任命；1954年5月，因就任中華民國第二任副總統，辭行政院長職；至1958年7月，再度出任行政院長；1960年5月，連任第三任副總統；1963年12月，因健康因素辭行政院院長職。1965年3月5日，因肝癌病逝於臺北，享年68歲。

二

2015年為抗日戰爭勝利70週年，亦是陳誠先生逝世50週年，國立政治大學為表彰陳誠先生一生忠勤，功在國家，特規劃「誠樸輔國：陳誠與現代中國學術研討會暨文物特展」，期能藉由舉辦學術研討會及文物特展，使後世感受其「哲人日已遠，典型在夙昔」之高風亮節與氣度。活動於3月5日至26日假社會科學資料中心，分為學術研討會、文物特展、專題演講及座談會四部分進行。3月5日開幕式，陳誠先生家屬及故舊親臨指導，並邀請行政院前院長郝柏村先生進行專題演講。活動進行期間，參加研討會或參觀特展

者十分踴躍，校內師生亦由活動中對於先生之行誼有更爲深入的理解。學術研討會邀集兩岸三地研究陳誠事功之學者專家，進行深入討論，本書所輯爲會中發表部分論文，共13篇，約略依其生平，分爲戰前整備時期、抗戰時期、國共戰爭時期、臺灣時期四個階段，內容大要如下：

　　戰前整備時期1篇，國史館副館長何智霖之〈陳誠與兩廣事變〉，以國史館典藏《蔣中正總統文物》中的「事略稿本」、「革命文獻 兩廣事變」、「特交文卷」及《陳誠副總統文物》中已出版的《陳誠先生回憶錄：北伐平亂》、《陳誠先生回憶錄：六十自述》、《陳誠先生書信集：家書》、《陳誠先生書信集：與蔣中正先生往來函電》、《陳誠先生書信集：與友人書》爲主，輔以《柳克述檔案》等相關資料，探討陳誠在和平解決兩廣事變中所扮演的角色與影響。

　　抗戰時期7篇，其中2篇以淞滬會戰爲主題，分別爲國立中正大學歷史學系教授兼系主任楊維眞之〈陳誠與淞滬會戰〉與復旦大學歷史學系教授余子道之〈陳誠在淞滬會戰中的歷史地位〉。楊維眞指出陳誠在淞滬會戰中的作爲，不論是滬戰初起策定和戰，力主擴大戰事；或是後來擔任左翼軍總指揮、第三戰區前敵總司令時，指揮所部與敵鏖戰；乃至於最後撤退階段坐鎮崑山，臨危不亂，處置得宜，終使所部全軍退出戰場後，始撤離崑山，展現高超的指揮官道德，其表現應値得肯定。余子道將陳誠在淞滬會戰中的作用，歸納爲三個方面：站在戰場全局的高度，全面觀察戰場形勢的發展變化，提出戰場作戰的具體作戰方針和作戰計畫；主導重要戰役和重大作戰行動的謀劃、策定和指揮；關注會戰進程中的重要問題，向蔣介石和最高統帥部提出建議。認爲陳誠對於淞滬會戰的貢獻卓著，有其不可磨滅的重要的歷史地位。

　　陳誠曾於1943年擔任中國遠征軍司令長官，雖然不到9個月即卸下職

務，卻是陳氏一生中重要的經歷之一。國史館修纂處助修蘇聖雄之〈陳誠與中國遠征軍〉，利用國史館出版之陳誠回憶錄、日記和檔案全宗爲基礎，並參考資料，對於這個主題進行全面的探討。

　　陳誠的抗戰經歷與思想探討，計有4篇：江蘇省社會科學院研究員孫宅巍之〈論抗日戰爭中的陳誠〉，從軍事、行政、人際三個層面，探討與論述陳誠在抗戰中的活動與業績。表示「陳誠是抗日戰爭正面戰場作戰中，最爲耀眼的一顆將星，爲奪取抗日戰爭的勝利，作出了重要的貢獻」。認爲「抗日戰爭的宏偉舞臺，造就了陳誠一生事業的輝煌。抗戰中蔣陳關係的良性互動，是陳誠施展才能與抱負的重要條件，爲他的軍政生涯走向輝煌提供了保證」。上海淞滬抗戰紀念館研究員鄧一帆之〈愛國者的抉擇：陳誠的抗戰思想述評〉，從陳誠在抗戰期間的經歷探討其抗戰思想，認爲陳氏的抗戰思想充滿著強烈的愛國主義精神，其中所體現出來的對國家、對民族堅貞不渝的情感，以及堅決抵抗日本的侵略，保衛國家主權和領土完整的堅定立場和意志，鼓舞了全國民眾的抗戰熱情和勝利信心，增強了民族凝聚力和向心力，更充分證明民族大義、民族感情完全可以超越歷史恩怨、政黨之爭。中國人民解放軍國防大學政治學院教授張雲之〈抗戰時期陳誠軍事政治思想研究〉，採用歷史主義的研究方法，以全面抗戰時期陳誠軍事政治思想進行論述，表示陳誠在抗戰時期的軍事政治思想，雖然有強烈的忠蔣反共意識，但並沒有也不可能掩蓋其扎實的文化底蘊、高超的思辨能力、深厚的軍政素養和高尚的愛國情懷。表示：「歷史發展到今天，給陳誠以公正的評價，不能不說是一件頗有學術意義和時代價值的事情。」華中師範大學中國近代史研究所副教授徐炳三之〈外患與內憂：陳誠對抗戰救亡的深度思考——以書信、日記、回憶錄爲中心的考察〉，透過陳誠的書信、日記、回憶錄等史料，分析陳誠對抗戰時期中國內憂外患局面的思考與主張，表示抵禦外侮、

爭取民族獨立是抗戰時期陳誠的第一使命，他的系列主張秉承了民族國家至上的原則，並適當兼顧了國民黨的利益。強調陳誠在抗戰問題上的出發點是爲了國家和民族的存續，其愛國心和識見值得稱道。

國共戰爭時期1篇，天主教輔仁大學歷史學系教授兼系主任林桶法之〈國共內戰時期陳誠與東北戰場〉，根據陳誠的日記及相關檔案文獻，對於陳氏在東北軍事剿共部分進行探討。全文分爲三方面：一、戰後陳誠的籌謀與角色；二、戰後初期國府對東北的軍事布局與四平街戰役、三、陳誠與東北戰局。認爲東北戰事方面，如果完全歸咎於停戰令或美、蘇的影響，似乎忽略了戰略與政略的重要性。陳誠兼東北行轅主任期間，並非無法扭轉戰局，但是國軍因派系及指揮問題導致無法相互支援。陳誠離開東北只是國軍在東北戰局失敗的開端，並不是主因，陳誠主政東北，戰役的損失或許超過十萬人，但大的據點並未丟失，自然不能以此論定國軍在東北的失敗陳誠要負最大的責任。

臺灣時期4篇：國立政治大學歷史學系教授劉維開之〈陳誠與政府遷臺初期中央政制的確立〉，以陳誠《四年行政院長之回憶》爲主要資料，輔以陳氏日記、言論，相關當事人資料及報章雜誌報導等，對於陳誠與政府遷臺初期中央政制的確立進行探討。認爲陳誠作爲中央政府遷臺後的首位行政院長，在中央與地方在制度上的若干作爲，不僅確立政府遷臺以後的政治制度，對於日後中華民國在臺灣的政治發展，亦有深遠的影響。華中師範大學中國近代史研究所副教授彭劍之〈反共抗俄？反攻大陸？確保臺灣？──陳誠在臺灣時期的革命言論初探〉，通過對陳誠在臺灣時期革命言論的梳理，探討對於近代中國「革命」問題的理解。指出長期以來，人們都以1949年爲中國革命的終結點。但是如果意識到國民黨在1949年以前其實一直以革命政黨自居，敗退臺灣之後，也長期高唱革命之歌，則我們看待1949年這個

時間節點時，當會有不同的認識。認為國民黨失去了大陸，固然是革命的失敗，但還不是徹底的失敗，因為他們還有臺灣這一個革命的基地，更重要的，是他們還有反攻大陸的革命理想。在1949年以後，海峽兩岸都有相當長時間還在繼續革命事業，以1949年為中國近代革命的終結點並不妥當。國立中正紀念堂管理處研究典藏組副研究員任育德之〈臺灣土地改革政策的決策與宣傳（1949-1953）〉，透過臺灣土地改革政策推行前期，政府介入實施決策制訂實施及其宣傳，探討黨政最高領袖蔣中正、政策制訂及推動者陳誠、國民黨之間觀點及其觀感與立場之微妙差異。表示1949年陳誠在臺灣推行三七五減租，是希望在地主、佃農、政府之間互動平衡，在戰爭動員需求下要達到徵糧與社會穩定雙重需求。他用省政府掌握宣傳媒介進行輿論塑造，說明宣揚政策利多之同時，藉此壓制反對政策聲勢，使反對者喪失輿論發言空間及透過發言集結同情者勢力有其他動作，同時注意新訊息、尊重專業、強力執行政策之意志，也給予農復會等機構施展空間。1950年起中華民國在冷戰環境之下，有塑造自由中國以與中共政權區隔的需要，使減租、限田等土地改革政策進一步推行取得合法性。陳誠作為行政院長，將政策上升至統治區全境以及日後反攻大陸之示範，必須取得立法程序正當性，他在此時勇於出面說明政策實施，並很快出現英文版、日文版翻譯，顯示臺灣政治高層期望宣傳相關主張之意向，也突顯陳誠在其中所扮演之政策說明者角色。財團法人中華經濟研究院諮詢委員周濟之〈陳誠與臺灣經濟發展〉，認為陳誠接任臺灣省政府主席後，以不到一年時間推動三七五減租，恢復農工生產，幣制改革，推動地方自治，並安定社會秩序，使臺灣經濟脫離二次大戰後的困境。1950年3月，出任行政院長，從更高的層次繼續推動各項建設。自1953年起，政府開始一系 經濟建設的中期計畫，釐訂國家發展目標及策 ，循序推動現代化政策，完成公地放領、耕者有其田等土地改革，建

立產業生產和貿易擴展機制，並實施穩定物價的財政和利率政策。1954年後陳誠連續獲選中華民國第二、三任副總統，襄贊總統蔣中正主政國事。此期間陳誠仍是政府主管經濟發展的最高首長，在其所支持的財經團隊推動下，擬定「十九點財經改革措施」，從政府預算控制，產業發展，貿易擴展，金融與外匯創新，以及財政改革等方面著手執行，讓臺灣經濟突飛猛進。1965年3月5日陳誠過世，6月30日美援亦告中止，而臺灣經濟開始起飛，儲蓄大幅增加，外資大量引進，不但彌補美援停止後財源不足的缺口，也達到快速經濟成長與物價穩定的雙重目標，被經濟學家稱奇譽為「經濟奇蹟」。雖然陳誠的一生在此劃下句點，但由他奠定的臺灣經濟發展基礎，繼續朝著更成熟的現代化社會邁進，並接受來自國內外新的挑戰。

三

　　隨著陳誠先生資料的陸續開放與出版，研究者對於陳氏一生行誼將會有更多的研究成果出現，民眾亦可藉此對於陳氏一生抵禦外侮、建設邦家之事蹟有更清楚、深入的認識。本書所輯諸文雖著重於陳誠先生於抗戰至臺灣時期相關作為，然而在資料運用等方面，實超越以往，對於陳氏事蹟之理解，當有相當貢獻，至於早年生活及參與東征、北伐、剿共及戰前整軍之事蹟，容日後再行研討。

陳誠與兩廣事變

何智霖

國史館副館長

一、前言

　　1936年6月1日，由廣東陳濟棠和廣西李宗仁、白崇禧主導的中國國民黨西南政務委員會及西南執行部舉行聯席會議，籲請國民黨中央和南京國民政府領導抗日；並連續發出「冬」(2日)、「支」(4日) 兩電，假北上抗日之名，分率兩廣部隊進逼湘黔閩贛邊境，而以重兵犯湘，志在取得衡陽 (又稱衡州)，進窺武漢，取北伐舊道，以達取代中央政府之目標。此一事件，延續至9月和平解決，是爲「兩廣事變」，或「六一事變」。

　　兩廣事變初起時，6月1日陳誠正在山西太原就任晉陝綏寧四省邊區剿匪總指揮新職，4日在部署對共軍作戰事宜之際，突奉軍事委員會委員長蔣中正電召，6日抵南京，8日奉派處理兩廣事變。在此之前，陳誠以贛粵閩湘北路剿匪軍前敵總指揮兼廬山軍官訓練團副團長身分，總綰江西剿共軍事。1934年底剿共工作告一段落，翌年出任武漢陸軍整理處長，負責整編全國陸軍；1936年2月，因陝北共軍進犯山西，閻錫山電請中央派兵，並親點陳誠入晉剿共；山西剿共甫告結束，兩廣事變接踵而來，陳誠又奉命南下處理。

　　有關兩廣事變研究，早期大都依賴相關人物的回憶，晚近雖有原始檔案資料佐證，不過幾乎都是以南京中央，少數則從桂系的角度來解讀兩廣事變，[1]對於陳誠所扮演的角色則較少提及。

　　本文擬以國史館典藏《蔣中正總統文物》中的「事略稿本」、「革命文獻——兩廣事變」、「特交文卷」及《陳誠副總統文物》中已出版的《陳誠先生回憶錄：北伐平亂》、《陳誠先生回憶錄：六十自述》、《陳誠先生書信集：家書》、《陳誠先生書信集：與蔣中正先生往來函電》、《陳誠先生書信集：與友人書》為主，輔以《柳克述檔案》[2]等相關資料，希望對陳誠在兩廣事變中所扮演的角色有進一步的認識。本文所欲探討的問題有：事變初起，蔣中正何以在召見陳誠分析軍事準備後，即任命陳誠處理此一事變？陳誠制敵機先的部署，對事變的和平解決有何影響？廣東陳濟棠瓦解後，因中央更調廣西人事命令，引發李宗仁、白崇禧反彈，陳誠如何秉持蔣中正政治解決的原則，一面調動軍隊封鎖廣西，一面派員進行談判？談判期間陳誠何以首先提出李、白分開處理的辦法？以上問題均有待進一步探討，並嘗試分析陳誠在兩廣事變和平解決中的角色和影響。

1　以南京中央的角度來解讀兩廣事變者有：施家順，《兩廣事變之研究》（高雄：復文圖書出版社，1992）；陳存恭，〈從「兩廣事變」的和平解決探討「安內攘外」政策〉，收入中央研究院近代史研究所編，《抗戰前十年國家建設史研討會論文集》（臺北：中央研究院近代史研究所，1984）；劉維開，〈地方政權的最後反抗——兩廣事變〉，《國難期間應變圖存問題之研究：從九一八到七七》（臺北：國史館，1995）；周美華，〈兩廣事變與最後關頭的確認〉，《中國抗日政策的形成：從九一八到七七》（臺北：國史館，2000）；呂芳上，〈抗戰前的中央與地方：以蔣介石與廣東陳濟棠關係為例的探討〉，《民國史論》，中冊（臺北：臺灣商務印書館，2013）。以廣西的角度來解讀兩廣事變者有：徐江虹，〈新桂系與兩廣事變〉，《中央民族大學學報》，2004年第5期（北京，2004.10），頁63-67。

2　柳克述曾任陳誠秘書，陳誠於抗戰前及抗戰時期重要手稿均出自柳克述，國史館典藏《柳克述檔案》多卷，其中與兩廣事變有關者有「桂事往來函電」2卷、「關於桂事材料」1卷，收錄陳誠奉派處理兩廣事變期間與南京中央、地方實力派領導人及廣西領導階層往來函電，可說是兩廣事變期間最直接的一手資料。惜檔案尚未整編，目前均以原件閱覽，註釋中無法註明典藏號。

二、制敵機先的部署

（一）蔣中正任命陳誠處理兩廣事變的緣由

　　兩廣事變爆發後，蔣中正於6月4日連續以「支〔4日〕午機京」電，兩次電告陳誠，「兩廣之所謂抗日者，實即聯日反抗中央之謂……。彼等致弟之電，切勿置覆，望先來京一敘。」，「兩廣已決向湘進兵，請以此意轉達伯公〔閻錫山〕，如能以其名義設法勸阻更好，弟可回京一談。」[3]

　　陳誠於6月5日先飛漢口，6日飛京晉謁蔣中正。當時陳誠獲得的訊息是，南京中央對於兩廣事變，曾開過幾次會，一般的看法都認為非採取軍事行動不可，但對中央軍必須搶先在廣西部隊抵達衡陽前，控制此一軍事要地，沒有確切的把握；並認為即使能控制衡陽，大戰也就由此爆發。當蔣徵詢陳誠的意見時，陳誠卻提出不同的看法，他說：「他們既已採取軍事行動，我們也不能不有軍事準備。不過我對於我軍如先占領衡陽，大戰即由此爆發的看法，適成其反。我覺得我軍如先占領衡陽，戰爭反可避免。」[4]陳誠並說明中央軍必須先控制衡陽的理由：1.可使湖南政局穩定，2.可使廣東陳濟棠內部發生變化，3.可掩護中央軍主力集中，防範桂軍攻擊。[5]再分析可以控制衡陽的理由：「蓋粵軍必須待桂軍占領衡陽，才敢採取行動。但桂軍徒步行軍遠不如我軍由火車輸送之快。如坐視衡陽被桂軍占領，粵軍繼出湘贛，再加上湘何的響應，那時戰事可就當真不能避免了。」蔣對陳誠的看法極為認同，加上陳誠自江西剿共以來的歷練，因而任命陳誠以武昌行轅參謀

3　何智霖編，《陳誠先生書信集：與蔣中正先生往來函電》，上冊（臺北：國史館，2007），頁197-198。

4　何智霖編，《陳誠先生回憶錄：北伐平亂》（臺北：國史館，2005），頁134。

5　吳相湘，〈陳誠遺愛鯤海〉，《民國百人傳》，第2冊（臺北：傳記文學出版社，1979），頁194。

長身分負責處理兩廣事變。[6]

6月8日陳誠離京飛武昌，已經上了飛機，蔣中正又將他召回囑咐道：「要你處理此事，特別要做到不戰而屈人之兵，以不打仗而能解決兩廣問題為上策。過去我們的力量小，人家要消滅我們，不能不應戰，現在我們的力量大，卻不一定要打仗。」[7]可見蔣雖調動軍隊備戰，不過他對兩廣和平解決的方針，卻是胸有成竹。

（二）湖南省主席何鍵態度的轉變

兩廣事變爆發後，湖南因地理位置關係，對中央和對兩廣均具有舉足輕重的地位。兩廣部隊分別向湘贛兩省的邊境推進，更以湖南的衡陽為志在必得的第一步目標。因此陳誠認為，「衡陽在兩廣事變中是禍福轉移的樞紐。衡陽不保，則武漢可能不保，武漢不保，則全局震動。」[8]

既然衡陽是雙方兵家必爭之地，湖南省主席何鍵的態度就變得很關鍵。對於何鍵的態度，唐德剛有極為傳神的描述：「他如參加兩廣造反，則中央興師討伐時，他便首當其衝。兩廣一毛未拔，他自己可能已身首異處。他如服從中央，則兩廣第一個北伐目標也是他。南京可以乘勢一石兩鳥；何氏則以一人而敵兩省，勝負可知。他如首鼠兩端，拒不表態，則南北夾攻之中，就更無完卵矣。」[9]

陳誠於6月9日傍晚抵達長沙，當晚便與何鍵商談。何鍵認為兩廣出兵抗日，是天經地義的事，政府不應加以阻止，如兩廣部隊通過湘境，自應准其假道。陳誠則強調中央為消滅戰禍計，必先控制衡陽。陳何兩人談話極不

6　何智霖編，《陳誠先生回憶錄：北伐平亂》，頁134。

7　何智霖編，《陳誠先生回憶錄：北伐平亂》，頁134。

8　何智霖編，《陳誠先生回憶錄：北伐平亂》，頁133。

9　唐德剛，〈「西安事變」「六一事變」五十週年——兼談劉廷芳「說服蔣介石先生的一段內幕」〉，《傳記文學》，第50卷第2期（臺北，1987.2），頁29。

投機，因為廣西代表李品仙正在長沙，李表示桂軍指日可到衡陽，故何鍵對李極力周旋，以示好感。稍後陳誠嘗試第二次與何鍵會談，對何動之以利害，並說明已有兩師部隊到達長沙，接下來還有20個師將南下，對付這次兩廣的異動。何鍵因而見風轉舵，支持南京中央。

（三）陳誠緊急調動部隊，搶先控制衡陽

　　6月7日晚上，蔣中正連續接到兩廣軍隊正向衡陽急進的警報，當即決定要陳誠調動軍隊南下。當晚陳誠即電令在湖南瀏陽清剿殘共的第七十七師羅霖部，以及駐防武漢及黃陂，正在構築國防工事的周祥初第四十三師、孔令恂第九十七師兼程前往衡陽，陳誠本人也奉命於8日離京飛漢，主持一切。陳誠先洽商湖北省政府主席楊永泰及平漢鐵路局長陳延炯集中一切運輸工具，悉充軍運，因此南下各軍，行動異常迅捷。9日，陳誠飛長沙，令羅霖、周祥初、孔令恂三位師長即赴衡陽。10日凌晨三位師長先其部隊到達衡陽。桂軍徒步行軍，此時距衡陽僅三十里，先頭部隊尚需三小時才能到衡陽。此時中央截獲桂軍電訊，知其誤以為中央已有三師部隊抵衡陽，白崇禧下令暫停進軍。兩廣的作戰計畫，是以粵軍分途集中，待桂軍占領衡陽後，才開始進攻，桂軍既無法占領衡陽，粵桂兩軍乃陷於進退失據之境。17日，白崇禧電湖南省主席何鍵及衡陽各師長云：「頃奉西南兩部銑〔16日〕電令一、四集團軍在郴〔州〕、永〔州〕部隊，剋日撤回粵桂邊境，以待中央抗日命令等情，當令蘇〔祖馨〕師於號〔20〕日以前撤回全州邊境，除由蘇師長電知衡陽友軍外，希兄派隊到永接防。」[10]進入湖南省的粵桂軍因而分別撤回粵桂邊界。

　　陳誠認為中央軍搶先控制衡陽，使得整個局勢完全改變。一場箭在弦上

10　白崇禧致何鍵及衡州各師長電，參見《陳誠先生回憶錄：北伐平亂》，頁136。

的戰禍，消弭於無形，使南京中央得有徐圖政治解決的時間。[11] 11日，蔣中正也在致重慶行營主任顧祝同的電文中表示：「我軍確已掌握衡陽，兩廣逆謀或可制止。」[12]

7月初，粵軍第二軍副軍長李漢魂首先通電，服從中央；9日，粵軍第一軍軍長余漢謀自贛飛京，參加中國國民黨五屆二中全會，表示一唯中央之命是聽，更予陳濟棠致命打擊。隨後中央任命余漢謀為廣東綏靖主任兼第四路軍總司令，駐粵各軍悉歸節制，而廣東空軍人員亦紛紛駕機離粵北飛。陳濟棠不得不於18日通電下野，廣東問題解決，兩廣事變算是解決了一半。

三、寧桂面臨戰爭邊緣

(一) 中央更調人事引發李白不滿

廣東問題解決後，廣西頓時處於孤立狀態。7月20日，李宗仁、白崇禧在南寧召開會議，因各將領多主和平息爭，李、白即席決定先致電吳忠信、張定璠、黃紹竑，表示廣西抗日主張不變，惟望在中央統籌之下，共策進行。[13] 22日，李宗仁電蔣中正，表示「誓當竭誠效命，戮力對外」，並稱除電請在京之張定璠先行代表謁見外，擬於日內派參謀長李品仙及高級參謀劉斐為代表，專程赴牯嶺晉謁，並報告廣西軍政情形及請示一切。[14] 24日，李、白等再電國民政府，謂定8月1日在南寧就任二中全會所通過廣西綏靖正副

11　陳誠口述，柳克述筆記，〈兩廣六一事變處理經過〉，《傳記文學》，第53卷第3期（臺北，1988.9），頁37。

12　「蔣中正致顧祝同電」（民國25年6月11日），《蔣中正總統文物》，國史館藏，典藏號：002-020200-00028-013。

13　程思遠，《白崇禧傳》（臺北：曉園出版社，1989），頁189。

14　「李宗仁致蔣中正電」（民國25年7月22日），收入〈「兩廣事變」期間蔣介石與李宗仁、白崇禧等來往電文選輯〉，《檔案與歷史》，1989年第5期（上海，1989.10），頁13。

主任職務，請派大員蒞臨監督。[15]情勢似有緩和跡象。不料，國民政府卻在25日發布命令，免去李宗仁、白崇禧的廣西綏靖正副主任職；特派黃紹竑、李品仙爲廣西綏靖正副主任；特派李宗仁爲軍事委員會常務委員，白崇禧爲浙江省政府委員兼省主席。[16]

　　蔣中正對廣西軍政人事突然間有如此大的變化，其原因暫且不論是江西省政府主席熊式輝或湖北省主席楊永泰的建議，[17]此處不妨先從《蔣中正日記》來分析蔣的想法。7月21日記曰：「對桂決撤李、白，派黃主持。」25日記曰：「對李、白已可撤換，雖帶二分危險無妨也。」7月反省錄云：「對桂，調李、白新命雖冒數分危險，但此命不下則李、白陽示和平，而中央軍亦無機入粵，是則不僅桂逆不平，而粵事亦不能了也。此著之妙用是世人不知其所以也。」[18]由上引資料來分析，蔣似乎有意在中央控制廣東之後，行釜底抽薪之計，趁機解決廣西半獨立的態勢。

　　7月25日中央發布的新命令，當然無法被李宗仁、白崇禧所接受，26日，白公開表示不願接受新職，繼而召開軍事會議，徵調全省民團，在南寧、柳州、桂林等處建築防禦工事；擴編省防軍，由十四團至四十四團。顯

15　「李宗仁、白崇禧、黃紹竑致國民政府電」（民國25年7月24日），收入〈「兩廣事變」期間蔣介石與李宗仁、白崇禧等來往電文選輯〉，《檔案與歷史》，1989年第5期，頁13。

16　「國民政府令」（民國25年7月25日），收入〈「兩廣事變」期間蔣介石與李宗仁、白崇禧等來往電文選輯〉，《檔案與歷史》，1989年第5期，頁14。

17　劉斐，〈兩廣六一事變〉，《文史資料選輯》，合訂本第一冊（北京：中國文史出版社，1986），頁19謂：熊式輝對蔣說，日本人雖猖獗，還有可以緩衝的餘地，即使對日本人讓出華北，將來還可利用英美的力量再算帳，並且如果真讓出華北，則還可以借刀殺人，讓日本去消滅共產黨，蔣反而可以丟掉這副對中共的沉重擔子；唯有李、白卻是蔣的心腹之禍，不於這樣有利的時機去消滅它，還待什麼時候？不過必須同時以重兵壓迫廣西，使李、白懾於威勢，才可以消除李、白兵權，達到調虎離山的目的。參見黃紹竑，〈我與蔣介石和桂系的關係〉，《廣州文史資料》，第7輯（廣州：廣東人民出版社，1962），頁90則謂此調職令是楊永泰的建議。

18　《蔣中正日記》，史丹福大學胡佛研究所藏，民國25年7月21、25、31日。

然李、白爲了廣西地盤，不惜作困獸之鬥。[19]

（二）中央的軍事部署

　　蔣中正在李宗仁、白崇禧調職令發布之後，爲了防範廣西異動，開始進行一連串的軍事部署。7月26日，蔣電重慶行營主任顧祝同，告以「刻令調黃紹竑爲桂綏靖主任，李品仙爲副，李宗仁爲軍委會常委，白崇禧爲浙江主席，想李、白仍有反動，應特別嚴防其由桂經黔竄川也。」[20] 28日，蔣電飛往廣州協助余漢謀整理廣東軍務之陳誠及駐郴州第二十五軍軍長萬耀煌，告以「第十三、第九十三、第九十八各師應即準備用鐵路向南輸送，其已向小北江前進之各部隊，應即令其向就近鐵路車站移動候車，並將第十三師在郴部隊先行運輸，指揮系統可就近問廣州陳參謀長辭修，入粵後當歸余總司令〔漢謀〕指揮。」[21] 同日再電余漢謀，告以「肇慶應即先派就近得力部隊前往防守，遲恐被桂軍所占，第十三師尚在郴州沿鐵路附近，可以先行運輸加入西江，其餘第九十三與第九十八各師可繼第十三師後輸送，中意以後駐防西江部隊派第二軍之一部，而第二軍全部暫時集結於廣韶與廣九兩路及省城附近較妥。」[22] 29日，蔣電陳誠，「頃接滬電，李、白致張伯璇〔定璠〕、陳劭先感〔27日〕電稱，此間同人意志甚堅決，萬望約沈鈞儒、章乃器來桂一行等語。可知其負隅之決心，此時應對西江須特別注意，恐其出我不意襲我之

19　陳存恭，〈兩廣事變的解決〉，收入中華民國建國史編纂委員會編審，《中華民國建國史》，第三篇（臺北：國立編譯館，1989），頁1628。

20　「蔣中正致顧祝同電」（民國25年7月26日），《蔣中正總統文物》，國史館藏，典藏號：002-010200-00163-063。

21　「蔣中正致陳誠、萬耀煌電」（民國25年7月28日），《蔣中正總統文物》，國史館藏，典藏號：002-010200-00163-067；何智霖編，《陳誠先生書信集：與蔣中正先生往來函電》，上冊，頁205-206。

22　「蔣中正致余漢謀電」（民國25年7月28日），《蔣中正總統文物》，國史館藏，典藏號：002-020200-00028-056。

虛也。」[23]同日再電陳誠告以「肇慶飛機場面積幾何，現在可用否？請查復。又西江應預備布設水雷，有材料否？」[24]又電南京航空委員會主任周至柔，告以「廣州肇慶機場與油彈應積極準備，肇慶機場面積幾何，現能使用否，查復。」[25]30日，蔣再電周至柔，告以「桂逆負隅，勢非先用空軍轟炸不能制其機先，中意南寧、柳州、桂林三機場須同時轟炸，方得消滅其空軍，使領空權全操於我，以意度之，桂中空軍，此時必集中南寧，而柳州亦須同時注重，可否以貴陽機隊轟炸柳州，廣州或肇慶機隊轟炸南寧，如其柳州無機，則即以貴陽之機同炸南寧，請速詳計，並準備實施為要。」[26]由上可見，蔣的軍事部署，除了派軍隊包圍廣西之外，空軍的轟炸預備也是重點。

　　8月3日，蔣中正電陳誠，「據平津確報，豔〔29〕日天津會議結果，決于8月8日南北兩方同時動員，以察北偽軍進攻綏遠，桂軍進取廣州。一俟桂軍占領廣州，冀察即正式宣布自治。據當時參加其密約之桂代表王乃昌、黃建平宣稱，桂軍可於動員10日後占廣州，且聲言粵軍內部，屆時除第一軍外，其餘大部皆可響應，尤以第三軍為最有把握等語。惟此為30日以前之事，而世〔31〕日李、白忽復中之儉〔28日〕電，未知其內容究有變更否？總之，無論其事實如何，我軍應積極設防，務於此五日內為戰略之展開完畢，中意第十八軍兩師先調至英德、清遠為預備隊，以便隨時增加，而將連縣之夏〔楚中〕師主力移駐陽山，另調能守之部隊約一師進駐廣寧，則

23 「蔣中正致陳誠電」（民國25年7月28日），《蔣中正總統文物》，國史館藏，典藏號：002-020200-00028-057。

24 「蔣中正致陳誠電」（民國25年7月28日），《蔣中正總統文物》，國史館藏，典藏號：002-010200-00163-075；何智霖編，《陳誠先生書信集：與蔣中正先生往來函電》，上冊，頁206。

25 「蔣中正致周至柔電」（民國25年7月28日），《蔣中正總統文物》，國史館藏，典藏號：002-010200-00163-076。

26 「蔣中正致周至柔電」（民國25年7月30日），《蔣中正總統文物》，國史館藏，典藏號：002-020200-00028-059。

布置較穩矣。又陽山直達懷集與清遠，不經四會而直達廣寧之里程及地形，以及廣寧、懷集、賀縣、開建、陽山、信都、蒼梧間一帶地區之道路里程地形，務詳密查記，以備應用，並以此意轉告幄奇〔余漢謀〕兄。」[27]

8月4日，蔣中正頒布封鎖廣西之部署如下：

（一）廣東方面：

　　1.南路方面：以第四路軍第六、九、十四等三師擔任，以李漢魂指揮之。

　　2.西江方面：第四路軍之第二軍張達所部，或第三軍黃延楨部之兩師及萬〔耀煌〕、周〔嵒〕兩縱隊〔第六、十三、九十三、九十八等四師〕擔任之。如第三軍願擔任西江方面之任務為最妙，否則可調至閩浙邊區，清剿散匪。第二軍如不擔任西江之任務，則可留北江韶關、英德一帶。

　　3.南路及西江之部隊，均歸第四路軍余總司令〔漢謀〕負責指揮。

　　4.第四路軍第一軍集結於廣州近郊。

（二）湘南方面：以第二十二軍及第十五、二十八、四十三、四十七、七十七、七十九、九十七等九師擔任，注重祁陽、永州、桂陽、臨武方面，並各以一部控制於衡陽、洪江附近，由行轅陳參謀長負責部署。

（三）貴州方面：由第十六、十九、二十三、二十六、九十九及吳〔奇偉〕縱隊等師擔任之，但須先占領獨山及安籠等地，由顧主任〔祝同〕負責部署。

（四）雲南方面：以駐滇部隊擔任，由龍主席〔雲〕部署，須對百色方面確實握守之。

27　「蔣中正致陳誠電」（民國25年8月3日），《蔣中正總統文物》，國史館藏，典藏號：002-020200-00028-061；何智霖編，《陳誠先生書信集：與蔣中正先生往來函電》，上冊，頁208。

以上各軍，對於廣西，不僅軍事方面，尤其對物資、金融及食鹽等，均須確實封鎖以困之。[28]

8月中旬，因中央堅持白崇禧必須出國，廣西態度突變，雙方談判幾乎破裂之際，21日，蔣中正以「馬〔21日〕申侍參羊」電，頒發定桂軍戰鬥序列如下：「1.派衛立煌為定桂軍第二路軍總司令，譚道源為第二路軍前敵總指揮，轄第六、第七、第八縱隊。第六縱隊指揮官譚道源兼，轄第十八師、第五十師；第七縱隊指揮官周嵒，轄第六師、第六十三師；第八縱隊指揮官李默庵，轄第十師、第八十三師、第八十八師。2.派陳誠兼定桂軍第三路軍總司令，羅卓英為第三路軍前敵總指揮，轄第九、第十、第十一縱隊。第十縱隊指揮官羅卓英兼，轄第十一師、第六十七師；第十一縱隊指揮官霍揆彰，轄第十四師、第九十八師；第九縱隊指揮官萬耀煌，轄第十三師、第九十九師。3.以上兩路軍之指揮系統及隸屬關係，統限於養〔22日〕日起發生效力。」[29]

四、寧桂和解

（一）信使往返

7月18日，陳濟棠通電下野後，22日，粵軍第一軍軍長余漢謀率領所部進入廣州，遵照中央決議，撤銷中國國民黨西南政務委員會、西南執行部兩機關，使廣東復歸中央統治。25日，陳誠奉命飛往廣州，協助余漢謀整理廣東軍務，並進行疏解廣西問題。雖然陳誠與李宗仁、白崇禧都有舊誼，問

---

28 〈兩廣事件之軍事經過〉，《陳誠副總統文物》，國史館藏，典藏號：008-010702-00032-004。

29 〈兩廣事件之軍事經過〉，《陳誠副總統文物》，國史館藏，典藏號：008-010702-00032-004。

題是中央突如其來的更調命令，引發李、白的強烈反彈。陳誠見形勢日益嚴重，將原在武昌的行轅，經長沙移到廣州，並酌量增調部隊，從事必要的部署；不過對廣西的方針則是遵照中央政治解決的方向去努力。[30]

　　7月30日，陳誠商同余漢謀、香翰屏（曾任第四路軍副總司令）、徐景唐（曾任第四路軍總參謀長）等，派曾任李濟琛參謀長的鄧世增，攜帶陳誠致李宗仁、白崇禧的親筆信飛南寧，希望能與李、白「一敘衷曲」。8月1日，鄧世增攜李、白回函飛返廣州，可惜措詞空洞，不得要領。[31]翌日，陳誠將往來情形電呈蔣中正，並建議對廣西問題應該採取的政治解決方式，「（一）調德鄰〔李宗仁〕為湘粵桂或湘桂綏靖主任，由職副之；或設立行營，以德鄰為主任，職任參謀長。季寬〔黃紹竑〕在桂，幄奇〔余漢謀〕在粵，再定主湘人選。（二）派健生〔白崇禧〕出洋考察，或令任潮〔李濟琛〕同往，如此辦法，將來可不虞有他。鈞座偉大寬宏，更可得國人之信仰與愛戴。倘能以促李、白之就範，固所盼望；即不得已而加以討伐，國人可絕對同情，而粵中將領亦更可戮力效命於政府之戡亂工作也。除軍事積極部署外，鈞座如認為可行，當設法進行。」[32]陳誠這項建議的主軸，就是讓李宗仁繼續主桂，而將白崇禧調離廣西。陳誠之所以敢於提出這項建議，是因為25年1月陳誠本有赴桂之行，後因胡漢民返國與陝北共軍竄擾山西，而無法成行。[33]不過，當時陳誠已對李、白的個性有總結性的分析，認為他們：「既不可以理喻，又不能以威脅，更不易以情動。」[34]並盛讚「白崇禧桀驚，然其毅力才氣

30　陳誠口述，柳克述筆記，〈兩廣六一事變處理經過〉，頁38。

31　何智霖編，《陳誠先生書信集：與友人書》，上冊（臺北：國史館，2009），頁84。

32　「陳誠致蔣中正電」（民國25年8月2日），〈桂事往來函電〉，《柳克述檔案》，國史館藏。

33　何智霖編，《陳誠先生回憶錄：北伐平亂》，頁127-129。

34　何智霖編，《陳誠先生回憶錄：北伐平亂》，頁129。

有過人之處。」[35]

　　8月3日，蔣覆電陳誠：「對桂謀政治之解決，本為原定之方針，一遇機緣，即當進行，但未知此議起自桂方，抑由弟等自動提議。若桂方果有此意，自可與之討論，否則不必由我急提。此時應先求部署完妥穩固為要。至於德鄰名義，不可有地域字樣，不如以行營主任名義為妥。或以行營名義，指揮湘桂兩省，但粵省不能加入在內。否則伯南〔陳濟棠〕既去，而仍欲令粵中將領戴一德鄰為其上官，令人難堪。既於情理不合，而於全局統一上言，廣東仍受廣西統制，則於統一前途，反多暗礁。且德鄰名義，必須待健生來浙或離桂，方能發表，否則朝令夕改，徒失政府威信而已。望照此意進行，請與幄奇、慕尹〔錢大鈞，時任軍事委員會委員長侍從室第一處主任兼侍衛長〕慎重切商之。」[36]可見蔣雖同意李宗仁繼續主桂，但堅持白崇禧必須離開廣西。

　　8月6日，陳誠再度託香翰屏、鄧世增攜帶致李、白函飛南寧，函中一面以委曲求全，務其遠大相勸，同時復以外侮所以日深，實由國家未曾統一，地方一向分立之義責之。[37]

　　8月7日，陳誠、余漢謀報告蔣中正，李、白將派其總部高級參謀劉斐隨同香翰屏、鄧世增於11日來粵商談和平。[38]因此，蔣就在11日搭機飛抵廣州，當晚「與陳誠、錢大鈞、余漢謀、黃慕松〔廣東省政府主席〕等商談解決桂局問題：（一）政治解決，（二）軍事解決，惟萬不得已採用之，但為防

35　「陳誠致蔣中正電」（民國25年1月17日），〈關於桂事材料〉，《柳克述檔案》，國史館藏。

36　「蔣中正致陳誠電」（民國25年8月3日），《蔣中正總統文物》，國史館藏，典藏號：002-020200-00028-062。

37　何智霖編，《陳誠先生書信集：與友人書》，上冊，頁87-88。

38　高素蘭編，《蔣中正總統檔案：事略稿本》，第38冊（臺北：國史館，2010），頁49，民國25年8月7日。

範起見，不得不充實監視力量云。」[39]並與各將領商定對桂最後答覆：「（一）李宗仁、白崇禧立即放棄抗逆動作，接受中央新任命，則中央予以相當名義出洋考察。（二）廣西部隊准照甲種編制改編，師長人選，由雙方共同物色切當人員充任。（三）廣西政務由新任廣西省綏靖主任黃紹竑負責。（四）廣西黨務財政由中央派員負責，軍費及建設費中央自當予以相當補助云。」[40]12日，蔣接見劉斐，「剴切示以中央對處置桂局之苦心，並愛護李、白兩同志」，劉斐謂「今已得李、白電委為全權代表，遂代李、白陳述和平辦法。」兩人會談後，蔣與隨同其前往廣州的司法院長居正、參謀總長程潛、軍事委員會辦公廳主任朱培德及陳誠、余漢謀等會面，會中陳誠提出三種方案來討論，最後採取第二案。即白崇禧出國，出國期間浙省主席由黃紹竑暫代；而黃紹竑的廣西綏靖主任，由李宗仁兼代；廣西省府照舊，由黃旭初負責。[41]蔣並親自修改和平辦法如下：「（一）桂省有相當自治權，中央軍可不入駐桂省。（二）李宗仁仍任南寧綏靖主任，李品仙副之，白崇禧下野，李濟琛離桂，黃旭初任桂府主席。（三）桂軍改編更易軍號及番號，軍政軍令悉統一於中央，然仍由李宗仁主持之。（四）黨政財加以整理，由中央按月撥款助桂建設。（五）桂省新任黨政軍人員聯電明確表示擁護中央完成統一。」[42]

　　劉斐返桂後，初由李、白發來寒（14日）電，劉斐發來刪（15日）電，大致表示尚好，劉斐電中並有在粵所談和平解決方案，經李、白兩人考慮，認為第二案大體無問題，不料其後劉斐續來銑（16日）、篠（17日）兩電，李、白續來之洽（17日）電，則態度突變，多方詰責，且以即時動員抗日及

39　高素蘭編，《蔣中正總統檔案：事略稿本》，第38冊，頁72，民國25年8月11日。

40　高素蘭編，《蔣中正總統檔案：事略稿本》，第38冊，頁73，民國25年8月12日。

41　陳誠著，何智霖等編，《陳誠先生書信集：家書》，下冊（臺北：國史館，2006），頁401。

42　高素蘭編，《蔣中正總統檔案：事略稿本》，第38冊，頁78，民國25年8月12日。

立刻撤兵北上，脅迫中央。[43] 17日，蔣召朱培德、陳誠商對桂問題：「（甲）人選，（乙）戰略，以先使其分為原則。」[44] 這是蔣首度明確表示要白崇禧離開廣西的目的，在分散桂系的力量。18日晚，蔣接獲劉斐的回電，謂李宗仁、白崇禧要求非撤兵不能再談，同時又接獲密報廣西進行組織獨立政府。蔣感歎道：「和平竟已絕望矣乎，倭寇正企圖利用此機會來犯，而閻錫山又無決心勇氣，中國豈真已危乎，憂鬱之極，夜不能寐。」[45] 外有日本的侵略，內有桂系的進逼，蔣在憂慮之餘，對桂策略必須重新再思考。

廣西態度轉趨強硬，陳誠身處第一線，體會更深刻，他在給陳夫人譚祥的家書中說：「桂事屢經交涉，結果可謂凶多吉少。蓋此間愈和平，而彼等愈強硬；此間愈講理，而彼輩愈野蠻。且最近有『要求中央決定抗日日期，及先撤北上以示信』之電。而蔡賢初〔廷鍇〕等均已赴桂，並有組府之議，最後只有訴之於軍事耳。此次中央所下新令，固有令其難堪者，但最近之種種委曲，彼輩應當以國家民族為重，不應專爭意氣。而我對於李、白，私情公義，亦祇能至此。彼輩尚不能覺悟，實愛莫能助也。如戰事開始，恐須兩月方能了結。事既至此，則一切顧慮，如綏遠之李守信及西北之赤匪，只有聽之。縱任何犧牲，亦在所不惜。因兩廣之事無辦法，無論對外及剿匪均無辦法。」[46]

8月19日，陳誠第三度致函李宗仁、白崇禧，並附上曾任黃埔軍校學生總隊總隊長、深受各方敬重的嚴立三親筆信函，以國難日深，希望能凝聚全國力量共同抗日，作公私最後之勸告。[47] 8月20日蔣中正派鄧世增帶著蔣的五

43　以上諸電均見〈關於桂事材料〉，《柳克述檔案》，國史館藏。

44　《蔣中正日記》，史丹福大學胡佛研究所藏，民國25年8月17日。

45　高素蘭編，《蔣中正總統檔案：事略稿本》，第38冊，頁131，民國25年8月18日。

46　陳誠著，何智霖等編，《陳誠先生書信集：家書》，下冊，頁404。

47　何智霖編，《陳誠先生書信集：與友人書》，上冊，頁91-92；〈關於桂事材料〉，《柳克述

項條件，飛南寧與李、白會面，試圖再作和平談判的努力。「一、南京任命之黃紹竑仍任廣西綏靖主任。二、白崇禧必須出洋，其浙江主席之名義可以保留。三、黃旭初仍任廣西主席。三、桂軍仍為第四路軍。五、中央軍不集中廣西，但黨務則由中央派人整頓。」[48]李、白對於此一方案的目的在逼白崇禧出國，十分不滿，遂提出：「一、維持二中全會任命李、白為廣西綏靖正副主任。二、桂省軍隊非對外不能移動。三、恢復李濟深、陳銘樞自由，取消通緝令。四、迅速對日本作戰。五、恢復十九路軍。」蔣在聽完鄧世增的報告後，感歎道「和平豈真絕望乎。」[49]

在和談條件中蔣中正願意讓李宗仁繼續擔任廣西綏靖主任，但要求白崇禧必須出國，這點應是李、白態度轉趨強硬的關鍵。其中的微妙關係，長期任職於中國國民黨中央的王子壯有獨到的分析：「廣西問題經多時間之折衝，目前似集中白崇禧一人，以中央方面可容李宗仁留桂，而必不能容白崇禧，而白則堅欲留於廣西，不肯少事讓步，白如在桂，則其隨時起而擾亂西南意中事也，蔣先生親至廣東，屢加研求，故於此點認為無可挽留，白既如此崛強，此問題殆將出於一戰乎。」[50]對於白崇禧的個性，陳誠有精闢的見解：「惟健生性質，不能動之以情，喻之以理，脅之以威，感之以德，實不易應付。現只有造成一種局勢，即軍事方面有妥善之部署，同時在輿論方面使其無立場，再以情、理、威、德同時行之，或可就範也。他並對人表示，現中央能作他對手打的只有我；能負和平之責者，亦只有我；將來站在一條

檔案》，國史館藏。

48 李嘯風、沈友益主編，《中華民國史史料外編：前日本末次研究所情報資料》，第45冊（桂林：廣西師範大學出版社，1996），頁130。

49 高素蘭編，《蔣中正總統檔案：事略稿本》，第38冊，頁161-162，民國25年8月22日。

50 王子壯，《王子壯日記》，第4冊（臺北：中央研究院近代史研究所，2001），頁229-230，民國25年8月16-17日。

戰線上抗日，更只有我。其目中無人，亦可知矣。」[51]也就是說，白崇禧爲人自視頗高，要制服他並不容易，必須恩威並用，多管齊下才行。

(二) 和平解決與善後

8月下旬，蔣中正頻頻召集居正、程潛、朱培德、陳誠、余漢謀等人，會商廣西事宜，決定一面作軍事準備，一面提高談判層級，派居正、程潛及朱培德三人赴南寧，進行和平談判。居正等三人奉命後，即依據李、白提出的辦法，與黃紹竑等重擬和解辦法五項：

一、國府將發表明令以李宗仁爲桂省綏靖主任，桂省軍務由李宗仁負責主持，其黨務、政事、財政事權，則由中央派員處理。

二、白崇禧偕蔣委員長晉京，由中央畀以軍事重任，並特派爲軍事委員會常務委員。

三、閩變叛逆之李濟琛，前經國府明令赦免，現由中央予以名義出洋考察，經過相當時間後，將偕陳銘樞返國入京參預國家政事。

四、寧桂雙方諒解後，蔣委員長即令南下入粤之中央軍部隊，開回華北、華中，但爲今後華南地位之重要及鞏固國防計，得酌留一萬五千人在粤協防。

五、十九路軍准成立一軍，由中央指定南路八屬或瓊崖爲駐防點。[52]

這五項辦法經蔣中正同意後，加上蔣致李、白親筆函，由居正等三人攜往南寧。[53]而黃紹竑亦本於昔日與李、白之情誼，根據自己對蔣處理桂事之

51　陳誠著，何智霖等編，《陳誠先生書信集：家書》，下冊，頁401-402。

52　戚達，《西南異動始末之回想》（廣州：國民印務有限公司，1936），頁67-68。

53　「蔣介石致李宗仁等函」（民國25年8月30日），收入〈「六一事變」後蔣介石李宗仁等來往函電選〉，《傳記文學》，第53卷第4期（臺北，1988.10），頁126。

體認擬一長函，請三人轉交李、白。函中謂居正等三人所擬辦法，與彼等所提已無多大出入，蔣之所以如此遷就，實本所謂「合則猶可圖存，分則適足召亡」之意，力勸兩人適可而止，服從中央。[54]

9月2日，居正、程潛、朱培德等三人抵南寧，對廣西問題作最後之斡旋。先後與李宗仁、白崇禧、黃旭初等數度協商。3日，廣西當局召開會議，對當前局勢作充分討論，李宗仁在總結時表示：獨力難以持久，各方支援難靠，應以和為上策。4日晨，廣西當局再作討論，白崇禧說，為了和平，他決定出國，當即擬定和平條件：

一、解放抗日救國運動及言論、集會、結社自由。

二、撤退中央軍北上抗戰，恢復各方交通。

三、確定抗日計畫及時期，務求在最短期間實現。

四、李宗仁為廣西綏靖主任，並保留第四集團軍。

五、白崇禧用軍事委員會名義出洋考察。

六、廣西黨政完全依舊。

七、軍隊保留三個軍，每軍兩師，每師四團，其餘編遣，其編遣費由中央負擔，經常費由中央補助。

八、前第一條實現，第二條撤兵開始，李宗仁即通電就職。

九、以上各條，除第三條祕密外，其餘須公開宣示國人。[55]

9月4日，李宗仁、白崇禧派劉斐攜復函隨同居正等三人到廣州，晉謁蔣中正，面陳一切。5日，軍事委員會訓令駐西江第2、3兩路軍開始移防，

54 「黃紹竑致李宗仁等函」（民國25年8月31日），收入〈「六一事變」後蔣介石李宗仁等來往函電選〉，《傳記文學》，第53卷第4期，頁126-127。

55 程思遠，《白崇禧傳》，頁194。

駐廉江、合浦一帶桂軍，調回桂境。[56]6日，國民政府明令特任李宗仁為廣西綏靖主任，白崇禧為軍事委員會常務委員，黃旭初為廣西省政府委員兼省主席，黃紹竑回任浙江省省政府主席。14日，李、白通電服從中央；16日，宣誓就任新職。18日，李宗仁抵廣州謁見蔣中正，蔣不待李往謁，即先訪李，隨後李再赴黃埔謁見蔣，廣西問題至此暫告一段落，兩廣事變終以和平方式解決。

五、結語

兩廣事變爆發後，蔣中正曾召集中央要員討論應變事宜，一般的看法都認為非採取軍事行動不可，但對中央軍必須搶先在廣西部隊抵達衡陽前，控制此一軍事要地，沒有確切的把握；並認為即使能控制衡陽，大戰也就由此爆發。當蔣於6月6日徵詢陳誠的意見時，陳誠力排眾議，認為中央軍如先控制衡陽，戰爭反可避免。陳誠並說明中央軍必須先控制衡陽及可以控制衡陽的理由。陳誠的看法，正符合蔣調動軍隊備戰，但以政治解決為主的方針，因而任命陳誠以武昌行轅參謀長身分負責處理兩廣事變。

6月7日晚上，蔣中正接獲兩廣部隊正向衡陽快速前進的情報，當即命令陳誠緊急調動軍隊，配合鐵路運輸之便利，10日凌晨，由羅霖、周祥初、孔令恂三位師長率領的先頭部隊，早桂軍三個小時抵達衡陽。中央軍搶先控制衡陽，使得整個局勢完全改變。兩廣事變最終得以政治方式解決，陳誠迅速調軍南下控制衡陽，應是其中的關鍵。

廣東問題解決後，蔣中正有意趁機解決廣西半獨立的態勢，於7月25日發布新命令，免去7月10日二中全會發布李宗仁、白崇禧為廣西綏靖正副主

---

56 「國民政府軍事委員會委員長行轅訓令」（民國25年9月5日），收入〈「六一事變」後蔣介石李宗仁等來往函電選〉，《傳記文學》，第53卷第4期，頁127。

任的職務，改派李宗仁爲軍事委員會常務委員，白崇禧爲浙江省政府委員兼主席。此一命令，當然無法被李、白所接受，中央爲防範廣西異動，開始進行一連串的軍事部署。8月4日及21日，蔣先後頒布封鎖廣西部署及定桂軍戰鬥序列電，希望能從經濟封鎖和軍事圍堵上，達到政治解決的效果。

　　8月2日，陳誠電呈蔣中正，首度提出對李宗仁、白崇禧採分而治之的政治解決方式，也就是讓李宗仁繼續主桂，而將白崇禧調離廣西。此一方案，可說是前述兩項人事命令的折衷版。陳誠之所以提出這項建議，主要目的是不讓李、白兩人繼續割據廣西，尤其是素有「小諸葛」之稱的白崇禧。蔣雖然同意此一方案，但直到12日與居正、程潛、朱培德及陳誠、余漢謀等會談後，才正式納入和平方案中。不過，此一方案的目的在逼白崇禧出國，依舊讓李、白十分不滿，態度轉趨強硬，陳誠身處第一線，因而有「凶多吉少」的感歎。所幸8月底，蔣提高談判層級，派居正、程潛、朱培德三人於9月2日飛抵南寧，作最後的斡旋，兩廣事變終以和平方式解決。

　　兩廣事變最終和平落幕，對陳誠而言，不但圓滿達成蔣中正所交付「不戰而屈人之兵」的目標，事變期間有爲有守的表現，更加深了蔣對他的倚重與信賴，也因而開啟了此後「東西南北，四處飛奔」[57]的忙碌歲月。

57　陳誠語，參見何智霖編，《陳誠先生書信集：與蔣中正先生往來函電》，上冊，頁223。另余傳韜，〈任賢以救亡相地而擇守（一）〉，收入何智霖編，《陳誠先生回憶錄：抗日戰爭》，下冊（臺北：國史館，2004），頁939-944，對此電有精闢而發人深省之分析。

陳誠與淞滬會戰

楊維真

國立中正大學歷史系教授兼系主任

一、前言

1937年8月13日，淞滬會戰爆發，陳誠時任廬山軍官訓練團副團長（軍事委員會委員長蔣中正兼團長），正在牯嶺主持暑期訓練團事宜。當天蔣來電催促赴京，委員長侍從室第一處主任錢大鈞、內政部長黃紹竑亦相繼敦促，陳誠乃於次日下山，15日抵南京。抵京後，蔣中正即委以三事：（一）擬定戰鬥序列；（二）往上海視察防務；（三）往華北襄組大本營。[1]陳誠奉命後，即與江西省主席熊式輝於16日晚自京動身，同車赴滬，準備視察上海防務，遂就此涉入淞滬會戰的戰事中。本文旨在勾勒陳誠參與淞滬會戰的經過，藉以明瞭其在淞滬會戰中之角色。

二、建議擴大滬戰

自1937年7月7日中日戰事爆發後，16日，負責中國方面作戰的日本海軍第三艦隊司令官長谷川清中將向日本海軍軍令部報告，戰爭局限於華北，

---

[1] 何智霖編，《陳誠先生回憶錄：六十自述》（臺北：國史館，2012），頁62。

將有利於中國兵力集中，造成日方作戰困難，為制中國死命，建議須以控制上海、南京為要。[2]因此，日本乃決定分兵上海，由北、東兩面夾攻中國。而中國當局為防止日軍沿平漢鐵路南下武漢，將中國一分為二，然後順江而下，襲蒙古亡南宋的故技，也有意憑藉江南交錯水網，使日本機械化部隊無法發揮其戰力，吸引日軍主力於淞滬一帶進行會戰，以引起國際關注。[3]上海是中國最重要的工商業城市，距首都南京不過三百公里。1932年5月簽訂的《中日淞滬停戰協定》，規定中國在上海只能由「保安隊」維持秩序，而日軍則可在上海公共租界及吳淞、江灣、閘北等地駐兵。為防止日軍自上海入侵，中國政府自1934年起密令修築上海周邊工事，在吳縣、常熟之間構築主陣地——吳福線，在江陰、無錫之間構築後方陣地——錫澄線，同時在乍浦與嘉興之間興建乍嘉線，以與吳福線相連。其後，又在上海近郊龍華、徐家匯、江灣、大場等地構築包圍攻擊陣地，並擬有《掃蕩上海日軍據點計畫》，以因應未來中日戰事所需。[4]

及至盧溝橋事變發生，蔣中正為加強上海防務，乃任命張治中為京滬警備司令，並將所部化妝為保安隊，入駐上海各要地。1937年7月30日，張治中向蔣中正提出，一旦上海狀況異常，似宜立於主動地位，首先向日本發動攻擊。蔣同意張的提議，復電稱：「應由我先發制敵，但時機應待命令。」[5]8月11日，蔣中正得悉日本海軍第三艦隊集中上海，決定封鎖吳淞口，並命張治中將所屬中央軍最精銳的兩個德式裝備師——第八十七、八十八師，推進至上海包圍攻擊線，準備掃蕩上海日軍，拔除其據點。13日，上海淞滬

2　楊天石，〈蔣介石與一九三七年的淞滬、南京之戰〉，《找尋真實的蔣介石：蔣介石日記解讀》（香港：三聯書店，2008），頁226-227。

3　參見李君山，《上海南京保衛戰》（臺北：麥田出版社，1997）。

4　楊天石，〈蔣介石與一九三七年的淞滬、南京之戰〉，頁226。

5　楊天石，〈蔣介石與一九三七年的淞滬、南京之戰〉，頁226。

戰役爆發，中國軍隊以優勢兵力進攻日軍各據點，但因缺乏重武器，無法攻破以鋼筋、水泥構築的日軍據點。15日，日本內閣會議決定增兵上海，正式下動員令；蔣中正也有意擴大滬戰，後來中日各自動員大量軍隊投入淞滬戰場，雙方兵馬合計超過100萬人（日方約25萬人，中方約75萬人）。[6]

　　8月17日早，陳誠與熊式輝抵上海京滬警備司令部會晤張治中，商議戰守事宜，尤將重點置於掃蕩日租界。[7]其情據陳誠日後回憶：「治中主一面著重宣傳，一面分軍為左右翼，進擊留滬之敵人。余〔陳誠自稱〕認為非計之得。當增兵改攻匯山碼頭，向敵中央突破，截成兩段。然後向兩方掃蕩，使敵在上海無立足地。」[8]對於張治中在滬表現，陳誠頗不以為然，稱「當八一三滬戰初啟，張文白〔治中〕在滬，膽小如鼠，一聞砲聲，手足均不能動彈。」[9]18日，陳誠與熊式輝返京覆命，熊式輝極言滬上將領及部隊之不能戰。陳誠則謂：「滬上官兵之不能戰誠然！但此時非能戰不能戰，問題是在當戰不當戰。若不戰而亡，孰若戰而圖存？」[10]當時政府中人頗多反對與日開戰，如軍政部長何應欽常將中日軍備數字兩兩對照，舉以示人，以證中方毫無準備，不能抗戰。陳誠一再申言，「抗戰二字意義，是出於不得已，人來犯我，我不得已起而抵抗。」[11]且「人將問我，因何不事準備？何時開始準備？敵人是否允許我從容準備？且此乃敵人挑戰，非我求戰。若以軍備言，則昔日總理〔孫文〕何所憑，以推翻滿清？國民革命軍何所憑，舉兵北

6　楊天石，〈蔣介石與一九三七年的淞滬、南京之戰〉，頁228-234。

7　「滬戰發生月餘幸將士用命終能予敵以痛擊」（1937年9月27日），收入陳誠著，何智霖等編，《陳誠先生書信集：家書》，下冊（臺北：國史館，2006），頁444。

8　何智霖編，《陳誠先生回憶錄：六十自述》，頁62。

9　葉夢麟，〈扈從筆記〉，收入何智霖編，《陳誠先生回憶錄：六十自述》，頁140。

10　何智霖編，《陳誠先生回憶錄：六十自述》，頁62。

11　葉夢麟，〈扈從筆記〉，收入何智霖編，《陳誠先生回憶錄：六十自述》，頁139。

伐？」[12]至此，蔣中正遂排拒和議，決心抗戰到底。

和戰之議既定，陳誠乃向蔣中正建議擴大滬戰。陳誠稱：

> 如敵在平綏路上，攻下南口，進佔山西，揮軍沿平漢路而南，交通既便，戰
> 車坦克可縱橫馳驟於冀豫平原，直取武漢，則於敵有百利，於我有百害。如
> 能擴大淞滬戰場，使敵不得不轉移兵力，取道海疆，逆江而上，則我少後顧
> 之憂，沿江一帶能守則守，當退則從容而退。故在戰略上，應誘敵由東到
> 西，不宜使之由北而南。[13]

此議與蔣對戰局之規劃不謀而合，中央遂決心擴大戰局。8月20日，
有鑑於中日戰事日趨擴大，中國政府頒布《戰爭指導方案》及《作戰指導計
畫》，提出以既定舉全國力量從事「持久消耗戰」的國防方針，為對日作戰
基本主旨。[14]本此原則，軍事委員會將全國劃分為五個戰區：1.第一戰區：
冀省及魯北，司令長官蔣中正兼，後由程潛接任；2.第二戰區：晉察綏，司
令長官閻錫山；3.第三戰區：蘇南（長江以南）及浙江，司令長官馮玉祥，
後由蔣中正兼，淞滬戰後由副司令長顧祝同升任；4.第四戰區：閩粵，司令
長官何應欽；5.第五戰區：蘇北（長江以北）及魯省，司令長官蔣中正兼，
後由李宗仁接任。戰區的設置，使所屬軍隊能夠相對集中，靈活調配使用，
由於戰區任務相對固定，參戰官兵得以發揮主觀能動性，制定可行的作戰計
畫，對抗戰軍事有重要意義。在中日戰爭中，戰區雖因戰局變化時有調整，
作戰區域與司令長官也迭有更動，但作為一種主要作戰機構卻一直被保存下

12　何智霖編，《陳誠先生回憶錄：六十自述》，頁62-63。

13　何智霖編，《陳誠先生回憶錄：六十自述》，頁63。

14　蔣永敬，〈對日八年抗戰之經過〉，收入張玉法主編，《中國現代史論集》，第9輯（臺
　　北：聯經出版事業股份有限公司，1982），頁46。另見軍事科學院軍事歷史研究部編，
　　《中國抗日戰爭史》，中卷（北京：解放軍出版社，1991），頁23-24。

來。[15]此後，東戰場與北戰場同時並舉，中日戰爭已演爲全面大戰。

三、參與淞滬戰局

　　1937年8月20日，當軍事委員會劃分全國戰區，將淞滬戰局劃入第三戰區的同時，陳誠亦被任命爲第三戰區前敵總指揮，並於21日再次赴滬接替張治中指揮戰事，自此開始參與滬戰，肩負淞滬作戰之重任，並調其嫡系第十八軍增援上海。滬戰第一階段係攻勢階段，自8月13日戰事初起，國軍攻擊精神至爲旺盛，主動攻擊日軍陣地，每一要點之爭奪均經反覆衝殺，雙方傷亡慘重。22日，日軍大舉增援來滬，向長江沿岸及吳淞口附近登陸，協同長江日本海軍五十餘艘軍艦及空軍猛烈轟擊，戰況頗爲慘烈；中國守軍分向迎戰，前仆後繼，各部傷亡甚大。9月1日，中央調整上海戰鬥序列，將守軍分爲中央及左、右二翼，由朱紹良任中央軍總指揮，張發奎爲右翼軍總指揮，陳誠則奉委第十五集團軍總司令（兼第四預備軍副司令長官），負責指揮左翼軍作戰。4日，陳誠函第二戰區司令長官閻錫山，說明近日滬戰情況：「此間自倭寇搆釁以來，抗戰已逾兩旬，敵仗其海空軍之優勢，我軍則以不畏犧牲之革命精神以克服之，並用各種方法，以避敵飛機大炮之損害，竭力求與敵步兵接近肉搏，故經兩旬之血戰，我雖有相當之犧牲，而敵之損失，實亦不下於我。刻仍在滬市租界沿黃浦江經寶山至瀏河口之線對峙中，敵迄不得發展也。」[16]

　　9月6日，寶山失陷，沿江日軍於是聯成一氣，並沿寶劉公路直取楊行，國軍退守劉行，滬戰進入第二階段，也就是守勢階段。陳誠乃於9月14

15　張憲文主編，《中國抗日戰爭史（1931-1945）》（南京：南京大學出版社，2001），頁305-306。

16　「函閻錫山略陳滬戰近況」（1937年9月4日），收入何智霖編，《陳誠先生書信集：與友人書》，上冊（臺北：國史館，2009），頁120。

日親赴劉行，視察前線。陳誠研判形勢對守軍不利，建議中樞主動放棄劉行，轉移陣地。電文曰：「揚行被佔，我軍攻勢已敗，今劉行又岌岌可危。欲長期抗戰，應步步為營，相機轉移陣地，保存兵力逐次抵抗。」[17]惟因蔣中正為爭取國際同情，仍命死守劉行。為此，陳誠於9月27日致函其妻譚祥，稱：

> 我自抵京後，即奉老先生〔原稱老頭子，陳夫人改為老先生〕諭，赴滬與文白〔張治中〕商掃蕩日租界。前月十六晚自京動身，十七早至文白司令部，決定計畫。可惜因時間太促，不及充分準備，即開始進攻，致不能成功。待我第二次赴滬〔二十一日〕，而敵援軍於二十二早上陸，自然不能不應付上陸之敵，而陷於被動。同時，我亦被留在前方負責矣。事前毫無準備，臨時抱佛腳，未有不敗之理。幸將士用命，苦戰月餘，終能予敵以痛擊，使其屢次進攻均遭頓挫也。但敵我犧牲之大，實均出乎意料之外，而十八軍四個師之傷亡，已在壹萬伍千名左右。現陣地比較穩固，敵當不易逞也。[18]

9月30日，陸橋、萬橋附近均被日軍突入，守軍全線潰退，牽動劉行。陳誠當即以電話報告三戰區副司令長官顧祝同，請示蔣中正，力陳部隊不堪再戰，如無生力軍加入，應轉移陣地，調整軍隊，繼續抵抗。10月1日晚，奉命將主力由劉行撤至楊家宅等處，日軍跟蹤猛攻，激戰一星期，敵始挫敗，轉犯蘊藻浜中央軍陣地，第八師奮起迎戰，全師傷亡殆盡。8日，陳誠函妻譚祥稱：

> 連日戰事較急，幸均已穩定下來。昨第八師正面被敵突破，即令第一軍趕上

17　何智霖編，《陳誠先生回憶錄：六十自述》，頁63。

18　「滬戰發生月餘幸將士用命終能予敵以痛擊」（1937年9月27日），收入陳誠著，何智霖等編，《陳誠先生書信集：家書》，下冊，頁443-444。

堵擊，現已無問題。查敵因上海戰事急切不能解決，而國際輿論轉變對彼不利，故連日攻擊甚爲緊張，想於雙十節前攻下大場，但以現在情形，當可打破其計劃。……前方士兵實太苦，每日不得一飽，每晚不能安睡，且至現在尚未發衛生衣，然均無怨言，而不顧一切爲國犧牲，實可愛可佩。我雖屢請速發，然政府未預先準備，亦無法也。[19]

足見當日戰況之激烈，以及國軍官兵作戰之艱辛。10月23日，國軍退守大場等處，日軍向兩側突進，第三十三師不戰而潰。26日，國軍被迫退守蘇州河南岸，滬戰進入第三階段，也就是逐步退卻階段。

四、掩護大軍撤退

滬戰進入第三階段後，戰事以蘇州河攻防爲重點。當蘇州河激戰正殷之際，中央軍總指揮朱紹良調赴西北，中央軍與右翼軍合併，由右翼軍總指揮張發奎統一指揮；陳誠仍任左翼軍總指揮，協同右翼進行滬戰。適右翼軍部隊換防，立足未穩，日軍乘機攻擊，侵入蘇州河南岸；陳誠急調左翼軍部隊支援反攻，戰況激烈。[20]11月1日，以第三戰區副司令長官顧祝同建議，陳誠奉委三戰區前敵總司令，全權負責淞滬戰事。[21]4日，正當國軍與渡過蘇州河的日軍苦戰之際，另部增援日軍於杭州灣之全公亭、金山嘴登陸，從側背威脅上海國軍。蔣中正以電話徵詢應付意見，陳誠主張「杭州灣方面，已有應急處置。主要問題，還在蘇州河部隊，應速轉進於武進一帶之國防線中，縮短陣地」，[22]節節抵抗。蔣中正以滬戰爲國際觀瞻所繫，遲疑未決。陳誠

19 「國際輿論轉變對敵不利故攻堅甚急」（1937年10月8日），收入陳誠著，何智霖等編，《陳誠先生書信集：家書》，下冊，頁445-446。
20 何智霖編，《陳誠先生回憶錄：六十自述》，頁64。
21 葉夢麟，〈扈從筆記〉，收入何智霖編，《陳誠先生回憶錄：六十自述》，頁140。
22 何智霖編，《陳誠先生回憶錄：六十自述》，頁64。

因「時機已迫,請其考慮三十分鐘。介公〔蔣〕旋電囑,照余〔陳誠〕計畫進行。余即準備回蘇州部署。介公忽變計,命再支持三日。」[23]延至11月8日,始下令轉進,但命令已不能下達,部隊秩序大亂,右翼軍全線崩潰。

當時陳誠率前敵總司令部人員坐鎮崑山,並在此安撫流亡、收容潰兵。陳誠先命總部人員取水路往宜興,獨與少數官佐坐鎮崑山寶塔內,所部軍、師長後退過境,均一一授以命令,並由身旁官佐親自傳遞。如命第一軍軍長胡宗南往眞茹,收集潰兵;第八十八師師長孫元良據守崑山鐵橋,掩護撤退部隊等。[24]三天後,陳誠待國軍崩潰之勢稍定,左翼軍全軍而退後,始偃舟夜航,途中一度迷航,幸獲漁夫引導,終於天明抵蘇州,結束滬上鏖戰,即將展開另一階段的戰鬥歲月。[25]

五、結語

關於淞滬會戰,後來陳誠曾有若干評述,認為其至少達成下列重要成就:「淞滬戰場擴大,相持約三月之久,吸引敵軍二十萬以上,轉變敵人沿平漢路南下之原定計畫,誘致北戰場之敵,轉入東戰場,使之由東而西,在戰略上可謂成功。我方犧牲雖大,敵人亦已付出相當代價。……世界各友邦,亦因此對我有相當認識。……蓋上海一隅之抵抗,實促進全國一致,共赴國難。邊省部隊,皆出而應戰,形成統一之局。」[26]不過,此役卻也暴露了中國在軍備、戰略上的缺失:「惟江防海防,無力固圉,使敵得抵隙乘虛,隨在搗我側背。在蘇州河激戰正殷之時,又臨陣易將,我部隊頗欠節制。更因圖博取國際之同情,求虛譽而影響戰略,不能適時轉移陣地,待部隊潰

23 葉夢麟,〈扈從筆記〉,收入何智霖編,《陳誠先生回憶錄:六十自述》,頁140。
24 何智霖編,《陳誠先生回憶錄:六十自述》,頁64。
25 葉夢麟,〈扈從筆記〉,收入何智霖編,《陳誠先生回憶錄:六十自述》,頁140。
26 何智霖編,《陳誠先生回憶錄:六十自述》,頁64-65。

亂，始被迫撤退，致遭無謂之損失為可惜耳。」[27]這些都是很有見地的看法。

　　縱觀陳誠在淞滬會戰中的作為，不論是滬戰初起策定和戰，力主擴大戰事；或是後來擔任左翼軍總指揮、第三戰區前敵總司令時，指揮所部與敵鏖戰；乃至於最後撤退階段坐鎮崑山，臨危不亂，處置得宜，終使所部全軍退出戰場後，始撤離崑山，展現高超的指揮官道德，其表現應值得肯定。

27　何智霖編，《陳誠先生回憶錄：六十自述》，頁65。

陳誠在淞滬會戰中的歷史地位

余子道

復旦大學歷史學系教授

　　抗日戰爭初期的淞滬會戰，是中國八年全國抗戰的偉大序幕，是世界反法西斯戰爭的第一個大規模戰役，在中國抗日戰爭和第二次世界大戰中產生了深遠的影響，占有重要的歷史地位。淞滬會戰是在以國共合作爲基礎的抗日民族統一戰線的旗幟下，由蔣介石爲首的南京國民政府的領導、組織和指揮下發動和進行的。陳誠將軍是這場會戰的主要決策者、組織者和指揮者之一。他自始至終親臨前線，參與了戰役的各個階段；他率先提出和參與策定「擴大滬戰」的戰略決策；他直接統率和指揮第十五集團軍和左翼作戰軍擔負淞滬主戰場的作戰；他先後擔任第三戰區前敵總指揮和總司令，參與策定和指揮淞滬戰場上幾乎一切重要的作戰計畫、作戰部署和作戰行動；他在淞滬會戰結束後，就這場會戰的經驗教訓做過全面的探討和總結，爲後人留下了十分珍貴的軍事思想歷史遺產。毫無疑問，陳誠對於淞滬會戰可謂貢獻卓著，厥功甚偉，有其不可磨滅的重要的歷史地位。

一、率先提出和參與策定「擴大滬戰」的戰略決策

陳誠對淞滬會戰的首要貢獻，是他基於戰前對於抗日軍事戰略的研究和作戰計畫的構想，在八一三事變之初，率先向蔣介石提出了「擴大滬戰」的戰略性建議，並且參與南京最高統帥機關策定「擴大滬戰」、舉行淞滬會戰的戰略決策。陳誠的這一建議，高瞻遠矚，盱衡全局，富有戰略意義，對於淞滬會戰的進程產生了重大的影響。

1937年7月，日本軍國主義挑起七七事變，由此開始了全面侵華戰爭。中國軍民奮起抗擊，全國全面抗戰從七七抗戰揭開序幕。7月17日，國民政府軍事委員會委員長、行政院院長蔣介石在廬山發表談話，代表中國政府向中外宣布準備抗戰的方針與決心。當時，雖然並未完全放棄將盧溝橋事變作爲地方性局部事件而尋求解決的希望和努力，但南京政府內外政策的基點已經轉移於舉全國之力對日抗戰。「廬山談話，乃明示犧牲關頭已到，人無分男女，地無分南北，全面抗戰到底之決心。」[1]7月28日和30日，北平和天津先後被日軍攻占，中日大戰不可避免之勢已定。8月7日，在南京召開國防會議和黨政聯席會議，以最高決策的層面作出了對日抗戰的國策，「會議決定積極備戰並抗戰。」[2]8月13日，日軍在上海挑起八一三事變，南京最高統帥部鑑於上海和滬寧杭地區在政治、經濟、軍事、外交和國際關係等各方面獨特的重要地位，乃決定實行「先發制敵」的策略，主動開闢淞滬戰場，指令京滬警備司令張治中率第九集團軍進軍上海，對駐滬日軍發起進攻。

從七七事變到八一三事變爆發前後一個時期，中日雙方的用兵重點是

1　郝柏村，《郝柏村解讀蔣公八年抗戰日記：一九三七～一九四五》，上冊（臺北：遠見天下文化出版股份有限公司，2013），頁122。

2　中央研究院近代史研究所編，《王世杰日記（手稿本）》，第1冊（臺北：中央研究院近代史研究所，1990），頁84-85，1937年8月7日。

在北方的河北、山西、察哈爾等省境內，而以河北戰場爲重中之重，直至八一三戰爭開始前後，華北戰場始終是抗日戰爭的主戰場。日本華北駐屯軍和進入華北的關東軍以及爾後組成的華北方面軍，是當時日本進攻中國的基本軍事力量。在淞滬戰場，八一三開戰之初，日軍參戰的是駐滬海軍陸戰隊和海軍第三艦隊的水面艦艇和航空部隊。直到8月23日日本上海派遣軍開始登陸上海，日本陸軍才初始進入淞滬戰場參戰。中國方面，開戰之初亦置軍事重點於華北戰場。據軍政部長何應欽1937年8月7日在國防會議上的報告，當時「全國軍隊列入抗戰序列者，第一線約一百個師，……使用於河北省者，共約五十個師」，[3]這已占了全國第一線部隊的一半。如果把使用於山西和察哈爾的部隊合計在內，投入於華北戰場的兵力，則占到了第一線部隊的大部分。武器彈藥的配備也以華北爲主，「軍政部……依作戰之要求，分設了彈藥總庫若干及分庫若干，約計在長江及黃河以北囤積三分之二，江南囤積三分之一。」[4]空軍主力當時也準備部署於華北戰場，何應欽在上述報告中說道：「中央空軍，亦已全部準備出動，並已與閻〔錫山〕主任商定，以太原爲根據地」。[5]國民政府統帥機關的上述兵力部署和戰略重點的選擇，取決於九一八事變以來中日兩國業已形成的戰略態勢，也與中、日、蘇三國在東北亞地區構成的戰略格局相關。

　　淞滬會戰在其初期是在以華北戰場爲全國主戰場的大背景下發動和展開的，然而在這場會戰的過程中，對日作戰的主戰場卻逐步地由華北戰場轉移到淞滬戰場（當時稱東戰場）。在淞滬會戰進行了兩個月多以後，全國抗戰

3　「何應欽關於中央軍事準備的報告稿」（1937年8月7日），收入中國第二歷史檔案館編，《抗日戰爭正面戰場》，上冊（南京：江蘇古籍出版社，1986），頁261-262。

4　「何應欽關於中央軍事準備的報告稿」（1937年8月7日），收入中國第二歷史檔案館編，《抗日戰爭正面戰場》，上冊，頁261-262。

5　「何應欽關於中央軍事準備的報告稿」（1937年8月7日），收入中國第二歷史檔案館編，《抗日戰爭正面戰場》，上冊，頁261-262。

的主戰場遂最後轉移到了華東。這一變化，主要是因中日雙方作戰的客觀形勢使然，同時也是由蔣介石的戰略企圖、作戰指導思想和外交戰略所決定，而陳誠向蔣介石提出「擴大滬戰」的建議，在其中起了關鍵性的作用。

　　早在全國抗戰開始前，陳誠就十分關注抗日戰爭戰略問題的研究和國防建設的思考。陳誠是國民黨新一代傑出的軍事家和政治家，深受蔣介石的信任和倚重，而每每被賦以處理重要的軍事和政治問題。正如郝柏村解讀蔣介石1937年8月4日日記所言，「蔣公軍事第一助手原為何應欽，而今日所記，軍事能代研究者，此辭修也。」[6]早在1934年5月，軍事委員會在江西盧山舉辦陸軍軍官訓練團，蔣介石自兼團長，陳誠出任副團長，「全國各地陸軍高級軍官都輪流調到盧山接受這種精神訓練，講授範圍也由於日軍侵略企圖，而轉移至抗日戰略戰術。」[7]1935年3月，陳誠被蔣介石任命為軍委會武昌行營陸軍整理處處長，負責主持分期整理全國陸軍事宜。1936年10月，陳誠奉蔣介石之命赴山西，協同閻錫山對綏遠抗日國防軍事進行部署。同年12月，陳誠奉派為軍政部常務次長。在這之前，陳誠曾就抗日軍事戰略問題在河南洛陽與蔣介石一道進行研究和策劃，獲有共識。對此，陳誠後來回憶說：「1936年10月，我奉委員長電召，由盧山隨節進駐洛陽策劃抗日大計。持久戰、消耗戰，以空間換取時間等基本決策，即均於此時策定。至於如何制敵而不為敵所制問題，亦曾初步議及。即敵軍入寇，利於由北向南打，而我方為保持西北、西南基地，利在上海作戰，誘敵自東而西仰攻。」[8]這一抗日戰略構想，實為十個月之後八一三抗戰之初，陳誠提出「擴大滬戰」，牽制日軍在華北進攻的戰略性建議的藍圖。

6　郝柏村，《郝柏村解讀蔣公八年抗戰日記：一九三七～一九四五》，上冊，頁131。

7　吳相湘，〈陳誠遺愛鯤海〉，《民國百人傳》，第2冊（臺北：傳記文學出版社，1979），頁191。

8　陳誠，《陳誠回憶錄：抗日戰爭》（北京：東方出版社，2009），頁21-22。

　　七七事變爆發前，陳誠正在廬山以暑期軍官訓練團教育長主持團務。8月12日，最高國防會議和黨政聯席會議推蔣介石為陸海空軍大元帥，以軍事委員會為抗戰最高統帥部。8月13日，淞滬抗戰揭開戰幕。8月15日，陳誠應蔣介石之召，自廬山返回南京。蔣介石於次日當面指令陳誠以三項緊急任務：「赴上海視察張治中部作戰，並協助之」；「速釐定（全國抗日部隊）戰鬥序列；同時注意研究河北戰況。」翌日，陳誠會同熊式輝（江西省政府主席，旋為南京大本營第二部部長）赴上海視察。這時，淞滬前線由張治中指揮的第九集團軍正在奮勇進攻日本駐滬海軍陸戰隊的虹口和楊樹浦根據地，進入上海及周邊一帶的第一線部隊，「計有八十七師、八十八師、九十八師、五十六師、五十七師及獨立第二旅等部隊，連日並已逐次占領敵根據地週邊各要地。」[9]中國軍隊當時投入淞滬戰場作戰的陸軍正規部隊共為5個師、1個旅、3個炮兵團，另有上海保安總團和警察總隊。這些兵力本來以為在空軍的協同下足以殲滅駐滬日本海軍陸戰隊，但是顯然還不具備進行一場大規模戰役的條件。

　　陳誠與熊式輝於8月20日晚返回南京覆命。據陳誠的回憶：「熊天翼於途中說：『我們應商定如何一致報告委員長？』我說：『各就所見報告，可使委員長多得一份參考資料，似可不必一致。』」其實，這時陳誠已有在上海擴大第二戰場的意圖，還在8月7日，他在致蔣介石的電報中已提出：「職以為只有抱積極戰之目的，全面戰之方針，始可得萬一之和平。」[10]回南京後，「熊的報告是：『不能打。』我的報告是：『不是能不能打的問題，而是要不要打的問題。』委員長要我加以說明，我接著說：『敵對南口在所必攻，同

9　「何應欽在國防最高會議之報告」（1937年8月17日），收入中國第二歷史檔案館編，《抗日戰爭正面戰場》，上冊，頁341。

10　「電呈就戰時機構指揮戰略等問題貢陳所見」（1937年8月7日），收入何智霖編，《陳誠先生書信集：與蔣中正先生往來函電》，上冊（臺北：國史館，2007），頁288-289。

時亦以我所必守，是則華北戰事擴大，已無可避免。敵如在華北得手，必將利用其快速部隊，沿平漢路南犯，直趨武漢；如武漢不守，則中國戰場縱斷為二，於我大為不利。不如擴大淞滬戰事，誘敵至淞滬作戰，以達成二十五年所預定之戰略。』委員長說：『打！打！一定打！』我趁此機會建議：『若打，需向上海增兵。』隨後就發表我為第三戰區前敵總指揮兼第十五集團軍總司令，增調部隊，赴滬參戰。」[11]

板蕩識英雄，國難思良將。陳誠向蔣介石提出的建議，既顯示出他堅定明確的抗戰立場，又體現了他高瞻遠矚的戰略膽識。在中國民族抗戰的序幕正在徐徐開啟的歷史關頭，陳誠的態度與某些抗戰悲觀主義者不同，更與那些對日妥協派之間涇渭分明。他是一個旗幟鮮明的抗戰派，正如他自己記述赴淞滬前線時的心情——「從九一八事變起，我誓願為抗日戰爭效命，至此乃得如願以償。」[12]陳誠的建議為蔣介石所採納，有力地支持和促進後者確立擴大淞滬之戰、以牽制日軍在華北的進攻的作戰指導思想；從而使得南京最高統帥部進一步確立在淞滬開闢第二戰場的決策，為爾後使中日戰爭的主戰場從華北轉移至華東開闢了道路，也為淞滬戰役後來發展為一場震驚中外的大規模會戰在指導方針上奠定了基礎。

二、直接統率左翼作戰軍擔負淞滬主戰場作戰

從1937年8月17日赴上海前線視察戰況，到同年12月初指揮左翼作戰軍西撤至以宣城為中心的蘇浙皖邊境，陳誠歷經淞滬會戰的全過程，是淞滬戰場上負責指導全局的主要決策者、組織者和指揮者之一。會戰期間，陳誠具有四個身分：第十五集團軍總司令（1937年11月3日起由羅卓英繼任）、

11　陳誠，《陳誠回憶錄：抗日戰爭》，頁38。
12　陳誠，《陳誠回憶錄：抗日戰爭》，頁38。

第三戰區前敵總指揮、左翼作戰軍總司令（11月4日起後者由薛岳繼任）、第三戰區前敵總司令。8月18日，蔣介石致電參謀總長程潛：「茲任命陳誠為第三戰區前敵總指揮。」[13] 8月24日，陳誠為有利於淞滬戰場的全盤指揮，協調各方，處理好人事關係，在蘇州長官部致電蔣介石，建議「請任顧〔祝同〕主任為第三戰區副司令長官，統一指揮。」[14] 蔣介石於次日任命顧祝同以副司令長官之職。陳誠和顧祝同秉承蔣介石的指令，共同負責淞滬戰場中國軍隊全盤作戰的組織和指揮；以體制而言，顧祝同為第一位負責者。但是與顧祝同有所不同，陳誠除了參與全盤作戰指揮以外，還兼任第十五集團軍和左翼作戰軍總司令的職務，直接負責指揮淞滬左翼戰場的作戰。

　　淞滬戰場上的中國軍隊，在統一的戰鬥體制和作戰指揮之下，劃分為三個作戰區域，分別以三大作戰軍負擔作戰任務。在上海市區東北方向、黃浦江以西、長江以南、蘊藻浜以北，瀏河、嘉定、南翔、彭浦一線東西的地域為左翼戰場。黃浦江以西、蘊藻浜以南、滬太公路以東，閘北、江灣、廟行、五角場、新市區一線以北地域為中央戰場。杭州灣以北、黃浦江以東、蘇嘉鐵路以東地域為右翼戰場。左、中、右三大作戰軍，分別由陳誠、張治中（1937年9月21日後由朱紹良繼任）、張發奎擔任總司令。這三大作戰軍的格局，是在1937年8月下旬陳誠指揮第十五集團軍在江蘇太倉、嘉定和寶山縣境進行抗登陸作戰開始正式形成的。八一三開戰之初，張治中指揮第九集團軍進攻上海市區日軍，中央作戰軍首先揭開了淞滬會戰的序幕。同時，張發奎統率的第八集團軍展開於杭州灣以北、滬杭線一帶，但尚未直接開戰。至8月23日，日本上海派遣軍首先以兩個師團在寶山東西一帶長江沿岸

13　「蔣介石致程潛密電」（1937年8月18日），收入中國第二歷史檔案館編，《抗日戰爭正面戰場》，上冊，頁289。

14　「淞滬戰役陣中日記（一）」（1937年8月24日），《陳誠副總統文物》，國史館藏。

實施登陸，十五集團軍當即進行反擊。由此開始，淞滬會戰的重心由市區的虹口、楊樹浦轉到長江南岸寶山境內，主作戰軍的地位和角色也發生易位，由中央作戰軍轉換為左翼作戰軍。從8月下旬長江沿岸抗登陸作戰到10月中旬，左翼戰場始終是淞滬會戰的主戰場，左翼作戰軍擔負了全戰場最重要的作戰。10月間，以大場為中心的十月會戰，則是由陳誠為首的左翼軍和由朱紹良為首的中央作戰軍聯合進行的。10月26日大場失守，中央作戰軍與左翼作戰軍部分主力轉移到上海市區以西的蘇州河南岸，中央戰場從此不復存在，中央作戰軍在體制上也就隨之被撤銷了。11月4日，根據南京最高統帥部的命令，淞滬戰場中國軍隊實行調整重組，組成左右兩大作戰軍，薛岳任新的左翼作戰軍總司令，張發奎任新的右翼作戰軍總司令。

　　從8月下旬到10月下旬的近兩個月作戰，陳誠直接指揮的左翼戰場是淞滬會戰的主戰場。這首先是因為這裡是中國軍隊抗擊日軍登陸的橋頭堡和前沿陣地帶。日本侵滬部隊是從經由海上輸送進入長江口內，其登陸場在11月以前一直選擇在左翼戰場，其時陸續登陸的五個半師團，除了少部分在張華浜和虹江碼頭上陸之外，基本上都從左翼地帶登陸，能不能擊敗登陸之敵乃是當時左右戰局形勢的關鍵。其次，左翼戰場是當時中日雙方重兵集結之所在。日軍方面，至10月上旬已投入淞滬戰場的地面部隊，有第三、第九、第十一、第十三、第一○一師團等共5個師團，另有15個步兵大隊、重炮兵1個旅團及其他特種部隊。其中除了第一零一師團等部使用於中央戰場外，絕大部分主力師團都投入於左翼戰場。第三，從淞滬戰場的全盤態勢而言，左翼戰場是當時足以影響全局的樞紐。中國軍隊控制了左翼戰場，就能保障滬京鐵道和長江沿岸的交通安全，就能掩護中央作戰軍繼續對虹口、楊樹浦之敵的圍攻態勢，也才可能支撐中國軍隊蘇州河以北的防禦體系於不倒。由此可見，陳誠指揮的左翼戰線對淞滬會戰的成敗是至關重要的。

　　左翼作戰軍是淞滬戰場上一個規模最大、最具實力的作戰集團，其主力是以第十八軍為基幹部隊的第十五集團軍。陳誠與第十八軍有著深遠的歷史淵源，他長期傾注心血建設和統率這支部隊，曾先後兼任該軍兩個主力師的師長：1928年至1931年任第十一師師長、1931年至1932年任第十四師師長。他在1931年至1935年擔任十八軍軍長長達5年之久。全國抗戰開始時，雖然軍長一職已由羅卓英繼任，然而他在這支部隊的政治地位與人脈關係不僅依然存在而並未絲毫削弱。八一三戰爭打響後，以第十八軍為基礎，組成第十五集團軍。8月下旬至9月上旬，十五集團軍所轄部隊有第十一、第十四、第六十七、第九十八、第五十一、第五十二、第五十六、第一、第七十八、第三十二等共10個師。[15]這時，左翼作戰軍又稱江岸防守軍，即以十五集團軍組成，陳誠為總司令。9月21日，按照南京最高統帥部的命令，第三戰區司令長官由蔣介石兼任，副司令長官仍由顧祝同繼任。「左翼軍以第十九、第十五集團軍編成之」，「第十九集團軍總司令薛岳、副總司令吳奇偉。第十五集團軍總司令陳誠兼，副司令羅卓英。」[16]左翼戰線的戰爭規模空前擴大，部隊組成也由原先的一個集團軍擴編為兩個集團軍，至10月初已達23個師、一個教導旅，以及兩個炮兵團、一個炮兵營，高射炮和戰防炮各兩個連。這時，第十五集團軍轄有第十一、第六十七、第十四、第九十八、第五十六、第五十一、第五十八、第四十四、第六十師；第十九集團軍轄有第一五九、第一六〇、第八、第十六、第十三、第六、第三十二、第一、第七十八、第五十九、第九十、第十五、第七十七師等部。[17]

15　「顧祝同致蔣介石密電」（1937年9月9日），收入中國第二歷史檔案館編，《抗日戰爭正面戰場》，上冊，頁307-308。

16　「蔣介石致馮玉祥等密電」（1937年9月21日）、「蔣介石致顧祝同等密電」（1937年9月21日），收入中國第二歷史檔案館編，《抗日戰爭正面戰場》，上冊，頁312-313。

17　「淞滬戰役陣中日記（二）」（1937年10月1日），《陳誠副總統文物》，國史館藏，典藏號：008-010204-06001-021。

　　陳誠自始至終，親臨前線，直接指揮左翼軍作戰。1937年8月22日晚開始，日軍第十一師團和第三師團分別在寶山川沙口、石洞口和吳淞張華浜登陸。陳誠當夜於南翔總部指揮第十八軍進行阻擊，命令「在吳福線的第十一師及在楊行、寶山方面的第九十八師轉向獅子林、川沙口方向之敵攻擊；更以在昆山、吳縣附近集結的第六十七師用汽車輸送向羅店挺進；並急調正向常熟、福山前進的第十四師向太倉、羅店方向前進，以求會殲登陸的日軍」，[18] 由此揭開了淞滬戰場抗登陸作戰的序幕。

　　同年8月下旬至9月上旬，陳誠指揮第十五集團軍在吳淞、寶山、月浦、楊行四點之間，構成一個菱形防禦地帶，抗擊上陸的日軍主力前進和陸上根據地的形成，而羅店至劉行一線則是上述防禦地帶藉以依託的基軸。以十八軍為主力部隊，以攻奪羅店為中心，敵我雙方展開了慘烈的搏擊。中國軍隊先後四次反攻羅店，前赴後繼，奮勇進擊，震驚中外，羅店被新聞界稱之為「血肉磨坊」。寶山城保衛戰英勇慘烈，壯烈無比。9月中旬至10月初，十五集團軍繼續進行楊行——劉行——蘊藻浜一帶的阻擊戰。9月14日，陳誠由昆山前赴劉行，直接在前線進行指揮。18日，陳誠以左翼軍總司令向全軍發布訓令，號召官兵奮勇殺敵、持久不懈，並將全軍劃分為三個作戰區：第一作戰區以胡宗南、王東原為正副指揮官，第二作戰區以羅卓英、霍揆彰為正副指揮官，第三作戰區以劉和鼎、俞濟時為正副指揮官。接著，進行了陸福橋互羅店附近的防禦戰鬥、羅店以南的防禦戰鬥、陸宅附近的戰鬥。

　　這時，淞滬戰場進入陣地戰高潮階段，陳誠指揮左翼作戰軍進行前所未有的對日陣地戰。繼9月上、中旬楊行至劉行阻擊戰之後，9月中旬至10月上旬又進行劉行——蘊藻浜阻擊戰。「9月17日起，敵我在北站——廟行

18　「陳誠關於七七事變後上海南京作戰的回憶資料」，《國民政府軍令部戰史會檔》，中國第二歷史檔案館藏，檔號：(25) 2864。

——劉行——羅店西南——瀏河之線，兩翼依託租界及江濱，開始互相爭奪之陣地戰。」[19]中國軍隊步步抗擊，寸土必爭，在日軍壓倒優勢的火力之下，冒死拼殺，付出極大傷亡，第五十七師、十五師、七十七師等部損傷尤為嚴重。10月1日晚，陳誠下令「我軍轉移主力，撤至由楊家宅、塘橋站沿蘊藻浜南岸經陳家行——廣福——羅店西南側——施相公廟——曹王廟互雙草墩之線。」[20]從10月初至月中，左翼軍舉行了東林寺戰鬥、龔家橋附近戰鬥、楊涇河東岸戰鬥、瀏河方面戰鬥、廣福瀏河間突擊戰，以及楊涇河畔戰鬥等歷次激戰。

接著而起的是以保衛大場為中心的十月會戰，是淞滬會戰陣地戰的最高潮。陳誠參與這場決戰高潮的決策和指揮，左翼作戰軍與中央作戰軍協同舉行這場大規模戰鬥。期間，10月20日前後，陳誠主導之下，以廣西部隊第二十一集團軍為主力，左翼軍之第六十六軍和第九十八師等部參加的，在蘊藻浜以南、南翔以東進行了一場大規模反擊戰。這是淞滬會戰中唯一一次由我方主動發起的大規模反擊戰，雖然由於力量對比懸殊等等原因而並未獲勝，但仍不失其積極意義。

大場之戰以中國軍隊戰敗而告終。10月26日晚，中央作戰軍轉移至滬西蘇州河沿岸江橋鎮、北新涇、小南翔一帶，阻擊南下的日軍。左翼軍仍防守南翔——廣福——羅店西南——施相公廟——雙草墩——瀏河之線。11月初，薛岳繼陳誠擔任左翼軍總司令，這時轄有第十五、第十九、第二十一等三個集團軍，依然是淞滬戰場上一支實力最為強大的方面軍。11月5日開始，日軍第十軍在杭州灣北岸金山衛一帶登陸。11月10日，左翼軍奉命撤

---

19 「第三戰區淞滬會戰經過概要」（1937年8-12月），《國民政府軍令部戰史會檔》，中國第二歷史檔案館藏，檔號：（25）3201。

20 「陳誠關於七七事變後上海南京作戰的回憶資料」，《國民政府軍令部戰史會檔》，中國第二歷史檔案館藏，檔號：（25）2864。

離淞滬戰場，向吳福線陣地轉移，「初奉令沿滬錫公路轉進，占領常福段國防線既設陣地。在敵西進中，繼奉令沿無錫、宜興、廣德向宣城、寧國附近地區轉進，阻敵南犯。」[21] 11月25日，陳誠進駐安徽宣城，最後結束了領導和指揮淞滬會戰的歷史進程。

三、從前敵總指揮到前敵總司令：總攬戰場作戰的指揮

在淞滬會戰期間，陳誠所負責的重要職務和擔當，除了擔任第十五集團軍總司令和左翼作戰軍總司令以外，最重要的當是他先後擔任第三戰區前敵總指揮和前敵總司令之職。這總指揮、總司令之職，就軍事體制和一般的指揮系統而言，是處在中央統帥部和第三戰區司令長官部之下的、淞滬戰場前線全軍的最高指揮長官。但在實際上，它卻並非居於第三戰區司令長官之下，而在會戰進程中，逐步發展成為秉承南京最高統帥部的旨意，代表第三戰區司令長官部總攬戰場作戰指揮全局的指揮官。

陳誠是在1937年8月18日被任命為第三戰區前敵總指揮的。蔣介石當面與他談定是在8月20日，這天，「先生〔陳誠〕偕熊〔式輝〕返京覆命，力主擴大淞滬之戰，……〔與蔣介石〕議定後，即派先生為第三戰區前敵總指揮。」[22] 蔣介石這一決定可以被認為既是體現了擴大淞滬戰爭的決心，又反映了他對陳誠的高度信任；但是當時對前敵總指揮的職責與許可權未有明確的規定。蔣介石很可能是有鑑於正在籌建的第三戰區司令長官部負責人的實際情況，而設立前敵總指揮一職的。事實上，在這之前，南京政府已做出任命軍事委員會副委員長馮玉祥為第三戰區司令長官的決定。可是，馮玉祥為原

21　「第十五、十九集團軍關於東戰場滬常及蘇皖轉進諸戰役的戰鬥詳報」（1937年11月-12月），《國民政府軍令部戰史會檔》，中國第二歷史檔案館藏，檔號：(25) 3228。

22　吳錫澤編著，〈陳辭修先生年譜簡編初稿（一）〉，《傳記文學》，第62卷第5期（臺北，1993.5），頁20。

西北軍首領，已脫離軍界多年，其早先統率過的部隊都在華北戰場，淞滬戰場上的主力部隊又係黃埔系將領帶領的中央軍，於馮而言既毫無歷史淵源，又不便指揮。南京最高統帥部在8月18日《關於原定作戰計畫緊急處置事項的記錄》中，按照蔣介石的意見確定：「為補救第三戰區指揮敏活起見，擬設置前敵總指揮。」[23]兩天後，陳誠即受命擔任此職。

在陳誠受命任前敵總指揮之時，第三戰區司令長官部尚無副司令長官。8月24日，陳誠在蘇州電呈蔣介石，建議由顧祝同出任第三戰區副司令長官。顧與陳同為受蔣介石信任的黃埔系高級將領，後者比前者在指揮才能上更為高超，而前者在資歷上則超過後者。顧祝同於8月25日被任命為副司令長官後，即在南翔建立副司令長官部，全面負責淞滬戰場部隊組織、調遣和用兵、作戰事宜，陳誠著重作戰計畫的謀劃和戰役作戰的指揮。隨著戰爭規模的日益擴大和參戰部隊的大量增加，前方作戰指揮的任務愈來愈重，前方指揮機關的許可權也就一步步擴大和提升了。正如陳誠在後來的回憶中所說：「上海戰事，日益擴大，至十月初，余實負全局指揮之責。」不久，「我奉命改任第三戰區前敵總司令，負有滬戰全局指揮之責。」[24]11月1日，以第三戰區副司令長官顧祝同的建議，南京軍事委員會正式任命陳誠為第三戰區前敵總司令，全權負責淞滬戰場作戰指揮。[25]

陳誠臨危受命，在淞滬戰局處於前所未有的險境之際出任前敵總司令。這時，顧祝同的司令長官部已從吳縣向武進轉移，陳誠的總司令部則堅守在昆山，貼近前線指揮。前敵總司令部的具體任務和職責是什麼？它與戰區司

---

23 「關於原定作戰計畫緊急處置事項的記錄」（1937年8月18日），《國民政府軍令部戰史會檔》，中國第二歷史檔案館藏，檔號：（25）1779。

24 陳誠，《陳誠回憶錄：抗日戰爭》，頁39。

25 葉夢麟，〈扈從筆記〉，收入何智霖編，《陳誠先生回憶錄：六十自述》（臺北：國史館，2012），頁140。

令長官的關係和分工又是怎樣？顧祝同1937年11月20日致電蔣介石，根據此前的實際情況和已有經驗，提出了「規定長官司令部與前敵總司令部之職權」的九項原則。[26]以下將有關規定作一說明，從這裡可以從體制上明確認識前敵總司令的職責範圍與許可權，足以瞭解陳誠所負責任之艱鉅。

（一）前敵總司令部按照戰區長官司令部根據大本營之意旨所決定的戰區作戰宣傳、指導要領及基礎兵團的配置規定，策定關於各時期的會戰計畫，並負責指導戰鬥實行之責；

（二）各個集團軍以上的司令部及戰區直屬部隊，對於戰況及部隊位置等情報，須分報長官司令部及前敵總司令部，但請示作戰行動事項，由前敵總司令部負責批覆；

（三）戰區長官司令部除控制必要的戰略預備部隊之外，其他各部隊的作戰行動，概由前敵總司令以命令行之；

（四）關於戰地部隊教育、後方陣地構築、戰區行政事務、部隊補充和整理、兵站的設定與後勤供應、後方衛生機構設置與傷病官兵的管治等，歸戰區長官司令部負責辦理。

綜觀淞滬會戰的全過程，作為第三戰區前敵總指揮和前敵總司令，陳誠的作用主要在於總攬戰場作戰指揮的全局，會同顧祝同，負責策定和指揮各次重要戰役的作戰行動，並負責指導各個集團軍的作戰。具體而言，似可歸納為以下三個方面。

一是站在戰場全局的高度，全面觀察戰場形勢的發展變化，提出戰場作戰的具體作戰方針和作戰計畫。早在八一三開戰之初，陳誠赴上海視察第九集團軍市區攻圍戰之時，根據戰場實況，提出了集中我軍在前方的兵力，重

---

26 「顧祝同致蔣介石密電」（1937年11月20日），收入中國第二歷史檔案館編，《抗日戰爭正面戰場》，上冊，頁333。

點進攻黃浦江江岸的匯山碼頭,「將敵方陣地中央突破,再向兩方席捲而掃蕩」的作戰方針。[27]8月下旬,日本上海派遣軍兩個師團在寶山川沙口至吳淞張華浜一帶登陸後不久,陳誠當即制定了《第三戰區淞滬瀏嘉寶附近圍攻計畫》,確定「於淞滬附近構築堅固陣地,圍攻虹口、楊樹浦及張華浜之敵;並於獅子林、月浦、楊行、盛橋、瀏河之線,構築堅固陣地,圍攻川沙口上陸之敵而殲滅之」的作戰方針。[28]10月4日又向蔣介石提呈《第三戰區中央軍左翼軍方面攻擊計畫概要》,提出「我軍應乘敵攻擊之頓挫,乘機積極轉取攻勢」的作戰方針,並對第九、第十五、第十九集團軍和第一軍的作戰作出全面部署。[29]此種作戰計畫隨著戰場形勢的階段性變化而相繼提出,直到11月中旬全軍西撤始終如一。

　　二是主導重要戰役和重大作戰行動的謀劃、策定和指揮。淞滬會戰過程中,幾乎所有重要戰役和重大作戰行動的謀劃和策定,陳誠都是一個舉足輕重的中心人物。他上承最高統帥蔣介石,以及副參謀總長白崇禧、作戰部部長黃紹竑等人;在第三戰區他協同顧祝同,溝通各集團軍主要將領張治中、朱紹良、張發奎、薛岳、羅卓英、胡宗南、廖磊、劉建緒等人。他匯集各方面的情報、資訊和意見,提出決策性主張和建議,在獲得顧祝同的認同和蔣介石的批准後加以組織實施,其總司令部也就真正成為前方的指揮中心。以10月20日開始的中央和左翼兩大作戰集團合力進行的南翔以東、蘊藻浜以南的大規模反擊戰為例,可以說,這個重大作戰行動完全是由陳誠為總的策劃和主導之下進行的。早在10月11日,陳誠已就廣西部隊第二十一集團軍

27　陳誠,《陳誠回憶錄:抗日戰爭》,頁38。

28　「第三戰區淞滬瀏嘉寶附近圍攻計畫」(1937年8月),收入秦孝儀編,《中華民國重要史料初編——對日抗戰時期:第二編　作戰經過(二)》(臺北:中國國民黨中央委員會黨史委員會,1981),頁186-188。

29　「第三戰區中央軍左翼軍方面攻擊計畫概要」(1937年10月4日),《國民政府軍令部戰史會檔》,中國第二歷史檔案館藏,檔號:(25)3188。

如何使用，以及我軍轉移攻勢的方針同蔣介石進行商討，向蔣介石提出反擊戰的三個方案，以供選擇。[30]後來蔣採納其中以突擊蘊藻浜南岸敵軍為重點的第二種方案。陳誠又以薛岳為這次反擊戰的第一線總指揮官，而他自己則在全局上進行領導和協調。

　　三是關注會戰進程中的重要問題，向蔣介石和最高統帥部提出建議。作為前敵總指揮和總司令，陳誠視野宏遠，瞻前顧後，全局在胸，每每於戰局發展的關鍵時機，向蔣介石提出具有真知灼見的主張和建議。儘管這些直達頂峰的建議並不都受最高當局採納，然而過後的歷史卻證明其不失為先見之明。如9月中旬陳誠指揮劉行前線作戰，有鑑於抗登陸的態勢和已有的教訓，於9月24日向蔣介石提出「為要長期抗戰，須轉移陣地，逐次抵抗」的建議，認為「我之目的為持久戰，若損失太大，則難達持久之目的」，「故宜乘此時機，講求整個調整辦法。」[31]又如11月5日開始日本第十軍在杭州灣北岸登陸，當時蔣介石由電話詢問陳誠如何處置，陳「答以須調整戰線」。[32]顯然，陳誠的建議是正確的。再如，在南京保衛戰前夕，蔣介石在南京就京城的守與撤問題當面向陳誠徵詢意見，陳明確提出「我不主張守南京」的意見。[33]淞滬抗戰發展歷程以事實證明，陳誠的許多主張和建議頗具戰略眼光，不失為富有遠見卓識的高明之見。

　　綜觀陳誠在淞滬會戰中的地位和作為，他無愧於偉大的全民族抗戰賦予的歷史重任。不論是滬戰揭幕時參與策定和戰大局，促成最高統帥部確立擴大滬戰以牽制日軍在華北進攻的作戰指導方針；或是擔任左翼作戰軍總司

---

30 「淞滬戰役陣中日記（一）」（1937年10月11日），《陳誠副總統文物》，國史館藏。

31 「淞滬戰役陣中日記（一）」（1937年9月24日），《陳誠副總統文物》，國史館藏。

32 「陳誠關於七七事變後上海南京作戰的回憶資料」，《國民政府軍令部戰史會檔》，中國第二歷史檔案館藏，檔號：(25) 3203。

33 「陳誠關於七七事變後上海南京作戰的回憶資料」，《國民政府軍令部戰史會檔》，中國第二歷史檔案館藏，檔號：(25) 3203。

令，直接指揮淞滬主戰場的對日作戰；乃至於以第三戰區前敵總指揮進而擔任前敵總司令，總攬淞滬戰場全軍作戰指揮的全局，謀劃重要作戰計畫，連通上下各層指揮機關，協調各路部隊與敵鏖戰；以及最後全軍西撤過程中，坐鎮臨近前線的江蘇昆山，臨危不亂，從容處置，指揮若定，處處展現出堅定的愛國立場，高昂的民族精神，宏遠的戰略膽識和高超的指揮藝術。

陳誠與中國遠征軍 *

蘇聖雄

國史館修纂處助修

一、前言

　　陳誠是蔣中正麾下得力將領，1937年中日全面戰爭爆發後，深受倚重，於淞滬會戰擔任第三戰區前敵總指揮兼第十五集團軍總司令，統率第十八軍等中央部隊抗擊日軍。1938年受任武漢衛戍總司令，並兼任軍事委員會政治部部長、第九戰區司令長官等諸多工作，職司武漢地區黨、政、軍重要任務。武漢會戰後，又投入第一次長沙會戰、桂南會戰，1940年9月，專任第六戰區司令長官及湖北省政府主席，率部扼守陪都重慶大門，防阻日軍沿長江西上，長驅入川。

　　1941年12月，日軍不宣而戰，突襲美、英屬地珍珠港、馬尼拉、香港等地。1942年元旦，中、美、英、蘇等26國在華盛頓簽訂共同宣言，與日、德、義軸心國作戰，隨即以蔣中正為中國戰區最高統帥。同時，國軍組織遠征軍出征緬甸，和盟軍併肩作戰，惟滇緬路作戰盟軍敗績，亟需整頓，

＊　本文撰寫期間，蒙陳永發院士、孫宅巍教授及匿名審查人提供寶貴意見，特此致謝。

美籍中國戰區最高統帥部參謀長史迪威（Joseph Warren Stilwell）建議由陳誠出任負責，蔣中正遂於1943年2月任命陳誠為遠征軍司令長官。[1]

據陳誠回憶：「余入滇所遇難題有三，盟軍而外，為龍雲、盧漢，與我駐滇各軍。」[2]本文以這些課題為核心，首先探討陳誠出任遠征軍司令長官之經過，再爬梳其在雲南時與盟軍之往來，以及與雲南在地勢力之關係，復探討陳誠對遠征軍的部署、整頓、所遭遇的難題及緣何離任。期望藉由釐清這些課題，對陳誠於遠征軍之作為，獲一較完整認識。

學界對陳誠與遠征軍之相關研究，有專題論文，[3]亦有附於陳誠傳記或遠征軍戰記之專著，[4]這些書目，各有偏重，惟鮮少全面討論陳誠之作為，抑且，較少利用國史館出版之《陳誠先生回憶錄：六十自述》或《陳誠先生日記》[5]和檔案全宗《陳誠副總統文物》。本文以上述史料及《陳誠先生回憶錄：抗日戰爭》、[6]《陳誠先生書信集：與蔣中正先生往來函電》[7]為基礎，並參考美國史丹佛大學胡佛研究所藏《蔣中正日記》、國史館藏《蔣中正總統文物》及

---

1 何智霖編，《陳誠先生回憶錄：六十自述》（臺北：國史館，2012），頁87；國防部史政編譯局編，《抗日戰史：滇緬路之作戰》（臺北：國防部史政編譯局，1966），頁1-4、7-8。

2 何智霖編，《陳誠先生回憶錄：六十自述》，頁88。

3 舉要如寧志一，〈陳誠緣何失去遠征軍司令一職〉，《文史精華》，2005年第6期（石家莊，2005.6），頁41-44；孫宅巍，〈蔣介石、陳誠為遠征軍事的一段糾葛〉，《鍾山風雨》，2011年第6期（南京，2012.12），頁44-46；劉會軍、張智丹，〈陳誠就任與被免遠征軍司令的幾個問題〉，《中南大學學報（社會科學版）》，第19卷第4期（長沙，2013.8），頁252-256；何智霖，〈抗戰時期蔣中正痛斥陳誠請辭遠征軍司令長官書函解析〉，《國史研究通訊》，第3期（臺北，2012.12），頁120-123。

4 舉要如孫宅巍，《蔣介石的寵將陳誠》（鄭州：河南人民出版，1991）；趙洪昌、王學慶，《蔣介石和陳誠》（長春：吉林文史出版社，1996）；徐康明，《中國遠征軍戰史》（北京：軍事科學出版社，1995）；楊剛、馮杰，《鐵血遠征：滇緬會戰》（武漢：武漢大學出版社，2010）。

5 陳誠著，林秋敏、葉惠芬、蘇聖雄編輯校訂，《陳誠先生日記》，第1冊（臺北：國史館、中央研究院近代史研究所，2015）。

6 何智霖編，《陳誠先生回憶錄：抗日戰爭》，上冊（臺北：國史館，2004）。

7 何智霖編，《陳誠先生書信集：與蔣中正先生往來函電》，下冊（臺北：國史館，2007）。

其他相關論著，[8]對此課題作一全面探討。

二、出任司令長官

（一）派任過程

1941年12月日軍向英、美開戰後，出兵印度支那、馬來半島等地，威脅雲南南部，國軍為應付雲南緊張情勢，派遣部隊增強邊境防務，並以第五軍杜聿明部（轄第九十六師、第二〇〇師、新編第二十二師）、第六軍甘麗初部（第四十九師、第九十三師、新編第五十五師）、第六十六軍張軫部（第二十八師、第二十九師、新編第三十八師）為基幹，編成遠征軍，準備入緬。1942年2月中旬，應英國請求，遠征軍開入緬境作戰，惟以敗戰收場，滇西騰衝等地失陷，國軍一部退至印度藍伽，一部退回滇西整訓，堅守怒江防線。[9]

盟軍於緬甸敗於日本之後，中、美雙方皆有意發動反攻。1942年7月，史迪威擬訂反攻計畫書呈送蔣中正，此後中、美不斷討論反攻細節。11月3日，蔣中正於黃山官邸與史迪威會商遠征軍反攻事宜，28日，頒布「收復緬甸作戰計畫」。[10]

遠征軍戰敗後，亟需整頓，1942年11月3日，蔣中正在與史迪威談話

8　舉要如Barbara W. Tuchman, *Stilwell and the American Experience in China, 1911-1945* (New York: Macmillan, c1971). 中譯參閱〔美〕巴巴拉・塔奇曼著，汪溪等譯，《逆風沙：史迪威與美國在華經驗：1911-1945》（重慶：重慶出版社，1994）；齊錫生，《劍拔弩張的盟友：太平洋戰爭期間的中美軍事合作關係（1941-1945）》，上、下冊（臺北：中央研究院、聯經出版事業股份有限公司，2011）。

9　國防部史政編譯局，《抗日戰史：滇緬路之作戰》，頁1-4、7-8；國防部史政編譯局編，《抗日戰史：緬北及滇西之作戰（一）》（臺北：國防部史政編譯局，1966），頁3-4、6；楊維真，〈抗日戰爭中的滇西戰場（1942-1945）〉，《中華軍史學會會刊》，第13期（臺北，2008.9），頁61-79。

10　「國民黨軍反攻緬甸作戰計畫」（1942年11月28日），收入中國第二歷史檔案館編，《中華民國史檔案資料匯編》，第五輯・第二編・軍事（四）（南京：鳳凰出版社，1998），頁392；梁敬錞，《史迪威事件》（臺北：臺灣商務印書館，1971），頁115-116。

過後，於日記記下：「反攻緬甸之統帥問題與參謀團之組織。」同年12月10日，蔣開始考慮派第六戰區司令長官陳誠爲攻緬指揮官。[11]17日，侍從室第一處主任林蔚急電陳誠，告以蔣將派陳任反攻緬甸之中國軍隊指揮，希密做準備。[12]21日，蔣直接手諭陳誠，命其出任遠征軍司令長官，手諭要旨略爲：遠征軍反攻緬甸兵力，分爲二部，其一爲現駐印度部隊，其二即現駐滇各部隊。駐滇部隊，擬調羅卓英指揮，惟駐滇之中央各軍，「龐雜驕矜，統屬爲難」，最近軍風紀日漸敗壞，險象叢生。爲求其能切實整頓與精神振奮，決派陳前往雲南，先從事整頓，並作反攻之準備，期於明春如期反攻，不致貽誤大局，爲外人所蔑視。[13]

　　蔣中正對遠征軍人事措意甚深，考慮到中央軍高級將領，多難以鎮撫龐雜驕矜的中央各軍，且當前負責人羅卓英與史迪威不協，史迪威批評國軍辦事遲緩，羅卓英有「十大罪狀」，[14]故蔣最後希望陳誠出馬負責。對此，陳誠復電建議遠征軍名義應以總司令較妥，組織希望簡單充實，至於第六戰區司令長官，擬以孫連仲調充，或以吳奇偉或羅卓英代理，[15]另以長電反對遠征軍出兵，其論旨爲：當今國內外人士於東歐第一戰場及北非第二戰場之外，視緬甸爲第三戰場，而對中國民族興亡根本所關之本國廣大戰場，不加措意。中國對日抗戰，自有其根本要點所在，未可輕於取捨。中國可以無

11　《蔣中正日記》，史丹福大學胡佛研究所藏，1942年11月3日、12月10日。

12　「林蔚致陳誠電」（1942年12月17日），〈遠征入緬（三）〉，特交文電—領袖事功—對日抗戰，《蔣中正總統文物》，國史館藏，典藏號：002-090105-00008-174。

13　「蔣委員長致陳誠十二月馬電」（1942年12月21日），〈革命文獻—同盟國聯合作戰：反攻緬甸〉，抗戰時期，《蔣中正總統文物》，國史館藏，典藏號：002-020300-00026-005。

14　中央研究院近代史研究所編，《王世杰日記（手稿本）》，第4冊（臺北：中央研究院近代史研究所，1990），頁12，1943年1月20日；楊天石，〈蔣介石與史迪威事件〉，《找尋眞實的蔣介石：蔣介石日記解讀》（香港：三聯書店，2008），頁380。

15　「陳誠呈蔣中正電」（1942年12月22日），〈遠征入緬（一）〉，特交文電—領袖事功—對日抗戰，《蔣中正總統文物》，國史館藏，典藏號：002-090105-00006-044。

湘北、無緬甸，但絕不可無江防；中國可以無長沙、無臘戍，但絕不可無重慶。假定輕為國內外浮言所動，在英美尚無意在東南亞對日軍全力攻擊，亦無意對中國供給大量軍火等形勢之下，單以國軍為攻擊主體，必至重兵遠出，主力他調。姑毋論新闢戰場之勝負，而一旦敵人乘虛而入，倘致江防有失，則利未見而害先至，乃至於危及陪都，搖動國本，悔之莫及。證以國際現狀之實例，英國對於英倫本土，防守最嚴，並盛倡先歐後亞；蘇聯對於東歐戰場作戰最力，並提出開闢第二戰場之要求；而美國亦於珍珠港被襲之後，始決定抗日，近更策動開闢第三戰場之輿論。此即由於各顧其根本，各重視本身之存亡，各希望誘導他國傾其兵力開闢另一戰場，即各有其國家至上、民族至上之根本立足點。因此，陳誠主張鞏固國內戰場，反對主力外調，並於此一長電後註記：「我最不贊成的事結果要我負責。天下矛盾之事，實不可思議。」[16]

其後，陳誠靜待蔣中正之決定，他從與重慶方面人員之電話，得知多數對於陳主張以中國戰場為中心，均表贊同，參謀總長何應欽、副參謀總長白崇禧，皆甚不贊成攻緬，但一般對於蔣之心理，難以揣測，故不敢有所建議。同時，陳於林蔚處得知，已確定獲內定為遠征軍司令長官。[17]

1943年1月15日，陳誠奉召啟程赴渝，17日抵重慶，當晚與蔣中正晚餐，蔣指示國軍反攻緬甸時機，須待雨季以後，但須作隨時均可進攻之表示──只要英、美來得及，中國隨時均可進攻。至於戰鬥序列，對英國無論如何，均無妥善辦法，因為英國根本不願受人指揮。18日，陳與史迪威研究攻緬軍事，決定發動時機應於雨季之後，戰鬥序列等須再作研究。在談

16　何智霖編，《陳誠先生書信集：與蔣中正先生往來函電》，下冊，頁537-539。

17　陳誠著，林秋敏、葉惠芬、蘇聖雄編輯校訂，《陳誠先生日記》，第1冊，頁407-409、412-413，1943年1月5、8、18、22日。

話中,史迪威問中國是不是要美國幫助,使陳誠甚感難堪,惟一般談話,尚能融洽。21日,陳再與史迪威晤談,由於方針無法確定,令陳有不能再談之感。[18]

陳誠在重慶數日,蔣尚未正式對外公布以其出任遠征軍司令長官,使其感到不知如何是好。23日,蔣在官邸舉行會報,陳誠出席,仍隻字未提陳之任命。25日,蔣約陳午餐,告以中國應先做戰略上之部署,即中國戰場與遠征軍之部署,須從戰略上決定輕重緩急,並囑對遠征軍先作一切之準備。[19]

在蔣中正請陳誠預做準備之前,陳便已展開相關工作,研擬遠征軍各種計畫,如「關於遠征軍作戰指導意見具申」、「關於遠征軍指揮機構之意見具申」、「關於交通之意見」、「遠征軍部隊訓練實施綱要」、「關於作戰軍編制裝備之調整補充意見」等,[20]並研究遠征軍之戰鬥序列,提出甲、乙、丙三案。甲案以蔣中正兼遠征軍司令長官,陳誠與龍雲任副司令長官,而以陳誠兼任參謀長,下轄第一路總指揮陳誠(羅卓英代,負責滇西)、第二路總指揮龍雲(盧漢代,負責滇南)、第三路總指揮張發奎(桂西)及昆明控制兵團。乙案以陳誠為遠征軍司令長官,張發奎為副司令長官,下轄第一路總指揮羅卓英(滇西)、第二路總指揮盧漢(滇南)、第三路總指揮張發奎(桂西)及昆明控制兵團杜聿明。丙案以陳誠為司令長官,下轄第一方面軍總司令羅卓英(滇西)、第二方面軍總司令盧漢(滇南)及總預備軍總司令杜聿明。最後以乙案為主體而再做調整,並劃開第四戰區,因該戰區與遠征軍行動雖有若干連帶關係,但在同一序列之內,則地區過廣、交通困難,無論前方指揮、後

18　陳誠著,林秋敏、葉惠芬、蘇聖雄編輯校訂,《陳誠先生日記》,第1冊,頁410-413,1943年1月15-18、21日。

19　陳誠著,林秋敏、葉惠芬、蘇聖雄編輯校訂,《陳誠先生日記》,第1冊,頁413-415,1943年1月22-23、25日。

20　「關於遠征軍作戰指導意見具申」等(1943年1月23日),〈遠征軍司令長官任內資料(三)〉,《陳誠副總統文物》,國史館藏,典藏號:008-010701-00070-007。

方調度，均不易臻於統一，故不編入同一序列之中，而採友軍協同方式。[21]
由於考慮雲南在地勢力，雖然陳誠力爭，遠征軍司令長官部仍未能管轄在昆明的滇軍及中央軍。[22]

　　對於陳誠出任遠征軍司令長官，參謀總長何應欽並不贊成，其向陳明白表示，如遠征軍不進攻，則不必去，以免牽動太大，並提請蔣中正於衛立煌、商震、張發奎三人擇一出任。30日晚間，蔣於官邸舉行會報並便餐，軍令部次長劉斐報告情報，何應欽則請示例行案件。陳誠雖早已內定為遠征軍司令長官，卻遲未正式發布，心覺不安，於議席上提出遠征軍人事問題，蔣立即答復因美國關係，該職由陳擔任，不然美國人會認為中方不積極。陳復請示第六戰區司令長官人選如何處置，蔣指示由陳兼任，陳又提及戰鬥序列及羅卓英、黃琪翔等之安置，終無結果，即宣布散會。會後，何仍向陳表示，遠征軍一時談不上作戰，如照蔣意專為訓練，不如請劉峙前往，並研究羅卓英之安置及湖北省主席之人事，最後未有結論而散。[23]

　　蔣中正所以未及時確定陳誠出掌遠征軍，或顧慮何應欽有不同意見。其實，陳誠在中央軍雖資歷甚深，也有自己的人馬「土木系」，但做事操切，人和不佳，與黃埔軍校前期學生之間的關係，尤為糟糕。1948年底，蔣中正欲任命陳誠為臺灣省政府主席，日記記道：「黃埔第一期關麟徵、胡宗南等皆反對辭修任臺灣主席，空軍方面亦如之，此意外之事。」[24]因此，何應欽可說代表黃埔系相當部分人士之意見，反對陳之出任遠征軍司令長官。

21　「遠征軍戰鬥序列案」（1943年），〈遠征軍司令長官任內資料（三）〉，《陳誠副總統文物》，國史館藏，典藏號：008-010701-00070-016。

22　中央研究院近代史研究所編，《徐永昌日記》，第7冊（臺北：中央研究院近代史研究所，1991），頁15，1943年1月30日。

23　陳誠著，林秋敏、葉惠芬、蘇聖雄編輯校訂，《陳誠先生日記》，第1冊，頁415、417-418，1943年1月26、30日。

24　《蔣中正日記》，史丹福大學胡佛研究所藏，1948年12月30日。

蔣受美方影響，欲以陳出任遠征軍司令長官，惟尙需時間運作安撫黃埔系，他爲此對陳誠於議席上催促表態，感到不滿，於日記道：「辭修〔陳誠〕對政治事理仍多不明，殊非能造成大器，奈何？」次日，蔣約陳共餐，陳以牙痛不到，蔣判斷「其當爲昨晚辭色較嚴之故，對上不能順從，而稍不如意，即懷怨望，其無大望可知也。」[25]而陳誠所以未到，似爲蔣說中，其對蔣不滿，於當日記云：「委座約中餐未往，又約晚餐亦〔不〕便往。來渝已半月，對於余之是否任遠征軍迄未決定，雖表示數次，迄未見諸實現，且每次表示，均爲應付美國，不能不使我任遠征軍，且每次表示後，而何又提出他案而拖延之。」於是陳誠決定赴歌樂山小住，檢討他何以不能使蔣中正在面臨國家民族生死關頭時當機立斷，並藉此奉侍老母。[26]

陳誠催促蔣下決心，雖獲答覆，但未正式發布，乃以蔣與何意見既不一致，有意先回第六戰區司令長官部恩施，待蔣決定後再來渝，並向林蔚抱怨，請其轉知蔣其並非不願出任遠征軍司令長官。[27]期間，何應欽曾向蔣推薦劉峙出任，引起蔣的不滿，痛責其在嚴峻局面玩弄政治。[28]

2月7日，蔣中正終於手令派陳誠爲遠征軍司令長官，9日，與陳談遠征軍及第六戰區人事。陳感嘆：「延擱二十四天之問題今晚始解決，深感一切無法爭取時間。」[29]事實上，這段時間，陳所以急著要蔣表態，也有保護自己

25 《蔣中正日記》，史丹福大學胡佛研究所藏，1943年1月30、31日。

26 陳誠著，林秋敏、葉惠芬、蘇聖雄編輯校訂，《陳誠先生日記》，第1冊，頁418，1943年1月31日。

27 陳誠著，林秋敏、葉惠芬、蘇聖雄編輯校訂，《陳誠先生日記》，第1冊，頁420，1943年2月3日。

28 Joseph W. Stilwell, *The Stilwell Papers,* arranged and edited by Theodore H. White (New York: William Sloane Associates, 1948), p. 197；中央研究院近代史研究所編，《王世杰日記（手稿本）》，第4冊，頁21-22，1943年2月10日。

29 陳誠著，林秋敏、葉惠芬、蘇聖雄編輯校訂，《陳誠先生日記》，第1冊，頁420、422-423，1943年2月3、7、9日。

之意。據史迪威觀察，陳若放棄第六戰區到遠征軍，若失敗便完了，且何
應欽會設置障礙毀掉他，故其必須對自己的班底有信心，並確定蔣中正的支
持；陳到遠征軍非但沒有得到高度指揮權，反而是步入陷阱，除非他有把握
看見對手受到束縛。[30]

　　綜而言之，蔣中正所以選擇陳誠出任遠征軍司令長官，主要是美國因
素，陳日後在回憶錄明白指出，蔣對其提到史迪威歡迎他出任，並分析史
迪威之個性，其他將領難與合作，故陳是當前最適當的人選。此外，陳誠是
蔣中正信任的中央軍高級將領，遠征軍內部隊龐雜，將領驕矜，派頗有魄力
且具整軍經驗的陳誠出任，可收整頓之效，並削弱雲南省政府主席龍雲的
勢力。[31]而派任過程所以有所遷延，主要是蔣中正顧慮何應欽等黃埔系的態
度。陳誠對出任司令長官，考量到戰略，並不十分贊同，既獲內定，乃有勉
力為之之意，態度轉趨積極，因此對遭遇拖延甚為不滿。

（二）組織司令長官部

　　陳誠受命之後，即返恩施善後，並準備赴滇人員。[32] 2月15日，蔣發電在
恩施的陳誠指示第六戰區善後人事，以第五戰區副司令長官孫連仲為第六戰
區副司令長官、代理司令長官職務；至於湖北省政府主席職務，則交民政廳

30　Joseph W. Stilwell, *The Stilwell Papers,* arranged and edited by Theodore H. White, pp. 191-192.

31　宋瑞珂，〈陳誠及其軍事集團的興起和沒落〉，收入中國人民政治協商會議全國委員會文史資料研究委員會編，《文史資料選輯（合訂本）》，第81輯（北京：中國文史出版社，2000），頁40-41。何智霖編，《陳誠先生回憶錄：抗日戰爭》，上冊，頁195-196。隸屬遠征軍的第十一集團軍總司令宋希濂日後回憶，認為設置遠征軍司令長官部的理由之一，是因為「陳誠的好抓權」，由正文敘述可知，陳誠一開始對出任之事並不贊同，故此說可再商榷。宋希濂，《鷹犬將軍：宋希濂自述》（北京：中國文史出版社，1986），頁169。

32　陳誠著，林秋敏、葉惠芬、蘇聖雄編輯校訂，《陳誠先生日記》，第1冊，頁423-424，1943年2月10日。

廳長朱懷冰代理。[33]

　　遠征軍司令長官部改組自遠征軍第一路司令長官部。[34] 1942年初遠征軍第五、第六、第六十六軍約10萬兵力先後入緬，組成中國遠征軍第一路（原定第二路使用於越南方面，後因情況變化而未組建），以衛立煌爲總司令，杜聿明爲副總司令，因衛未到任，由杜聿明代理，4月，羅卓英出任總司令。戰後，遠征軍第一路一部退至滇西，並新加入第十一、第二十集團軍，陳誠到任後改組爲遠征軍司令長官部。[35]

　　新設立的司令長官部，除陳誠上將任司令長官外，副司令長官爲第六戰區副司令長官黃琪翔中將，參謀長施北衡中將，代參謀長蕭毅肅中將，副參謀長馮衍少將，秘書長柳克述中將，[36]下轄第十一集團軍（總司令宋希濂，轄第二軍王凌雲部、第七十一軍鍾彬部及第三十六師李志鵬部等）、第二十集團軍（總司令霍揆彰，轄第五十三軍周福成部、第六軍黃杰部等）及第五十四軍方天部，並負責督訓軍事委員會委員長昆明行營所屬之第五集團軍（總司令杜聿明，副總司令王耀武，轄第五軍邱清泉部、第七十四軍王耀武部）、第九集團軍（總司令關麟徵，副總司令張耀明，轄第八軍何紹周部、第五十二軍趙公武部）。[37]

33　「委座丑刪令一亨整電」（1943年2月15日），〈遠征軍司令長官任內文電〉，《陳誠副總統文物》，國史館藏，典藏號：008-010701-00071-001；何智霖編，《陳誠先生回憶錄：抗日戰爭》，上冊，頁196。

34　「抄中央黨部秘書處致駐緬甸總支部常務委員李竹瞻電原文」（1943年4月17日），〈遠征軍司令長官任內文電〉，《陳誠副總統文物》，國史館藏，典藏號：008-010701-00071-005。

35　戚厚杰、劉順發、王楠編，《國民革命軍沿革實錄》（石家莊：河北人民出版社，2001），頁600-604。

36　「遠征軍司令長官部官佐簡明履歷表」（1943年），〈遠征軍司令長官任內資料（一）〉，《陳誠副總統文物》，國史館藏，典藏號：008-010701-00068-001。

37　昆明行營另轄第一集團軍盧漢部，該部未納入遠征軍督訓部隊。「遠征軍指揮系統表」（1943年9月8日），〈遠征軍司令長官任內資料（三）〉，《陳誠副總統文物》，國史館藏，典藏號：008-010701-00070-015；中國人民政治協商會議全國委員會文史資料研究委

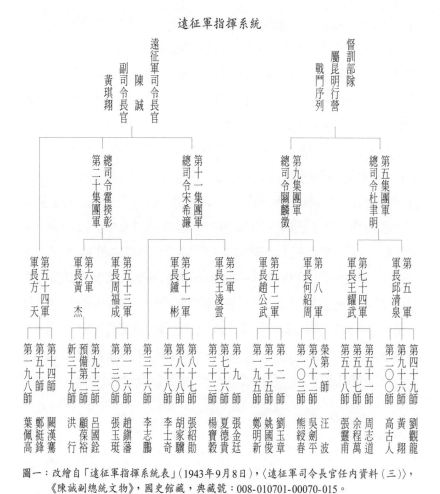

圖一：改繪自「遠征軍指揮系統表」（1943年9月8日），〈遠征軍司令長官任內資料（三）〉，
《陳誠副總統文物》，國史館藏，典藏號：008-010701-00070-015。

陳誠上任後，在公開場合，對出征的態度已經翻轉，原先認為當前首
要為鞏固本土，不宜移師遠調，此時認為「六戰區是鞏固陪都的屏障，遠征

員會《遠征軍印緬抗戰》編審組編，《遠征軍印緬抗戰：原國民黨將領抗日戰爭親歷記》
（北京：中國文史出版社，1990），頁451-452。各軍、師隸屬情況，隨時間有所變動。

緬甸又爲配合國際戰略之重要戰場，責任均極艱巨。」[38] 3月29日黃花崗紀念
日，在大理對滇西各軍團長以上官佐暨滇西戰時工作幹部訓練團第一期畢
業學生，強調這次遠征「並不是如一般淺見者的看法，或以爲是我們幫助英
國，爲他們收復緬甸的失地；或以爲是我們幫助美國，策應其在南太平洋的
攻略；或以爲是英美同盟國家，幫助我們恢復我們的國際交通」，陳以爲上
述都是錯誤的，其提高層次，指出此次遠征「不是某一個國家單獨的利害與
責任，而是同盟國家全體的國運所關」，是爲打倒日本的共同行動。他說，
南洋資源豐富，爲避免日本利用此地物資，盟軍自須收復南洋失地，故需要
從陸路予日軍打擊。目前盟軍戰略形勢，自澳洲、印度和中國全部，在一個
大弧線上，對中南半島和南洋群島的日軍，處於有利之外線作戰，惟必須各
方面保持密切聯絡協同，採取一致行動，因此收復緬甸，符合三國利益—對
美減少南洋群島上的日軍軍力；對英則翦除印度威脅，並收復南洋失地；對
中是打通與英美的聯絡線。[39]究竟陳誠內心是否眞切同意其所提出的遠征軍
新戰略，還是只是合理化自己的任務，由於史料尚缺，尚不得而知。但至少
可以看到，陳誠對於遠征軍出兵之意義，已提出一套新的說法。

（三）與史迪威、龍雲之互動

1、與史迪威的交往

　　陳誠與史迪威於1938年相識，交往不多。史迪威對陳誠早有耳聞，認
爲其爲中國將軍中「最有權力、最令人感興趣」的人物，[40]期望與之合作。
1942年，史迪威密電美國陸軍參謀長馬歇爾（George Catlett Marshall, Jr.），

38　陳誠著，林秋敏、葉惠芬、蘇聖雄編輯校訂，《陳誠先生日記》，第1冊，頁429，1943
　　年2月24日。

39　「陳司令長官辭修訓詞：遠征軍的使命」（1943年3月29日），〈遠征軍司令長官任內資料
　　（三）〉，《陳誠副總統文物》，國史館藏，典藏號：008-010701-00070-001。

40　Barbara W. Tuchman, *Stilwell and the American Experience in China, 1911-1945*, p. 315.

若本年年底攻緬，中國必須派任擁有充分權力的高級指揮官，他假定此人爲陳誠。[41] 10月，陳、史二人長談同盟國的全盤戰略，十分投契，史迪威證實了他的觀點：中國軍隊下級軍官可以，師長素質不穩定，而全都需要進行進攻訓練。此次談話，史迪威對陳誠印象甚佳，覺其討人喜歡；而陳誠雖認爲史迪威在中國甚久，有中國舊軍人氣味，[42] 仍認爲史迪威卓越，勇敢善戰。[43] 11月25日，史迪威得到祕密消息，得知蔣中正已命陳誠到雲南指揮遠征軍。1943年1月3日，史迪威提到陳誠有權威、能勝任遠征軍工作，希望他能推動何應欽這些糊塗的人。18日，史迪威與陳誠開會，感到陳通情達理，同意採取直接行動，不作官樣文章，[44] 同日，史致蔣中正一備忘錄，請立刻卸除陳誠遠征軍以外其他職務，以便推進遠征軍工作。[45]

1943年3月6日，陳誠離第六戰區司令長官部所在之恩施，至重慶籌組遠征軍司令長官部。10日，訪史迪威談遠征軍相關事宜，包括訓練房屋、調訓辦法、編制及裝備、油料補給等。[46]

3月12日，陳誠偕史迪威飛雲南就職，15日，約集中美高級人員，在西山招待所茶會，與史迪威晤談。史迪威提出訓練與補給等案，限幹部訓練團

41　Chin-tung Liang, *General Stilwell in China, 1942-1944: the Full Story* (New York: St. John's University press, c 1972), pp. 75-76, 92-94.

42　陳誠著，林秋敏、葉惠芬、蘇聖雄編輯校訂，《陳誠先生日記》，第1冊，頁388，1942年10月11日。

43　Joseph W. Stilwell, *The Stilwell Papers,* arranged and edited by Theodore H. White, p. 161；何智霖編，《陳誠先生回憶錄：抗日戰爭》，上冊，頁203。

44　Joseph W. Stilwell, *The Stilwell Papers,* arranged and edited by Theodore H. White, pp. 179-180, 190.

45　Herbert Feis, *The China Tangle: the American Effort in China from Pearl Harbor to the Marshall Mission* (Princeton: Princeton University, 1953), pp. 53-54.

46　「長官陳訪問史蒂威爾將軍談話紀錄」（1943年3月10日），〈遠征軍司令長官任內資料（三）〉，《陳誠副總統文物》，國史館藏，典藏號：008-010701-00070-003；何智霖編，《陳誠先生回憶錄：抗日戰爭》，上冊，頁203；何智霖編，《陳誠先生回憶錄：六十自述》，頁87。

於4月1日開始訓練，並要求前空軍學校的房子，作為訓練班班址，由於其早先曾和杜聿明接洽，久久不得要領，才轉而和陳交涉，他並要求從軍隊中調用人員。陳答應房子可以照撥，但所需人員不能從軍隊中調用，可由杜聿明原設訓練班中撥用。補給案計6點，除有關技術性及應請示中央者外，陳一一應允。會畢，史迪威的要求如期兌現，陳誠對美樹立信用，雙方開始良性互動。其後，史迪威要求經管訓練班的事務，以求迅捷，陳未答應。又一次史迪威請求調整學員伙食費為每日5元，由美方負擔，陳表示少數人提高伙食費，當他們結業歸隊時，勢將無以為繼，反倒引起不滿，且如各部隊一律援例調整伙食，長官部將無辦法。史迪威明瞭陳誠看法，亦作罷論。陳誠本著「言而有信」、不作無謂的敷衍與美軍相處，並以不誇張、不欺騙、不貪小利三原則訓勉部屬，與盟軍協同一致，精誠合作。之後遇到問題，陳誠多先開誠布公交換意見，雖多次拒絕史迪威的請求，史亦不以為忤。於是陳誠在遠征軍任內，中美合作甚為愉快，與史迪威有充分互信，常在電話中解決事情，鮮少動用公事，即便史迪威部分下屬對中國人信心較差，認為這種辦法並不妥當，史迪威仍不以為意，肯定精簡手續之辦事方法。[47]

　　陳誠的為人與辦事風格，贏得史迪威友誼，史迪威認為陳誠是蔣中正麾下最有能力的指揮官，[48]常稱陳誠是有才華的人，對其寄予很大的期望，[49]並電告美國陸軍參謀長馬歇爾說陳誠是最佳的、會和我們站在一起。[50]時遠征軍軍人走私，視為常事，史迪威在駝峰運輸中，曾為陳保留了一噸的艙位，

47　何智霖編，《陳誠先生回憶錄：六十自述》，頁87、149；何智霖編，《陳誠先生回憶錄：抗日戰爭》，上冊，頁203-204。

48　United States. Dept. of State, *Foreign Relations of the United States: The Conferences at Washington and Quebec, 1943* (Washington: U.S. Govt. Printing Office, 1970), p. 90.

49　Barbara W. Tuchman, *Stilwell and the American Experience in China, 1911-1945,* p. 398.

50　Charles F. Romanus and Riley Sunderland, *Stilwell's Mission to China* (Washington: U.S. Government Printing Office, 1953), p. 282.

陳婉辭謝絕。[51] 1943年10月陳誠生病期間，史迪威派人到印度和美國買了不少藥品和食物，[52] 陳感謝其盛意，但要求藥品作價，食物則愧領。[53]

陳誠和史迪威共事期間大底相處暢順，但對於軍事武裝之分配方式，及對中國共產黨之態度有所歧見。史迪威堅持美援武器應該集中使用，不能分散，如30個營的砲360門，每師1營砲12門，可保持相當強大的火力。但國軍講究公平、一視同仁，裝備不能過於參差。此一歧見，各有道理，尚有調和餘地，共黨問題則難調和。史迪威和美國政府認為中國共產黨係土地改革者，能接受指揮，欲提供裝備給共軍對日抗戰，最難為國軍所接受。陳誠認為共軍在抗戰的招牌之下，行顛覆政府之陰謀和行動，且除了蘇聯，不受任何人調遣，故絕不可予其武器裝備，為虎添翼，於是陳在與史迪威談到這些問題時，難免互相枘鑿。[54]

1943年11月7日，史迪威得知陳誠將離任，在日記表示他的遺憾，認為新任的衛立煌恐非遠征軍推動者；[55] 1944年9月，他支持陳誠替代何應欽出任軍政部部長。[56] 凡此，皆可見陳誠與史迪威之友好與相互信任。

　2、與龍雲的往還

雲南省政府主席兼軍事委員會委員長昆明行營主任龍雲，長期掌握雲南軍政大權，形同割據，儼然為西南王國，昆明警備司令部、憲兵司令部及其他軍政機關，亦多由龍氏宗族姻親所布滿。該地政治腐敗，任用私人、賄賂公行，鴉片煙毒，彌漫全省。龍雲及省政府公務員，多有煙癮，每日下午2

51　何智霖編，《陳誠先生回憶錄：抗日戰爭》，上冊，頁204。

52　Frank Dorn, *Walkout : with Stilwell in Burma* (New York: Crowell, c 1971), p. 65.

53　何智霖編，《陳誠先生回憶錄：抗日戰爭》，上冊，頁204。

54　何智霖編，《陳誠先生回憶錄：抗日戰爭》，上冊，頁204-205。

55　Joseph W. Stilwell, *The Stilwell Papers,* arranged and edited by Theodore H. White, p. 238.

56　Barbara W. Tuchman, *Stilwell and the American Experience in China, 1911-1945,* p .490.

時才開始辦公，4時即公畢。民間亦然，肆意吞雲吐霧，客至，多以鴉片相敬，一如一般款客以茶水。每日上午10時以前，民間多未起床，市肆亦無交易。[57]1942年緬甸戰役之後，中央軍及部分美軍麇集雲南，交通、運輸、補給等任務極其繁重，尤其美軍在雲南各地建築機場、營房、宿舍等，所有關於占用土地、徵購建築材料等，皆與雲南的政治、經濟發生關係，因此中央軍及美方易與雲南當局發生衝突。[58]

陳誠於1936年為防阻共軍而入晉，有與山西軍政領袖閻錫山交往之經驗，了解與地方領袖交往首要之務，為避免引起猜疑，方法為開誠布公、表示無所圖謀。於是陳誠因考慮昆明為昆明行營及雲南省政府所在地，如司令長官部設此，可能引起不必要的猜疑與摩擦，故將長官部置於楚雄，並對省政毫不過問，雙方因此相處融洽。陳誠在公開場合極力推崇龍雲，龍對陳誠亦禮遇有加，有時甚至會主動幫忙陳誠，如楚雄縣長年老氣衰，難與長官部的工作配合，龍雲主動改派年輕縣長繼任。[59]

陳誠與龍雲兩家也有幾次私人酬酢。某次極少在公共場所露面的龍氏夫婦請陳誠夫婦觀賞電影，場面浩大，一路警衛森嚴，如臨大敵，而戲院中並無一般觀眾，屋頂亦布置哨兵。[60]1943年10月陳誠罹患胃潰瘍時，龍雲聞病甚為關心，推薦了許多醫生，雖陳夫人譚祥以不可方藥亂投，婉言謝絕，亦可見其私交。[61]

57　何智霖編，《陳誠先生回憶錄：抗日戰爭》，上冊，頁207；何智霖編，《陳誠先生回憶錄：六十自述》，頁88。

58　杜聿明，〈蔣介石解決龍雲的經過〉，收入中國人民政治協商會議全國委員會文史資料研究委員會編，《文史資料選輯》，第5輯（北京：中華書局，1960年5月），頁34。

59　陳誠著，林秋敏、葉惠芬、蘇聖雄編輯校訂，《陳誠先生日記》，第1冊，頁437，1943年3月23日；何智霖編，《陳誠先生回憶錄：抗日戰爭》，上冊，頁201、208；何智霖編，《陳誠先生回憶錄：六十自述》，頁88。

60　何智霖編，《陳誠先生回憶錄：抗日戰爭》，上冊，頁208。

61　何智霖編，《陳誠先生回憶錄：六十自述》，頁150。

　　1943年9月6日，中國國民黨第五屆中央執行委員會第十一次全體會議在重慶開幕，陳誠邀請龍雲一同飛渝參加，龍本有難色，因其煙癖甚深，時刻難離。陳暗示此亦無傷大雅，龍方欣然偕往，首次入都。[62]龍雲在渝，參與數次重要會議，商討對中共之方針。[63]

　　10月29日，陳誠因病離昆飛渝前，龍雲夫婦親至機場話別。陳誠自感其至誠使龍雲信之不疑，臨別復依依有如舊好，因此甚為自傲。[64]

三、整頓軍隊，加強訓練

　　蔣中正令陳誠出掌遠征軍，除考慮美國因素，另一重要目的，為整頓中央駐滇各軍。戰前，陳誠已有負責整軍業務之經驗，1935年3月12日，蔣中正為分期整理全國陸軍，於武昌行營設立陸軍整理處於南湖，以陳誠兼任處長，就騎兵、砲兵、工兵加以整編，1936年2月，整軍業務移轉至軍政部辦理。陳誠雖卸下整軍工作，仍關注之後的歷次整軍，大概在遠征軍司令長官任內，他口述整軍歷程，由秘書整理完成《整軍紀要》書稿。[65]在遠征軍新敗之際，調有整軍經驗且在中央軍輩分較高、敢於興革之陳誠赴任，不失妥當。

　　1943年2月11日，蔣中正正式發布陳誠任遠征軍司令長官，同時，陳誠擬訂訓令，以蔣的名義發出，期收整飭軍紀之效，電文中點出遠征軍龐雜驕矜、不相統屬，最近軍風紀日漸敗壞，險象叢生，有嫖賭、吃空、走私等

62　何智霖編，《陳誠先生回憶錄：抗日戰爭》，上冊，頁208。盧溝橋事件後，龍雲曾至首都南京，此次為首次至陪都重慶。

63　楊維真，《從合作到決裂：論龍雲與中央的關係（1927-1949）》（臺北：國史館，2000），頁217-219。

64　何智霖編，《陳誠先生回憶錄：六十自述》，頁91。

65　該書現已由國史館出版：何智霖編，《陳誠先生從軍史料選輯：整軍紀要》（臺北：國史館，2010），頁1-2。

惡習，並提出改革方向—振刷精神、鍛鍊體魄、增進學術。[66]3月，陳誠抵雲
南，經過視察，確認遠征軍三大問題：（一）就精神言，因雲南物價極高，
官兵所受物質壓迫較其他駐地部隊大，各部間聯繫亦較鬆弛。（二）就紀律
言，若干幹部走私、運煙、聚賭、盜賣軍械等行為，較其他駐地部隊多。
（三）就戰力言，各軍與師管區遠隔，兵源補充不易，且因天候因素，死亡
特多；又工價高漲，士兵潛逃頗眾，遂使各部隊戰鬥兵每連僅30餘人。[67]因
此，新官陳誠所要做的，便是徹底整頓軍隊。

　　陳誠的司令長官部設於楚雄，此地在昆明以西約150公里。陳所以不將
司令長官部設於雲南省會所在之昆明，除上節所述避免與龍雲發生摩擦，另
考慮高級指揮部不能離開部隊太近，但也不宜太遠，如設在彌渡，過於接近
滇西而不易兼顧滇南；如設在昆明，又嫌太遠；楚雄之地，較為適中，滇
西、滇南均可兼顧。此外，龍雲所屬風氣不良，司令長官部設於昆明，恐所
部有樣學樣，且昆明為較大都市，環境較苦的官兵生活於此，易生比較，心
態恐難調適。陳當時提倡「窮就是力量」，有「窮長官部」才能有「窮總司令
部」、「窮軍司令部」等，希望以身作則，改善廢弛之軍風紀。[68]

　　上任之初，陳誠即考察中日兩軍之一般情勢：

　　（一）滇南地形險要，而國防工事之建築，在高連山地之中間地帶，非
在山地前緣，尤不在國境線上，此方面較宜於守，不宜於攻。

　　（二）滇西保山正面，危險處在兩翼，即右翼之片馬方面，及左翼之滾
弄方面。後者可沿滇緬路便道，經雲縣直出祥雲，大可顧慮。此方面必須控

66　何智霖編，《陳誠先生書信集：與蔣中正先生往來函電》，下冊，頁541-543。何智霖
　　編，《陳誠先生回憶錄：抗日戰爭》，上冊，頁197。

67　中國第二歷史檔案館編，〈陳誠私人回憶資料（1935-1944年）下〉，《民國檔案》，1987年
　　第2期（南京，1987.5），頁32。

68　何智霖編，《陳誠先生回憶錄：抗日戰爭》，上冊，頁200-201。

置有力部隊，現有殘缺之兩師，不足當此重任。

（三）車里、佛海方面，後方聯絡線過長，補給困難，不宜使用大軍。惟將來發動全面攻勢時，為威脅臘戌，使主力作戰容易，並搖撼泰國軍民（時泰國為日本附庸）之戰志起見，必須以有力一軍，由此進出景東。[69]

根據以上瞭解，陳誠呈請蔣中正調整部署：

（一）滇西方面：以七十一軍任怒江防務，三十六師改為獨立師，屬第十一集團軍，接替騰北游擊任務。第六軍之九十三師任車里、佛海守備，軍部率其餘二師開盤縣、普安整訓。第二軍主力二師開順寧鎮接替第六軍之雲滾路方面任務，餘一師開祥雲附近。第九十三軍軍部及所轄二師開西昌會理整訓，餘一師另有任務。

（二）滇南方面：第一集團軍仍舊，第九集團軍所屬五十二、五十四兩軍開文山附近。

（三）昆明防守：由第五集團軍所屬五、六兩軍擔任。

（四）其他：五十三軍暫駐鎮遠、黃平，第八軍先開興仁、興義，七十四軍暫駐衡山。[70]

其後，又電呈反攻前準備意見，建議滇西、滇南統一指揮；部署方面，建議補足滇西部隊過多之缺額，並注意加強滇南防禦等。[71]

陳誠在遠征軍約6個月，花去許多時間巡視各地駐軍，經常往來於昆明、楚雄、彌渡、大理及昆明、晉寧、文山、開遠、蒙自道上。其目的在宣

---

69 何智霖編，《陳誠先生回憶錄：抗日戰爭》，上冊，頁197-199。

70 「駐滇部隊前後方師番號核定表」（1943年4月），〈遠征軍司令長官任內資料（三）〉，《陳誠副總統文物》，國史館藏，典藏號：008-010701-00070-012。何智霖編，《陳誠先生回憶錄：抗日戰爭》，上冊，頁199。遠征軍所轄部隊隨時間有所變化，故所述部隊番號與前繪遠征軍指揮系統表不見得一致。

71 「陳誠致林蔚電」（1943年8月12日），〈遠征入緬（四）〉，特交文電—領袖事功—對日抗戰，《蔣中正總統文物》，國史館藏，典藏號：002-090105-00009-062。

達蔣中正意旨，曉以國際大局及抗戰形勢，欲藉激勵、撫慰、鼓舞等方式，求士氣之提升、軍風紀之改善；同時聽取部隊官兵意見，尋求疾苦所在。[72]

遠征軍的中心工作為訓練。由於國軍過往六年多的戰爭，孤軍苦鬥，空軍是象徵性的，重武器也非常缺乏，因此談不到步砲協同，更談不到陸空協同，至於三軍聯合作戰，尤屬無從說起。遠征軍負有聯合美、英並肩作戰的任務，美援裝備源源而來，因此遠征軍已不同於國內一般部隊，協同作戰（包括步砲、陸空）為一重要特質，這十分需要訓練。重武器以及其他各種美式裝備，如通信、防毒、新式輕武器等之使用技術，為此前所無，亦需訓練。此外，衛生知識的缺乏、政治認識的薄弱，以及軍風紀之重建等，也都需要經過嚴格的訓練，始足以轉弱為強，去腐生新，化無用為有用。所以無論整軍與反攻，陳誠都以訓練為第一優先。[73]

遠征軍的訓練，在中、美合作之下，進行得十分順利。在昆明北校場，設有軍事委員會駐滇幹部訓練團，下設步、砲、通信、軍醫各訓練班，由蔣中正兼任團長，龍雲、陳誠兼任副團長，杜聿明、關麟徵、黃杰、梁華盛先後擔任教育長。除砲兵外，一般訓練6個星期，至1944年，訓練約達1萬人，包括部分士兵。此外，在大理設有戰時工作幹部訓練團，以訓練一般戰時工作人員。在各軍駐地，則分設各該軍訓練班，輪流調訓軍中各級幹部。另外，有司令長官部巡迴教育組兩組，亦由中、美人員合組而成，分頭巡迴督訓，實施經過，隨時呈報，工作完成並製作總報告，作為經驗教訓。[74]

72　何智霖編，《陳誠先生回憶錄：抗日戰爭》，上冊，頁201。

73　何智霖編，《陳誠先生回憶錄：抗日戰爭》，上冊，頁201-202。

74　「遠征軍司令長官部巡迴教育第二組督訓總報告」（1944年2月15日），〈遠征軍巡迴教育報告〉，《陳誠副總統文物》，國史館藏，典藏號：008-010701-00073-001；何智霖編，《陳誠先生回憶錄：抗日戰爭》，上冊，頁202；宋希濂〈遠征軍在滇西的整訓和反攻〉，收入中國人民政治協商會議全國委員會文史資料研究委員會編，《文史資料選輯（合訂本）》，第8輯（北京：中國文史出版社，2000），頁63-64。

接收美國軍械裝備的12個軍的軍、師、團級幹部，需至印度的藍伽訓練學校受訓，這些幹部先到昆明的幹訓團報到，再分批搭乘美國飛機到印度雷多，轉乘火車至藍伽。訓期6個月，內容與昆明的步兵訓練班相同。[75]

技能訓練皆由美軍人員擔任。陳誠以為，美國軍官的教育方法有許多可取之處，他們凡作戰不需要者不教、不教者不講，對於時間與效率，甚為注重；又教育時，準備非常充分，每一課教畢，即行測驗，以視受教者之是否領會。其工作之切實認真，往往非中國人所能及。[76]

技能訓練由美軍人員擔任，精神訓練，則由國軍人員負責，陳提倡三不主義－不恥過、不敷衍、不貪小便宜，[77]並提示要領四點：

（一）革命成敗的關鍵，在革命者個人的窮與富。革命的力量，在革命者的窮；革命的目的，在求民眾大家的富。

（二）革命者的生活，要能吃在一身、穿在一身、用在一身。

（三）革命事業的根源，是大智、大仁，絕非小聰明、專會替自己打算者所能成功。

（四）革命者要守窮，如節婦之守節。[78]

對於這些精神教育，及講些「人人可以為堯舜」的話，陳誠日後回想起來，認為未免期望太高，然當時民窮財盡還要打仗，若非如此砥礪自己，別無他法。他所以如此作，自認有其不得已之苦衷。[79]

陳誠另指示編輯《遠征手冊》，內容及於遠征目的、當地兵要地誌與國

75　宋希濂，〈遠征軍在滇西的整訓和反攻〉，收入中國人民政治協商會議全國委員會文史資料研究委員會編，《文史資料選輯（合訂本）》，第8輯，頁64。

76　何智霖編，《陳誠先生回憶錄：抗日戰爭》，上冊，頁202。

77　中國第二歷史檔案館編，〈陳誠私人回憶資料（1935-1944年）下〉，《民國檔案》，1987年第2期，頁32。

78　何智霖編，《陳誠先生回憶錄：抗日戰爭》，上冊，頁202。

79　何智霖編，《陳誠先生回憶錄：抗日戰爭》，上冊，頁202-203。

情、訓練要旨等，並附有滇西邊區主要異族分布概況，及清人薛福成〈保護越南議〉摘要、《聖武記》入緬路程摘要等，欲借前人經驗，以完善此次軍事行動，並期許幹部每人一冊，以備翻檢。[80]

訓練而外，陳誠尚推動加強補給、補充兵員、修築道路等工作。關於武器器材之補給，當時同盟國援助數量甚微，至1942年底，援華物資在美國全部租借法案中，僅占2.5%。[81]雖如此，陳誠仍悉心分配這些物資。5月14日，陳完成「遠征軍作戰部隊整備計劃」，該計畫目的為使各軍反攻前均照新編制充實人馬、裝備，並均得相當之訓練時間，俾反攻開始後充分發揮戰鬥力。計畫採用「遠征軍三十二年軍暫行編制」，該編制與過去不同之處，在軍內砲兵營與師內步兵團採用美方建議之編制。[82]各軍依新編制整編，至10月，遠征軍所轄第二軍、第六軍、第五十三軍、第七十一軍、第三十六師已經整編完成（第五十四軍移防中），另督編之第五、第八、第五十二、第六〇等4個軍，統限9月底以前整編完成。[83]

兵員撥補方面，發生許多流弊，陳誠嘗試改正。貴節師管區補充兵第四團朱訪予部撥交第六軍接收是一個例子，該團新兵2,207名於7月16日自清鎮出發，沿途死亡400餘名，潛逃400餘名，病500餘名，9月1日在安寧撥交第六軍接收時，連同病兵只有1,379名。第六軍接收後，由安寧至楚

80　「遠征手冊」（1943年），〈遠征軍司令長官任內資料（一）〉，《陳誠副總統文物》，國史館藏，典藏號：008-010701-00068-002；何智霖編，《陳誠先生回憶錄：抗日戰爭》，下冊（臺北：國史館，2004），頁599-600。

81　何智霖編，《陳誠先生回憶錄：六十自述》，頁88。

82　「遠征軍作戰部隊整備計劃」（1943年5月14日），〈遠征軍司令長官任內資料（三）〉，《陳誠副總統文物》，國史館藏，典藏號：008-010701-00070-009。「對遠征軍三十二年暫行編制之研究意見」（1943年5月18日），〈遠征軍機構及編制研究意見〉，《陳誠副總統文物》，國史館藏，典藏號：008-010701-00074-001。

83　「遠征軍各軍及督編各軍整編概況表」（1943年10月），〈遠征軍司令長官任內資料（三）〉，《陳誠副總統文物》，國史館藏，典藏號：008-010701-00070-010。

雄，沿途死亡220名，潛逃26名，楚雄九九陸軍醫院收容309名，實有僅824名，當中較健康者202名，老弱者425名，輕病者197名。新兵亡、病、潛逃比率所以極高，乃幹部腐敗所致。如強令新兵挑無法負荷之重物，新兵不能，便當場鞭打而死，又或新兵與同鄉接談，班長便用磚石擊打，傷重吐血而死，如此因虐待毒打致死者，不下60餘名。此外，該團長官出發時購買大批貨物，令新兵挑運，沿途冒領食米，復盜賣過半，餘者官長飽食，新兵食粥，終日不得一飽。其它剋扣薪餉、無故沒收新兵錢財、視新兵如囚犯者，不一而足。[84]新兵撐到楚雄後，情況並未改善，幹部視新兵如奴役，令其充轎夫，對其生活漠不關心，吃飯、睡覺、排泄同在一室，且被毯缺乏，天雨淋浴，飢寒交迫，致回歸熱、痢疾叢生，傳染迅速，死亡纍纍。[85]陳誠得悉這些流弊，盡力處置，電各單位長官查辦，並上電軍政部部長何應欽懲處相關人員。受限史料，尚無法得悉整體究辦狀況，惟陳誠曾電請撤職舞弊之第九補訓處團長韓邵欽，何應欽復電著即撤職、就近扣留法辦，此人卻早已返渝，陳誠對其無法做任何處置。[86]除查辦懲究外，陳誠頒布「遠征軍補充兵滇境行軍食宿疾病補救暫行辦法」，在運輸過程設置補充兵聯絡站、食宿站、收療站及診療站，欲改善補充兵沿途食宿及減少疾病死亡。[87]

84 「遠征軍司令長官部所屬各部隊兵員撥補概況表」（1943年10月），〈遠征軍司令長官任內資料（三）〉，《陳誠副總統文物》，國史館藏，典藏號：008-010701-00070-010。「呈報貴節師管區補四團朱訪予部行軍經過情形及第六軍接收情形」（1943年9月24日），〈遠征軍司令長官任內資料（三）〉，《陳誠副總統文物》，國史館藏，典藏號：008-010701-00070-010。

85 「陳廷瓊接兵期間瀆職違法事項」（1943年9月24日），〈遠征軍司令長官任內資料（三）〉，《陳誠副總統文物》，國史館藏，典藏號：008-010701-00070-010。陳廷瓊為第六軍（軍長黃杰）輜重團第一營營長。

86 「陳誠致何應欽電」（1943年8月12日）、「何應欽致陳誠電」（1943年9月7日）、「陳誠致何應欽電」（1943年9月9日），〈遠征軍司令長官任內資料（三）〉，《陳誠副總統文物》，國史館藏，典藏號：008-010701-00070-010。

87 「遠征軍補充兵滇境行軍食宿疾病補救暫行辦法」，〈遠征軍司令長官任內資料（三）〉，《陳誠副總統文物》，國史館藏，典藏號：008-010701-00070-010。

兵員撥補出現諸多問題，使部隊缺額甚高。從第十一集團軍宋希濂部的狀況來看，依遠征軍新編制，各師官697人，兵12,593人，以所轄第二軍第九師爲例，有官535人，兵8,026人，待補官162人，兵4,567人。從全集團軍來看，編制官6,393人，兵100,687人，實際官4,768人，兵57,676人，待補官1,607人，兵38,753人；官兵缺額4萬餘人，約占37.7%。[88]而整個遠征軍的缺額，計有69,173人。[89]又當時所送之補充兵，皆鳩形鵠面，病瘦不堪，需一個月之調治，方能開始訓練，而訓練期間又至少需3個月，以致影響攻擊準備時間。[90]

滇西多崇山峻嶺，主要交通線只有一條滇緬公路，而該地人口稀少，物產不豐，糧食運輸困難，故不適合大兵團作戰。長官部爲求維持大軍，預備反攻，乃積極修築道路。[91]編定駐緬鐵路搶修總隊各項經費概算，包括經常費、臨時開辦費、材料工具費、路軌機車車輛修建費及另加意外費，共計國幣9千3百餘萬元、緬幣3千4百餘萬羅比。[92]公路搶修經費分路段訂定概算，保惠段爲9千8百萬元，惠畹段7千萬元，畹臘段7千萬元，畹八段5千7百萬元，[93]彌雲公路羊街瀾滄江邊至雲縣段計90億餘元，彌渡至羊街瀾滄江邊段

---

88 「對攻擊騰龍地區敵人之意見具申」（9月1日），〈遠征軍作戰指導方案及作戰意見〉，《陳誠副總統文物》，國史館藏，典藏號：008-010701-00072-001。

89 「遠征軍作戰準備事項第二次檢討報告書」（1944年3月15日），〈遠征軍司令長官任內資料（一）〉，《陳誠副總統文物》，國史館藏，典藏號：008-010701-00068-003。此爲1943年10月27日之數據。事實上，部隊缺額嚴重，是全國軍隊共同的問題。王奇生，〈抗戰時期國軍的若干特質與面相──國軍高層內部的自我審視與剖析〉，《抗日戰爭研究》，2014年第1期（北京，2014.2），頁124-139。

90 「對攻擊騰龍地區敵人之意見具申」（9月1日），〈遠征軍作戰指導方案及作戰意見〉，《陳誠副總統文物》，國史館藏，典藏號：008-010701-00072-001。

91 宋希濂，〈遠征軍在滇西的整訓和反攻〉，收入中國人民政治協商會議全國委員會文史資料研究委員會編，《文史資料選輯（合訂本）》，第8輯，頁60。

92 「駐緬鐵路搶修總隊各項經費概算」，〈遠征軍司令長官任內資料（三）〉，《陳誠副總統文物》，國史館藏，典藏號：008-010701-00070-018。羅比（盧比，Indian rupee, INR）爲印度貨幣，英國殖民緬甸時採用之。

93 「公路搶修經費概算」，〈遠征軍司令長官任內資料（三）〉，《陳誠副總統文物》，國史館

計78億餘元。[94]其它如滇緬公路、保山至打黑渡、保山至雙虹橋馬騾道、彌吳段汽車便道等公路整修工程，以及有線電之鋪設等，長官部皆予推動。[95]

陳誠興辦之事甚多，但困難叢生，最大原因為欠缺經費。即就重武器裝備一事而論，使用該裝備，需騾馬駄拉，要有道路可走。據估計，遠征軍所屬部隊共需一萬匹騾馬，修築幾千里公路，然此非遠征軍羅掘俱窮之財力所能負擔者，美國人見此狀，亦無可奈何。[96]

整訓工作推動同時，陳誠及其參謀奉蔣中正之命，[97]策定作戰計畫，區分兩種，一為實行反攻時之攻勢作戰計畫，一為反攻準備期間之守勢作戰計畫。[98]攻勢作戰計畫方面，5月5日完成的作戰計畫，其方針以恢復中印緬水陸交通，及協助英印盟軍收復緬甸為目的，於英美盟軍及駐印軍發動攻勢同時，以一部向緬甸撣部進出，牽制泰國方面日軍，主力由滇西向緬北進出，逐次攻略騰衝、龍陵及臘戌各要地，與友軍會師曼德勒，包圍日軍於附近殲滅之；應於8月底完成攻擊準備，攻擊開始時期俟協商後另定。[99]5月10日，依據上開計畫及1942年12月22日所頒之「反攻緬甸交通整備計劃」，訂定「遠征軍反攻緬甸交通整備計劃之補充計劃」，搶修通於日方之路段，使遠征

藏，典藏號：008-010701-00070-018。

94 「彌雲公路瀾滄江邊至雲縣段復路工程概算」、「彌雲公路彌渡至羊街瀾滄江邊段復路工程概算」，〈遠征軍司令長官任內資料（三）〉，《陳誠副總統文物》，國史館藏，典藏號：008-010701-00070-018。

95 「遠征軍交通整備實施概況圖」（1943年10月13日）、「遠征軍及昆明行營轄區既設有線電通信線路要圖」，〈遠征軍司令長官任內資料（三）〉，《陳誠副總統文物》，國史館藏，典藏號：008-010701-00070-019。

96 何智霖編，《陳誠先生回憶錄：抗日戰爭》，上冊，頁203。

97 「蔣中正致徐永昌陳誠手令」（1943年4月5日），〈革命文獻—同盟國聯合作戰：反攻緬甸〉，抗戰時期，《蔣中正總統文物》，國史館藏，典藏號：002-020300-00026-011。

98 「陳誠呈蔣中正電」（1943年5月7日），〈遠征入緬（一）〉，特交文電—領袖事功—對日抗戰，《蔣中正總統文物》，國史館藏，典藏號：002-090105-00006-057。

99 「遠征軍反攻緬甸作戰計劃」（1943年5月5日），〈遠征軍司令長官任內資料（三）〉，《陳誠副總統文物》，國史館藏，典藏號：008-010701-00070-013。

軍反攻開始前能集中力量。[100] 5月22日，訂定「遠征軍反攻緬甸作戰期間補給大綱」，估算作戰期間所需糧彈概數及所需各種輸力大小，使補給與兵站設施有所準備。[101] 10月12日，又另訂作戰計畫，此案根據蔣中正6月29日所頒之「反攻緬甸作戰計劃大綱」策定，與5月5日之作戰計劃相同，於盟軍對緬甸發動發動攻勢同時，以主力攻略騰衝、龍陵，不同之處在進出八莫、九谷之線時，先整頓態勢，再攻略臘戌，與友軍會師曼德勒。作戰準備完成時間，延至12月，攻擊開始時機，待最高統帥部命令。[102]

　　發動攻勢前，遠征軍採守勢作戰，訂定「遠征軍反攻準備期間作戰指導腹案」，防制日軍採取先發制敵之攻擊。10月12日，策定「遠征軍在反攻準備期間守勢作戰指導案」，其目的為掩護反攻準備，並預定以現所占領之怒江、薩爾溫江沿線及車佛南線為爾後之攻勢發起線；滇西及車佛南方面，應調整配備、增強工事、固守各要線要點，擊退來攻日軍。[103] 此外，長官部調查滇緬邊界地理、人種、物產、山川、氣候、歷史、交通、教育，完成「滇緬邊界調查概況」；[104] 又調查越南狀況，完成「越南氣候、交通及機場所在地要件。」[105]

　　陳誠在遠征軍任內，並不能專心致志地工作，因其尚未擺脫第六戰區

100　「遠征軍反攻緬甸交通整備計劃之補充計劃」（1943年5月10日），〈遠征軍司令長官任內資料（三）〉，《陳誠副總統文物》，國史館藏，典藏號：008-010701-00070-026。

101　「遠征軍反攻緬甸作戰期間補給大綱」（1943年5月22日），〈遠征軍司令長官任內資料（三）〉，《陳誠副總統文物》，國史館藏，典藏號：008-010701-00070-025。

102　「遠征軍反攻準備期間作戰指導腹案」，〈遠征軍作戰指導方案及作戰意見〉，《陳誠副總統文物》，國史館藏，典藏號：008-010701-00072-001。

103　「遠征軍在反攻準備期間守勢作戰指導案」（1943年10月12日），〈遠征軍司令長官任內資料（三）〉，《陳誠副總統文物》，國史館藏，典藏號：008-010701-00070-014。

104　「滇緬邊界調查概況」，〈遠征軍司令長官任內資料（三）〉，《陳誠副總統文物》，國史館藏，典藏號：008-010701-00070-029。

105　「越南氣候、交通及機場所在地要件」，〈遠征軍司令長官任內資料（三）〉，《陳誠副總統文物》，國史館藏，典藏號：008-010701-00070-030。

和湖北省政府工作，該方面幾乎每日都有戰報和其他重大事項要陳誠裁決處理。5月上旬，日軍發動江南殲滅作戰（鄂西會戰），[106]第六戰區軍事吃緊，陳誠回到第六戰區指揮作戰，前後歷時兩個多月，7月下旬，復奉召飛渝，直到8月5日，才又飛回遠征軍任所。9月4日，陳復因出席中國國民黨第五屆中央執行委員會第十一次全體會議，由昆飛渝，歷時二十餘日，於27日返滇。10月中旬，胃潰瘍症劇作，勉強支持到11月底，仍無法痊癒，乃回渝調治，離任遠征軍職務。[107]

四、人事紛擾與因病卸任

蔣中正派任陳誠出任司令長官時，告以遠征軍之中央各軍「龐雜驕矜，統屬為難」，已明示整頓遠征軍困難之所在。

陳誠自謂，其於遠征軍最大的問題，非和史迪威之互動，亦非與龍雲之交往，而為中央在滇將領。在滇諸將，如關麟徵等，剽悍作梗，他們所以敢於向司令長官挑戰，乃恃參謀總長兼軍政部部長何應欽為奧援。也可說黃埔前期將領，奉何應欽為首，形成派系，與陳誠相爭。何應欽之下屬兵工署署長俞大維嘗語陳謂：「公〔陳誠〕與總長〔何應欽〕不協，非中國前途之利。總長繼承委座〔蔣中正〕，公繼承總長，兩全之策也。何為與總長敵？」陳答：「此純屬敵人造謠！那有此事？方今日寇未平，共匪未滅，我等同心協力，報國禦侮之不遑，我何為與總長敵？且委座與我儕，年相若也，死生壽考，孰先知之？」[108]

106〔日〕防衛庁防衛研修所戰史室，《戰史叢書：昭和十七、八年の支那派遣軍》（東京：朝雲新聞社，1971），頁369。

107 何智霖編，《陳誠先生回憶錄：抗日戰爭》，上冊，頁199-200。

108 何智霖編，《陳誠先生回憶錄：六十自述》，頁88-89、260。日記作：「如何能看得清楚，我們均有死在委座之前之可能，則對余自無問題，不然在彼（何）認為委座死後只有他，與他作對只有我，那自無辦法使他對余諒解。」林秋敏、葉惠芬、蘇聖雄編輯校

陳誠以為，軍政部對遠征軍之需要非常不合作。如遠征軍需款5億，蔣中正已經批准，經手者宋子文欲逕交陳誠，陳再三考慮，此款仍交軍政部轉發。據陳回憶，後來軍政部今日付幾百萬，明日付幾百萬，橫加掣肘，陳因此甚為不滿該部貽誤戎機。[109]

陳誠對與何應欽之衝突，亦望調和，乃欲任何應欽重要下屬蕭毅肅為參謀長，希冀藉此打通難關。[110]陳向何情商調用不成，便直接向蔣中正報告，以去就力爭，終獲任命。原訂借調3個月，後來成為正式任命，即便後來陳誠因病離任，蕭仍繼續留任，[111]並與陳誠定期聯繫，呈送相關報告。[112]惟成效未彰，陳誠仍感遇到諸多窒礙。其實，1935年蔣中正決定分期整理全國陸軍，設立陸軍整理處，調陳誠兼任處長時，陳本不願就任，時人亦懷疑南京既有軍政部，武昌又有陸軍整理處，同一事有兩單位，如何執行？後來亦同樣調用中央有關人員任組長，以為溝通橋樑。蔣中正因對部下不能有所偏愛，以免壞事，也只能如此。[113]

鄂西會戰之後，陳誠考慮何應欽對遠征軍的妨害，甚為憤恨，認為「如

訂，《陳誠先生日記》，第1冊，頁515，1944年3月26日。

109 何智霖編，《陳誠先生回憶錄：六十自述》，頁149-150。

110 何智霖編，《陳誠先生回憶錄：六十自述》，頁149-150。

111 蕭慧麟，《蕭毅肅上將軼事》（臺北：書香文化事業公司，2005），頁80。

112 如1944年3月15日呈送「遠征軍作戰準備事項第二次檢討報告書」（1943年10月），〈遠征軍司令長官任內資料（一）〉，《陳誠副總統文物》，國史館藏，典藏號：008-010701-00068-001。

113 陳誠日後對於蔣中正不能偏愛，十分贊同，有深刻體悟，謂：「介公〔蔣中正〕對予，真是作之君，作之師，惟對部下，猶父母之對子女，不能有所偏愛。我家即有先例。予始邊祖覽青田山水之勝，居焉。妻生長次二子，妾生少子。父母偏愛少子，二兄嫉之。一日，三子戲江濱，二兄竟推幼弟入江。時幼弟才三歲，幸為船夫所見，得救。後長次二房皆無後，惟幼弟中會元，即為予九世祖會元公。向使會公墜江死，是父母偏愛之，適以害之。苟非介公對予有信心，雖百辭修〔陳誠〕何能為？早若會元公，墜入江中矣。」何智霖編，《陳誠先生回憶錄：六十自述》，頁149-150。

何應欽之流負責一日，即國家之危險始終不能解決也」，[114]但因其地位、職權關係，對諸事皆無辦法，故萌生辭意，滯留恩施或重慶，不欲前往雲南。蔣中正望陳誠即赴雲南前線負責，並請林蔚電話轉告其著急之心，惟不便直接告知，因以陳之辛勞，如催之過急，似有不能體諒部屬之感。[115]時蔣中正對陳的抱怨，頗為心煩，認為陳「修養未足，客氣猶存，好為勝人與怨疑之言，令人憂悶。」[116]其後，蔣直接約陳談遠征軍問題，陳表示無任何理由可以去。其不去，須物色替代人選，如衛立煌、張發奎均可。其若去，亦無辦法，且第六戰區更為重要。蔣指示不應研究去或不去，只要去，自有辦法，即俗云船到橋邊自然直、天下絕無無辦法之事，一切須勉強為之，而第六戰區如有要事，陳可直接負責。蔣的這番言語，使原本預備被責罵的陳，感到無以應對。[117]蔣感陳「對遠征軍任務甚躊躇畏縮，殊失我望」，[118]陳則感嘆自謂「對於第六戰區及鄂省府事，事實要求非留不可而不能留；對於遠征軍事環境關係，決不能去非去不可。可為盾矛之極，奈何奈何。」[119]然而，陳誠最終看蔣中正可憐，[120]無法拒絕其意，還是於8月5日由重慶飛赴遠征軍任所。[121]

---

114 陳誠著，林秋敏、葉惠芬、蘇聖雄編輯校訂，《陳誠先生日記》，第1冊，頁462，1943年6月15日。

115 陳誠著，林秋敏、葉惠芬、蘇聖雄編輯校訂，《陳誠先生日記》，第1冊，頁465、466，1943年7月9、18日。

116 《蔣中正日記》，史丹福大學胡佛研究所藏，1943年7月22日。

117 陳誠著，林秋敏、葉惠芬、蘇聖雄編輯校訂，《陳誠先生日記》，第1冊，頁468，1943年7月31日。

118 《蔣中正日記》，史丹福大學胡佛研究所藏，1943年7月31日。

119 林秋敏、葉惠芬、蘇聖雄編輯校訂，《陳誠先生日記》，第1冊，頁466，1943年7月17日。

120 陳誠8月12日致夫人譚祥信中說道：「然始終非來不可者，完全是老頭子〔蔣中正〕之情勿能卻，而感老頭子實太可憐也。」陳誠著，何智霖等編，《陳誠先生書信集：家書》，下冊（臺北：國史館，2006），頁527。

121 何智霖編，《陳誠先生回憶錄：抗日戰爭》，下冊，頁595。

陳回任後，電呈統一編制，並建議滇西、滇南統一指揮。[122]同時，中樞有分割遠征軍之議——以陳誠統率保山線（滇西）部隊，龍雲則統率蒙自線（滇南）部隊。[123]何應欽另提出兩案，一為陳誠兼任昆明行營主任，一為龍雲兼遠征軍司令長官；對於前者，陳恐龍雲多心，後者則以為與國際有關。[124]此事終無結果，陳誠因此問計中央設計局秘書長熊式輝，並發牢騷，熊認為陳有責任心，但攬權太過，婉言促陳反省。[125]

9月6日，陳誠又簽呈請辭遠征軍司令長官，表面上的理由是「能力薄弱，毫無建樹」，[126]實際上是因為遭遇阻礙，難以推動相關工作，認為攻緬必敗。[127]14日，蔣收到陳函，內心甚為受傷，感慨道：「辭修今日又來文辭遠征軍職，此人誠無良心、無膽氣，只顧個人成敗榮辱之計者也。此種悍將之所為，最是令人氣短，培植廿年竟至於此！」又云：「見人冷面則無論矣，舊部壓迫之難過，甚於外寇之欺凌。」次日，以長篇手書回復陳誠「痛斥其跋扈恣睢之形態，促其反省，如不再覺悟，則此人不可復教矣。」[128]信函指出，關於遠征軍事，凡陳所要求者無不遵辦，於公於私以到至極，「現在除向你三跪九叩首之外，再無其他禮節可以表示敬意。」並告以陳此種態度，是廢棄國家政府命令與紀律，世界只有陳一個人的意旨命令來行施一切，這種行動態度，「已往軍閥，亦絕不致出此。」最後明告派陳往遠征軍，乃是希

122 何智霖編，《陳誠先生書信集：與蔣中正先生往來函電》，下冊，頁552-553。

123 「宋子文呈蔣中正電」（1943年8月16日），〈革命文獻—同盟國聯合作戰：反攻緬甸〉，抗戰時期，《蔣中正總統文物》，國史館藏，典藏號：002-020300-00026-015。

124 陳誠著，林秋敏、葉惠芬、蘇聖雄編輯校訂，《陳誠先生日記》，第1冊，頁473，1943年8月21日。

125 熊式輝，洪朝輝編校，《海桑集：熊式輝回憶錄（1907-1949）》（香港：明鏡出版社，2008），頁425。

126 何智霖編，《陳誠先生書信集：與蔣中正先生往來函電》，下冊，頁554。

127 中央研究院近代史研究所編，《徐永昌日記》，第7冊，頁167，1943年9月13日。

128 《蔣中正日記》，史丹福大學胡佛研究所藏，1943年9月14、15日。

望他立業揚名，而絕非陷於死地，希望陳再加深思一番。[129]

陳誠接函後，17日亦以長函回復，明告此次辭職，實因返滇月餘，雖盡力從事各種準備，但環顧現狀，矛盾實多，非自己能力所能解決。並陳明遠征軍各種問題：（一）遠征軍事，中樞意見，始終未能一致。除蔣中正外，他人多不能重視與積極。在蔣當面指示時，默無異議，一至其他場合，則意見歧出不已，「消極批評者有之，無形擱置者有之，多方牽掣者有之。」（二）意見不一致之結果，為凡事推不動與辦不通，而表現於地方者，則為系統之龐雜與紊亂，各有主張，各有根據。（三）中樞紛歧，地方自然變本加厲。而其最重要之癥結，尤為觀念上始終認為敵人絕不來攻，同時我亦絕無反攻力量。（四）由於心理與觀念之錯誤，結果部隊紀律廢弛，戰力消失。實際上即苟且偷安、走私牟利、士氣消沉、缺額日多，以及高官生活奢靡、下級生活壓迫，甚者乃至視缺額走私為維持部隊之正道，以金錢力量為各立門戶之基礎。（五）綜觀上述，可知今日部隊實際情況，確屬難言反攻，非但難言反攻，縱令走到緬甸，亦不可能。（六）對於遠征軍有關各種問題，再三自問，絕對無法解決。忠誠直言非驕矜恣肆，任勞任怨非跋扈專擅。[130]經此書函往來，陳誠請辭之事，不了了之。[131]

陳誠以為遠征軍將領恃何應欽為奧援，實際上，諸將雖的確如此，但也各有盤算。當時各部隊長以軍隊為本錢，都想保存實力，遠征軍兩大集團第二十集團軍總司令霍揆彰及第十一集團軍總司令宋希濂亦難免有此想法，即

---

129 「蔣中正致陳誠函」（1943年9月15日），〈蔣中正手稿〉，文件─書函與日記─手稿，《陳誠副總統文物》，國史館藏，典藏號：008-010203-00005-013。

130 「陳誠呈蔣中正函」（1943年9月17日），〈一般資料─黨國先進書翰（二）〉，特交檔案，《蔣中正總統文物》，國史館藏，典藏號：002-080200-00620-007。

131 這次的蔣陳衝突，另可參閱孫宅巍，〈蔣介石、陳誠為遠征軍事的一段糾葛〉，《鍾山風雨》，2011年第6期（南京，2011.12），頁44-46；何智霖，〈抗戰時期蔣中正痛斥陳誠請辭遠征軍司令長官書函解析〉，《國史研究通訊》，第3期（臺北，2012.12），頁120-123。

便何應欽重要參謀蕭毅肅親自指揮，亦難以調動部隊。[132]再者，諸將對何應欽亦非完全屈從，關麟徵、宋希濂皆曾向陳誠表示對軍政部的不滿。[133]惟當陳誠影響諸將利益之時，諸將復集結於何應欽旗幟之下，以爲後盾。

「龐雜驕矜」的中央軍諸將中，關麟徵與陳誠衝突最大。在陳誠目前留下的史料中，對與遠征軍諸將的衝突實例，所述甚少，僅於《陳誠先生回憶錄：六十自述》中，特別提到關麟徵的名字，但實際上發生何事，關麟徵如何「作梗」，卻隻字不提。[134]幸關麟徵日後接受訪談及相關人士的回憶，揭露了這一段史實。

據關麟徵回憶，其因心直口快，很早就與陳誠結怨。1927年蔣中正下野，關麟徵遭遣散，1928年初蔣復職，派關任警衛第二團團長，當時共有3個警衛團，陳任警衛司令。其後，警衛團與曹萬順部合併爲第十一師，師長曹萬順，陳誠爲副師長，羅卓英爲參謀長，三位團長爲關麟徵、李默庵、蕭乾。一日，羅卓英約三位團長談話，要他們聯合黃埔同學，控告曹萬順不夠資格任師長，並推舉陳誠升任師長。關麟徵年少氣盛（二十多歲），心直口快，且對陳誠並無好感，首先表示：「要告就一起告，陳矮子並不比曹萬順高明，可能比曹還要壞。」此話傳到陳誠耳中，爲二人結怨之始。此後戰場上若關歸陳指揮，關均感受刁難。[135]

在陳誠受任遠征軍司令長官前，關麟徵的第九集團軍已駐防西南一段時

---

132 蕭慧麟，《蕭毅肅上將軼事》，頁80-81、106-112。

133 陳誠著，林秋敏、葉惠芬、蘇聖雄編輯校訂，《陳誠先生日記》，第1冊，頁435-436，1943年3月18日。

134 何智霖編，《陳誠先生回憶錄：六十自述》，頁88、260。

135 張贛萍，《抗日名將關麟徵》（香港：宇宙出版社，1969），頁165-169。此書爲關麟徵45歲以前之傳記，許多故事，爲作者親訪傳主所得。尤其與陳誠衝突一段書稿，作者將談話紀錄發刊前，尚請關過目確認。

間，是第一個進入雲南之中央軍。[136]陳就任後，二人為第五十四軍的人事問題，發生嚴重衝突。據關的回憶，陳就任司令長官之後，第五十四軍軍長黃維因財務不清離職，軍政部部長何應欽要關保薦接任人員。由於第五十四軍是陳誠的基本部隊，且陳誠、何應欽不和眾所皆知，關頗感為難，乃即往見陳誠報告，陳詢關的意見，關認為該軍副軍長傅正模資歷雖深，但不善戰，乃薦能力頗佳之闕漢騫升任，惟闕升任師長未久，宜先由關的副總司令張耀明先行兼任，之後再由張耀明保薦闕升任。陳當即同意。過了約2個月，蔣中正電關，告以第五十四軍人員大事更換，人心惶惶，希注意。但張耀明並未更換人事。經關查訪，張之副軍長傅正模以未得軍長而搧風點火，假造報告，並向陳誠說闕麟徵要「吃掉」陳的部隊。關乃據實電復蔣中正，此事遂寢。[137]

上述事件查明未久，何應欽又電告關，因張耀明病辭，請另擇軍長。但張耀明無病且未辭，關乃查究實情，發現有人私刻張之圖章，以其名義捏造因病請辭的報告。關得知內幕，異常生氣，即報請陳誠辭職，其意在陳若不查辦搞鬼的傅正模，便准關辭職。經關再三電請，陳仍置之不理。後來，關親訪陳的辦事處長劉仿舟說明原委，並保證張耀明自動請辭，即保薦闕漢騫升任軍長，但請予傅正模以記過處分，保全關的面子，使爾後尚有威信指揮軍隊。關認為，此舉是向陳「無條件投降」，劉當時也認為這樣的處理方式很好，願立即將此意見電告陳誠，惟仍無回音。不久，陳誠從湖北飛昆明，關赴機場迎接，陪返官邸，再將此事當面提出，關見陳顧左右而言他，當即

---

136 1939年冬，日軍進攻桂南，接著進入越南，蔣中正為保衛雲南大後方及緬甸國際交通線，抽調第一集團軍總司令盧漢率領第六十軍及第九集團軍總司令關麟徵率領第五十二軍，由湖南開入滇南，沿滇、越邊境布防，此為中央軍首次進入雲南。參見杜聿明，〈蔣介石解決龍雲的經過〉，收入中國人民政治協商會議全國委員會文史資料研究委員會編，《文史資料選輯》，第5輯，頁32-33。

137 張贛萍，《抗日名將關麟徵》，頁175-178。

情緒激動爆發,「痛陳斥問」兩事原委,陳面紅耳赤,當晚吐血發病,向蔣中正辭司令長官之職。[138]

關麟徵對該事的回憶,有其他相關人士的回憶佐證,惟事件過程略有出入,尤其對當事人背後的動機,諸多揣測,陸離斑駁。[139]黃維回憶,直指該事是關麟徵之陰謀:第五十四軍自歸關麟徵指揮以來,關對該部師、團長等各級幹部施用挑撥、分化、拉攏等手段,欲攫取該部,其後藉補給問題,向何應欽挑撥,最後搞垮黃維。陳誠上任遠征軍司令長官後,黃維馬上將上述情形報告,陳傳見第五十四軍幹部,具體了解情況,認為何應欽、關麟徵不該意氣用事。[140]

在陳誠的日記之中,雖未具體呈現事件之來龍去脈,卻多少透露蛛絲馬跡。如陳誠剛到任時,黃維來見,陳責其經理不清,但相信其人格,而不滿他人借此事中傷黃,深感「中央負責者之無是非,如人事無問題,縱犯滔天大禍亦無人過問,如對私人有所不滿,則不擇手段,致〔置〕人於死地,實非謀國之道也。」[141]足見陳對中傷黃維者感到不滿。其後陳視察第五十四軍軍部,分別傳見團長以上幹部,得知他們同情黃維,咸以為軍政部不分是非,專以感情用事,絕非革命政府所應為,陳誠僅強調應重於責己、輕於責人,提示做人與革命道理,以免因黃維調職而搖動軍心。[142]8月9日,陳誠

138 張贛萍,《抗日名將關麟徵》,頁179-180。

139 參見張塞峰,〈我所知道關麟徵將軍的一些事〉;王禹廷,〈悼抗日名將,惋念關麟徵〉;段培德,〈關麟徵與陳誠對第五十四軍之爭〉,俱收入全國政協陝西省户縣政協文史資料委員會編,《關麟徵將軍》(北京:中國文史出版社,1989),頁65-68、71-72、133-134。

140 黃維,〈對陳誠軍事集團發展史紀要一文的更正和意見〉,收入中國人民政治協商會議全國委員會文史資料研究委員會編,《文史資料選輯(合訂本)》,第72輯,頁273-277。最後張耀明調回原職,以第十八軍軍長方天調任第五十四軍軍長,第五十四軍也脫離關麟徵指揮,歸長官部直轄,後來歸第二十集團軍霍揆彰指揮。

141 陳誠著,林秋敏、葉惠芬、蘇聖雄編輯校訂,《陳誠先生日記》,第1冊,頁434-435,1943年3月15日。

142 陳誠著,林秋敏、葉惠芬、蘇聖雄編輯校訂,《陳誠先生日記》,第1冊,頁442-443,

與各總司令、軍長研究今後作戰方案，散會後，關麟徵提出辭職，陳責以大義，並多方開導，關最後反應極佳，並云如陳對關不信任，他尚有何希望？惟這裡提到的「開導」，無法求證於關麟徵的回憶。陳誠私下認為關麟徵之「幼稚實為可憐」，並自謂「生平自問無論對上、對下、對同志，一本致〔至〕誠，寧使人負我，而決不做虧心之事也。」[143]

關麟徵提出辭職並打消辭意次日，又電請辭職，陳甚為不滿，謂「如此反覆無常，實可痛也。」[144]陳對關之吃空驕奢亦看不下去，在一次與各總司令及軍長的會議上，關有「誰報告不吃空額是欺騙長官」與「現在以吃空額維持軍隊是好幹部」之言，陳聞之不勝感慨，嘆息「良心何在？道德何在？」[145]又陳評查各將領生活，得知關麟徵夫人僱一看護，每月費一萬五千元，自謂：「對余不滿者，因余奉令來滇，於彼等頗感不安也。」[146]

關麟徵及相關人士的回憶，多認為陳誠發病及辭職，是因為受關麟徵之氣，觀9月17日陳致蔣函，知關等將領之不服從，當是陳辭職原因之一，惟並非惟一原因。至於陳的發病，與關麟徵之關係為何？陳誠的回憶錄與日記，對此毫無所及，若以日記與關之回憶相校，關云他是陳誠自湖北返滇當日向陳斥問，當晚陳即發病，實則陳早在9月27日便飛返昆明，且是自重慶飛返，而胃病大作，是在10月12日。[147]關的回憶時間點或許有誤，但關對陳

1943年4月7、8日。

143 陳誠著，林秋敏、葉惠芬、蘇聖雄編輯校訂，《陳誠先生日記》，第1冊，頁470，1943年8月9日。

144 陳誠著，林秋敏、葉惠芬、蘇聖雄編輯校訂，《陳誠先生日記》，第1冊，頁470-471，1943年8月10日。

145 陳誠著，林秋敏、葉惠芬、蘇聖雄編輯校訂，《陳誠先生日記》，第1冊，頁475-476，1943年9月26日。

146 陳誠著，林秋敏、葉惠芬、蘇聖雄編輯校訂，《陳誠先生日記》，第1冊，頁477，1943年10月2日。

147 何智霖編，《陳誠先生回憶錄：抗日戰爭》，下冊，頁599、601-602。

誠怒斥一事，諸多回憶皆有記載，當不爲謬。

目前可見的《陳誠先生日記》雖未記載陳誠被關麟徵怒斥一事，但自10月7日以後，日記被撕去多頁，或有難言之隱。[148] 又，1944年3月25日陳誠於日記載：「段錫朋、何子星（聯奎）來談，段似疑余病源於飲酒，余告以余之病源除醫生診斷所證明外，實由於自己修養不夠。」[149] 可見陳誠自承「修養」是他發病的原因之一，或可間接證明陳因受關麟徵之氣，以修養未足，氣急攻心，最終導致發病。

14、15兩日，陳誠病況轉佳，適值怒江方面日軍有所行動，陳乃扶病理事，致夜不成寐。16日並流鼻血，齒牙腐爛，醫師建議易地靜養。陳因電蔣中正請辭，免誤戎機。蔣乃准六個星期病假，假中日常事務，交由副長官及參謀處辦理，重要問題，仍須親自裁決。[150]

10月26日，蔣中正派林蔚親來探問病況，並攜手諭，請陳注意反攻緬甸各要點：（一）籌謀方略突破日軍嚴守之怒江各渡口。（二）熟練空軍對於敵軍各種工事與陣地之偵察，以及俯衝轟炸之熟習與準備，尤其砲兵與空軍協同動作之實習，更非從速著手不可。（三）對於景東方面增加兵力，且派有能力之指揮官，以及加強運輸機構、部隊，如能修築臨時飛機場，再使空軍能作相當之掩護，則效果必更大。[151]

此時，陳病況似漸癒，故蔣仍對陳有所指示，令其持續注意反攻緬甸之準備，蔣尚且贈送一萬元美金作爲購藥費用。陳平生未用過外匯，此次爲惟一例外，深感天高地厚之恩，不知如何回報。對於蔣的指示，陳迅與林蔚商

---

148 目前所留存之陳誠日記，經過陳夫人譚祥檢閱，其若有不宜公開之處，便整頁撕去。1943年10月7日至10月18日之日記，皆已不存。
149 林秋敏、葉惠芬、蘇聖雄編輯校訂，《陳誠先生日記》，第1冊，頁514，1944年3月25日。
150 何智霖編，《陳誠先生回憶錄：抗日戰爭》，上冊，頁211-212。
151 何智霖編，《陳誠先生回憶錄：抗日戰爭》，上冊，頁212。

討。[152]

11月，陳誠假期將滿，病體尚難復原，呈請蔣中正派員接替。8日，蔣手令以衛立煌代理遠征軍司令長官職務。[153] 16日，衛立煌飛昆明，21日，赴楚雄就職。陳誠將任內事務交代完畢後，於29日離昆飛渝，在重慶近郊山洞養病，一住幾達半年，是其平生少有的休閒時期。[154]

或謂蔣中正替換陳誠，是因為陳與美國人過從甚密，[155]實則蔣任用陳，就是因美國因素，鄂西會戰後即便陳誠欲辭，蔣皆不之許，及至陳發病請假期間，蔣仍派員與陳討論反攻事宜，故此說當可商榷。又或謂陳離任純粹是因為胃疾發作，[156]此說當為事實，惟陳之精神受關麟徵等之刺激以致發病，或亦不容忽略。[157]

五、結語

1942年的緬甸戰役，盟軍戰敗，國軍一部退回雲南，亟待整頓反攻。陳誠時任第六戰區司令長官，深得蔣中正信任，且獲美方支持，故獲派兼任遠征軍司令長官。陳誠認為，當前不應將重兵遠調，沿江防禦為當務之急，中國可以失去緬甸，但不能失去重慶，故不贊成遠征軍出兵助英、美達成其戰略利益。蔣中正令其赴重慶商談，仍內定其出任，但因顧慮參謀總長兼軍政

152 何智霖編，《陳誠先生回憶錄：抗日戰爭》，上冊，頁212-213。
153 「蔣委員長致何應欽十一月八日條諭」（1943年11月8日），〈革命文獻—同盟國聯合作戰：反攻緬甸〉，抗戰時期，《蔣中正總統文物》，國史館藏，典藏號：002-020300-00026-021。
154 何智霖編，《陳誠先生回憶錄：抗日戰爭》，上冊，頁213-214。
155 寧志一，〈陳誠緣何失去遠征軍司令一職〉，《文史精華》，2005年第6期，頁41-44。
156 劉會軍、張智丹，〈陳誠就任與被免遠征軍司令的幾個問題〉，《中南大學學報（社會科學版）》，第19卷第4期（長沙，2013.8），頁254。
157 蘇聖雄，〈陳誠離任遠征軍司令長官之謎——以《陳誠先生日記》為中心的探究〉，《國史研究通訊》，第8期（臺北，2015.6），頁191-199。

部部長何應欽之態度，遲未正式發布，陳誠為求時效及與何應欽相抗，且欲早日確認新職，及早部署，乃催促蔣早日確定，蔣方於1943年2月11日正式發布陳為遠征軍司令長官。

陳誠赴任後，調整其對遠征軍出兵之想法，主張盟軍反攻，不是為單一國家之利益，而是為共同打擊日本。在任內，他與美國開誠布公，獲得史迪威之讚賞，史迪威且對陳抱持高度期待。對於雲南在地勢力龍雲，陳誠汲取過去與閻錫山相處之經驗，不干涉雲南軍政，以避免龍之疑忌，故兩人相處亦稱良好。

陳誠將司令長官部設於楚雄，一方面位置適中，一方面避免官兵沾染昆明之不良氛圍，且能避免龍雲疑忌。調整部署而外，陳誠最重要的工作是訓練，蓋新式軍械及步砲、陸空協同需要一定技術，非訓練不為功。在昆明，設有軍事委員會駐滇幹部訓練團；在大理，設有戰時工作幹部訓練團；另設有司令長官部巡迴教育組兩組，巡迴訓練各軍。這些訓練工作，皆由中、美人員共同負責，國軍得吸收西方先進軍事技術。訓練之餘，陳誠尚推動加強補給、補充兵員、修築道路等工作，並策定實行反攻時之攻勢作戰計畫，及反攻準備期間之守勢作戰計畫數種。

陳誠在遠征軍任內所遭遇的阻礙，不是來自美國史迪威，也非雲南軍政領袖龍雲，而是中央軍內部。蔣派陳上任，目的之一，便是整頓「龐雜驕矜，統屬為難」的在滇中央部隊。陳上任之後，因諸將恃何應欽為奧援，行事多遭掣肘，尤其與素有恩怨的第九集團軍總司令關麟徵，因第五十四軍人事問題起了嚴重衝突，令陳興起不如歸去念頭，乃多次向蔣中正請辭，卻遭到蔣的嚴厲斥責。最後，陳在工作勞累、諸事紛擾之下，胃病復發，咯血昏迷，蔣方准其暫辭遠征軍司令長官。

陳誠對何應欽不滿，兩人互鬥，早為人所知，雙方實代表中央軍中的兩

個派系。陳在遠征軍任內遭遇的挫折，加深了他對何的不滿，曾與人談何之為人，咸以為「何年來爲人受過，並是非不分，以致眾叛而親未離。」與陳親近者，並以權臣誤國比何，認爲他狹隘多疑、不易共謀，思想落伍、阻礙人材，又智識不夠，只知享樂自私，無藥可救。[158]陳在遠征軍對何的怨氣，可見諸其養病時的日記，[159]其深感若不從中央展開徹底改革，則一切皆無辦法。[160]

美國人十分肯定陳誠在遠征軍的表現，對於何應欽，則認爲他是「中國抗戰之罪人」。[161]陳誠與美國人看法相同，[162]其曾與陳儀談中國本身缺點及美國人對中國之批評，「均感我國所謂三個朋友，誰不明瞭我國之缺點，惟美國這個朋友比較痛快、肯講出來而已」，陳誠並以爲，「除比較痛快外，而且確實對中國存善意而熱誠，但一般均好諂媚而惡眞言，所謂『良藥苦口、忠言逆耳』，眞正革命者應有此種觀念乎？」[163]陳誠個人的思想準備及美國人的支持，爲其日後代何應欽出任軍政部部長之張本。

陳誠自3月12日到職，至11月底離職，在職期間不到9個月，而除去返鄂作戰、赴渝開會前後占去3個多月時間，在遠征軍任所的時間不過6

158 陳誠著，林秋敏、葉惠芬、蘇聖雄編輯校訂，《陳誠先生日記》，第1冊，頁469、481-482、499、510，1943年8月4日、12月19日；1944年2月12日、3月13日。

159 蘇聖雄，〈甲申三百年——陳誠日記中的時局和蔣中正（1944）〉，發表於「日記中的蔣介石兩岸學術研討會」，金門：財團法人中正文教基金會、中國社會科學院近代史研究所、國立政治大學人文中心、中國近代史學會，2014年12月19-21日。

160 陳誠著，林秋敏、葉惠芬、蘇聖雄編輯校訂，《陳誠先生日記》，第1冊，頁555-556，1944年5月23日。

161 陳誠著，林秋敏、葉惠芬、蘇聖雄編輯校訂，《陳誠先生日記》，第1冊，頁481，1943年12月19日。

162 陳誠著，林秋敏、葉惠芬、蘇聖雄編輯校訂，《陳誠先生日記》，第1冊，頁529-531，1944年5月4、7日。

163 陳誠著，林秋敏、葉惠芬、蘇聖雄編輯校訂，《陳誠先生日記》，第1冊，頁490，1944年1月15日上星期反省錄。

個月。[164]陳離任後，並未完全卸下任務，遠征軍仍會傳遞相關報告供其參
考，[165]1944年7月，他終於正式卸下遠征軍司令長官職務。其於遠征軍，由
於時間甚短，缺乏經費，且遭遇阻礙甚多，難說有何成就，誠如其自謂：
「總之，我在遠征軍任內，僅僅做了一點奠基工作，上層建築尚未著手，就
病倒了，真辜負了國家和委員長對我的付託。」[166]由此短暫的任期，也可看
到其面對阻力或壓力，常表消極或身體出狀況，導致最終的離任。戰後陳請
辭東北行轅主任，便與此時的狀況若合符節。[167]

　　中國遠征軍在陳誠離去後，並未充分改善其問題，[168]以致陳誠休養時聽
到軍中種種情形，「不願聞，亦不忍聞。」[169]1944年5月，在美國人催促下，
遠征軍渡過怒江，發動攻擊，兩個集團軍約7萬5千人對上日軍一個師團約1
萬1千人，遭遇重大損失，最終獲得勝利。[170]

---

164 何智霖編，《陳誠先生回憶錄：抗日戰爭》，上冊，頁200。

165 如1944年3月15日，蕭毅肅呈「遠征軍作戰準備事項第二次檢討報告書」(1944年3月15日)，
　　〈遠征軍司令長官任內資料(一)〉，《陳誠副總統文物》，國史館藏，典藏號：008-010701-
　　00068-003。

166 何智霖編，《陳誠先生回憶錄：抗日戰爭》，上冊，頁203。

167 吳淑鳳編，《陳誠先生回憶錄：國共戰爭》(臺北：國史館，2005)，頁122-125。

168 如遠征軍編制數20萬6,642名，缺額高達58,433名。「遠征軍作戰準備事項第二次檢討報
　　告書」(1944年3月15日)，〈遠征軍司令長官任內資料(一)〉，《陳誠副總統文物》，國史
　　館藏，典藏號：008-010701-00068-003。

169 陳誠著，林秋敏、葉惠芬、蘇聖雄編輯校訂，《陳誠先生日記》，第1冊，頁495，1944
　　年1月30日。

170 「遠征軍反攻緬北戰鬥經過」(1945年10月21日)，收入中國第二歷史檔案館編，《中華
　　民國史檔案資料匯編》，第五輯・第二編・軍事(四)，頁449-453。Charles F. Romanus
　　and Riley Sunderland, *Stilwell's Command Problems* (Washington: U.S. Government Printing
　　Office, 1956), pp. 329-360.〔日〕防衛庁防衛研修所戦史室，《イラワジ会戦：ビルマ防衛
　　の破綻》(東京：朝雲新聞社，1969)，頁65-114。

論抗日戰爭中的陳誠

孫宅巍

江蘇省社會科學院研究員

　　2015年是偉大的抗日戰爭勝利70週年，又適逢抗戰名將陳誠逝世50週年。陳誠為抗日戰爭作出了重要貢獻，抗日戰爭也造就了陳誠在民國歷史上的輝煌。軍事與行政是陳誠抗戰中叱吒風雲的兩個重要舞臺。但作為高層官員，在這兩個舞臺上表演，安排什麼位置，被信任到什麼程度，以至能作出何種業績，均須仰賴最高當局蔣介石的態度與決心。因此，蔣陳關係便成為研究陳誠在抗戰中軍政業績的一把重要鎖鑰。本文即擬從軍事、行政、人際（主要是蔣陳關係）三個層面，來探討與論述陳誠在抗戰中的活動與業績。

一、指揮戰事

　　陳誠在抗日戰爭全面爆發後，曾先後任第15集團軍總司令，武漢衛戍總司令，第九、第六戰區司令長官，軍委會政治部長，遠征軍司令長官，第一戰區司令長官暨冀察戰區總司令，軍政部長等高職，參與和指揮過淞滬會戰、武漢會戰，以及南昌、長沙、桂南、粵北、宜昌、鄂西等著名戰役，是正面戰場上一名重要的高級指揮官。

　　淞滬會戰是陳誠率部參與並直接指揮的第一個重大戰役。他時任淞滬戰場左翼軍總司令和第三戰區前敵總指揮（後為前敵總司令）。左翼軍自編組之日起，一直處於戰役的重點地區。他以總司令和總指揮的雙重身分，協調和指揮淞滬戰事，貫徹蔣介石的作戰意圖，是淞滬前線負實際指揮責任的最高指揮官。他直接指揮了羅店、劉行的戰鬥，在蘊藻浜與大場同日軍浴血拼搏，消滅日軍的有生力量；至撤退階段，又令自己的嫡系部隊第六十七師黃維部，不惜遭致重大犧牲，掩護大軍撤退。[1]陳誠在淞滬一役中，作為高層指揮官，其最大的貢獻在於，幫助蔣介石定下並實踐了擴大淞滬戰事，迫使日軍的進攻由縱向改變為橫向這一戰略決策。他於8月16日與熊式輝一同奉命去滬考察，18日向蔣介石報告時，熊云：「不能打。」而陳答：「敵對南口在所必攻，同時亦為我所必守，是則華北戰事擴大，已無可避免。敵如在華北得手，必將利用其快速部隊，沿平漢路南犯，直趨武漢；如武漢不守，則中國戰場縱斷為二，於我大為不利。不如擴大淞滬戰事，誘敵至淞滬作戰，以達成二十五年所預定之戰略。」[2]由此定下了擴大淞滬戰事、向滬增兵的決心。對於擴大滬戰之得失的評價，史界雖有爭議，但淞滬一戰，延緩了日軍的進軍速度，打亂了日軍的戰略部署，卻是不爭的事實。正如陳誠後來反思這一戰役時所說：「淞滬戰場擴大，相持約三月之久，吸引敵軍二十萬以上，轉變敵人沿平漢路南下之原定計畫，誘致北戰場之敵，轉入東戰場，使之由東而西，在戰略上可謂成功。我方犧牲雖大，敵人亦已付出相當代價。」[3]日本甲級戰犯重光葵在《日本侵華內幕》一書中也不得不承認：「淞滬戰役中，在吳淞登陸的日軍由於連續苦戰而難以前進，蒙受重大損失而被拖

1　宋瑞珂訪問紀錄，孫宅巍訪問，上海，1987年7月。

2　何智霖編，《陳誠先生回憶錄：抗日戰爭》，上冊（臺北：國史館，2005），頁53。

3　何智霖編，《陳誠先生回憶錄：六十自述》（臺北：國史館，2012），頁64-65。

住在上海。」[4]蔣介石亦於淞滬會戰半年後，反思此戰役之成果時稱：「中倭之戰必先打破其侵占華北之政策，而後乃可毀滅其侵略全華之野心。」[5]陳誠在淞滬一役中，協助蔣介石策定並實踐了迫敵作由東而西的戰略改變，從而為中國抗戰的持久進行奠定良好基礎，作出了重要的貢獻。至是役中，中方以「人海戰術」相拼，寸地必爭，造成大量傷亡，並波及士氣，後勤保障時有不繼等等失誤，作為前線最高指揮官的陳誠，當有不可推卸的責任；然亦應客觀分析當時敵強我弱之大背景，以及其他高中層指揮官之不能盡如人意之處。

　　武漢保衛戰是陳誠在抗戰期間直接領導與指揮的又一個重大戰役。在此期間，他身兼武漢衛戍總司令與第九戰區司令長官二職，全力指揮武漢戰事。就此役而言，陳誠的最大成功之處在於，認清「持久消耗日軍」的戰略目標，及時捕獲戰機，能動地殲滅日軍有生力量。1938年6、7月間，武漢外圍戰事激烈進行。他敏銳地注意到，將大量部隊集中於沿江沿湖地區，將使戰局陷於被動，故提出集中兵力給日軍一次打擊的計畫。蔣迅速覆電陳誠：「決在德安、瑞昌一帶與敵決戰。」[6]8月初，陳誠根據蔣介石的這一指示，擬定武漢會戰的作戰方針為：「以保衛武漢要樞，達成長期抗戰，爭取最後勝利之目的，應以一部配置沿江各要地及南潯路線，尤須固守田家鎮要塞；以主力控制於德安、瑞昌以西及南昌附近地區，側擊深入之敵，將其擊破而殲滅之。」[7]本此方針，在陳誠的統一指揮下，「大部分的戰鬥，幾乎都

4　重光葵著，齊福霖譯，《日本侵華內幕》（北京：解放軍出版社，1987），頁131。

5　《蔣中正日記》，1938年5月5日，轉引自楊天石，《找尋真實的蔣介石：蔣介石日記解讀》，上冊（太原：山西人民出版社，2008），頁245。

6　「蔣介石致陳誠密電稿」（1938年7月26日），收入中國第二歷史檔案館編，《抗日戰爭正面戰場》，上冊（南京：江蘇古籍出版社，1987），頁687。

7　「第九戰區作戰計畫」（1938年8月5日），轉引自郭汝瑰、黃玉章編，《中國抗日戰爭正面戰場作戰記》，下冊（南京：江蘇人民出版社，2015），頁816。

是一個山頭、一個村鎮的往復爭奪，所以雙方的傷亡都很大。」[8]10月初，陳誠所部終於在德安西南的萬家嶺捕捉到戰機，用薛岳第一兵團的3個軍，將日軍第一〇一、一〇六師團各一部包圍於萬家嶺，並迅速發起攻擊，殲滅大量敵軍，取得了戰役的勝利。蔣介石獲悉捷報後，致電前線各部隊長官稱：「查此次萬家嶺之役，各軍大舉反攻，殲敵逾萬，足見各級指揮官指導有方，全體將士忠勇奮鬥，曷盛嘉慰。」[9]陳誠在晚年回顧武漢會戰成果時寫道：「是役歷時四月有半，大小戰鬥數百次，敵死傷累萬，其兵員補充，達五六次，甚至有十次者。在持久戰、消耗戰之既定戰略上，我可謂相當成功……敵不能以優勢兵力，包圍殲滅我野戰軍，反因時間之延長，消耗其戰力國力，實爲日本帝國主義最後失敗之基因。」[10]陳誠在其直接指揮的武漢會戰中，又一次從持久作戰的戰略方面取得成功，並顯示了他傑出的軍事才能。當然，在戰術指揮上，也不無缺失。他在武漢失陷後致蔣介石的一份自請處分的報告中稱，自己「指揮無方督率不嚴」，致「岷山與崇陽各役，我軍不戰自潰，影響整個計畫，又在修武路附近，因軍紀廢馳，致使民眾受擾。」[11]對此，蔣介石曾給予嚴厲批評。但此類現象，在強弱懸殊的戰鬥中出現，並非意外，亦不難理解。故對於高層指揮官，也不應過分苛責。

在抗戰後期，陳誠又於1943年5、6月間，在身兼中國遠征軍司令長官和第六戰區司令長官雙重職務的情況下，成功地坐鎮指揮了鄂西會戰。在戰鬥緊張、激烈進行之際，陳誠嚴令自己的嫡系部隊第十八軍之第十一師胡璉部，固守石牌，待援軍到達後，在清江兩岸地區南北合殲日軍。胡璉向陳表

8　何智霖編，《陳誠先生回憶錄：抗日戰爭》，上冊，頁90。

9　「蔣介石致薛岳等密電稿」（1938年10月10日），收入中國第二歷史檔案館編，《抗日戰爭正面戰場》，上冊，頁760。

10　何智霖編，《陳誠先生回憶錄：六十自述》，頁69。

11　「簽呈指揮無方請予處分」（1938年11月27日），收入何智霖編，《陳誠先生書信集：與中正先生往來函電》，上冊（臺北：國史館，2007），頁358。

示：「誓與要塞共存亡，以保持十八軍榮譽。」[12]旋日軍因猛攻石牌未克，改向西進，轉攻三斗坪。江防軍總部急電陳誠，請求變換陣地。在此危急的情況下，陳嚴令江防軍「竭力守備現陣地，各軍按預定計劃反攻。」[13]由於陳誠的果斷指揮，使日軍在鄂西的攻擊計畫告破，至6月20日，全線重又恢復到日軍進攻前的態勢。鄂西一役，共斃傷敵3萬餘名，而中國官兵傷亡及失蹤19,725人。陳誠在檢討此次會戰時稱：「抗戰以來……敵之傷亡較我爲大之時，實不多見，至若敵之傷亡竟較我超出百分之五十以上，恐怕只有鄂西會戰這一個特例。」[14]是役中，敵我傷亡的顛倒變化，是抗戰中敵我戰力變化的一座里程碑。鄂西會戰的勝利，再一次證明了陳誠能夠站在「持久消耗敵軍」的戰略高度指揮戰事，彰顯了其傑出的軍事指揮才能。

　　此外，陳誠在抗戰期間，還參與過宜昌、南昌、長沙、桂南、粵北等正面戰場重要戰役的指揮。在這些戰役中，蔣介石對陳誠的使用，殊異於一般將領。呈現出哪裡困難，哪裡需要，就將陳誠派往那裡的狀況，不按所任職務、所屬戰區出牌。

　　1939年9月，第一次長沙會戰時，陳誠已專任軍委會政治部長職，其所任第九戰區司令長官一職，已由薛岳代理，仍奉蔣之命，「偕同白健生〔崇禧〕星夜入湘，協助薛伯陵〔岳〕區處一切。」[15]是役中，因蔣定下方針爲「不守」，白崇禧亦主張不守，但薛岳卻堅持不撤退的主張。在此相持不下的情況下，陳誠以過人的智慧與藝術，定下支持薛岳反攻的決心，遂「一面商之於健生，令伯陵反攻；一面將伯陵決心及當時情況報告委員長，請准因時因

12　何智霖編，《陳誠先生回憶錄：抗日戰爭》，上冊，頁181。

13　吳相湘，〈陳辭修生平大事〉，《民國政治人物》，下冊（臺北：傳記文學出版社，1982），頁178。

14　何智霖編，《陳誠先生回憶錄：抗日戰爭》，上冊，頁183。

15　何智霖編，《陳誠先生回憶錄：抗日戰爭》，上冊，頁121。

地制宜。」自10月2日反攻，重創日軍，使其傷亡4萬餘人，至6日即完全恢復戰前態勢。[16]陳誠認爲，「轟動一時之湘北第一次大勝利即在此『最後決心』之下克告成功。」[17]

　　1939年末桂南、粵北會戰期間，陳誠剛兼任第六戰區司令長官一職，復「由渝銜命飛桂林」，「傳達委員長意旨」。[18]時粵北日軍爲配合桂南戰事正祕密集結部隊於銀盞坳附近。陳誠前已預見此種形勢，「乃祕與鐵道運輸司令蔣鋤歐商，令在長沙準備一個軍用之車輛，將九戰區駐常德之第五十四軍開至長沙，乘車至祁陽集結待命，並在祁陽控制一部列車備用。」[19]12月下旬，當日軍集中幾個聯隊兵力，由銀盞坳分三路北犯時，陳即令祕集祁陽之第五十四軍，給予北犯日軍以迎頭痛擊，取得粵北大捷。陳誠在後來憶及這一情節時，頗帶欣賞的口吻說：「乃粵北戰事轉敗爲勝之最大關鍵，而且含有一段神祕的意味在內。」[20]

　　實踐證明，陳誠是抗日戰爭正面戰場作戰中，最爲耀眼的一顆將星，爲奪取抗日戰爭的勝利，作出了重要的貢獻。其最重要的成功之處，應在策定、踐行對日作戰的戰略方針，拖住日軍，持久地消耗敵人。綜觀全局，他在抗戰軍事指揮上，成功與貢獻是主流，是第一位的；而在局部戰事中的失利與失誤，以致受到蔣介石的批評與社會詬病，乃屬支流，並有其諸多主客觀原因。

16　何智霖編，《陳誠先生回憶錄：抗日戰爭》，上冊，頁122。

17　中國第二歷史檔案館編，〈陳誠私人回憶資料（1935-1944）（下）〉，《民國檔案》，1987年第2期（南京，1987.5），頁21。

18　何智霖編，《陳誠先生回憶錄：抗日戰爭》，上冊，頁134。

19　中國第二歷史檔案館編，〈陳誠私人回憶資料（1935-1944）（下）〉，頁21。

20　中國第二歷史檔案館編，〈陳誠私人回憶資料（1935-1944）（下）〉，頁21。

二、主持省政

按照國民政府的戰時體制，在抗戰期間，為便於指揮、調度，各省主席一般均由駐軍最高長官擔任。因此，陳誠自1938年6月就任第九戰區司令長官起，即兼任湖北省政府主席，直至1944年7月調任第一戰區司令長官暨冀察戰區總司令，歷時6年。除先後曾由嚴重、朱懷冰代理省政而外，坐鎮恩施，實任兩年又五個月。其時，在全省71縣、市中，能完全行使政權者僅存31縣。[21]陳於主持鄂省省政期間，主持制定和實行了許多經濟、社會、文化方面的政策與舉措，顯示了他創新的思想和務實的精神，在動員組織全省力量，共度危艱，保存精華，支持抗戰等方面，取得了顯著的成效。

陳誠在鄂西實行了「增加生產，徵購實物，物物交換，憑證分配」的經濟新政策。

為了增加生產，陳誠在1941年6月主持制定了《新湖北建設計劃大綱》，將糧食生產的增產措施列於農業計畫之首。他說：「增加生產，以糧食為主，其他生活必需品為副。提倡公共造產，擴大春耕冬作。一保一井，挖渠築壩，貸款良種，繁殖耕牛，防治獸疫及作物害蟲。」[22]《新湖北建設計劃大綱》規定，在5年內，全省將雙季稻和再生稻的種植面積擴大50萬畝，將小麥栽種面積擴大100萬畝，擴大棉花種植面積150萬畝；新建紡紗廠4所，擁有紗錠20萬枚。[23]

徵購實物一項，既為中央既定國策，也是湖北省試行民生主義經濟政策的一部分。陳誠規定：「徵購實物，從大戶富戶開始，除田賦改徵實物，徵購餘糧外，其他民間生產剩餘之必需品，如棉、油、麻、柴、茶等，均擴大

21　陳誠，〈我與湖北〉，收入何智霖編，《陳誠先生回憶錄：抗日戰爭》，上冊，頁257。

22　何智霖編，《陳誠先生回憶錄：六十自述》，頁79。

23　〈新湖北建設計劃大綱〉，《湖北省政府公報》，第432期，1941年6月。

範圍，由政府徵購，公平分配。」[24]，「徵收實物均以稻穀為主體。如確係不產稻穀的地方，得兼收等值之小麥、包穀。」[25]在陳誠實任省主席期間，各年均能超額完成中央下達的徵實數額。據統計，1941年中央核定對湖北26縣徵實稻穀60萬市石，實徵得72.1萬餘市石；1942年中央核定對湖北32縣徵實稻穀100萬市石，實徵得102萬餘市石；1943年中央核定對湖北34縣徵實稻穀85.8萬市石，實徵得106.7萬餘市石。

對於有限的消費品，則實行「憑證分配，平價供應。」陳誠解釋說：所謂「憑證分配」，「即對每人所必需之各項生活消費品，在規定限度內，憑證向政府所辦之商店或合作社購買。所謂規定之限度，視足以維持每一人生活為准。」[26]至1944年止，陳誠已在公教人員及其眷屬、學生共27萬人中，實行了憑證分配；在恩施居民中，實行了計口售糧；在鄂北、鄂中之一部，實行了計口售鹽。[27]為了組織平價供應的物資，並按定量進行分配，陳誠責成省銀行組織「湖北平價物品供應處」，由省銀行行長周蒼柏兼任經理，動用省銀行資金，甚至提取庫存金銀，進行大規模的生產和收購。這一舉措，保證了省級機關、學校、企業的公教人員及其直系親屬、未成年的弟妹，每人每月供應糧食37.5斤、食油1.25斤、食鹽0.75斤、煤炭50斤、土布3尺等。[28]陳誠在晚年的回憶中，仍對此舉的效果，表示滿意。他說：「抗戰後期物價跳躍的猛烈，已然無法控制，各地人民生活的痛苦，有非筆墨所能形容者。而湖北乃於物價的驚濤駭浪之中，屹然獨立，過著相當穩定的生活。」[29]

24　何智霖編，《陳誠先生回憶錄：六十自述》，頁79。

25　陳誠，〈我與湖北〉，收入何智霖編，《陳誠先生回憶錄：抗日戰爭》，上冊，頁372。

26　何智霖編，《陳誠先生回憶錄：六十自述》，頁80。

27　陳誠，〈我與湖北〉，收入何智霖編，《陳誠先生回憶錄：抗日戰爭》，上冊，頁387。

28　董明藏，〈我對湖北省平價物品供應處的幾點回憶〉，《湖北文史資料》，第14輯（長沙，1986），頁182。

29　陳誠，〈我與湖北〉，收入何智霖編，《陳誠先生回憶錄：抗日戰爭》，上冊，頁411。

　　陳誠主持下的經濟新政策，在戰時環境下，對於支援前線、保障後方，穩定城鎮經濟，安定人民生活，發揮了顯著作用。

　　為了配合各項經濟新政策的施行，陳誠決定在全省分區實施「二五減租」。1941年4月，頒布了《湖北省減租實施辦法》。當時，中共在敵後根據地普遍實行的「二五減租」，是減去原租額的25%。陳誠推行的「二五減租」，具體做法是：在租種土地的農民總收穫量中先提出二成五歸自己所有，其餘的七成五再與地主對分，即將正產物的總收穫量375‰用來交租；凡原定佃租超過375‰者，應減為375‰，原定佃租不及375‰者，仍照其原約所定。[30] 減輕了地租負擔的佃農，經向銀行貸款，紛紛購買土地而成為自耕農。據《新蜀報》1943年7月報導，農業銀行恩施分行，在恩施、咸豐二縣，半年內放出200萬元的土地借款，大都借給佃農購地。「在最近二年間，恩施、咸豐的佃農已有百分之四十變為自耕農。」[31]「二五減租」的施行，在一定程度上減輕了農民的負擔，提高了農民的生產積極性，緩和了戰時農村的社會矛盾。

　　作為社會改革的一項重要措施，「三禁」（禁煙、禁賭、禁娼）政策曾在鄂西風靡一時，其中尤以禁煙一項，做得特別有聲有色。陳誠曾云：「我到省主政以後，覺得『禁煙』實在不是細務，必須徹底禁絕；否則不但抗戰難得必勝，而且建國更難保必成。」[32] 對此，他確實下了很大的決心，在全省行政會議上說，「以金錢而論，我們湖北寧可大家餓死，也不想從鴉片煙土取一文錢。」[33] 陳誠於1940年10月27日，頒發了《酉感保政代電》，規定自1941

30　《湖北省政府會議陳主席指示備忘錄彙編》，1942年4月，湖北省圖書館藏。

31　《新蜀報》（重慶），1943年7月27日，轉引自何智霖編，《陳誠先生回憶錄：抗日戰爭》，上冊，頁314。

32　陳誠，〈我與湖北〉，收入何智霖編，《陳誠先生回憶錄：抗日戰爭》，上冊，頁322。

33　陳誠，〈我與湖北〉，收入何智霖編，《陳誠先生回憶錄：抗日戰爭》，上冊，頁326。

年1月1日起「尚有愍不畏法之徒……概處極刑，以絕煙毒！」[34]嗣後在實行中，果然雷厲風行，抓了一批、殺了一批毒犯，使社會風氣大有好轉。《中學生雜誌》曾載文稱：「湖北最徹底執行的還有一件大事，就是對於鴉片煙毒的肅清」，以至鄂西地區之禁毒成果殊異於周邊地區，「那邊雖然紅燈遍地，而這邊卻已是乾淨土了。」[35]嚴厲禁煙的成果，淨化了社會風氣，增強了民眾體質，也從一個側面，彰顯了陳誠在行政管理方面的嚴明作風和果敢氣度。

在抗戰的硝煙中，陳誠十分重視教育事業。在武漢戰事緊張，準備疏散人口時，陳誠決定，將鄂東、鄂南及武漢地區的47個省、市、私立中學1萬多名中學生，分別遷到鄂北、鄂西等地繼續上課，全省所有中學合併為一所省立聯合中學，下設22所分校，自己親兼校長，免除學生所有的學費、膳費、宿費及制服費。他說：「我們必須把學校變為家庭，學校的學生猶如家庭的子女，學校的教師猶如家庭的父兄。」[36]，「這一萬名青年真正是我們湖北的精華，最重要的資產。我們一定要把他們視為自己的子女，負責搶救出來，好好教育他們。」[37]他還表示，如果經費發生困難，寧可把本省的保安團隊裁撤一兩團。至1940年底，聯中改組，初中劃歸各縣，做到每縣一所縣立初中；高中、師範劃歸專員區，做到每區有區立男高中、女高中各一所，省立師範一所；各校經費一律由省籌撥。[38]其公費供給，自1940年陳誠回省復職後，「更普遍供給中等以上學校之伙食書籍服裝」，伙食劃分為主食及副

34　陳誠，〈我與湖北〉，收入何智霖編，《陳誠先生回憶錄：抗日戰爭》，上冊，頁322。

35　徐盈，〈湖北戰鬥與建設的標準區〉，《中學生雜誌》，第81、82期合刊（1944.12）。

36　陳誠，〈敬告本省中等學校學生家長書〉，《武漢日報》，1938年9月25日。

37　劉真，〈永遠活在人們的心裡：敬悼陳故副總統辭公〉，《傳記文學》，第6卷第4期（臺北，1965.4），頁30。

38　陳誠，〈我與湖北〉，收入何智霖編，《陳誠先生回憶錄：抗日戰爭》，上冊，頁390。

食，主食發實物，副食發代金。[39] 1942年頒布《湖北省中等以上學校公費制度實施辦法》，規定中等以上學校學生，每日發米22市兩，每月發鹽12市兩，每年發單衣1套，每兩年發棉衣1套。[40] 在艱苦抗戰期間，在貧瘠落後的鄂西地區，陳誠能如此安排中等以上學校的供給，表現出了他過人的氣魄、勇氣與遠見。對於湖北省的高等教育事業，陳誠則格外予以重視。他聘請了許多有名望的教育家和有建樹的專家來鄂主持教育工作。如選任留美的教育學博士張伯瑾、陳友松分任教育廳長和省立師範學院院長，農學博士管澤良為省立農學院院長，在德國享有盛譽的醫學博士、外科專家朱裕璧為省立醫學院院長等。陳誠此舉，對於提高鄂西北地區的文化水平，保存湖北省文化知識界的後備力量，培養戰時科技人才等方面，都發揮了重要作用。

陳誠在戰時艱難困苦的條件下，主持鄂省政務，推出各種創新的經濟、社會與文化措施，保證了大後方社會經濟、文化生活的正常運轉，保障了對前線的供給和支援，充分顯示了他在行政領導方面的優秀才能。當然，由於戰時環境的限制，陳誠制定的政策與措施，有些未能完全兌現，有些不能覆蓋全轄區與全體民眾，有些在執行中發生多種弊端，從而也在一定程度上影響了他主政的實際成效。

三、與蔣關係

就中國抗戰期間的政治體制與格局而言，陳誠等高層軍政官員的活動和作為，在很大程度上，都取決於「一個領袖」蔣介石的制約。蔣介石對陳誠的信任程度和使用方式，直接影響著陳誠指揮能力的發揮與取得業績的大小。

39　陳誠，〈我與湖北〉，收入何智霖編，《陳誠先生回憶錄：抗日戰爭》，上冊，頁396。
40　陳誠，〈我與湖北〉，收入何智霖編，《陳誠先生回憶錄：抗日戰爭》，上冊，頁396-397。

　　然則，在抗戰期間，陳誠和蔣介石之間究竟存在著怎樣一種關係？筆者以為，在長期複雜的軍事、政治、派系鬥爭中，他們之間逐漸結成了一種特殊的、互相依存的、領袖與寵臣的關係。蔣介石欣賞陳誠的幹練、簡樸和踏實，尤其賞識其對自己的忠誠和服從；陳誠對蔣介石的才能和作風有許多崇拜的地方，尤其感激蔣對自己的信任和重用。蔣無陳則缺乏基礎和基本力量；陳無蔣則失去後臺和靠山。正因為如此，陳與蔣的關係，不斷處於良性的循環之中。

　　對陳誠來說，忠蔣，是他一生中最重要的政治特點之一。自全面抗戰爆發以來，隨著蔣對陳的信任度和陳誠軍職的不斷提升，在陳誠的言論中，亦愈益公開宣示對蔣介石的效忠。1938年2月，他在剛剛就任軍事委員會政治部長後，即在政治部的一次講話中宣稱：「任何力量都得有一個中心……領袖是我們的太陽，服從領袖的意旨，執行領袖的命令，這是全民應有的天職。」[41]這年7月，他在「服從領袖的真諦」講話中說：「最近十年來，從革命鬥爭的過程中，我國產生了一位偉大的領袖，就是蔣委員長。他是全國最高的統帥，中國國民黨的總裁，也是全民族所一致敬仰、一致服從的領袖。」接著，陳誠又解釋了怎樣才算對「領袖」的真正的服從？他提出了四個方面的標準：第一，「要認定服從領袖為革命黨員當然之天職，不能附帶任何條件，或任何企圖。」第二，「要認清服從領袖之真諦所在。」第三，「要明白尊敬與信仰領袖的道理。」第四，「要犧牲個人的自由平等來服從領袖。」他的結論是：「如果大家願意犧牲個人的一切，來求國家和民族的獨立，自由平等，則唯有一心一德服從領袖，即一切屬於領袖，一切聽命於領袖。」[42]

41　「陳誠對政治部工作人員的講話」（1938年2月5日），收入《陳部長最近言論選集》（出版地不詳：國民政府軍事委員會政治部，1940）。

42　「服從領袖的真諦」（1938年7月7日），收入《陳部長最近言論選集》。

　　蔣介石對陳誠的忠誠，信賴良深，並歷經波折，不爲所動。先是，有鄧演達案。鄧爲陳之校友、學長、上級，並對陳有火線救護之恩。後鄧組「第三黨」反蔣，派出多名黨員至陳所部軍中，且陳亦曾加入「第三黨」。[43]鄧於1931年11月29日被蔣祕密殺害後，陳致電蔣稱：「今公不能報國，私未能拯友，淚眼成河，縈縈在疚」，明確表示，「於擇生處死，獨斤斤以爲不可。」[44]對陳在此事件中的「犯上」表現，蔣並未予以嚴厲責備，亦未認眞追究其責任，僅於事前去信陳，要求其對鄧演達、黃琪翔介紹到十八軍中的人員，以及與鄧、黃有關係者，「切實注意」，「詳查速覆」；[45]事後電召陳往見，稱其與鄧交往，純係友誼，不涉及政治，並勉安心工作。[46]嗣後，又發生1933年2、3月間在與紅軍作戰中，連遭黃陂、東陂兩次慘敗之事。陳誠嫡系部隊第五十二師、第五十九師、第十一師等三個精銳師在是役中被殲。陳誠曾黯然寫下「誠雖不敏，獨生爲羞」的字句。[47]後又電呈蔣介石、何應欽，自請處分，其呈文曰：「不意一月以來，五十二、五十九兩師失利於前，第十一師挫敗於後，影響中央安攘之大計，蒙受從來未有之損失……至職奉命無狀，措置失當，並懇嚴厲處分，藉鼓士氣。」[48]如此等重大失利，在一般將領，遭受查處，應屬常理，但蔣對陳則甚爲寬容，雖則表示「接誦壄耗，悲憤塡

43　陳誠是否從組織上加入了「第三黨」，説法不一。此處參照中國農工民主黨黨史資料研究委員會，〈中國農工民主黨的奮鬥歷程（1927-1983）〉，收入于剛編，《中國各民主黨派》（北京：中國文史出版社，1987），頁281。

44　何智霖編，《陳誠先生書信集：與蔣中正先生往來函電》，上冊，頁63。

45　何智霖編，《陳誠先生書信集：與蔣中正先生往來函電》，上冊，頁60。

46　朱蘊山，〈懷念忘友鄧演達〉，《前進》，1981年第12期（太原，1981.12）。

47　《紅色中華》（瑞金），第71期，1933年4月20日。

48　「電呈爲兩次剿匪失利自請嚴處以鼓士氣」（1933年3月26日），收入何智霖編，《陳誠先生書信集：與蔣中正先生往來函電》，上冊，頁88-89。

膺」，[49]「此次挫失，慘淒異常，實爲有生以來惟一之隱痛」，[50]婉有責備之意，然並未認眞追究其責任，仍以勉勵、教誨爲主。蔣在致陳誠信函中表示，「勝負是吾人常事，不足介意……所望從此戒愼恐懼」，並仍將「剿赤」重任託付，云「此後剿赤責任由弟負之，俾中得專力對外。」[51]在陳保鄧不成及對紅軍作戰連喪三師之後，蔣對陳的信賴，一仍如前。1934年7月，廬山軍官訓練團開學，蔣自任團長，陳誠任副團長，這被認爲是蔣欲使陳誠作爲自己主要助手的一個信號。至1936年5月，閻錫山欲留暫時奉派去晉對付東渡紅軍的陳誠時，蔣竟在覆電中稱：「中正不可一日無辭修」。[52]

　　正因爲蔣陳之間，有此處變不驚、遇波撫平的背景，便造就了抗戰全面爆發後，陳誠職務節節提升、兼多種要職於一身的狀況，他並經常銜蔣之特殊使命，參與處理與其職務不相或已可不予過問之戰機。如：1937年淞滬抗戰之初，陳以廬山軍官訓練團教育長的身分，奉召進京，策劃抗戰計畫與戰鬥序列，又奉命去淞滬前線視察，因須有一相當名義，故臨時命其爲第三戰區前敵總指揮；武漢會戰期間，蔣讓陳一身兼任武漢衛戍總司令、軍委會政治部長、第九戰區司令長官、湖北省主席、三民主義青年團中央團部書記長等要職。此種安排，在同一時期其他將領中，殊屬罕見。桂南會戰中，剛剛兼任第六戰區司令長官的陳誠，又作爲蔣之私人代表，奉命至屬第四戰區作戰地境之桂南前線，「傳達委員長意旨」，並「協同當局調度一切」。[53]鄂

49　「手諭此次進剿不幸遭共軍暗襲望各將士奮勇復仇」（1933年3月4日），收入何智霖編，《陳誠先生書信集：與蔣中正先生往來函電》，上冊，頁85。

50　「手諭負剿匪責任並指示剿匪策略」（1933年3月6日），收入何智霖編，《陳誠先生書信集：與蔣中正先生往來函電》，上冊，頁86。

51　「手諭負剿匪責任並指示剿匪策略」（1933年3月6日），收入何智霖編，《陳誠先生書信集：與蔣中正先生往來函電》，上冊，頁86。

52　〈陳誠與蔣總統〉，收入何定藩編，《陳誠先生傳》（臺北：反共出版社，1965），第二部分，頁8。

53　何智霖編，《陳誠先生回憶錄：抗日戰爭》，上冊，頁134、136。

西會戰中，陳誠身在雲南專任遠征軍司令長官，其第六戰區司令長官職已由孫連仲代理，「忽奉介公電，立命返恩施阻擊」，陳辯稱不克分身，蔣更電促「即日入都計議」，「軍人武德，應向炮聲前進。」[54]

當然，信賴與忠誠的互動，並不代表相互間便沒有任何分歧與矛盾。事實上，任何人際關係，均正常地包含著一定的分歧與矛盾。問題在於在發生了分歧、矛盾的時候，兩者之間向心力與離心力孰輕孰重。若是向心力大於離心力，一切矛盾當可化解；反之，則可能導致分裂，甚至反目成仇。縱觀蔣陳關係，雖至臺灣執政時期，有種種說法，但至少在整個抗戰時期，其關係仍能維持在良性互動的層面上。試以抗戰後期陳誠欲解脫遠征軍司令長官一職事為例。

陳誠於1943年2月奉派為遠征軍司令長官，時方半年，部隊編練既未完成，反攻緬甸、打通公路更難企及，即於9月6日向蔣介石正式遞上辭呈。該辭呈中並未提及辭職的真實原因，僅以「能力薄弱，毫無建樹」等語推託。[55]蔣於14日收到辭呈，15日即給陳誠發去一封措辭十分嚴峻的信。信中首先回顧了對陳誠以往所提各種要求的充分滿足，「關於遠征軍事，凡你所要求者無不遂你意旨照辦；於我個人，無論公私，我以為已到至極地步。此外，再無其他辦法可以服從。」接著，便以震怒、訓斥的口吻寫道：

> 你要不去就可不去，你要如何就可如何，我絕不再來懇求。現在除向你三跪九叩首之外，再無其他禮節可以表示敬意……須知你此種態度，國家政府命令紀律已廢棄，世界只有你一個人的意旨命令來行施一切。就是說你的命令、你的意旨，無論上官與政府非絕對服從無條件接受不可，這種行動態度

54　何智霖編，《陳誠先生回憶錄：六十自述》，頁89。

55　「簽呈請辭遠征軍司令長官」（1943年9月6日），收入何智霖編，《陳誠先生書信集：與蔣中正先生往來函電》，下冊，頁554。

究竟爲何種行動態度，我想已往軍閥亦絕不至出此。這種跋扈恣睢之形態，除非政府已到國家將亡，紀律綱維蕩然無存時，乃始有此。[56]

最後，蔣復改變口氣，規勸道：「我派你往遠征軍，乃是要希望你立業成名，而絕非陷你於死地，我以爲一切公私道義都可以棄之不談，然而軍人對於革命作戰命令，即使赴湯蹈火亦不能推辭，此乃軍人之本分。」[57]蔣介石在這封信中，其用語之尖刻、犀利已至無以復加的地步。查蔣一生中的文字，對下級用語至此極端者，亦絕無僅有。

在委員長震怒、用語極端的情況下，陳誠忙於17日速呈一函，痛陳遠征軍存在之各種實際問題，闡明此次辭職的眞實原因。約言之，其要義有四：一是，中央高層中對蔣的指示陽奉陰違，「在鈞座當面指示時，默無異議，但一至其他場合，則意見歧出不已」；二是，從中央到地方，均難以集中力量，統一意志，「除鈞座本身指揮外，殆無任何機關，任何個人，可有辦法，使之力量集中，與意志統一」；三是，存在錯誤的觀念，「始終認爲敵人絕不會來攻我，同時我亦絕無力量反攻」；四是，部隊紀律廢弛，戰力消失，「苟且偷安，走私牟利，士氣消沉，缺額日多。」[58]陳誠在覆此信後，爲表白自己忠誠直言的赤子之心，復於10月10日蔣就任國民政府主席之期，於賀函之後，又附呈《貞觀政要讀後摘要》十條，徵引唐太宗與魏徵、孔穎達等語，影射、比附蔣在用人納諫方面應行之道。其中包括：國君須自覺納諫、對臣子須有溫和的辭色、不可文過飾非、應有謙虛待人的修養、須謹愼

---

56 「手諭接獲辭呈不勝感慨望再三思」（1943年9月15日），收入何智霖編，《陳誠先生書信集：與蔣中正先生往來函電》，下冊，頁555。

57 「手諭接獲辭呈不勝感慨望再三思」（1943年9月15日），收入何智霖編，《陳誠先生書信集：與蔣中正先生往來函電》，下冊，頁555。

58 「函呈遠征軍各種問題」（1943年9月17日），收入何智霖編，《陳誠先生書信集：與蔣中正先生往來函電》，下冊，頁556。

行事、應分清人才的主流與枝節，臣子不可因國君剛愎自用而阿諛順從、不可因小事而廢諫，爲官者須愼用人等。[59] 此10條摘要，乃由陳誠精心選編，實爲對蔣9月15日來信的回敬。針對蔣信之大發雷霆、冷嘲熱諷、無限上綱，該十條可謂條條劍鋒直指蔣之要害。按陳信所言，蔣要麼接受陳的辭呈和意見，要麼就不能被視爲「明君」。縱觀蔣的諸嫡系部屬，尚無幾人有如此之膽量與勇氣，來挑戰最高當局。

後來，陳誠請辭遠征軍職一事，由於胃疾發作，提供了一個得體的理由，蔣亦順水推舟，任命衛立煌爲遠征軍代理司令長官，令陳返渝修養。這件在蔣陳關係中迸發火花的辭職風波，遂劃上了一個圓滿的句號。

縱觀抗戰期間的蔣陳關係，實具有非凡的特殊性。陳誠力保「第三黨」領袖鄧演達而不倒，與紅軍作戰連損三師而免罪，爲辭遠征軍職致蔣震怒而平安，均實證了其關係之良性互動。這種良性互動的關係，是此前蔣陳之間欣賞與崇拜、重用與忠誠關係的延續與發展。抗日戰爭的宏偉舞臺，造就了陳誠一生事業的輝煌。抗戰中蔣陳關係的良性互動，是陳誠施展才能與抱負的重要條件，爲他的軍政生涯走向輝煌提供了保證。

---

59 「函呈摘錄貞觀政要以紓瞻依感奮之忱」（1943年10月10日），收入何智霖編，《陳誠先生書信集：與蔣中正先生往來函電》，下冊，頁557-560。

愛國者的抉擇：陳誠的抗戰思想述評

鄧一帆

上海淞滬抗戰紀念館研究員

　　陳誠是中國國民黨跨越海峽兩岸舉足輕重的軍政領導人，同時也是抗日戰爭時期的愛國高級將領，歷任第十五集團軍總司令、第三戰區前敵總指揮、第七戰區副司令長官、軍政部次長、武漢衛戍司令部總司令、軍事委員會政治部部長、第六和第九戰區司令長官、中國遠征軍司令長官、第一戰區司令長官、冀察專區總司令等職，領導、組織過淞滬會戰、武漢會戰、以及南昌、長沙、桂南、粵北、宜昌、鄂西等著名的戰役，他在抗戰實踐中形成的具有鮮明特點的抗戰思想與現代中國救亡圖存的民族解放運動的進程息息相關，對中國抗戰勝利起到了非常重要的指導作用，是中國人民抗日思想中的寶貴精神財富。今年是世界反法西斯戰爭暨中國抗日戰爭勝利70週年，也是陳誠逝世50週年，研究陳誠的抗戰思想，對今天我們弘揚愛國主義思想，捍衛國家領土完整，實現祖國統一大業，具有著重要的現實意義。

一、陳誠抗戰思想的形成

　　陳誠的抗戰思想是隨著國內外形勢的變化和自身閱歷的增加而逐步發

展、不斷完善的，但他愛國、救國、建國的堅定信念和抵抗日本侵略的堅決
態度則是一以貫之，從未改變和動搖過。

（一）陳誠抗戰思想的源起

　　19世紀末20世紀初的中國經歷著巨大變革，正是內憂外患日益深重的
年代，在這種動亂的社會環境中成長起來的陳誠自幼接受中華傳統文化教
育，深明「忠義仁勇信，禮儀廉恥孝」之理，並深具時代興亡之責任感。他
立志以他的老鄉明朝開國元勳劉伯溫為榜樣，做一名治國平天下的國之棟
樑，曾寫下「鼓旗對峙鎮山門，昔日文成策主動。安得馳驅旗鼓出，青天
之下掃餘氛」的詩句。[1]為了尋求救國救民的道路，21歲的陳誠違背父親的意
願，放棄小學教師的職業，先後求學於保定軍校和黃埔軍校，從此走上了一
條抗敵禦侮、探索民族復興的人生歷程。

　　抗戰爆發前夕，國民黨內部有「主和」和「主戰」兩派，陳誠屬於堅定
的「主戰」派。1928年他親歷了日軍製造的「濟南慘案」。1930年11月，陳誠
與錢大鈞、黃毓沛等11人代表國民政府前往日本觀摩日軍海陸軍聯合大演
習，同時考察日本的軍事教育。在此期間，陳誠目睹並親身體驗了「日本對
其國民普施侵略教育，瀰漫國中」的囂張氣焰，[2]對中日兩國的軍事力量差距
有了切身感觸，這激起了他強烈的民族意識和危機感，認識到加強自身力量
的必要性和緊迫性，「日人謀我，是他們的國策，而我們自已不爭氣，更加
強了他們謀我的信心，並加速其日程」，並由此斷言日本「大舉侵華行動，
殆已日為迫近。」[3]回國以後，陳誠一再催促國民政府早做抗戰和防禦各項
準備，並向蔣介石建議說：「日人對我之侵略，不出一年，決繫政治經濟之

1　史玉根，《陳誠新傳》（北京：東方出版社，2012），頁1。

2　何智霖編，《陳誠先生回憶錄：北伐平亂》（臺北：國史館，2005），頁173。

3　何智霖編，《陳誠先生回憶錄：北伐平亂》，頁173。

後，而見之於軍事行動。我們目前當務之急，為如何講求禦侮之道。諸如糧食、兵員、交通等問題，均應迅即開始準備。」[4]體現出他深深的民族憂患意識和反抗侵略的責任意識。

（二）陳誠抗戰思想的發展

九一八事變發生後，陳誠對日本的侵略行徑表現出強烈的憤慨，9月21日，陳誠與朱培德計畫「集結主力於贛東皖南，準備對日應戰」，[5]21、22、23日陳誠三次致電蔣介石，認為當下情勢已為「國難之急，至今已極，亡國之慘，轉瞬即見。」[6]請求蔣帶領全國軍民奮起而戰，並主動請纓：「此次倭寇占我瀋陽長春，辱我民族，我身為軍人，責在衛國，願率所部與倭寇決一死戰，成敗利鈍，概不暇計。寧可致死於亡國之前，不願偷生於國亡之日。」[7]表現了一個愛國軍人在日寇面前主張堅決抵抗侵略者的決心和誓死保衛祖國的真誠感情。24日陳誠再次致電蔣介石指出如果能「舉全力對帝國主義者宣戰，勢必振聾起瞶，軍民一致，人人有必死之心。」反之，「則從此國人倍增缺望，我民族將日陷分離，永無奮興之日矣。」[8]強調了中國除了抗戰求生存，別無他途的思想。

1935年華北事變後，中日關係愈趨緊張，中國面臨非常嚴峻的形勢，在當局官員多主張妥協的形勢下，陳誠向蔣介石建議對日本的入侵做有限度的退讓，以「求得時間上的餘裕」，但同時亦要做好充分的抗戰準備，以「保我華夏僅有之領土。」[9]從1936年起，陳誠參與了國民政府對日侵略作「持久

4　何智霖編，《陳誠先生回憶錄：北伐平亂》，頁174。

5　陳誠著，何智霖等編，《陳誠先生書信集：家書》，上冊（臺北：國史館，2006），頁72。

6　何智霖編，《陳誠先生回憶錄：北伐平亂》，頁203。

7　陳誠著，何智霖等編，《陳誠先生書信集：家書》，上冊，頁71。

8　何智霖編，《陳誠先生回憶錄：北伐平亂》，頁300。

9　何智霖編，《陳誠先生回憶錄：北伐平亂》，頁355。

消耗戰」的戰略制定:「二十五年〔1936〕十月,因西北風雲日緊,我奉委員長電召由廬山隨節進駐洛陽,策劃抗日大計,持久戰、消耗戰、以空間換取時間等基本決策,即均於此時策定。至於如何制敵而不爲敵所制問題,亦曾初步議及。即敵軍入寇,利於由北向南打,而我方爲保持西北、西南基地,利在上海作戰,誘敵自東而西仰攻。關於戰鬥系列,應依戰事發展不斷調整部署,以期適合機宜;關於最後國防線,應北自秦嶺經豫西、鄂西、湘西以達黔、滇,以爲退無可退之界線,亦均於此時作大體之決定。總之,我們作戰的最高原則,是要以犧牲爭取空間,以空間爭取時間,以時間爭取最後勝利。」初步提出了對日作戰的戰略構想。

(三)陳誠抗戰思想的成熟

　　1936年12月4日,陳誠在一份致蔣介石的函電中指出,即將發生的「中日戰爭,作戰重點當在魯豫蘇皖毗連邊區晉綏邊境,及江浙首都一帶」,南京「距海太近」,「不適合後方根據地之要求」,「湘鄂贛三省地綰南北,尤爲全盤作戰之中樞。而國防上之根據地,實以湖南爲最適當」,因此他建議把湘鄂贛作爲抗戰根據地,「政治軍事上一切設施,如民衆之組織訓練,資源之開發,軍需工業之建設,以及最後抵抗線之構成等,即須積極從事實行。」陳誠的這一構想,預見了以後武漢保衛戰的發生,也預示了湘鄂贛爲未來的抗日「全面作戰中樞」和「國防上之根據地。」[10]體現了陳誠對時局的獨到審視和他傑出的戰略眼光。

　　1937年7月4日,廬山暑期訓練團第一期開班,爲抗日戰爭做幹部和思想上的準備。陳誠作爲教育長自始至終主導著訓練的進行,他多次在訓話中向學員們強調此次訓練的目的:「我們到此來訓練,也就是建國救國

---

10 「函呈晉綏抗敵形勢並條陳三事請核示」(1936年12月4日),收入何智霖編,《陳誠先生書信集:與蔣中正先生往來函電》,上冊(臺北:國史館,2007),頁238。

的訓練，我們要建國救國，將來非同日本一戰不可，換句話說，就是抗日訓練。」[11]，「我們決不能夠聽人宰割呀。老實說敗也打，除了我們死了便不談了。」[12]同時陳誠給學員分析抗戰形勢，闡述抗戰的方法，他說：「日本利於速戰速決，我們就用持久戰以困之。部分的得失，與全局沒有多大關係。」，「只要我們能夠紮硬寨，打死仗，與日本拖到三年五年，則最後的勝利，一定是屬於我們的。」[13]

　　七七盧溝橋事變後，陳誠寫信給蔣介石建議：「我軍應即毅然採取攻勢，解決其一部或大部……敵如出兵擾我長江，則我國應即整個發動，先肅清其各地租界，及海陸屯軍……總之，今日我國只有以決戰之準備，與犧牲之決心，方可挫敵之兇焰。」[14]1937年8月7日，南京國民政府召開「國防會議」制定了抵抗日本入侵的「持久消耗」戰略，作為補充，陳誠提出了「積極戰」和「全面戰」[15]的建議。9、10、11月間陳誠率軍參加了淞滬會戰，對戰局及敵我形勢有了切身體會。淞滬會戰結束後，陳誠根據對國內外形勢的客觀分析和親歷淞滬戰現場體驗，以及之前東北、華北戰場的經驗教訓對自己的抗戰思想進行歸納和總結，在1937年11月14日的戰時生活社出版了《陳誠將軍持久抗戰論》，闡述自己抗戰的主張，形成了一套比較完備的抗戰思想理論體系，為國民政府抗戰時期整體戰略構想的形成作出了貢獻。

11　「如何抗日救國（講詞）」（1937年7月6日），〈盧山軍官訓練團教育長任內資料〉，《陳誠副總統文物》，國史館藏，典藏號008-010703-00010-029。

12　「『對於盧溝橋事件應取之方針及處置如何』講評（教育長對全體學員訓詞）」（1937年8月8日），〈盧山軍官訓練團教育長任內資料〉，《陳誠副總統文物》，國史館藏，典藏號：008-010703-00010-032。

13　「『對於盧溝橋事件應取之方針及處置如何』講評（教育長對全體學員訓詞）」（1937年8月8日），〈盧山軍官訓練團教育長任內資料〉，《陳誠副總統文物》，國史館藏，典藏號：008-010703-00010-032。

14　陳誠，《陳誠先生回憶錄：抗日戰爭》（北京：東方出版社，2009），頁436。

15　陳誠，《陳誠先生回憶錄：抗日戰爭》，頁265。

二、陳誠抗戰思想的主要内涵

陳誠懷著必勝的信念，主張持久戰消耗戰、全民戰、全面戰，並將中國的抗戰歸為世界反法西斯的戰爭，表現出一個偉大的愛國主義者的情操。

（一）持久戰、消耗戰的思想

持久戰、消耗戰是陳誠抗戰思想的核心。早在盧溝橋事變時，陳誠就窺破了日本帝國主義「傾其全國可能軍力，運用大炮戰車的威力，以達速戰速決之手段」[16]的戰略戰術，他認真比較分析了中日兩國的軍備、政治、經濟、教育等各方面的現狀，得出了日本是個軍事強國，但也是一個小國、資源少、兵力有限，中國雖是個弱國，但卻地大物博、人口眾多，中國的抗日戰爭「唯一的戰術，即持久戰、消耗戰」[17]的結論。陳誠提出要最大限度地發揮地廣人眾的優勢，消耗敵人的有生力量，積小勝為大勝，爭取最後的勝利，他說：「對倭作戰，貴在持久，而持久之原則，在以空間換取時間，對於一時之勝負與一地之得失，似不必過於憂慮。」[18]，「只要我們繼續如此堅持著，拖延著，拖到三年五載的時候，敵人軍力耗盡，經濟崩潰，國本動搖，一定要在我們面前屈膝的。」[19]陳誠的這一戰略思想符合中國實際，對粉碎日軍速戰速決的戰略企圖和取得抗戰最後勝利起到了重大的作用。

在對持久戰、消耗戰的論述中，陳誠特別強調了精神因素的重要作用，他說：「我們承認自己的武器不如敵人的精良犀利，我們的裝備不如敵人的富裕闊綽。可是我們有一個偉大的精神，就是為國家民族的生存與世界之

16　陳誠，《陳誠將軍持久抗戰論》（出版地不詳：戰時生活社，1937），頁1。

17　陳誠，《陳誠將軍持久抗戰論》，頁1。

18　秦孝儀總編纂，《總統蔣公大事長編初稿》，卷四上冊（臺北：中國國民黨中央委員會黨史委員會，1978），頁146。

19　陳誠，《陳誠將軍持久抗戰論》，頁19-20。

正義和平而奮戰的犧牲精神，這個偉大的精神可以克服一切困難，戰勝任何兇暴的敵人。」[20]他堅信「精神戰勝一切」，「深信中國有無窮的人力物力，尤其是有著精神上至大的毅力，只要咬緊牙關，持久到底，中國自有翻身的一日。」[21]在對日作戰中，陳誠要求抗日將士要抱定「從容就義，殺身成仁的宗旨」，[22]並宣導「帶傷服務之精神」，[23]只要「人人務存必死之決心，從死中求生……則我們個人不成功亦成仁，而全民族的最後勝利，必然有確保的保證了。」[24]

　　持久戰、消耗戰略從抗戰初期開始就被貫徹和實施到正面戰場上。在淞滬會戰中，陳誠力諫蔣介石在上海開闢華東第二戰場，分散敵軍兵力，使敵疲於應付華北、華東的兩面作戰。作為淞滬戰場的主要指揮官，陳誠號召廣大官兵：「必須奮發真誠，痛戒虛驕，大家誠心誠意的，實實在在的，團結精神，集中全力，去為國家民族而奮鬥犧牲，方是我革命軍人報國救國的大道。」[25]在他的指揮和鼓舞下，中國愛國軍隊在傷亡慘重的情況下硬是把日軍拖了3個月之久，粉碎了日軍10天占領上海，3個月滅亡中國的狂妄計畫，「使敵人由北而南的侵擾，變作由東而西的仰攻」，[26]取得了戰略上的勝利。持久戰、消耗戰的運用，對日軍的打擊無疑是巨大的，隨著戰線的拉長，戰爭時間的延長，敵人兵力被分散消耗，日軍「速戰速決」的策略徹底失敗，日軍兵力捉襟見肘和物資匱乏的弱點暴露無遺，以致於進攻太原時，日方感

20　陳誠，《陳誠將軍持久抗戰論》，頁3。

21　陳誠，《陳誠將軍持久抗戰論》，頁8。

22　陳誠，《陳誠將軍持久抗戰論》，頁7。

23　陳誠，《陳誠將軍持久抗戰論》，頁13。

24　陳誠，《陳誠將軍持久抗戰論》，頁7。

25　陳誠，《中日戰爭上海戰役回憶錄》，石叟資料室，分類號：004.694，頁29。

26　陳誠，《陳誠先生回憶錄：抗日戰爭》，頁580。

到「幾乎沒有餘力為太原作戰增加兵力。」[27]因為「當時最不希望的向上海方面的出兵也不得已而出兵了，在這方面也沒有能給敵人以重大打擊；而且兵力逐漸被吸住，戰力被消耗，走上了戰區擴大、投入兵力增加的艱難路程。」[28]日本的一些戰史研究專家也認為「在戰爭初期，日本未能實現其消滅中國軍隊主力及迫使國民黨屈服的主要戰略目標，相反，卻使自己陷入長期作戰的泥坑。而中國經過16個月的初期抗戰，卻由平時狀態逐漸轉入戰時狀態，基本上達到了『以空間換時間』的戰略目標，實現了抗日戰爭的持久戰的戰略。」[29]

（二）全民抗戰的思想

抗日戰爭是一場關乎國家民族生死存亡的民族之戰，陳誠認識到民眾中蘊藏著極大的抗日力量，只有將軍隊與民眾抗日力量聯合起來，全民族精誠合作、共赴國難才能取得抗日戰爭的勝利。陳誠的全民抗戰思想增強了民族凝聚力，促進了全民族抗戰局面的形成。

1、提倡民眾抗戰

在淞滬會戰寶山城失守後，陳誠曾總結到：「自敵軍由獅子林方面登陸之後，附近各縣地方負責者，事先不組織民眾，訓練民眾，事後不知動員抵抗，這也是我們做戰中極大的缺點。」[30]戰爭中得出的慘痛教訓使陳誠意識到動員民眾參與抗戰的重要性，他指出「發動民眾最高原則，在貢獻力量來抗

27　日本防衛廳防衛研究所戰史室著，齊福霖譯，《中國事變陸軍作戰史》，第1卷第2分冊（北京：中華書局，1981），頁72。

28　〔日〕防衛庁防衛研修所戰史室編，《支那事変陸軍作戰（1）》（東京：朝雲新聞社，1975），頁502。

29　服部卓四郎著，張玉祥等譯，《大東亞戰爭全史》，第1卷（北京：商務印書館，1984），頁98。

30　中國第二歷史檔案館編，〈陳誠私人回憶資料（1935-1944年）（上）〉，《民國檔案》，1987年第1期（南京，1987.2），頁17。

日。抗日最大的力量，在軍事方面，即兵員的補充和物資的供應。」[31]、「今後勝敗關鍵，全在我能否把握民眾。換言之，在能否與偽敵爭取民眾。」[32]並提出「全國一致，無分彼此，政府對於民眾，應盡力愛護，以期做到軍民一體，全民戰爭」[33]的主張，體現出他重視民眾的立場。陳誠痛感民眾動員跟不上抗戰的需要，要求做民眾動員工作的同志深入到鄉村、街鎮的民眾中間去「進行普遍的宣傳，使民眾瞭解當前的任務，加強抗戰的決心。」[34]他還號召文化界「發動全民族的對倭作戰，亦即對倭精神總動員。」[35]有力地調動了社會各界的抗日積極性。

　　1938年武漢保衛戰前，陳誠呼籲：「在今天，不論是男的、女的、老的、少的，凡是中國人，都應當負起保衛武漢的責任，只有人人負起這個重大的責任，我們才能取得絕對的勝利！」[36]並制定了《武漢衛戍區民眾組訓單行辦法》，規定「一切民眾團體壯丁及青年婦女的教養機關應依其能力和志願，分別組織訓練，參加各種動員工作，並切實而嚴格整理已有之民眾團體。」[37]為加強民眾自衛力量，陳誠在城市裡組織了工商界各種自衛團、在農村裡組織了人民自衛團、在學生中組織了青年自衛團等。此外，陳誠還按戰時工作性能組織了民眾宣傳隊、慰勞隊、救護隊、消防隊、輸送隊、偵探隊、技術隊、徵募隊、工程隊、嚮導隊等數十支工作隊，這些民眾組織在武漢保衛戰中，發揮了重要的作用。

31　何智霖編，《陳誠先生書信集：與友人書》，上冊（臺北：國史館，2009），頁124。

32　何智霖編，《陳誠先生書信集：與蔣中正先生往來函電》，上冊，頁349。

33　何智霖編，《陳誠先生書信集：與友人書》，上冊，頁124。

34　陳誠，〈以全力保衛大武漢〉，《新華日報》，1938年7月7日，第5版。

35　陳誠，《陳誠將軍持久抗戰論》，頁18。

36　陳誠，〈衝破最後的難關〉，《新華日報》，1938年9月18日，第3版。

37　「武漢衛戍區動員計畫綱要」（1938年6月），收入李澤主編，《武漢抗戰史料選編》（武漢：武漢出版社，1985），頁274。

2、推動以國共合作爲基礎的全民抗戰

陳誠是抗日民族統一戰線的宣導者、推動者和維護者。日本入侵中國後，陳誠力促建立以國共第二次合作爲基礎的抗日民族統一戰線，他指出：「倭寇對我侵略，國策早定，舉國一致，無論任何黨派、任何內閣、任何個人，莫不皆然。在這種情形之下，我們亦只有絕對同心，共同一致，對倭作戰，貫徹到底，以爭取全民族的生存，採取措施不可再有什麼思想主張的歧異，與利害意氣的爭執，給予敵人以各個擊破的機會，而致同歸於盡。」[38]陳誠還向蔣介石進言：「我以爲各領袖須有精誠的團結，方能禦外侮，不然僅以條件之爭執，終非黨國前途之福，而分贜式和議，更不足論矣。」[39]國共實現第二次合作後，陳誠以民族大義爲重，與共產黨人精誠合作，做了許多推動國共兩黨合作，促進全民族抗戰的工作。

在國共談判期間，陳誠力薦葉挺出任新四軍軍長，並積極幫助葉挺解決了許多組建新四軍時遇到的困難。1938年1月，蔣介石任命陳誠爲政治部部長後，陳誠親自登門相請周恩來擔任政治部副部長，並邀請郭沫若以無黨派人士的身分出任第三廳廳長。陳誠對周恩來很尊重，非常支援他的工作，而且凡是有周恩來出席的場合，陳誠都會陪同出席，而凡陳誠主持的「總理紀念週」活動，周恩來也必到會。在陳誠的主持下，當時的政治部，特別是第三廳，聚集了一批左翼文化人士，如救國會「七君子」之一的鄒韜奮和話劇作家、戲曲作家田漢等，他們利用文藝手段，宣傳抗日，鼓舞士氣，將抗日文化活動推向了前所未有的高潮，極大地調動了官兵和民眾的愛國熱情。在擔任第六戰區的最高司令長官期間，陳誠對於合作的共產黨人，堅持「只能

38　陳誠，《陳誠將軍持久抗戰論》，頁16。
39　陳誠著，何智霖等編，《陳誠先生書信集：家書》，上冊，頁102。

在工作方面區分，不應在地位上、階級上去分」，[40]在一定程度上打破了當時用人以黨派爲依據的狀況，體現了他在中華民族生死存亡的緊急關頭能順應歷史潮流，以民族利益高於黨派利益的高尚的愛國主義精神。

（三）全面抗戰的思想

陳誠指出抗日戰爭不僅僅是中日兩國軍事力量的對抗，更是兩國之間政治、經濟、文化、外交、教育、思想等各個方面的一次全方位的立體戰爭，要在這場持久戰中最終打敗日本侵略者，中國必須動員全國的人力、物力，「現代戰爭的勝負是決之於國力之總和的，而不是決之於某一局部之優劣。」[41]因此他非常注重保存和發展中國的實力，在淞滬會戰、武漢會戰等歷次戰役中有力地支援了當地工礦企業、學校、科研機構的內遷，保存了民族工業和文化教育的基礎，爲中國堅持長期抗戰提供了可靠的保證。面對當時的中國落後的現狀，陳誠提出抗日建國的主張，他針對中國存在的各種弊端和困難，制定了一系列的改革措施：「外交本獨立自主精神，以聯合世界反侵略勢力共同奮鬥爲宗旨；軍事以明恥教戰提高士氣爲宗旨；政治以組織全國民意機關團結抗戰，及加速完成地方自治爲宗旨；經濟以實行計畫經濟，增加生產，安定金融，平抑物價爲宗旨；民眾運動以組織民眾使有錢者出錢，有力者出力爲宗旨；教育以推行戰時教育，提高國民道德，加強科學研究爲宗旨。」[42]陳誠在湖北主持省政府工作期間，將這些主張付諸於行動，發起新湖北運動，對發展社會經濟、穩定社會秩序、堅持持久抗戰發揮了很大的作用。

40　陳誠著，何智霖等編，《陳誠先生書信集：家書》，下冊（臺北：國史館，2006），頁480。

41　陳誠，《陳誠先生回憶錄：抗日戰爭》（北京：東方出版社，2009），頁13。

42　陳誠，《陳誠先生回憶錄：抗日戰爭》，頁21。

（四）世界反法西斯戰爭的思想

陳誠指出日本侵略中國的最終目的是征服世界，「日首相田中義一曾有一道祕密的奏章上達日皇說：『要征服世界必先征服中國』。」[43]他告誡那些縱容日本侵略中國的西方國家：日本如果侵華成功，它們將會繼續以殘暴的方式征服世界，那麼世界大範圍的混戰將不可倖免，人類文明將會遭毀滅。若中國取得勝利，將為世界的和平奠定基礎。[44]

陳誠將世界反法西斯戰爭看作一個整體，中國的抗日戰場是世界反法西斯戰場的一個重要組成部分，「歐戰爆發，東西戰場接連一氣的形勢，使已呼之欲出，後來太平洋戰爭繼起，世界大戰遂成為一個整體。」[45]1943年，陳誠擔任了駐雲南遠征軍司令長官，他在一次滇西戰時工作幹部訓練團學員訓話時強調，遠征軍不只是抵禦日軍侵略的自衛戰爭，更「負有聯合美英並肩作戰的任務。」[46]在此期間，陳誠除實施遠征軍作戰部隊整備計畫外，又主持制定了遠征軍反攻緬甸作戰計畫，為國際反法西斯戰爭作出了重要貢獻。

在認為中國抗戰與世界反法西斯戰爭聲息相通、休戚與共的同時，陳誠還堅持中國不能把抗戰的命運完全寄託在國際力量的援助之上的原則，他對蔣介石說：「世界上未有不能自立之國家，悉惟國際力量是賴，而能達到復興與強盛者。……是則端在我以自力更生之精神，從速減少輕重工業，期於最短時間內，使主要軍需工業，得以自給自足，以奠定長期抗戰之基礎。」[47]陳誠的這種主張和見解，對取得世界反法西斯戰爭勝利有著重要的指導意義，同時也為中國抗日戰爭的勝利尋找出了一條必要途徑。

43　陳誠，《陳誠先生回憶錄：抗日戰爭》，頁4。
44　〈政治部長陳誠談國聯與中國抗戰〉，《申報》（上海），1938年9月21日。
45　陳誠，《陳誠先生回憶錄：抗日戰爭》，頁68。
46　陳誠，《陳誠先生回憶錄：抗日戰爭》，頁129。
47　陳誠，《陳誠先生回憶錄：抗日戰爭》，頁151。

三、陳誠抗戰思想的重要作用

陳誠的抗戰思想是一個愛國軍事將領對中國抗日戰爭的理性思考，代表了中華民族堅持抗戰、團結統一的進步趨勢，對抗戰的開展和取得最後勝利起到了很好的推動作用，也讓今天的我們獲得許多有益的啟迪。

（一）明確了抗戰的過程和光明前途

抗戰全面爆發後，面對日軍的猖狂進攻，中國社會各黨派、各階層都不同程度地存在著思想混亂的狀況，出現了「速勝論」和「亡國論」等論調，特別是上海、南京等中心城市相繼失陷後，「一部分將士和民眾產生了憂慮，甚至懷疑到整個的戰局，因而苦悶動搖起來。」[48]在這樣的背景下，陳誠通過對中日兩國的社會形態、雙方戰爭的性質、戰爭要素的強弱狀況、國際環境等要素的考察和分析，提出了抗日戰爭是持久戰、消耗戰，最後的勝利屬於中國的戰略主張，「中國有無窮的人力和物力，……只要咬緊牙關，持久到底，中國自有翻身的一日，誰能堅持到最後一分鐘，誰就是最後的勝利者。」[49]他指出「對倭作戰一經開始，便須抱定三年五年如一日的精神，百折不回的朝前幹去，以爭取最後的勝利，能夠這樣，才可以剷除短期得失之念，不致因小勝而浮動，因小敗而喪氣。」[50]陳誠反覆強調中國堅持抗戰的必要性、必然性，中國抗戰的長期性、艱鉅性，反覆闡述只有堅持持久抗戰，實行抗戰與建國的結合，才是唯一正確的戰略方針和走向最後勝利的正確道路。陳誠的抗戰思想為當時處於迷離惶惑中的人們帶來了指路明燈，在一定程度上統一了思想，對於安定抗戰民心、鞏固抗戰意志起到了積極作用。

48　陳誠，《陳誠將軍持久抗戰論》，頁2。

49　陳誠，《陳誠將軍持久抗戰論》，頁8。

50　陳誠，《陳誠將軍持久抗戰論》，頁16。

（二）激勵了軍民抗戰到底的鬥志

　　陳誠十分注重宣傳他的抗戰思想，他經常深入到民眾中去作宣傳、發表演講，並多次通過國內外媒體闡述他的抗日主張，他指出了戰爭的性質：「倭寇傾巢來犯，完全處於侵略地位，士氣而易衰，我軍被迫挺戰，目的在守土衛國，處處理直氣壯。我死重於泰山，彼死則輕於鴻毛。」[51]並預言了抗戰必勝的結局。陳誠對抗戰前途的正確分析和堅信抗戰必勝的信念，最大限度地喚起民眾的愛國熱情和國際友人對中國抗戰的支持，「使倭寇的侵略暴行益形彰著，其在國際地位亦更陷於孤立……所以目前的戰局和國際形勢，在客觀上都是朝著有利於我們方向發展著。」[52]

　　陳誠的抗戰思想不僅僅停留在口頭上，更付諸於行動。抗戰八年，陳誠從未離開過戰場，在歷次戰役中，他均身先士卒，親歷險境，帶領廣大抗日將士頑強拼殺，沉重打擊了敵人的有生力量，取得了如上高戰役、湖北戰役、鄂西會戰等戰役的勝利。陳誠不怕犧牲、堅韌不拔的精神鼓舞了全國人民的抗戰熱情，在他的影響下，他的部屬鮮有人對日妥協，與汪精衛有較深關係的張發奎、黃琪翔也都矢志抗日不渝，帶動了一大批原本對抗戰沒有信心、思想消極的人投入到抗戰隊伍中來，大大增強了抗日陣營的力量，為抗戰作出了積極的貢獻。

（三）維護國家和民族的統一

　　建立一個自由、民主、統一、富強的中國是陳誠抗戰思想的最終目標，也是陳誠最重要、最執著的信念和追求，終其一生，他都在為這一理想而奮鬥。在抗日戰爭期間，陳誠指出：「統一是國家安定強大的必要條件，這是

51　陳誠，《陳誠將軍持久抗戰論》，頁4-5。

52　陳誠，《陳誠將軍持久抗戰論》，頁2。

日人不願看見的局面。」[53]、「以侵略中國爲國策的日本，怕見中國統一，而中國終於統一了；怕見中國富強，而中國對於致富圖強，偏能不餘遺力以爲之；他們還怕見中國知恥有勇，而中國明恥教戰的努力，確有顯著的成功。於是中日兩國的關係，就面臨到最後決定的階段。」[54]在民族危亡的關鍵時刻，陳誠堅決反對外敵入侵之時黨派紛爭、集團分裂，主張黨派合作、團結抗日，積極推動和促進全國性抗日統一戰線的建立，宣導集合全民族的力量抗戰建國，他強調：「抗戰不是個人的事，不是局部的事，非統一全國的意志，整齊步伐不可。」[55]他的一生正如周恩來在1965年7月18日的一次談話中所肯定的：「陳辭修是愛國的人！」[56]

四、結束語

陳誠的抗戰思想充滿著強烈的愛國主義精神，其中所體現出來的對國家、對民族堅貞不渝的情感，以及堅決抵抗日本的侵略，保衛國家的主權和領土完整的堅定立場和意志，不僅在當時鼓舞了全國民眾的抗戰熱情和勝利信心，增強了民族凝聚力和向心力，更充分證明民族大義、民族感情完全可以超越歷史恩怨、政黨之爭，在和平發展的今天，這種精神仍有著恆久的作用與影響。

53　陳誠，《陳誠先生回憶錄：抗日戰爭》，頁3。

54　陳誠，《陳誠先生回憶錄：抗日戰爭》，頁10。

55　「離團前後應有的注意」（1937年8月9日），《陳誠副總統文物》，國史館藏，典藏號：008-010102-00007-021。

56　李建力、鹿彥華著，《周恩來與陳誠》（北京：華文出版社，2012），頁242。

抗戰時期陳誠軍事政治思想研究

張雲

中國人民解放軍國防大學政治學院教授

　　在中華民族全面抗戰的史冊上，被稱之爲蔣介石第一心腹的陳誠，身兼黨、政、軍多個要職，以堅忍持久的決心和膽略，東奔西馳，多次深入抗敵禦侮第一線，率部與敵浴血奮戰。陳誠在民族戰爭烽火征程中屢建奇功的同時，又殫精竭慮致力於政府的建設和軍隊的整頓工作，做出了特殊的歷史性功績，成爲抗日陣營內國民黨軍政高層領導層中一個傑出的代表人物，也書寫了他生平史上的一段輝煌篇章。

　　行動源於思想，思想指導行動。縱觀陳誠在全面抗戰時期的所作所爲，其軍事政治思想實爲其中的一條主線而貫穿始終，體現了他濃厚的愛國主義情操和民生主義理念。但不可否認的是，他的許多論斷，都是站在國民黨當局的立場上，以蔣介石的是非爲判斷標準。爲了尊重事實，筆者採用歷史主義的研究方法，除必要之處加以一般性的澄清事實之外，均以陳誠的原意爲考察的主要依據，對全面抗戰時期陳誠軍事政治思想做一必要的論述，以就教於海峽兩岸的各位行家。

一、以軍事、政治等多重視角，考量抗日戰爭若干基本問題

　　對於中日全面戰爭的研究，中外政治理論和學術思想界都有過程度不同的探討，發表過諸多論述。但基於軍事政治思想，以政治、軍事等多重視角，考量這場戰爭的若干基本問題，陳誠的見解，則具有許多獨到之處。

　　關於戰爭的起因，陳誠從中日兩國的基本國策，判斷抗日戰爭發生的歷史必然性。[1]陳誠認為，日本蓄意侵華，由來已久。自明治維新之後，日本「向國外發展和侵略的野心，更形熾烈」，在侵略南洋和澳洲為目標的南進海洋政策與侵略整個中國為目標的北進大陸政策的爭論中，後者獲得勝利。「自是而後，侵略中國就成了日本堅定不移的國策」，並付之於戰爭的實施。於是，「琉球群島、臺灣和澎湖、旅順、大連，以及我們的鄰邦朝鮮，遂先後為日本所吞併。」[2]進入1930年代之後，日本加快了侵華戰爭的步伐，從九一八到一．二八事變的發生，從七七盧溝橋事變到八一三淞滬戰役的爆發，中日之間終於從局部戰爭演變為一場酷烈的全面戰爭。這是日本軍國主義者按照其基本國策，而強加於中國的一場不可避免的歷史性災難。在分析日本發動全面侵華戰爭的起因時，陳誠有一個與眾不同的觀點，他認為：日本既以侵華為國策，則合乎日本理想的中國最好是「割據分裂的」、「貧弱無能的」、「卑鄙無恥的」中國。但中國未能如日本意願，陳誠從經濟、國防和社會建設的各方面闡述了1937年前中國所取得的「顯著的進步」，並從政治上強調中國政府將抗戰作為「建國必經的過程」這一基本立場，從而使日本「不戰而亡中國」的大陸政策遭到徹底破產。陳誠指出：「以侵略中國為國

1　陳誠所說的抗日戰爭，即大陸學者普遍認同的八年全面抗戰，不包括1931年九一八事變至1937年七七盧溝橋事變間歷時六年之久的局部抗戰，以下「抗日戰爭」之說，即根據陳誠的說法。

2　陳誠，《陳誠回憶錄：抗日戰爭》（北京：東方出版社，2009），頁3。

策的日本，怕見中國統一，而中國終於統一了；怕見中國富強，而中國對於致富圖強，偏能不遺餘力以爲之；他們還怕見中國知恥有勇，而中國明恥教戰的努力，確有顯著的成功。於是中日兩國的關係，就面臨到最後決定的階段。」有鑑於此，陳誠作了如下判斷：

> 日本放棄侵略中國的政策，是最好解決中日問題的途徑，然而以日本軍閥之褊狹狂妄、急功近利，那裡有放下屠刀的可能？
>
> 中國自甘分裂，自甘貧弱，自甘爲溥儀、殷汝耕之續，則日本成了中國的宗主國，中國成了日本的殖民地，問題也就解決了。但國父創造起來的國民革命，是以救國建國爲職志的，統一、富強、有勇知恥都是救國建國的必備條件，除非中國放棄救國建國的意圖，否則將無法滿足日本人的願望。中國可以放棄救國建國的意圖嗎？當然萬無此理。
>
> 那麼中日問題最後必訴之於戰爭，遂成爲不可倖免的一個結局。
>
> 單從中國方面來講，抗戰是建國必經的途徑，且是邏輯之必然。[3]

　　陳誠的分析，頗有新意。但從1931年九一八事變到七七事變爆發這六年間，以蔣介石爲首的南京國民政府推行「攘外必先安內」政策，於日軍侵占我東三省的戰局而不顧，一再「忍辱負重」，退讓妥協。相反，則派遣以陳誠等高級將領率領大批國軍主力奔赴「剿共」前線，實現大規模的軍事「圍剿」，從而助長了侵華日軍的囂張氣焰，內戰成了外患的助推器。筆者以爲陳誠對此不是完全不知，情感使然、立場使然而已。

　　關於戰爭的勝負，從軍事的視角考察軍事與政治問題，和從政治的視角考察軍事與政治問題，是反映軍事政治思想內涵最突出的標誌之一，也是軍事政治思想思維模式最重要的特點之一。中日全面戰爭爆發後，陳誠直接

3　陳誠，《陳誠回憶錄：抗日戰爭》，頁10。

或間接地參與了國民黨正面戰場的幾乎所有重大戰役，對於每次戰役勝敗之分析，陳誠的見解往往與時人不可同日而語。在陳誠的筆下，經常出現「政略」與「戰略」，「政治」與「軍事」等話語，並根據作戰態勢，進行帶有哲理性的分析。在檢討淞滬會戰失敗原因及教訓時，陳誠列舉了十四項之多，其中對「戰略與政略之關係」、「軍事與政治之關係」，作了如下分析：

> 戰略原為達成政略目的之一種手段。但戰爭既啓，則應以戰略為主，不能因政略掣肘戰略，蓋戰略若勝，則政略之環境或可隨之而轉好，戰略失敗，則最初之有利政略亦將隨之而受影響。此次因顧應政略之關係，而以戰略作政略之犧牲，良堪深思。
>
> 軍事與政治，原為不可分離之一體，此次在作戰前及作戰當中，我軍事與政治上之缺憾最多，彼此不能密切合作，尤以地方與軍隊間不能打成一片。自後雖由於軍隊之紀律鬆弛，致使地方畏避，但當在淞滬地區作戰時，地方對軍隊漠不相干者不一而足，尤以自敵軍由獅子林方面登陸後，縣長專員，聞風而遁者相繼發生，亦可深慨。[4]

這裡，陳誠所指的政略問題，也包括了國家層面上對於中日戰爭的準備不足，且過分依賴於國際方面的援助等大政方針的缺陷，這是陳誠最為擔憂的地方。而戰時的地方政府及官員的冷漠態度，即政治上的麻木不仁，更使陳誠感慨萬分。

1938年初，陳誠先後出任國民黨軍事委員會政治部主任及武漢衛戍司令部總司令，為取得武漢保衛戰的勝利，陳誠在戰前就著手準備，盡心盡職，做了大量工作。在軍事工作方面，陳誠開展了「整理軍隊」、「構築工事」和「調整後方勤務」等工作，將武漢三鎮及其周邊各點、各線納入戰時軌道；

4　「淞戰經過及教訓」（1938年2月28日），中國第二歷史檔案館藏。

在動員工作方面，陳誠精心制定方針以及各種計畫綱要和法規，組織民眾，部署各項具體工作，實行統一領導、分工合作，並親臨指導、監督；在政治工作方面，陳誠將統制物資、統制交通、防止漢奸、組織民眾、整飭地方行政、加緊軍隊整訓等列入其中，並強調：「使全國上下能與抗戰建國綱領為行動之準繩，有錢出錢，有力出力；並在最高領袖〔領〕導之下，一心一德，服從命令，以完成此艱苦之任務〔即指保衛武漢的任務，筆者注〕。」在宣傳工作方面，陳誠針對前方將士、戰地和後方人民、敵方官兵與敵國人民，以及國際社會，均「擬定宣傳計畫，逐步實施」，旨在「鼓勵人民，激揚士氣」，[5]在陳誠戰前的精心籌畫中，我們不難看出，其出發點和立足點均體現在他以強烈的政治意識處置迫切需要解決的軍事防衛問題，凸顯其軍事政治思想的本質和核心。武漢會戰爆發後，陳誠又作為第九戰區司令長官，親自領導和指揮所部給敵以重創，取得了萬家嶺等戰役的勝利。武漢會戰從1938年6月12日日軍進攻安慶拉開序幕，至同年10月25日陳誠率部撤離武漢，即以武漢失守劃上句號。在對這場戰爭的總結中，陳誠著重從軍事戰略和戰術的層面進行反思。陳誠認為武漢會戰的結束，標誌著日軍「速戰速決、殲滅我軍的計畫已經破產」，此後「敵之困難更勝於我」，全國軍民應有這種「戰略上之正確估計」，不應「陷於悲觀被動」。在戰術運用上，陳誠批評一些軍隊消極避戰，缺乏「協同作戰」精神，「兵力配置」不符合「作戰原則」，機動性弱，「行動遲緩」，「技術不佳」、「通訊聯絡」不健全，對傷病員救治不力等問題，都是導致會戰失敗的因素。陳誠特別關注參戰部隊中出現的「最嚴重之問題」，指出：「對於民眾方面，今後勝敗關鍵，全在我能否把

5　中國第二歷史檔案館編，〈陳誠私人回憶資料（1935-1944年）（上）〉，《民國檔案》，1987年第1期（南京，1987.2），頁21。

握民眾。換言之，在能否與僞敵爭取民眾。」[6]把能否取得民眾作爲戰爭勝敗的「關鍵」，更反映出陳誠與眾不同的政略高度。

關於戰爭的結局，陳誠以軍事政治思想的特有視角，將八年全面抗戰劃分爲兩個階段：前一個階段，或稱第一期抗戰，從七七事變起至武漢撤守止；後一個階段，或稱第二期抗戰，自武漢撤守起至最後勝利止，陳誠對這兩期抗戰，作了相應的比較。在他看來，兩期抗戰各有其截然不同的特點：

一、就戰術言：第一期抗戰，我方以戰爲守，敵方速戰速決；第二期抗戰，我方以守爲戰，敵方以戰養戰。

二、就地略言：第一期抗戰，多爲平原戰，利於敵而不利於我；第二期抗戰，我軍已轉入山地，利於我而不利於敵。

三、就國際關係：第一期抗戰，國際關係混亂，利於敵而不利於我；第二期抗戰，國際關係逐漸分明，迫反侵略陣線組成，我遂立於不敗之地。[7]

陳誠在1940年代對全面抗戰的階段劃分，雖然有失偏頗，但對抗戰的最後結局，則充滿了自信，並且用對比的方法，闡述了日軍必然失敗，中國必然勝利的各種有利因素。特別是太平洋戰爭爆發後，陳誠的這種自信越來越強烈。1943年元旦，他在第六戰區司令長官任上告全戰區將士書中，發出了如下誓言般的心聲：

6　「函呈政治部整頓與充實計畫等三事　另附第一期第三階段抗戰經過中所得血的教訓與今後的改進」（1938年11月24日），收在何智霖編，《陳誠先生書信集：與蔣中正先生往來函電》，上冊（臺北：國史館，2007），頁349-358。

7　陳誠，《陳誠回憶錄：抗日戰爭》，頁17。對於上述階段劃分，該頁作了如下注釋：1994年臺灣國防部審訂並發行之《國民革命軍戰役史第四部：抗日》將抗日戰爭分爲初期戰役、中期戰役及後期戰役三階段。初期戰役自1937年七七事變起，至1938年10月25日武漢會戰結束止，即上述所稱「第一期抗戰」。中期戰役及後期戰役相當於上述所稱「第二期抗戰」，1941年12月太平洋戰役爆發前夕爲止爲中期戰役，太平洋戰役爆發後到1945年8月15日日本宣布無條件投降爲後期戰役。

諸將士在強固之抗倭戰壕中度過新年，此爲第六次。經此六易寒暑之長期奮
戰，吾人對於倭寇罔顧我國領土主權及人道主義之侵略殘暴行爲，及其在無
可奈何中，希望僥倖獲勝，而反遭我節節打擊之失望情緒，當可目擊無遺。
而對於寇軍必敗，我軍必勝之戰爭前途，亦必深信無疑。

　　不過，在面對勝利之際，陳誠更多地在思考如何去爭取最後勝利。陳誠
認爲：「勝利愈接近，困難必愈增大，敵人窮凶極惡之掙扎，亦必愈橫肆、
愈狂暴。」陳誠告誡說：「故我全體將士務必倍加戒愼，益自奮勵。對於長官
命令務須絕對服從，對於友軍袍澤，務須精誠團結，對於戰地民衆，務須撫
慰周至，對於地方政治，務須股予協助，必使敵人無隙可乘，絕對無所施其
挑撥離間我軍民之伎倆。吾人含辛茹苦，再接再厲，必能於最短期間，驅逐
倭寇，完成抗戰之全功，收復失地，爭取最後之勝利。」[8]這一個「務必」、四
個「務須」，主要圍繞軍隊內部上下級之間，以及軍隊間、軍民間、軍政間
的各種關係，有重點地強調了軍隊爭取抗戰最後勝利的基本要素，更凸顯了
陳誠軍事政治思想的戰時特點和立於政略、戰略至上的邏輯起點。

二、從大處著眼、實處落墨，規劃地方施政的基本要旨

　　1938年6月14日，陳誠被任命爲湖北省政府主席，以此爲起點，他成了
國民黨內又一位亦軍亦政的重要人物，這是他軍政生涯的一個重要轉折點，
也爲他軍事政治思想的發展和完善開闢了新的空間。正如他在1960年於臺
北撰寫《我與湖北》的回憶錄時，在自序中就明確地點出他「奉派爲湖北省
政府主席，工作目標是在抗戰建國的整個國策之下，推進湖北省政。」[9]這是

8　陳誠，《陳誠回憶錄：抗日戰爭》，頁348。
9　陳誠，《陳誠回憶錄：抗日戰爭》，頁155。

他主政湖北省期間全部工作的要旨，而軍政結合，則是他施政和理政的又一個顯著特點。

陳誠出任省府主席後僅一個多月，於同年7月21日向新聞媒體發表過一篇談話，「於民、財、建、教方面，均曾略舉數義，以資信守。」其內容包括：

> 在民政方面：當與人民共艱苦、共患難，嚴懲貪汙，整飭風紀；組訓民眾，激發其爲國家民族犧牲奮鬥之忠忱，堅定其抗戰到底最後必勝之信念；積極推行戰時動員，以共同完成保家、保鄉、保國之任務。
>
> 在財政方面：簡言之，務必剔除中飽，涓滴歸公，嚴禁浪費，提高效率，一本窮人窮幹之精神，俾取之於民者，依然用之於民。惟當此抗戰期中，一切設施，動關國防大計，有非一省之力所能負荷者，自當請求中央，統籌兼顧，以利進行。
>
> 在建設方面：當遵抗戰建國之旨趣，擇其確不可緩而力所能及者，酌量推行。對於未開發之資源，積極設法開發；已辦理之建設事業，加以調整與擴展；尤其對於與軍事有關之各種設施，應當特別努力，促其實現，以利抗戰。
>
> 在教育方面：當使一般家境貧苦之有志青年，皆得有求學上進之機會，並以養成其爲社會服務之技能爲原則。在目前情況之下，當特別著重於戰時教育之計畫與實施。[10]

一面是國家、民族、人民、民眾、建國，一面是抗戰、國防、軍事、戰時、保國；一面高揚「與人民共艱苦、共患難」，「取之於民者，依然用之於民」，「爲國家民族犧牲奮鬥之忠誠，堅定其抗戰到底最後必勝之信念」，一

10　陳誠，《陳誠回憶錄：抗日戰爭》，頁158。

面宣稱「嚴懲貪汙，整飭風紀」，「剔除中飽，涓滴歸公。」概括而言，即立於政略和戰略的高度，從政治層面與軍事層面，設計施政、理政方案。「陳義務求平實，以免徒空言筌」，陳誠的這篇談話，是他主政湖北省後最先發表一篇帶有全局性、指導性的施政大綱，因此成了以後湖北省推行和落實各項具體工作的綱領性文件。既從大處著眼，又在實處落墨，可謂字字珠璣，充滿了強烈的愛國主義情操和堅定不移的抗戰立場，也體現了他清正廉潔和懲治腐敗的為政風格。

在湖北省主席任上，陳誠擬定了《新湖北建設計劃大綱》，以及為落實這一大綱制定過各種計畫，實施過各種方案。筆者對此做了梳理和歸納，觀其犖犖大端，認為主要集中在革新政治、關注民生和重視教育等方面：

革新政治為實現抗戰建國大業而革新政治，是陳誠軍事政治思想的一個重要組成部分。在這方面，陳誠抓了三件事：一是精簡機構。陳誠認為：「紛歧錯雜的行政機構，足於降低行政效率，虛糜國家財用」，是敷衍塞責「官僚主義」的一種表現。為此，陳誠從1940年9月復職[11]至1944年6月離任期間，對於湖北省各級行政機構，以「精簡組織」、「統一事權」、「分別責任」、「功過有歸」為原則，進行了四次調整，其實施概況：取消各種特殊或臨時機構，「其業務劃歸同一性質的機關辦理，務期事權統一、責任分明」；由省主席或縣長兼任主管的兼屬中央系統的機構，以及省、縣內部與其他機關合組之委員會，「均按其性質，切實加於調整」；省政府所屬各單位，認為沒有獨立設置必要的，按其性質一律歸併原有各廳處。但無直屬省政府必要者，亦按其性質，分別改隸各廳處局，使其系統簡化、責任分明；行政督察專員兼保安司令公署之組織，則略予以充實加強。調整的結果，使省政與縣

11　陳誠於1938年6月14日出任湖北省政府主席，武漢失守後，省政府移至恩施。1939年初，經行政院決定，其湖北省政府主席一職由嚴重代理，翌年9月回任。

政「機構由繁複而簡單、由分散而合一」,「職責由兼攝而專主,由集中而分任」,[12]辦事效率得到了極大的提高。

二是懲治腐敗。陳誠指出:「貪汙和浪費,是我們政治界最習見的通病。我們要革新政治,非痛除此弊不可。」陳誠對那些「足為抗戰建國之障礙者」深惡痛極,將漢奸、偽軍斥之為「國家之蠹」,將貪官、汙吏斥之為「人民之蠹」,將土豪、劣紳、流氓、地痞斥之為「社會之蠹」,「諸蠹不除,抗戰建國是無望的。所以我又有徹底剷除諸蠹之呼籲。」[13]並雷厲風行地付諸於行動,宜昌縣長武長青、監利縣長黃向榮等一批貪官汙吏,長陽縣覃瑞三、鄧品三等一批惡霸、豪紳,就是在懲治腐敗的氛圍中被公開處決或銀鐺入獄的。

三是整編法令。陳誠認為,政治就是管理,「管理眾人之事而無法令,猶治箭、輪者而無隳栝,此為必不可能之事。故法令者與政治相需相求,不可或分。」陳誠對當時國民政府及湖北省政府公布的法令頗有微詞,認為其「毛病」,「不但有,而且多到不可勝言。」陳誠不僅將當時法令本身的弊端作了梳理,並從行政機構、人事制度等方面探討不能推行法令的原因,但他認為上述這些都是外在原因,還有更重要的內在原因,即心理原因:主要是感情重於理智和特權階級的存在。陳誠指出:感情重於理智,「是一般中國人的通病」,是「欲求法治之不得行」的一大原因,另一個原因,則是特權階級的存在。陳誠認為,特權階級以「超人」自居,讓這種人接受法令,「實為一大難事」。他指出:「特權階級觀念之不能去,則法治政治無由實現。」有趣的是,陳誠也承認袪除法令不能推行的內在原因,「這問題太重大了,我覺得我在這裡不能有所論列。」於是,他只好採取「有則改之、無則加勉」的

12　陳誠,《陳誠回憶錄:抗日戰爭》,頁178。

13　陳誠,《陳誠回憶錄:抗日戰爭》,頁167。

態度，也只能對所謂不能推行法令的外部原因，提出一些改進意見。包括建議制定一個完整的統一政策；確定中央、省、縣三個大層級之綜合運用的統一機構；「中央組織應力求簡單，地方組織應力求充實」；「使一切黨員在黨內有充分發表意見之機會」以「提高其革命工作之興趣」，還應大量吸收各階層之優秀青年，「由此以求各級黨部之健全，使與各級政府相配合，協同推動政令。」同時提出用人標準、考核賞罰及其整編現行之一切「不可行者或不必行者」之法規等等。陳誠認為，對他提出的這些意見，不是完全不能做。不過，問題牽涉的方面太廣，諸如政體、政策、黨政關係、人事制度等等，「動關國家根本大計，非一省之力，所能為役。」他只能自我解嘲地說：「意見始終還不過是一種意見罷了。意見其實就是一種理想，理想距離事實，還不曉得有多遠。」[14]在戰時大敵當前的形勢下，陳誠明知不可為亦不能為，但仍然竭力想通過整編法令來革新政治的企圖，其用心之良苦，確是難能可貴的！

　　關注民生方面，陳誠竭力推崇孫中山先生的「建設之首要在民生」之說，認為「這真是千古不磨之論」。也十分讚歎大禹治水精神：「禹思天下有溺者，尤己溺之也；稷思天下有飢者，猶己飢之也。」認為「這是擔負政治責任的人，應有的自覺。」陳誠在任期間，耳聞目睹戰爭給湖北人民帶來的極其深重的災難，「又益之以水旱天災，人民轉徙流離、飢寒交迫，至堪憫惻。」[15]對於民生之重視，是陳誠主政湖北期間弘揚其軍事政治思想的經典之作。陳誠認為，民生問題就是以吃飯問題為核心的生活問題。「人民的生活問題不能解決，就是有兵、有餉、有武器，也無法進行抗戰。」[16]為此，陳

14　陳誠，《陳誠回憶錄：抗日戰爭》，頁182-186。

15　陳誠，《陳誠回憶錄：抗日戰爭》，頁168。

16　陳誠，《陳誠回憶錄：抗日戰爭》，頁225。

誠在湖北省推行了被他稱之爲「民生主義經濟政策」，陳誠把這一政策歸納爲四句話、十六個字，即「增加生產」、「徵收實物」、「物物交換」、「憑證分配」。筆者認爲，這十六字中間實際上又包括了三層意思，一是發展經濟和增加生產、二是實物的徵收和交換，三是憑證分配和平價供應。

關於發展經濟和增加生產。一方面，鄂西、鄂北等地經濟十分落後，基本上沒有現代經濟；另一方面，農業在湖北經濟中則占有主導地位。對此，陳誠一方面把發展現代經濟作爲湖北堅持抗戰的基礎性工作，在恩施等地興辦煤礦廠、化工廠、機械廠等現代企業，興建公路，設立銀行啓動地方金融，促進鄂西等地的經濟建設；另一方面，他抓住農業生產的主導地位。陳誠認爲，「安定人民生活，增加生產」的重頭戲，就是推動農業生產的發展。他從1942年開始，就在全省公布了一項糧食增產計畫，以後又陸續公布了農田水利及貸款救濟各縣農具等辦法。除此而外，還有「推廣施肥」、「改良品種」、「貸放種籽」、「茶葉增產」、「桐油增產」等舉措，並「分頭先後實施，尚著成效。」尤其值得一提的是，爲了發揮農民的生產積極性，陳誠在鄂西等地實行了減租減息。1941年4月，他簽署了《湖北省減租實施辦法》，明令公布在全省分區實施「二五減租」，即在租種土地的農民總收穫數中，先提二成五歸自己，其餘的七成五再與地主對分，將總收穫數的37.5%用來交租，從而保障了農民的租佃權，漸次達到耕者有其田。以上措施，減輕了農民的負擔，提高了他們的生產積極性，促進了農業生產的發展，爲抗戰助力作出了貢獻。與此同時，陳誠還下令戒煙禁毒。鴉片特稅歷來是湖北省政府的主要財政收入，歷屆各級政府都公開實行鴉片專賣。爲此，陳誠下了死命令：「所有種、吸、途〔運〕、售、藏、庇各犯一經拿獲，概行槍決。希望大家儘量宣傳，使一般民眾瞭解政府禁煙的決心，並盡全力檢舉，徹底

根絕煙毒。」[17]在所轄地區雷厲風行、大張旗鼓地戒煙禁毒，僅1941年一年之內，就處決了271名煙犯，對發展經濟和增加生產起到了助推器的作用。

　　關於實物的徵收和交換。在抗戰緊要關頭，一些「不肖」子孫於國勢危如累卵而不顧，「到處發生囤積居奇的現象」，使戰時國民經濟遭受到無法估計的損害。陳誠認為，徵購實物是國民政府的既定國策，又是執行民生主義經濟政策的一部分。陳誠認為，徵收實物應以稻穀為主體。為此，他根據湖北省的特殊情況，擬定《公購餘糧實施辦法》，規定除去「應留種籽」、「應留食糧」、「應完田賦」、「應繳積穀」等之外的「餘糧」，須列入公購。並強調：「各縣應購餘糧總額必須一次購足，其未經公購之餘糧留作本縣調劑民食之用」；「糧戶如抗不認購或故延不繳或囤積走私者，視其情節輕重從嚴議辦，並得查封其財產」；「辦理糧政人員如有查報不實，藉端敲詐、從中舞弊及派購確無餘糧者，均以貪汙舞弊論罪。」這種公購辦法，被陳誠稱之為：除去「公平」以外，並無特別出色之處。「何謂公平？有糧者出糧，無糧者不出，糧多者多出，糧少者少出，這就叫做公平。」與此相對應，陳誠在鄂西、鄂北推行物物交流政策，陳誠認為，物物交換是湖北省試行的一種新政，主要目的是為了減少法幣的流通量，藉以穩定物價安定民生。其採取的辦法是先從省府所在地試辦，再逐漸推廣至各縣；有計畫地實施合作社社員間、合作社與社員間、合作社與合作社、合作社與公私機關的相互交換之組合；並以當地平定物價之價格為標準，制定價格表，公布周知。

　　關於憑證分配和平價配銷。隨著徵購交流的展開和不斷擴大，不僅解決了軍糈民食的問題，還利用徵購和交流進來的物品，憑證分配和平價配銷。陳誠堅持的原則為：「不是憑證分配出去，就是平價配銷出去，絕無營利的

---

17 「陳主席對於幹訓團學生所提問題之解答」（1942年3月），湖北省檔案館藏。

企圖，更不是爲了供應少數人的享受。」[18]爲了保障這項工作的展開，陳誠將此納入戰地物資統制範圍內，並設立平價物品供應處。根據物品的種類下設各部：食鹽部，即平價物品供應處食鹽部，「負本省食鹽購銷之全責」；花紗雜貨部（後改稱物資部），即平價物品供應處雜貨部，以採購棉花、土布及各項雜貨，並搶購戰區物資，以免資敵爲己任；油料部（後併入物資部），即平價物品供應處油料部，負責收購憑證分配所需油料；平價物品供應處物資部也收購諸如白糖、紅糖、肥皂、牙膏、牙刷、火柴等，雖非憑證分配之物，但對於平抑市場物價起到了甚爲重要的作用。

　　重視教育方面，陳誠歷來認爲：教育是立國之本。因此對教育一向予以高度重視，用他的話說「雖在戎馬倥傯之中，未嘗一日忘懷教育之重要。」陳誠走馬上任後，接觸到一件怵目驚心的事實：當時麋集於武漢的將近兩萬的戰區青年，他們流離失所，「成爲無家可歸、無學可求、無業可就」的「流浪漢」。在陳誠的具體策劃指導下，成立聯合中學，由陳誠兼任校長。「校本部初設武昌，下設二十二個分校，遍布於鄂西、鄂北各安全縣分。」[19]這是陳誠入主湖北後所做的第一件有關教育的大事，儘管後來辦得不夠理想，但他重視教育的思想畢竟有了一個實踐的場所。特別是陳誠在《新湖北建設計劃大綱》中，第一次提出了「計畫教育」的新概念，並將此作爲一種教育的政策，作爲「改進本省教育的張本」。陳誠認爲，「計畫教育」的目的在於創造三民主義的文化，建設三民主義的國家。「在民族獨立的意義上，要使教育權責歸於國家，以剷除帝國主義的奴化教育；在民權平等的原則上，要使全國青年教育機會均等，以根絕特殊階級的產生；在民生樂利的目的上，要使教育充分發揮生產與實用的功能，以打破教育與社會脫節的現象。」陳誠強

18　陳誠，《陳誠回憶錄：抗日戰爭》，頁232-233。
19　陳誠，《陳誠回憶錄：抗日戰爭》，頁241。

調：「務期教育一切設施，與建國需要密切配合，以求國家事業之均衡的發展。」同時，使全國青年均能按其年齡入學，按其才能就業，以達到「人盡其才」與「才盡其用」的目的。[20]換言之，陳誠所希望的計畫教育的實施目的是：要使全省學齡兒童都有入學的機會；要使所有聰明學生都有升學機會；要使畢業學生都有就業機會；要使全省學生都成爲三民主義信徒；要積極造就專門技術人才應本省建設需要。[21]根據戰時湖北省的特殊環境，陳誠以五年爲期，規定計畫教育的五種範圍：一是學前教育計畫；二是國民教育計畫；三是中等教育計畫；四是高等教育計畫；五是社會教育計畫。至於學校教育則分爲國民教育、中等教育、高等教育；社會教育之目的「重視發揚民族精神，增進國民健康，改良生活習慣，培養生產技能」；對不能升學的中等學校畢業生進行就業訓練，而後「由省政府將統籌分發任用」，並給予一定的資助，使他們能夠生活下去，爲抗戰服務。[22]陳誠上述教育思想和五年教育計畫的實施，雖然不是「可憐無益費精神，有似黃金擲虛牝」，但也「不夠理想」。這裡，戰爭的破壞因素當然是主要的，但陳誠未能「親理省政」也是一個重要原因。不過，陳誠重視教育的思想，特別是他以極大的精力開展戰時教育的種種努力和認眞實踐，在湖北近代教育史上留下了值得稱道的篇章。

三、針砭時弊，痛下決心，制定整軍治軍的基本方略

　　陳誠戰時軍事政治思想內涵和特色，還突出地表現在他的整軍治軍方面。作爲戰略區的最高指揮官和國家軍政部部長，陳誠對部隊的士氣、作

20　「教育計畫答問」（1942年9月），湖北省檔案館藏。

21　「計畫教育的理論與實施」（1941年8月），湖北省檔案館藏。

22　陳誠，〈湖北省計畫教育實施綱領草案〉，《湖北省計畫教育言論選輯》，湖北省檔案館藏。

風、官兵的政治素養、軍隊的組織編制、武器裝備及其作戰狀況等基本上都有「一本帳」。他針砭時弊，痛下決心，不斷地揭短，不斷地呼籲，不斷地制定和實施整改軍隊的各種方案，可謂煞費苦心，雷聲大，雨點也大。

對軍隊存在的各種弊端，陳誠毫不留情地、隨時隨地加於揭露和譴責。在論及八一三淞滬會戰失敗的原因時，陳誠歸納爲四點：一是部隊武器裝備落後，「精神雖說勝過物質，可是血肉築的長城，事實上是抵禦不了無情的炮彈。」二是會戰之初，部隊士氣旺盛，但到蘇州河撤守後，「士氣一落千丈，幾至無法維持」；三是後方沒有支持前方大兵團作戰的能力，「顯示中國仍然是一個組織管理十分落後的國家」；四是勝敗的關鍵原不在一時一地之得失，然淞滬抗戰「寸土必爭，犧牲慘重，又適與我們所標榜的抗戰決策背道而馳。」[23]陳誠認爲，作戰的唯一要訣，就是要「制人而不制於人」，在戰略上是如此，在戰術上也是如此。「滬戰的最大成就，就是在戰略上我們已經做到這一點；但是談到戰術，則主動落到我們手裡的，可就絕無僅有了。」分析得既中肯，又一針見血。總結武漢會戰得失時，陳誠認爲在戰術戰鬥方面存在著很多缺點。中間指揮單位過多，是歷次失敗的一大原因。「到武漢會戰時，中間指揮單位不但沒有減少，反倒更加多了。師上有軍、軍團、集團軍、兵團，以至戰區長官部，眞是極疊床架屋之能事，欲其不誤事機，又如何可能？」陳誠指出，武漢會戰期間王陵基軍團等部隊「均因素質太差，甫經接觸即潰不成軍」，「以致連累素質較優的部隊也無法達成任務，而造成全盤的失敗。」在他看來：「素質是部隊的命脈，與其多而烏合，不如量少而精，反而能在疆場上發揮戰力。因此，精兵主義是我們國防建設必須拳拳服膺的一大原則。」另外，陳誠對武漢會戰中部隊不能協同作戰的現象進行嚴厲譴責：「缺乏協同精神的最大原因，就是自私。保存實力是自

23　陳誠，《陳誠回憶錄：抗日戰爭》，頁42-43。

私，功必自我觀念也是自私，怕代人受過也是自私」，陳誠傷感萬分：「自私害了我們的部隊、社會、公私團體以至整個國家。」[24]

陳誠對於豫西會戰中軍隊陰暗面的揭露和批判，最爲系統和典型。1944年7月，陳誠出任第一戰區司令長官，爲豫西會戰的失敗舉行過兩次檢討會，「得到很多坦白的供述」，陳誠將其歸納爲以下十個要點：

一是事前疏於防範：敵軍進犯之前，我方本已獲得情報，但除疏散在洛機關外，對於準備應戰方面，「殊欠積極」；

二是兵站腐敗：長官部成立搶購委員會，以兵站總監部汽車至河岸搶購敵區之物資，以致戰事發生，兵站無法對部隊適時補給糧彈。兵站總監部所屬各倉庫，平時均將軍糧貸放農民，坐收利息，「更有盜賣軍糧者，故對部隊軍糧欠發甚鉅」，許多部隊直接「就食於民間，造成軍民關係之惡化。」兵站還大量徵用民間交通工具，大多用於「爲商人包運貨物，或爲部隊走私貨物。」

三是部隊鬥志低落：「敵軍蠢動之初，僅用數百人，後漸增至千人，我軍均不戰自潰。」當時在豫北淪陷區及日軍新占領地區，防務空虛，「我自孟津河防至氾水密縣一帶有六、七個軍之多，竟皆袖手旁觀，不予出擊，以坐待敵人各個擊破。」

四是指揮不統一，命令難貫徹：一戰區長官部與湯恩伯副長官部之指揮機構「難安喘息，致無判斷指示之時間，因而部隊各自行動，造成崩潰不可收拾局面。」

五是長官部形同癱瘓：長官部移動時零亂不可言狀。20多名電務員因不能追隨行動而失散，電話機失落，密碼本遺落，無線電臺與各部隊波長呼號錯誤，以致失卻聯絡，無法指揮。「而兵站總監部於轉進時，科長以上職員

24　陳誠，《陳誠回憶錄：抗日戰爭》，頁59-61。

多擅自後移，致前方兵站業務無人負責。」陳誠認為：「舉此為例，均足見長官部之形同癱瘓。」

六是上下經營商業：長官部在洛陽開設麵粉廠，利用隴海路營運煤斤圖利，並在轄區內開設中華煙廠、酒精廠、造紙廠、紡織廠、煤廠等，各部隊於是紛紛效尤，一發不可收拾。各級幹部差不多都成了官商不分的人物，「一個個腰纏累累，窮奢極欲」，而士兵之苦則自不待言。陳誠斷定：「要這樣官兵組織成的部隊發揚鬥志，又如何可能？」

七是軍紀廢弛已極：河南民間早就有：「寧願敵軍燒殺，不願國軍駐紮」的口號，陳誠認為，這一口號雖不免言過其實，「但軍隊紀律的敗壞，實在也是無容為諱的事實。」軍隊所到之處，「雞犬不留」，「軍民之間儼如仇敵，戰事進行中，軍隊不能獲得民眾協助，自屬當然。」

八是將帥不和，互信不立：副司令長官對於部下軍師長，除少數外，極少信任。部隊仍有地方、中央之別。許多北方部隊裝備較差，均以雜牌軍自居，無法和衷共濟。

九是部隊普遍吃空：部隊兵員缺額極多，「以戰前而論，洛陽市上之食糧，半數以上為由部隊售出者。」即此可見一斑。

十是軍隊政工，有名無實：各部隊政治部，「平日既不能宣傳組訓，戰時又不能與部隊同進退，且多有干涉地方行政，假名營私情事。」[25]

筆者之所以如此不惜筆墨加以大段摘錄，就在於從陳誠所揭露的當年國軍現狀的文字中，看到了國軍腐敗之普遍、士氣之低落、精神之崩塌、紀律之敗壞、戰力之衰退，以及軍民關係、軍政關係、上下關係、友軍關係等都處於劍拔弩張的狀態，可以進一步發見陳誠的憂慮，乃至痛心的真實情感，可以進一步理解陳誠力主整軍治軍的良苦用心，也可以進一步透視陳誠軍事

25　陳誠，《陳誠回憶錄：抗日戰爭》，頁93-94。

政治思想的本質特徵。

　　這年年底，陳誠出任軍政部部長，著手整頓全國軍隊。但陳誠關注整軍治軍之事，卻並非一朝一夕，可以說是與抗戰相始終。更值得指出的是：陳誠整軍治軍的目的宗旨、政治意圖和內涵闡發，都具有理論的普遍性、現實的針對性和實踐的操作性，既反映了陳誠作為一個軍事家、政治家和戰略家的堅定決心和負責精神，又凸顯了他深邃的思想底蘊和理論功力。

　　陳誠把整軍治軍提到了「我們國家民族的興衰生死」的高度來強調。在他看來，這次對日作戰，「純係賭國運之存亡」。「所以無論政府與人民、官長與士兵，都必須加倍的沉著謹慎，以臨此大事，絕不能趾高氣揚，掉以輕心，更絕不能虛張聲勢，以抗敵為出風頭的機會。」陳誠告誡說：「我們要知道，大敵當前，固無所用其恐懼，而國脈所繫，更不能失之於驕矜。我們今後必須奮發真誠，痛戒虛驕，大家誠心誠意的，實實在在的，團結精神，集中全力，去為國家民族而奮鬥犧牲，方是我輩革命軍人報國救國的大道。」[26] 這種「大道」，對於陳誠而言，確實是早於根植於心的一種信念，這也是他整軍治軍的最高宗旨和力爭完成任務的目標定位。

　　從這一目標出發，陳誠強調整軍實為抗戰所必須，是一件刻不容緩的事情。對抗戰期間開展整軍，有人提出非議，以為「為免影響士氣，不宜於整軍。」陳誠對此痛加批駁，他指出，這種想法「實則大謬不然」，「唯其於抗戰期間，最宜於整軍，唯其於目前狀況之下，最急須整軍，蓋今日軍隊之急須整理，已成為全國軍民一致之公論與呼籲。」，「如在此抗戰期間，再不實行整軍，則戰後更無法整理，而國家民族亦永難步入復興之路矣。」1941年9月上旬，陳誠在致張治中的信中，再次強調了整軍的重要意義，「今日欲改良軍隊，必須從整軍始，欲求戰勝攻取，尤須從整軍始」，陳誠斷言：抗

----

26 「告本集團各官兵同志書」（1937年9月8日），中國第二歷史檔案館藏。

戰已進入最後勝負階段，也是整軍之最後時機，「如再逸失此最後之良機」，再踏失敗之覆轍，則國家前途將不堪設想，他疾呼：「時不再來，能把握此最後之時機，方可期最後之勝利。」[27]梳理陳誠關於整軍治軍思想和具體整飭方案，可以稱得上是一個系統工程，而其中以精兵縮軍為先、以思想整頓為重、以軍風紀整頓為主的三大守則最具特色。

堅持精兵主義思想，強調：「軍隊之整理，應以縮軍為先。」1940年春，陳誠在向蔣介石陳述有關今後作戰指導及軍隊部署意見的函呈中，提出了縮軍建議。據陳誠統計，當時國軍共有集團軍40，軍110，師約270（獨立旅在內），陳誠認為以我國家之人力物力，究能否養此部隊，「實不言而喻」。他指出：「與其龐大無力，徒耗國帑，反不若縮小充實，以求精銳。」他建議將集團軍縮為軍，軍縮為師，師縮為旅，按級遞縮，則節約經費必多。這樣，用於裝備之充實及特種兵部隊之建設，則力量定必倍增。而各級指揮官各降一級，其能力亦能相稱，尤其各級司令部減少，則一切非戰力部隊及機關，「如通訊輜重、及特務營運，以及後方單位機關均可減少，而以之補充下級部隊，未有不比現在充實者。」陳誠強調：「此事關係建軍前途甚鉅，應有斷然之決心，以促其實施。」[28]1945年2月1日，鑑於國民黨黨政軍機構越來越龐雜的狀況，陳誠認為當務之急，就是亟須精簡冗員。他提出：各機關學校部隊均須依：（一）性質相同者歸併；（二）不急者暫停；（三）龐大者縮減；（四）無效者調整四原則，實施緊縮，擬具裁減計畫。[29]有計畫、有原則，也有可操作的具體方案，陳誠精兵主義思想的實施，應該是改變國軍現狀的一劑良方。

27　陳誠，《陳誠回憶錄：抗日戰爭》，頁544。
28　陳誠，《陳誠回憶錄：抗日戰爭》，頁480。
29　陳誠，《陳誠回憶錄：抗日戰爭》，頁387。

提倡「二不」、「二愛」和「一性」、「三心」精神，以開展思想層面的整頓爲重。1941年3月17日，陳誠在第六戰區幹訓團將校研究班畢業學員及軍以上參謀長講授：「抗戰過程中吾人應有的檢討與策勵」，勉勵大家發揚革命精神，所謂革命精神，即「不怕死」、「不貪財」、「愛國家」、「愛百姓」之謂。他引曾國藩所說：「帶兵之人，第一要才堪治民，第二要不怕死，第三要不汲汲名利，第四要耐受辛苦」，及戚繼光所說「臨陣偷生者，死是免不得，只是多活幾日，做了個帶罪的鬼而已」等言，以相策勵。[30] 1944年8月，陳誠在軍政部部長任上，發表了對記者的談話。他說，爲與盟軍切實配合，共同作戰，軍隊最高的政治機關——軍政部應該做到：一是「對敵人警覺性的養成」，要隨時隨地，準備敵人來攻，同時又應積極準備反攻。二是「敵愾心的提高」。一般人每遇困難，便怨天尤人，不知自奮，須知我們的困難，都是敵人造成的。我們應互諒互助，一致對敵，以爭取最後勝利。三是「責任心的培養」。做什麼事，就應負什麼責，不可遇事推諉，致誤時機。四是「自信心的確立」。不因人之毀譽而動搖信心，應確信抗戰必然成功，勝利必屬於我，才不致爲一時之成敗利鈍所動搖。[31]爲了加強軍隊的政治工作，陳誠圍繞軍隊黨務工作的職能，提出了以機構組織調整爲主的若干方針及方法，認爲以國防會議的決議爲遵循，軍隊黨務應由中央授權軍事委員會委員長交政治部承辦；軍委會政治部爲承辦軍隊黨部組織、訓練、宣傳之考核事宜，增設軍隊黨務處；各級軍事機關凡已設政治部者，其黨務工作人員由政工人員兼任，報請中央加委，[32]以保證軍隊黨務工作的有效展開。實際上，堅持思想政治教育，強調精神培養，改善和加強軍隊黨務工作，是陳誠

30　陳誠，《陳誠回憶錄：抗日戰爭》，頁305。

31　陳誠，《陳誠回憶錄：抗日戰爭》，頁383。

32　陳誠，《陳誠回憶錄：抗日戰爭》，頁471。

整軍治軍的又一個亮點。

整軍的當務之急，應以整飭軍風紀為主。陳誠認為，要使軍隊能夠「攻無不克、戰無不勝，胥賴有森嚴之紀律。」[33]早在抗戰爆發初期，陳誠在《手擬告各將級領四事節略》中強調：「軍風紀非但為軍隊之命脈，實關係抗戰之勝敗與國家之存亡，希特別注意。」陳誠指出：「所謂軍風紀，即由不擾民始，凡擾民之部隊未有不消滅而能生存者。」[34]抗戰期間，陳誠不遺餘力地實施了整頓軍風紀的種種舉措。1940年2月，陳誠在給蔣介石報告桂南戰役經過及所得教訓的函呈中，提出了整飭軍隊紀律的要點：一是忠實履行任務。不投機取巧，或稍有敷衍之行為。二是樂負責任。不要一切責任均推託於上級命令，或友軍身上。三是確實執行連坐法。惟法原屬不得已時始行之，「故教育時，應將連坐法之精神，灌輸於部下。如戰時有犯之者，則應立即處斷，不可稍有徇情，以免廢弛軍紀。」[35]在整頓軍風紀過程中，陳誠特別強調對高級將領的考核和對中央軍政機關人員的監督。1944年7月，陳誠在蔣介石關於整頓軍隊、振作士氣等意見的簽呈中，提出了「關於如何考核各高級將領之勤惰奢儉，以及各軍師之紀律、教育、缺額、衛生、給養等，以革除有職掌而不負責任之不良習慣。」指出：「在此非常時期，應破除情面，採取公正嚴肅態度，對思想落後，意志薄弱，或能力不足之將領，實施淘汰，以使後起優良幹部，得以上晉。」陳誠強調：「必要時，更須殺一儆百，以振軍心，而挽頹風。」[36]整頓軍風紀，陳誠所力主的是「一針見血之認識」、是「雷霆萬鈞之決心」。與此同時，陳誠還強調對中央軍政機關人員的整頓，對其進行「嚴密監察，勿使舞弊，以及不能盡職人員之淘汰補充等」，並強調

33 陳誠，《陳誠回憶錄：抗日戰爭》，頁477。
34 陳誠，《陳誠回憶錄：抗日戰爭》，頁561。
35 陳誠，《陳誠回憶錄：抗日戰爭》，頁477。
36 陳誠，《陳誠回憶錄：抗日戰爭》，頁547。

對軍隊後勤保障特別是軍需制度的整頓，以軍風紀整頓爲主，多管齊下，全面開花。

　　然而，令陳誠失望的是，此時的國軍已經處於病入膏肓，回天乏術的狀況，正如他自己所說的：「今日軍隊之不能作戰，已成爲無可諱言之事實，亦即我國一切尚無良善辦法，或雖有良法美意，而未能切實執行之鐵證。」[37]一言中的，其先見之明，不能不令人佩服，發人深思！

　　縱觀陳誠抗戰時期的軍事政治思想，雖然洋溢著強烈的忠蔣反共意識，但並沒有也不可能掩蓋其扎實的文化底蘊、高超的思辨能力、深厚的軍政素養和高尚的愛國情愫。歷史發展到今天，給陳誠以公正的評價，不能不說是一件頗有學術意義和時代價值的事情。

37　陳誠，《陳誠回憶錄：抗日戰爭》，頁546。

外患與內憂：陳誠對抗戰救亡的深度思考
——以書信、日記、回憶錄為中心的考察 *

徐炳三

華中師範大學中國近代史研究所副教授

　　陳誠是國民黨的歷史上舉足輕重的人物，作為蔣介石的心腹幹將，他的觀點往往可以左右國民政府的核心決策。抗日戰爭時期，陳誠對中國內外政局有著深刻的思考，提出了諸多頗有見地的政治意見，直接影響了國民黨內外政策的制定。陳誠的抗戰思想是其抗戰實踐的經驗總結，釐清其進路有助於我們理解陳誠的抗戰實踐，豐富我們對陳誠的立體認知。以往學界對陳誠與抗戰關係的研究，多集中於陳誠領導的具體戰役或施政舉措，雖然也有少量成果涉及陳誠的抗戰思想，但研究不夠充分，尚有進一步拓展的空間。有鑑於此，本文試以陳誠書信、日記、回憶錄等史料為核心，分析陳誠對抗戰

* 華中師範大學中國近代史研究所教授羅福惠先生對本文提出許多寶貴的修改意見，以及2015年3月5日國立政治大學「陳誠與現代中國學術研討會」與會學者給予本文諸多寶貴建議，謹致謝忱。

時期中國內憂外患局面的思考與主張，以就教於方家。[1]

一、誓不言和、持久抗戰

抗戰期間中日兩國的鬥爭曲折而又複雜，如何應對實力遠超於己的日本侵略者，考驗著中國決策者的智慧。陳誠對日本的侵略動向有著深刻的洞見，在此基礎上提出了很多觀點獨到的主張，對於國民黨抗日決策的制定和實施影響甚深。

（一）毫不妥協的抗戰態度

陳誠對日本侵華持毫不妥協的抵抗態度，他在「九一八」事變爆發不久

1　關於陳誠與抗戰關係的研究，陳誠的各類傳記、相關著述和文章中多有涉及。直接以抗戰時期陳誠的活動為研究物件的成果，大陸方面主要有李也，〈抗戰初期的陳誠〉，《遼寧師範大學學報（社會科學版）》，1995年第4期（大連，1995.8），頁79-80；石方杰，〈陳誠與武漢保衛戰〉，《江漢論壇》，1995年第7期（武漢，1995.7），頁2-7；于麗、田子渝，〈陳誠與湖北抗戰〉，《抗日戰爭研究》，2000年第3期（北京，2000.8），頁129-145；曾成貴，〈陳誠與武漢抗戰〉，《湖北大學學報（哲學社會科學版）》，第35卷第4期（武漢，2008.7），頁21-26；周彥，〈抗戰時期陳誠與鄂西地區的土地改革〉（武漢：華中師範大學碩士論文，2008）；何小藝，〈抗戰時期陳誠推進湖北教育論述〉（武漢：華中師範大學碩士論文，2008）；羅菲惠，〈戰前戰後：《陳誠先生書信集》中的武漢抗戰〉，收入呂一群、于麗編，《海峽兩岸紀念武漢抗戰七十週年學術研討會論文集》（武漢：長江出版社，2009）；溫靜靜，〈陳誠抗戰思想及其實踐〉（武漢：華中師範大學中國近代史研究所碩士論文，2012）等。臺灣方面的成果大致包括劉維石，〈抗日戰爭中的新湖北：辭公治鄂憶往〉，《光復大陸》，第255期（臺北，1988.3），頁9-13；陳淑銖，〈陳誠與戰時湖北的二五減租〉，收入《史學：傳承與變遷學術研討會論文集》（臺北：國立臺灣大學歷史學系，1998）；柯友朝，〈抗戰時期陳誠在鄂西民族地區的反腐倡廉〉，《湖北文獻》，第166期（臺北，2008.1），頁49-53；柯友朝，〈抗戰時期陳誠與鄂西民族地區教育的近代化〉，《湖北文獻》，第167期（臺北，2008.4），頁9-16；田雨，〈陳誠主政湖北時的教育實踐與思想〉，《湖北文獻》，第171期（臺北，2009.4），頁25-33；田子渝，〈陳誠與湖北抗戰〉，《湖北文獻》，第137期（臺北，2000.10），頁7-13；林伯瀚，〈陳誠主政湖北之研究（1938-1944）〉（桃園：國立中央大學歷史研究所碩士論文，2010）；何智霖，〈抗戰時期蔣中正痛斥陳誠請辭遠征軍司令長官書函解析〉，《國史研究通訊》，第3期（臺北，2012.12），頁120-123；劉凱，〈陳誠與萬家嶺戰役〉，《湖北文獻》，第186期（臺北，2013.1），頁63-68；金智，〈鄂西會戰研究〉，《中華軍史學會會刊》，第18期（臺北，2013.8），頁281-309；雷青青，〈陳誠主政湖北的歷史貢獻〉，《湖北文獻》，第187期（臺北，2013.4），頁66-71；梁博，〈抗戰時期陳誠在湖北開展禁煙運動〉，《湖北文獻》，第193期（臺北，2014.10），頁58-63等。

就兩度請纓抗日。陳誠在1931年9月22日致蔣介石的電文中稱：「職等份屬軍人，責在衛國，願率所部與倭寇決一死戰，成敗利鈍，概不暇計。寧可致死於亡國之前，不願偷生於國亡之日。」[2] 9月24日他再次電蔣強調：「我政府除明令對日宣戰外，別無瓦全之道。」陳誠認為事變是日本的長期計畫的結果，祕密外交難以消弭；妥協苟安只能損害政府威信，給人以攻擊的口實。陳誠此後極不贊同蔣介石的「攘外必先安內」政策，他認為外患是導致內亂的主因，先內後外是「捨本逐末」、「倒因為果」。[3] 陳誠還多次在公私場合表達抗戰意願。比如10月10日他在家書中指出，中國不戰而屈將為人輕視，中華民族亦永無復興之望。若僅以外交退兵，縱然東北回歸中國，實際也被日本控制。[4] 再如10月12日陳誠在某中學演講，指出武力抵抗可促進國內政治統一、可促成列強出面調停、可斷絕對日商業往來、可促使列強遏制日本。[5]

但是，此後直至盧溝橋事變爆發，陳誠在抗日方面並無實際行動，反倒在剿共方面不遺餘力，其原因何在呢？一方面，這或許是受到了蔣介石的影響。陳誠素來敢於直言，但是當意見與蔣介石相左時，他都會服從蔣的指示。蔣曾多次對陳誠進行曉諭勸勉，比如就在陳誠第二次上書請纓的當天，蔣介石告誡陳誠要採取穩健團結的態度，避免貽害大局。[6] 類似告誡在二人的通信中十分常見，陳誠最初內心經常躁動，但天長日久思想或已為蔣所

2　「電呈請纓抗日」（1931年9月22日），收入何智霖編，《陳誠先生書信集：與蔣中正先生往來函電》，上冊（臺北：國史館，2007），頁60。

3　「電呈請速命令對日宣戰」（1931年9月24日），收入何智霖編，《陳誠先生書信集：與蔣中正先生往來函電》，上冊，頁61-62。

4　陳誠著，何智霖等編，《陳誠先生書信集：家書》，上冊（臺北：國史館，2006），頁75。

5　陳誠著，何智霖等編，《陳誠先生書信集：家書》，上冊，頁83。

6　「手諭團結對日以免貽害大局」（1931年9月24日），收入陳誠著，何智霖等編，《陳誠先生書信集：家書》，上冊，頁61。

同化。另一方面，陳誠在1931年前後的年齡、閱歷、見識、地位均與後期不可同日而語，隨著時間的推移其心態日漸成熟，看問題的角度必然會有所變化。事後陳誠回憶這段歷史時說，自己在「九一八」事變後的請纓不免意氣用事，個人固然可以「成敗利鈍，概不暇計」，但政府不能將國運孤注一擲。若沒有充分的準備和計畫，戰爭是不可能取勝的。陳誠對於自己當年先外後內的言論也覺得十分幼稚。可見他經歷過一個思想不斷變化的過程。[7]

　　不過，陳誠在盧溝橋事變後的第八天再度發表抵抗言論，並得到了蔣介石的支持。陳誠認為武裝抵抗的理由有三：第一，事變後中國一再言和、日軍一再進攻，表明日本是挑起事端者，中國在輿論上已占先機。第二，既然中國有不屈之心就當主動進攻，靜候敵人增援無異於坐以待斃。第三，如果事變是日本人的預定計畫，中國即便不抵抗敵人依然會進攻，如果抵抗反而可能挫敗其企圖；如果日本人沒有預定事變，則不會因為中國反擊而改變計畫，即便受到刺激改變了計畫，中國也將居於主動地位。陳誠建議出奇制勝，先肅清各日本租界及海陸駐屯軍。日軍遭到攻擊後必然窮於應付，將導致日本國內政局不穩，中國則占據主動。「總之，今日我國只有以決戰之準備，與犧牲之決心，方可挫敵之兇焰。不然，敵人得寸進尺，終無止境，且恐長此以往，民心發生變化，更將無法維持也。」[8]盧溝橋事變後國民黨沒有再像過去一樣避戰求全，與陳誠等將領的堅決態度不無關係。

　　陳誠強烈批評國民黨內的畏縮投降情緒。1938年5月3他向某部軍隊發出手令：「須知偷生者未必生，怕死者一定死，與其死於法，何如死於戰？榮辱輕重，希各審之，右令各級遵照。」[9]1939年2月他勉勵國民黨員，「毋寧

7　參見吳淑鳳編，《陳誠先生回憶錄：國共戰爭》（臺北：國史館，2005），第1章第3節。
8　「簽呈蔣盧戰既啟建議我軍應即採取主動」（1937年7月15日），收入何智霖編，《陳誠先生書信集：與蔣中正先生往來函電》，上冊，頁284。
9　陳誠，《陳誠回憶錄：抗日戰爭》（北京：東方出版社，2009），頁280。

積極加強本身，以振作奮發之精神，消除怯懦畏葸之心理。就軍事心理學言之，我不怕敵，敵必怕我。」[10]1940年8月陳誠在給下屬的電文中稱：「吾人必須發揚我革命軍人大無畏之精神，徹底粉碎過去畏敵之心理。」[11]陳誠對汪精衛叛變一事痛心疾首，多次在公私場合大加撻伐，其回憶錄也詳細地敘述了這段歷史，這從另一個側面反映出陳誠抗戰到底的堅決態度。

陳誠堅決抵抗暴日的態度，一方面源於他強烈的愛國主義情感，另一面在於他抗戰必勝的信念，而這種信念則基於他對抗戰大局的宏觀認識。陳誠較早提出抗戰兩階段論，他認為武漢淪陷前是第一階段，日本希望速戰速決；其後進入第二階段，日本的侵略特徵是以戰養戰。中國土地廣袤、人口眾多，速戰速決顯然無法實現；以戰養戰只能彌縫一時，消耗日久日軍必然無法支持。事實證明，日本的兩個階段戰略均未能得逞。太平洋戰爭爆發後，日本雖然加大力度破壞中國軍事基地、打通大陸走廊、進攻重慶等重要城市，但大多未能如願。陳誠認為，日本缺少有責任感、有智慧的政治家，只是在少壯軍人的主導下不計後果地盲動。日本僅只侵略中國一國尚難取勝，太平洋戰爭爆發後以一敵眾，更不免敗亡命運。[12]

（二）務實有效的抗戰方略

陳誠的抗戰主張大多務實有效，他長期堅持的抗戰方略大致如下：

第一，陳誠提出全面戰爭方案，變被動迎戰為主動制敵。陳誠在盧溝橋事變不久就指出：「蓋與日本戰爭，求局部之勝利把握甚少，如全部同時動作，則必互有勝負，否則無法應戰取勝也。」故他建議中國發動全面戰爭，

---

10 「簽呈對於黨政訓練軍政諸端略陳改革管見」（1939年2月），收入何智霖編，《陳誠先生書信集：與蔣中正先生往來函電》，上冊，頁368。

11 陳誠，《陳誠回憶錄：抗日戰爭》，頁105。

12 陳誠，《陳誠回憶錄：抗日戰爭》，頁67。

主動地肅清長江腹地的敵軍，以減少中國處處設防顧慮。[13]而且華北戰事擴大已經無可避免，國民黨很難像過去一樣苟且求全。日本在華北得手必將沿平漢路直趨武漢，若武漢陷落中國戰場將縱斷爲二，東部沿海的軍事主力可能會全軍覆沒。因此1937年8月上海危急之時，陳誠積極主張開戰並擴大戰事，其方案被蔣介石採納。淞滬會戰成功地引誘日軍從由北向南打改爲由東向西進攻，避免了中國軍隊被分割包圍、逐一消滅的危險，也爲沿海地區戰略物資和設備西遷贏得了時間。[14]陳誠認爲全面抗戰還可在消弭軍閥割據方面發揮效力：「利用大規模戰爭，調遣各省區部隊，因而減去割據之成分，爲最良好時機，亦只有發動戰爭，始能實行。」[15]

　　第二，陳誠主張持久戰、消耗戰方針，並將這一方針貫穿於抗戰始終。該方針並非陳誠的個人意見，而是國共兩黨的一致觀點，只是陳誠對其鼎力支持並積極付諸實踐。更因陳誠的地位及其與蔣介石的密切關係，他的相關主張更易變成現實。陳誠曾著有《陳誠將軍持久抗戰論》一書，著力宣揚持久戰。[16]他認爲持久戰、消耗戰的核心要義是以犧牲爭取空間、以空間爭取時間、以時間爭取最後勝利，這是抗戰的最高原則。中國人口眾多、地域廣闊，持久戰極具可行性。這一方針打破了日本速戰速決的夢想，因陷身泥潭、進退維谷而冒險發動太平洋戰爭，此後抗戰形勢得以扭轉。在實踐方面，陳誠不以一城一地得失爲意，而以保存自身力量、消耗敵人爲中心。比如1937年底日軍直逼南京，陳誠主張放棄南京，國軍撤至皖南以保存實力，經過力爭方得到蔣介石的首肯到皖南布置。而唐生智調集精銳死守南

13　「電呈就戰時機構指揮戰略等問題貢陳所見」（1937年8月7日），收入何智霖編，《陳誠先生書信集：與蔣中正先生往來函電》，上冊，頁289。

14　陳誠，《陳誠回憶錄：抗日戰爭》，頁34。

15　「電呈就戰時機構指揮戰略等問題貢陳所見」（1937年8月7日），收入何智霖編，《陳誠先生書信集：與蔣中正先生往來函電》，上冊，頁289。

16　陳誠，《陳誠將軍持久抗戰論》（出版地不詳：戰時生活社，1937）。

京，最終中國守軍無路可退、犧牲慘烈，陳誠對此不以爲然。[17]再如1938年9月漢口危急，陳誠卻不以其得失爲意，認爲「然以我國此次抗戰之精神，及所採之戰略──持久消耗戰，實已樹立勝利之基礎。」[18]

　　第三，陳誠對於事關全域的戰略要地，堅持不惜一切代價死守的原則。陳誠以秦嶺經豫西、鄂西、湘西、黔、滇一線爲最後防線，逾越此線將危及根本，必須堅決抵抗。日軍曾多次試圖挺進重慶，均被擊退。1944年11月日軍數十萬人再度來犯，重慶岌岌可危。中國戰區參謀長魏德邁主張國民政府撤至昆明，陳誠堅決反對。因爲國民黨兵源糧源皆仰給四川，撤至昆明等於放棄四川，憑藉盡失。最終魏德邁同意空運胡宗南部入黔阻擊，日軍被迫撤退。[19]一些城市的戰略地位也極其重要，如長沙是粵漢線上的樞紐，若長沙淪陷則粵漢線將被日軍全面打通，關乎抗戰成敗。故陳誠堅決反對白崇禧等人放棄長沙的主張，最終取得三次長沙大捷的輝煌戰績。[20]上海是中國最重要的經濟重鎮，雖然淞滬會戰時中國實力遠不及日本，但陳誠仍主張堅決抵抗，除了前述戰略的考慮外，還有鼓舞士氣、爲戰略物資轉移爭取時間的目的。雖然上海最終淪陷，但中國種種預設的目標也基本實現。

　　第四，陳誠主張揚長避短、機動作戰，並徹底解決軍隊管理混亂問題。針對敵強我弱的現實，陳誠認爲密集隊形面對先進武器容易造成重大傷亡，平均分配則容易被各個擊破，因此要靈活地將優勢兵力布置在重點區域。要儘量避免與日軍發生正面衝突，而是通過機動作戰尋求其弱點擊破之。[21]

17　陳誠，《陳誠回憶錄：抗日戰爭》，頁38。

18　陳誠著，何智霖等編，《陳誠先生書信集：家書》，下冊（臺北：國史館，2006），頁470。

19　陳誠，《陳誠回憶錄：抗日戰爭》，頁68。

20　陳誠，《陳誠回憶錄：抗日戰爭》，頁77。

21　陳誠，《陳誠回憶錄：抗日戰爭》，頁452-453。

陳誠建議第二期抗戰以運動戰代替陣地戰,破壞交通以隔離敵軍重武器和優勢裝備,誘敵至預想地點包圍殲滅。[22]針對中國軍隊機構重疊、指揮混亂的現實,陳誠多次建議縮減編制,以所節省的經費用於購置裝備及特種部隊建設。各級指揮官各降一級,以避免爭名奪利、效率低下之弊,陳誠以身作則地自請降級,以樹立榜樣。[23]陳誠認為制定戰鬥序列時要敢於打破人事堡壘,並注意各部隊的相互配合。[24]上述方略總體上符合中國的國情和軍情,彰顯出陳誠的聰明才智和務實性格。

二、自力更生與內政外交

自力更生是陳誠長期堅持的抗戰思想,他將這一思想確定為抗戰時期、尤其是抗戰後期「一個最高的原則」。[25]

(一)陳誠對自力更生的大力提倡

陳誠對自力更生的大力提倡主要集中於1938年12月武漢淪陷後,亦即抗戰的第二階段。此前陳誠的相關言論寥寥,而此後在其重要函電和會議講稿中則頻頻出現。比如1939年5月電蔣力陳自力更生的原因和原則;8月28日在國民黨軍委會特別黨部大會上演講「國際形勢的發展和我們的自力更生」;9月9日電蔣探討國際政治變動下的自力更生策略;1940年2月20日再次上書強調該原則;7月20日電蔣條陳自力更生六點意見;1941年6月29日向蔣提出外交自力更生原則;12月28日上書探討太平洋戰爭爆發後自力更生政策的持續性問題;次日在總理紀念週上繼續談及該問題;1942年1月、

22　陳誠,《陳誠回憶錄:抗日戰爭》,頁69。
23　陳誠,《陳誠回憶錄:抗日戰爭》,頁62-63。
24　陳誠,《陳誠回憶錄:抗日戰爭》,頁452。
25　陳誠,《陳誠回憶錄:抗日戰爭》,頁225。

2月、7月，至少三次在公開場合宣揚自力更生方針，而平時發表的相關言論更是不可計數。按照陳誠的說法，在抗戰第二階段宣導自力更生，主要是由該時期抗戰的特點決定的：「第一期抗戰，敵人想把我們『打』服，所以我們不得不『以打還打』，而有『以戰為守』之對策。到了第二期抗戰，敵人『以戰養戰』是想把我們『困』服，對付這種戰略，我們也只好『以守為戰』。上述即以守為戰之要旨，要旨的精義，一言以蔽之，就是自力更生。」[26]

其實，陳誠對自力更生的理解源於他對戰時國際關係的清醒認識。早在日本侵略東北之初，陳誠就指出國際聯盟是「國際帝國主義之御用機關」、「是用以掩飾其榨取弱小民族血汗之工具」。[27]二戰爆發後國際關係紛繁複雜，陳誠對此批評道：「此時的世界，敵友的關係完全陷於混亂狀態，思想對立的藩籬亦已不復存在，大家都成了一時因乘便主義者，誰都想利用機會，叫旁人為自己『火中取栗』。國際間敵友關係之不可靠，大率類此。」[28]他悲憤地說：「這種波詭雲譎的巨變，那裡還有一點是非道義之可言？一切都是為了霸權和利益的攘奪，此外即一無所有。」[29]正是基於對列強不可靠的認識，無論是「九一八」事變還是盧溝橋事變，陳誠都堅持依靠自身力量武裝抵抗的原則。陳誠對國民黨依賴外援的心理頗有不滿，比如1938年10月他在家書中指出，日軍占領廣州後「其實倒可以打破依賴英美的奴隸性」，並喚醒對「依賴蘇俄的迷途」，此後中國自然可以走上自力更生的大道。[30]

1939年5月陳誠致蔣介石的長篇電稿，是他公開地對國際政治與自力更

26　陳誠，《陳誠回憶錄：抗日戰爭》，頁68。

27　陳誠著，何智霖等編，《陳誠先生書信集：家書》，上冊，頁94。

28　陳誠，《陳誠回憶錄：抗日戰爭》，頁66。

29　陳誠，《陳誠回憶錄：抗日戰爭》，頁65。

30　陳誠著，何智霖等編，《陳誠先生書信集：家書》，下冊，頁478。

生關係的系統論述。該文全面分析了歐洲戰與和對遠東政局的影響。陳誠指
出，歐洲舊有體系和秩序已被打破，列強瘋狂備戰，戰爭不可避免。雖然各
國出於各種考慮尚難立即開戰，但戰爭已為期不遠。面對波譎雲詭的國際形
勢，中國除選準陣營、因勢利導外，最重要的應對策略即為自力更生。他強
調說：「國際友邦之援助，自為吾人所熱忱希望與歡迎，然不可稍存依賴與
僥倖之心理，甚或因希望幻滅而動搖吾人持久抗戰之決心，乃至鬆懈吾人自
力奮鬥之精神。」陳誠這一論斷理由有四：其一，任何國家無法僅靠國際力
量走向復興和強盛，欲成功唯有自強不息；其二，歐戰一旦爆發，英美盟友
對華援助必然減少，中國只能加快自身建設；其三，中國若僅靠國際力量，
即便擺脫了日本也會為列強控制。第四，國際關係風雲變幻，若唯外援是賴
必將進退失據。陳誠總結說：「結好友邦，而不依賴友邦，尋求與國，而不
能屈從與國。本此原則，吾人對於外援，本無奢望，當亦無所謂失望，然後
肆應裕如，自不至彷徨歧路，捉襟見肘也。」[31]同年9月，陳誠再次分析了列
強只顧自身、不可信任的理由，並重申自力更生原則：「今後端在吾人自力
更生，因勢利導，庶足以安定人心，轉危為安。操之在我則存，操之在人則
亡，此固千古不易之理也。」[32]

　　事實上，歐戰爆發後兩大陣營的分野日趨明顯，國際形勢漸漸向有利
於中國的方向發展。但陳誠仍不盲目樂觀，1940年3月他居安思危地示警：
「我今後抗戰方針，首應根除坐觀敵國內部或國際間之變化的僥倖心理，仍
本自力更生，求之在我之一貫原則，從速樹立再戰三年之精神，並策定再戰
三年之計畫。」他建議從速進口飛機、汽油、彈藥、醫藥等戰略物資，「俾以

---

31 「函呈歐局混沌謹就將來發展及應取之立場陳獻愚見」（1939年5月），收入何智霖編，
　《陳誠先生書信集：與蔣中正先生往來函電》，上冊，頁394。

32 「函呈歐局陡變敬陳對於國際關係以及內政外交軍諸大端之所見」（1939年9月9日），
　收入何智霖編，《陳誠先生書信集：與蔣中正先生往來函電》，上冊，頁404。

後一旦國際發生變化，不利於我之時，不致有缺乏之虞。」[33]太平洋戰爭爆發後，英美盟國開始大力援華，但陳誠依然保持高度警覺。他批評社會上普遍存在的依賴外援心理，認為「此種苟且僥倖之情緒，貽誤國家大事不少。」[34]因為初期英美盟國因缺乏戰備將處於劣勢，中國仍須自力更生，尤其要在精神上徹底排除「『希望借他人力量，打勝暴日』之卑劣倚賴心理」，要在最惡劣的環境下「確立我國獨立自主抗戰國策，並加強其警覺性。」[35]

（二）自力更生原則下的內政外交

陳誠認為，自力更生雖然可以「作為渡過難關的心理基礎」，但空洞的原則卻無法保證戰爭取勝，而必須有實際行動。[36]陳誠對此制定了整套計畫，具體體現在他《湖北省抗戰期中民生主義經濟政策之實施》、《太平洋戰事之爆發與我國自力更生國策之確立》、《抗戰建國綱領補充案》等著述以及致蔣電稿中。綜其大略，自力更生不外乎內政和外交兩個方面。

內政的核心即陳誠一再強調的「建國」。所謂的建國是一個以經濟建設為基礎、涉及方方面面的系統工程，國民黨頒布於1938年3月的《抗戰建國綱領》闡述最詳，常被陳誠引用為自力更生策略的標本。1941年12月太平洋戰爭爆發，陳誠根據國際形勢的變化提出《抗戰建國綱領補充案》，該案集中反映出新形勢下他個人的建國主張。《抗戰建國綱領補充案》涉及方面有四：其一是經濟建設，包括保證軍需、防止土地兼併、確保糧食生產、救濟本土行業、節制私人資本、統制商業、平抑物價等。其二是政治建設，包括

33　「函呈委員長蔣敷陳今後作戰指導及軍隊部署意見」（1940年3月20日），收入陳誠，《陳誠回憶錄：抗日戰爭》，頁479。

34　「函呈就平日研究主義與從政治軍之所得貢獻三事」（1941年12月28日），收入何智霖編，《陳誠先生書信集：與蔣中正先生往來函電》，下冊（臺北：國史館，2007），頁508。

35　陳誠，《陳誠回憶錄：抗日戰爭》，頁21。

36　陳誠，《陳誠回憶錄：抗日戰爭》，頁225。

精兵簡政、明確中央與地方權責、健全人事制度、實行地方自治、改革稅制、糧食和必需品配給等。其三是文化教育建設，包括發揚傳統文化、吸收現代科學、確立計畫教育、推行公費教育、加強青年訓練等。其四是軍事建設，包括裁汰冗員、整編部隊、改革徵兵方案、加強軍訓、制定國防計畫、奠定國防基礎等。[37]

　　陳誠認為，抗戰是建國的過程，建國是抗戰的目的，兩者並行不悖。陳誠批評了抗戰期間只有破壞、談不上建設的觀點，他說只有通過建設保證民生才能實現安定，認為只有安定環境下才能開展建設的想法是倒因為果。建設的成果的確很容易被敵人摧毀，但不能因為可能會被摧毀就不去建設，正如不能因為人註定要死亡就不出生。而且從民眾的角度看，抗戰時期開展建設的阻力更小。戰爭阻礙了外來商品的競爭，也有利於民族工業的崛起，中國工商業反而可以乘機崛起，大後方經濟生產的繁榮就是明證。[38]陳誠顯然認識到，建設是持久抗戰的基本保障，在特殊時期一切建設要以服務於國防、支援抗戰為出發點。

　　就外交而言，陳誠強調獨立自主，絕不對盟國無原則地讓步。陳誠在1939年9月明確了中國的外交原則：「認定一個敵人，以自主主動之外交方針，尋求與國，而不屈從與國，對於暗中或明目助敵者，應予以監視，絕不可姑息。」[39]1940年6月陳誠再次強調中國政府要堅守國策，「絕不可因外力而遷就主張，致有損吾人在抗戰中已經樹立之立國精神。」[40]陳誠自主外交的

37　「函呈就平日研究主義與從政治軍之所得貢獻三事」（1941年12月28日），收入何智霖編，《陳誠先生書信集：與蔣中正先生往來函電》，下冊，頁508-513。

38　陳誠，《陳誠回憶錄：抗日戰爭》，頁169-170。

39　「函呈歐局陡變敬陳對於國際關係以及內政外交軍事諸大端之所見」（1939年9月9日），收入何智霖編，《陳誠先生書信集：與蔣中正先生往來函電》，上冊，頁406。

40　「電復德蘇開戰後謹遵擬對國際局勢所持之意見」（1941年6月29日），收入何智霖編，《陳誠先生書信集：與蔣中正先生往來函電》，下冊，頁494-495。

立場，在遠征軍事件中表現得最為明顯。1941年12月中英簽訂協定，規定中國於次年3月派遣遠征軍赴緬與英軍聯合作戰。雖然遠征軍取得了一定的勝利，但也付出了巨大的代價，陳誠對此持強烈的反對態度。[41]1942年12月他上書指出，過度關注開闢第三戰場而忽略本國戰場無異於捨本逐末。如果英美缺乏進攻日本和鼎力援華的誠意，中國重兵遠出、孤軍奮戰，後果不堪設想，一旦敵人乘虛而入則動搖國本。他說「中國可以無湘北，無緬甸，但絕不可無江防。中國可以無長沙，無臘戌，但絕不可無重慶。」是否開闢第三戰場，要根據實際情況綜合考量。若不調集主力則遠征勝利無望，調集主力又怕主戰場空虛，給敵人可乘之機。列強均以本國利益為立足點，誘導他國開闢新戰場而從中漁利。中國避免被動作戰可以保存實力，也可以防止戰後列強再度染指中國的危險。陳誠總結道：「總之殺敵致果，自當自我犧牲，用兵作戰，首戒保存實力。不過此中關鍵，須視適當之時機地點及有利於全般戰局與國家至計以為斷。」[42]

另一方面，陳誠也贊同在獨立自主的基礎上儘量爭取外援。陳誠認為中國在歐戰爆發後應該態度鮮明地加入英法集團，因為英法與中國利益攸關，德意則與中國沒有無利害關係。[43]陳誠甚至認為應該結好社會主義蘇聯，比如國民政府於1937年8月21日與蘇簽訂互不侵犯協議，陳誠並無異議。再如1939年出於蘇聯與日本簽訂互不侵犯條約的擔憂，陳誠建議派孫科或顧維鈞

41　需要指出的是，陳誠雖然反對派遣遠征軍，但在蔣介石的壓力下，於1943年2月被迫接受遠征軍司令一職。然隨即於1943年7月11日、9月6日兩度上書請辭，遭到蔣介石的嚴屬斥責。陳誠上書解釋說，遠征軍內部的混亂、腐敗、傾軋、掣肘令其失去信心。參見「手諭接獲辭呈不勝感慨望再三思」（1943年9月15日），收入何智霖編，《陳誠先生書信集：與蔣中正先生往來函電》，下冊，頁555；「函呈遠征軍各種問題」（1943年9月17日），收入何智霖編，《陳誠先生書信集：與蔣中正先生往來函電》，下冊，頁556-557。

42　「電呈國內外大勢並論根本國策」（1942年12月31日），收入何智霖編，《陳誠先生書信集：與蔣中正先生往來函電》，下冊，頁538-539。

43　「函呈歐局混沌謹就將來發展及應取之立場陳獻愚見」（1939年5月），收入何智霖編，《陳誠先生書信集：與蔣中正先生往來函電》，上冊，頁392-393。

到蘇聯遊說。[44]陳誠明白僅依靠中國自身力量無法打敗日本，他的持久戰原則其實是在等待英美加入戰局，因此當太平洋戰爭爆發的消息傳來時陳誠終於鬆了口氣，認為持久抗戰的目的終於達到了。以上足見陳誠的外交路線是極其務實的。爭取外援是務實，但務實不代表唯外援是賴；依靠自身力量同樣是務實，是基於中國國情和國際大勢的明智之舉，只有自力更生才能贏得西方國家的尊重和支持。

三、國共關係的隱憂

如何應對共產黨及處理國共關係，對於陳誠而言是個老問題。陳誠是1931至1937年國民黨歷次反共活動中的關鍵人物，雖然西安事變後蔣介石迫於大勢不得不接受國共合作抗日的現實，但陳誠對中共的警惕從未放鬆，始終將反共視為僅次於抗日的核心任務。陳誠就國共關係發表了很多個人見解，也藉此反思了國民黨內部的問題。

（一）從反共到合作抗日

西安事變後中共不斷表達聯合抗日的主張，但陳誠對共產黨仍表現出強烈的敵意。陳誠對中共聯合抗日的言論極不信任。1937年2月他在給蔣介石的電文中指出，中共「不過假藉特區名義，名正言順，整頓充實，一俟坐大，待機反噬，亦即所謂不戰而屈我。」[45]同年3月陳誠再次電蔣，將共產黨與土匪、日本視為肘腋之患的「三害」，稱西安事變就是封建軍閥未能清除的結果，這一表述暗含西安事變系軍閥與中共聯合策動之意。陳誠指出，國

44　「函呈歐局陡變敬陳對於國際關係以及內政外交軍事諸大端之所見」（1939年9月9日），收入何智霖編，《陳誠先生書信集：與蔣中正先生往來函電》，上冊，頁406。

45　「電呈西北問題宜徹底解決不可苟求一時之安定」（1937年2月15日），收入何智霖編，《陳誠先生書信集：與蔣中正先生往來函電》，上冊，頁251。

民黨能否認清危機、處置得當，「此誠存亡興廢之一大關鍵也」。[46]此期間陳誠嚴密監視中共的動向，尤其關注中共的政治路線。比如1937年3月中共在延安召開黨政會議，陳誠將會議內容報告給蔣介石。[47]同年7月，陳誠向蔣彙報了延安紅軍抗日幹部學校的訓練安排和內容。陳誠對中共強有力的宣傳策略擔憂尤甚，他深知中共宣傳手段對青年的深刻影響力，認爲必須從根本上糾正青年的認知傾向。[48]

　　盧溝橋事變後，蔣介石對中共表現出有限度的優容，在此大背景下陳誠對中共的態度略有變化。1938年陳誠鎮守武漢，特邀周恩來來漢擔任國民政府軍事委員會政治部副部長，領導第三廳的工作。第三廳廳長爲郭沫若，主要聯絡知識分子進行抗戰宣傳。陳誠在向蔣介石彙報這一任命的目的時說：「周恩來郭沫若等，絕非甘於虛掛名義，坐領乾薪者可比。既約之來，即不能不付予相當之權。周之爲人，實不敢必，但郭沫若則確爲富於情感血性之人。果能示之以誠，待之以禮，必能在鈞座領導之下，爲抗日救國而努力。」[49]陳誠對控制和利用郭沫若把握十足，但對周恩來卻似乎缺乏信心，那麼爲何還要請周來漢呢？即便國共合作必須有共產黨的參與，爲何不要求中共改派較易對付的人物呢？或許最合理的解釋是陳、周之間的深厚交誼。早在黃埔軍校時期兩人即已相識並互有好感，陳誠邀請周恩來很大程度上是念及舊情。事實上陳誠對周恩來也的確關愛有加，他會經常聽取周的意見，並

46　「函當前三害未除擬請退思補過」（1937年3月1日），收入何智霖編，《陳誠先生書信集：與蔣中正先生往來函電》，上冊，頁256-257。

47　「電呈綏蒙烏鄂兩旗發生糾紛經過及赤匪動向」（1937年4月7日），收入何智霖編，《陳誠先生書信集：與蔣中正先生往來函電》，上冊，頁262。

48　「函呈共黨利用機會積極訓練幹部之情形」（1937年7月11日），收入何智霖編，《陳誠先生書信集：與蔣中正先生往來函電》，上冊，頁283。

49　「函呈爲籌組政治部事敬陳人事運用之所見」（1938年1月27日），收入何智霖編，《陳誠先生書信集：與蔣中正先生往來函電》，上冊，頁296。

爲周的社會活動盡可能提供方便。[50]陳誠在日記中多處提及周恩來，幾乎沒有任何負面評價。這或許與周恩來的外交智慧有關，他一般會表態擁護國民政府、蔣介石和三民主義，並承諾積極解決新四軍與國民黨的糾紛，使得陳誠覺得周並非冥頑不靈。[51]此外，雖然政治立場不同，但陳、周二人都很讚賞對方的愛國情懷和犧牲精神，至少陳誠從個人的角度講是信任周的。比如1939年初蔣介石得到情報，稱中共在中共政治局在1938年9月會議上曾發布訓令，要求共產黨員要與國民黨決裂。蔣介石要求陳誠就此質詢周恩來，陳誠很快發函稱該情報乃僞造。[52]陳誠的結論固然有事實依據，但他認爲中共絕不會祕密發表此類訓令，在一定程度上受到周恩來的影響。

(二) 合作抗日中的反共本質

陳誠與蔣介石一樣，維護國共合作只是表面文章，陳、周私交無法改變陳誠根本的政治立場。1939年1月召開的國民黨五屆五中全會確立了「溶共、防共、限共、反共」的方針，陳誠是這一方針的忠實擁護者。該年2至3月他在國民黨幹部培訓班上，多次對共產黨展開攻擊。陳誠批評中共：「不講信義乃其一貫作風，終必見棄於人民，故無足畏。」[53]批評中共過於注重鬥手，如果國民黨員不能兼具視惡如仇和愛人如己的精神，「不流於共黨之刻薄，即近乎官僚之腐化矣。」[54]陳誠強調：「余深信共黨非惟無足恐懼，且可憑本黨體同志之努力，使其日益就範，永遠歸化於三民主義旗幟之下。」[55]他

---

50 周恩來與陳誠的關係，參見李建力、鹿彥華，《周恩來與陳誠》(北京：華文出版社，2012)。

51 《陳誠日記》，華中師範大學圖書館藏，1939年2月25日。

52 「簽呈轉詢周恩來關於中共政治局情形 (1939年2月)，收入何智霖編，《陳誠先生書信集：與蔣中正先生往來函電》，上冊，頁365。

53 《陳誠日記》，華中師範大學圖書館藏，1939年3月16日。

54 《陳誠日記》，華中師範大學圖書館藏，1939年3月3日。

55 《陳誠日記》，華中師範大學圖書館藏，1939年3月14日。

提出要明確對中共的態度：「糾正一般聯俄容共之謬誤觀念，並指示今後對付共黨之方針與態度，應重感化教導，決不宜存絲毫畏懼或利用心理。」[56]

1939年底至1940年初，國民黨掀起第一次反共高潮，陳誠隨即致電蔣介石，為遏制共產黨獻言獻策。陳誠建議嚴查國民黨內的共產黨主義者，尤其要清查暗中為中共服務的人。陳誠認為，制衡共產黨必須主動運用政治鬥爭、軍事鬥爭、黨團運用等多種手段。政治鬥爭方面，國民黨「務以斬釘截鐵之力量，嚴正明白之步驟，斷其妄念，迫其就範，使知無可試探，無可僥倖。」要做到這一點首先要消除國民黨內部矛盾，要嚴明賞罰和懲治貪腐。軍事鬥爭方面，最重要的是調整人事關係，統一權責。務必引導共軍向北向東發展，絕不許其向南向西蔓延。黨團運用方面，最重要的是明確政治立場，團結自身力量，嚴查跨黨分子和投機分子，改善徵兵辦法，優待抗戰軍屬等。[57]

1941年1月皖南事變爆發，次月陳誠致電蔣介石，提出事變後應對中共的種種建議。陳誠認為，應對中共的根本方針是強化組織、堅定信仰和加強鬥爭，通過健全的組織工作消滅共產黨。在國民黨統治範圍內，要嚴令各級黨政軍主管對內整肅，尤其要注意郵電和交通機關；在國民黨統治範圍之外，應該在軍事上嚴密戒備共產黨。陳誠還提出肅清中共的一些具體策略：研究剷除共產黨的辦法，將研究結果編訂成冊；在黨政軍系統中設立剷除共產黨的機構，分為指導與執行兩部分，注重行動一致；廣泛推行入黨聯保制度，促使國民黨員互相勸勉、互相監督。[58]此後陳誠提出的類似策略還有很

56 《陳誠日記》，華中師範大學圖書館藏，1939年3月28日。
57 「再呈關於政治部共產黨偽組織等問題之所見」（1940年3月27日），收入何智霖編，《陳誠先生書信集：與蔣中正先生往來函電》，下冊，頁433-435。
58 「函呈有關六戰區實況等節略三件請鑒核」（1941年2月27日），收入何智霖編，《陳誠先生書信集：與蔣中正先生往來函電》，下冊，頁484-485。

多，比如1942年7月他提出防止中共滲透的五級連坐辦法，即某一級軍官被發現是共黨後，他上下兩級軍官和同級政工人員都要受到連坐懲罰，可以越級揭發共產黨。[59]再如1944年7月他提出依靠層層節制、層層負責的組織機制遏制共產黨發展，並建議在冀陝兩省設立黨、政、軍、團、特一體的試驗區。[60]

陳誠清醒地認識到，政治打擊僅 治標之策，欲消滅中共必須從源頭抓起，這個源頭即國民黨自身的問題。正是因 國民黨腐敗與分裂，給中共崛起帶來了機會。以爭奪青年人才爲例，中共總能將各界優秀青年團結在周圍，國民黨遠不能望其項背。陳誠在1940年3月批評國民黨對基層青年的歧視與迫害，指出「當此本黨必須與共黨爭取青年群衆之時，共黨千方百計，唯恐青年之不附，而本黨則如此千方百計，唯恐青年之來歸。既來歸矣，受訓矣，又復迫之使去。即不論是非，而論利害，亦不應爲淵驅魚，爲叢驅爵。」[61]1942年3月，陳誠再次居安思危地指出：「政府對於青年，更要加意愛護與訓導，否則青年對於政府即不免有所怨望，是無異於青年心中撒下一把仇恨種子，將來這仇恨種子發榮滋長，則國家前途危機，實不堪設想。以後各級政府人員，對此應知有所警惕。」[62]

陳誠明確指出，遏制中共之本在於爭取民心，國民黨必須改革自身弊端，比中共更積極地服務人民、取信大衆。他在1938年2月說：「對於克制共黨最有效之方法，厥爲從政治設施之實跡上克服之。例如政府對於人民應

59 「電呈對於特奸走私兵役諸端報告視察所得」（1942年7月12日），收入何智霖編，《陳誠先生書信集：與蔣中正先生往來函電》，下冊，頁528。

60 「簽呈對當前局勢之觀察及整頓軍紀振作士氣等意見十條」（1944年7月12日），《陳誠先生書信集：與蔣中正先生往來函電》，下冊，頁577。

61 「呈復政治部人事傾軋糾紛特甚謹請另予委用」（1940年3月29日），收入何智霖編，《陳誠先生書信集：與蔣中正先生往來函電》，下冊，頁439。

62 陳誠，《陳誠回憶錄：抗日戰爭》，頁329。

做之事，不待共黨批評，政府即先去做。又如剷除貪汙，應即破除情面，嚴厲實行，使青年在事實上，對政府生出信仰來，則共黨自然無所藉口，以施其技。一言以蔽之，中央及地方加緊實行三民主義，即為克制共黨唯一之要訣。」[63] 1939年5月陳誠再次指出「對於處置共黨問題，方針與辦法，已列舉梗概，然中心問題，仍須反求諸己。本黨同志，如能革心洗面，本自力更生之精神，努力以求進步，又何患異黨之猖獗而不為我制？」[64] 陳誠舉例說，俾斯麥時代共產黨即已活躍於德國，但因俾斯麥取長補短，將共產黨主張的合理部分演化為社會政策，共產黨遂失去了指摘的理由，而政府受到人民的擁戴。國民黨應該從中汲取經驗，以釜底抽薪的辦法取代諱疾忌醫的態度，面對內外責難主動改革，這樣才能變責難為謳歌，共產黨問題自然也就得到了解決。[65] 陳誠在反共問題上做到反求諸己、自我省察，這一點難能可貴。

四、腐敗不除、勝利無望

　　抵抗外侮須反省自身，能否去除腐敗被陳誠視為攸關抗戰勝負的關鍵。作為一線的軍事統帥，陳誠關注最多的當屬軍隊腐敗，並據此制定了諸多反腐方案。

（一）徵兵及徭役腐敗

　　陳誠指出，治理軍隊腐敗要從徵兵做起。陳誠在回憶錄中大段引用蔣夢麟在1941年7月給蔣介石的視察報告，詳述了國民黨強徵、虐待、殺戮壯丁

63　「函呈為籌組政治部事敬陳人事運用之所見」（1938年1月27日），收入何智霖編，《陳誠先生書信集：與蔣中正先生往來函電》，上冊，頁295-296。

64　「函呈歐局混沌謹就將來發展及應取之立場陳獻愚見」（1939年5月），收入何智霖編，《陳誠先生書信集：與蔣中正先生往來函電》，上冊，頁394。

65　「函呈檢附意見具申及年終檢討文件等三件備供參考」（1944年5月10月），收入何智霖編，《陳誠先生書信集：與蔣中正先生往來函電》，下冊，頁568。

的罪惡和壯丁走死逃亡的悲慘境遇。為防止新兵逃亡，國民黨往往荷槍實彈押送其上前線，長途跋涉卻食不果腹、衣不蔽體，且常受押解者打罵，患病者不計其數。重病難癒者竟被拋棄，乃至為野狗所食。掩埋隊見到半死者活埋、將死者擊斃。被抓壯丁不肯去者直接毆斃，逃亡者抓回立即槍決。根據紅十字會醫生的經驗：「四壯丁中一逃、一病、一死，而合格入伍者，只四分之一，是為百分之二十五。以詢之統兵大員，咸謂大致如是。若以現在之例計之，恐不及百分之十矣。」[66]陳誠痛心地說：「共產黨為什麼裹脅日眾？又為什麼終於竊奪了政權？老實說，有一大部分原因就是因為我們在軍差上逼反了人民。」[67]陳誠認為，徵兵制度缺陷是造成上述問題的重要原因。國民黨徵兵名義上遵循平等、平均、平允的原則，事實上有錢有勢者可通過種種方式逃避兵役，窮苦無依的農民往往被捆綁至兵營。陳誠的解決方案，一是廢除納金緩役制，使士紳子弟無法花錢逃避兵役；二是調整兵役結構，以減少徵兵數量；三是保障新兵權益，如嚴禁虐待新兵、按期發放制服、設置新兵招待所等；四是優待軍屬，在經濟、就業、稅收、精神等方面予以優撫。陳誠還指出，如果戶口查不清就很難杜絕徵兵弊端，辦事人員道德泯滅同樣會導致徵兵腐敗。[68]陳誠的這些策略在保障新兵權益方面發揮一定的作用，徵兵制度改革也部分地平息了民眾的怒氣。

徭役問題是另一個腐敗癥結。以往徵集民眾服徭役大多需要強制手段，完全不顧農民的生計。而且徭役期限隨意延長，本來就很微薄的薪水還經常被剋扣。水路運送軍糧的價格太低，且發放時百般刁難，船夫不堪其苦，往往故意將糧船弄沉。[69]陸路運送軍糧的民夫更加悲慘，僅第五戰區總監部

66　陳誠，《陳誠回憶錄：抗日戰爭》，頁206。
67　陳誠，《陳誠回憶錄：抗日戰爭》，頁205。
68　陳誠，《陳誠回憶錄：抗日戰爭》，頁207-208。
69　陳誠，《陳誠回憶錄：抗日戰爭》，頁106。

第一支部每年因服役死亡者就達千人。該區民夫1943年所得補助每天不足1元，且要被扣除近一半作爲飯費，發放時還要打折乃至不發。有些地方竟然驅使民夫爲部隊走私，延長服役期限的事情更是比比皆是。陳誠在徵用民夫時堅持不違農時的原則，盡可能避開耕作時間，而且絕不隨意延長徵夫服役期。比如在修建恩施飛機場時，爲了保證農時，陳誠向徵夫承諾工程不超過一星期。徵夫爲了能按時回家自願加班，工程如期完成。運糧方面，陳誠對民夫統一編組，按照當時當地物價提高待遇，1943年每日發放給民工的補助達10元。他還在重要的交通運輸線設立民夫食宿站，委託沿途飯館或鄉保承辦。民夫每人以負80斤行60里爲一日工，並按負重多寡行路遠近調整工價。還有一種情況是徵調民夫開展農田水利、地方造產、修築道路等地方建設，因直接關係到民眾的切身利益，民夫對這類工作積極性較高。陳誠一般規定民夫年齡在18至50歲之間，服役時間每人不超過30天。[70]陳誠對徵夫問題的改革措施符合民眾的利益，得到地方社會的普遍支持。

（二）徵糧腐敗與軍紀廢弛

軍糧問題是軍隊腐敗的重點。軍糧最初由各戰區自籌，敲詐強徵層出不窮。以第五戰區爲例，1940年前後轄區大旱歉收，但所攤派糧食按豐年所收之半強徵。荊門縣大部分淪陷，僅存四保人口也被攤派小麥一萬大包。中產之家被迫變賣耕牛家產，從外地購麥繳納；無力者闔家逃亡、流爲難民，乃至於鋌而走險或被迫自殺。[71]再如第一戰區，軍糧經常被貸放給農民收息，盜賣軍糧事件也時有發生，吃空餉者比比皆是；兵站徵用的民間車輛竟被

70　陳誠，《陳誠回憶錄：抗日戰爭》，頁212。

71　「函呈爲防制特奸發展建議調整五六戰區轄境」（1941年9月9日），收入何智霖編，《陳誠先生書信集：與蔣中正先生往來函電》，下冊，頁498-499。

用於走私或商用牟利；許多部隊直接就食於民間。[72]類似現象如此普遍，以致於軍中有「誰報告不吃空餉是欺騙長官」、「現在吃了空餉維持軍隊是好幹部」的論調，陳誠聞之不勝感慨：「良心何在？道德何在？」[73]就軍糧腐敗問題，陳誠提出糧食統籌的方案，將徵糧權從地方收歸中央，所收糧食根據各戰區兵員統一分配。蔣介石接納了這一意見，據說效果明顯，僅陝西每年就可減少一百萬石的徵糧負擔。[74]但是陳誠很快發現，糧食從地方到中央再到地方的過程增加了運輸成本，因此他建議地方上繳給中央的糧食就近留用，卻遭到上層的反對。為了避免冒領糧餉，陳誠主張據實上報部隊缺額情況，請有關機關盡快調補士兵。陳誠還要求兵站加快運糧速度，部隊必須囤積三個月的軍糧以避免恐慌。同時搶購米糧，分囤安全地帶以備緩急。這些策略總體上是有效的。[75]

陳誠對軍隊貪腐營私、軍紀敗壞的批判更為嚴厲。比如他直斥第五戰區：「長官部幕僚及部隊不肖之徒，貪汙成風，保運煙土，包庇賭娼，販賣仇貨，私營鹽糧，利之所在，無所不為。上行下效，暗無天日。」[76]雖然陳誠對第五戰區的桂系勢力頗有成見，但這一批評並非虛言，因為此類現象在各戰區都很普遍。他曾批評自己所轄第六戰區夥同作弊、冒領軍糧；政工幹部形同虛設、有名無實；軍隊習於苟安、訓練廢弛等等。[77]1944年陳誠接管第一戰區時，也指出該區將帥不和、互信不立、疏於防範、士氣低落等問題，並批評該區部隊上下經商、開辦企業、假公濟私、窮奢極欲。陳誠尤其痛心

---

72 陳誠，《陳誠回憶錄：抗日戰爭》，頁93-94。

73 《陳誠日記》，華中師範大學圖書館藏，1943年9月26日。

74 陳誠，《陳誠回憶錄：抗日戰爭》，頁95。

75 陳誠，《陳誠回憶錄：抗日戰爭》，頁106。

76 「函呈為防制特奸發展建議調整五六戰區轄境」（1941年9月9日），收入何智霖編，《陳誠先生書信集：與蔣中正先生往來函電》，下冊，頁498。

77 陳誠，《陳誠回憶錄：抗日戰爭》，頁104。

疾首的是，國軍軍紀敗壞惡化了軍民關係。國軍經常騷擾和洗劫百姓，乃至於民間有「寧願敵軍燒殺，不願國軍駐紮」的口號。[78] 這樣的軍隊非但得不到民眾的協助，有時還會遭遇群眾武裝的攻擊。比如豫中會戰時，潰退國軍的車輛專載走私貨物和運送軍官家眷，因此經常被憤怒的民眾搶劫。[79] 廣西軍隊欺壓百姓太甚，乃至於戰時只求人民不妨礙作戰。[80] 陳誠對此多次上書要求屬行整治，比如凡軍人走私者，一律就地槍決；[81] 確立針對走私、經商、吃空、賭博、盜賣公物五項的三級連坐制度；努力糾正行為不檢、盛氣淩人、將帥不和、相互猜忌、不務正業、不求實際等突出問題。[82] 陳誠雖力圖改革時弊，但因此類情形過於普遍，其整頓方案只能在轄區局部發揮效力。

（三）腐敗的原因與國民黨的未來

　　陳誠發現，軍隊腐敗的源頭在於高級官員。1938年廣州迅速淪陷，陳誠認為這與高級將領自私自利、中飽私囊不無關係。[83] 就1943年的鄂西會戰，陳誠反省說：「雖在鄂西打了勝仗，而此間損失實太大。照一般狀況言，如不加以改革，決不能以言反攻，且不能固守，甚至維繫下去亦不容易，因各高級人員太腐敗墮落也。」[84] 次年陳誠總結豫西戰役失敗的教訓時也指出：「失敗之原因固多，而各級生活之無法維持，使紀律廢弛，戰鬥意志消失，實為主因。以責任書，實在上，不在下。」[85] 陳誠在日記中多次批評高級將領

78　陳誠，《陳誠回憶錄：抗日戰爭》，頁93-94。

79　陳誠，《陳誠回憶錄：抗日戰爭》，頁96。

80　陳誠著，何智霖等編，《陳誠先生書信集：家書》，下冊，頁508。

81　「電呈對於特奸走私兵役諸端報告視察所得」（1942年7月12日），收入何智霖編，《陳誠先生書信集：與蔣中正先生往來函電》，下冊，頁528。

82　「函呈第一戰區檢討失敗概況」（1944年8月17日），收入何智霖編，《陳誠先生書信集：與蔣中正先生往來函電》，下冊，頁581。

83　陳誠著，何智霖等編，《陳誠先生書信集：家書》，下冊，頁477。

84　陳誠著，何智霖等編，《陳誠先生書信集：家書》，下冊，頁529。

85　陳誠著，何智霖等編，《陳誠先生書信集：家書》，下冊，頁533。

腐化墮落，他曾對關麟徵、杜聿明等每月開銷十多萬元深表不滿。[86]因為牽涉高官，陳誠遏制腐敗之心常有，消除腐敗之志難酬。1943年初他在日記中寫道：「預料到而有辦法的事，因上級遷就一二人之面子，結果至失敗而不可收拾為止，年來對此種情形不知若干次，殊為可痛。」[87]

　　不過陳誠也意識到，將腐敗歸咎於將領個體片面的，問題的關鍵在於國民黨體制上的缺陷。陳誠在回憶錄中指出，許多軍官出於保存實力、攬功奪利、怕代人受過等目的，未能盡到保家衛國的責任，這是國軍對日作戰失利和最終被中共打垮的重要原因。[88]這種自私的背後隱藏的是國民黨的派系矛盾，以及國民黨組織制度的僵化與無序。1940年1月陳誠感歎地說：「以現在軍委會各部情形，如不加調整，無一事能做得通，無一人不焦頭爛額。而現在之推、拉、拖之官僚政治，決無藥可救。」[89]抗戰後期國民黨體制更是百孔千瘡，陳誠悲觀地說：「但今日之事，在我看來既無整個具體之計畫，又無堅強立斷之決心。徒頭痛醫頭，腳痛醫腳，且以目前一切毫無標準，亦只有無血性、無廉恥之流，而能幹得下去。」[90]

　　1944年春天抗戰勝利的曙光初現，但陳誠卻為國民黨的前途憂心忡忡。陳誠在致蔣介石電文中指出：「就內在危機而論，則不僅未有減輕，而且益加深刻。約而言之，當局之責任太重，輿情之期望太殷，民眾之疾苦太深，軍隊之困難太甚，極其所至，已呈貧富懸絕，憂樂迥殊，綱紀蕩然，生機日竭之象。表面似覺尚可過去，實則危機處處堪虞，不辭冒瀆而論，已有全盤崩潰之趨勢，而無局部做好之可能。」他甚至認為國民黨到了「危急存亡

86　《陳誠日記》，華中師範大學圖書館藏，1943年10月2日。

87　《陳誠日記》，華中師範大學圖書館藏，1943年1月本月反省錄。

88　陳誠，《陳誠回憶錄：抗日戰爭》，頁61。

89　陳誠著，何智霖等編，《陳誠先生書信集：家書》，下冊，頁510。

90　陳誠著，何智霖等編，《陳誠先生書信集：家書》，下冊，頁536。

之秋」的關鍵時刻。[91]一方面通貨膨脹、物價飛漲、物資奇缺、戰力削弱等現實問題不容忽視；另一方面國民黨的內部腐化已經接近臨界點，而中共的清正廉潔和持續壯大卻有目共睹。陳誠失望地發現，腐敗已然侵入國民黨的肌髓。他在1944年1月的日記中說：「周亞衛先生說，中央除蔣先生不必做生意外，誰能不做生意？此語實堪玩味也。余為本黨幹部之一，現國家政府如此腐敗無能，而不能對本黨有新主張，真慚愧也。」[92]同月另一篇日記則稱：「人民對於政府感想極壞，深感現在我國對於經濟充滿英美私人資本之觀感，盡量發揮蘇聯軍事共產時期之手段，恐非至整個崩潰不止。」[93]該年8月陳誠批評蔣鼎文縱容下屬貪汙謀利，上行下效。他感歎說：「抗戰抗到這個地步，實非任何人所能夢想得到之事。」[94]事實證明，陳誠並非杞人憂天，抗戰勝利後國民黨在接收日偽財產過程中的腐敗達到無以復加的程度，天怒人怨、人心盡失。國民黨多年經營的摩天大廈基礎已然動搖，在與中共的較量中迅速走向崩潰也就不可避免了。

五、政爭傾軋何時休

　　陳誠認為克敵制勝的法寶在於內部團結，然而國民黨的派系鬥爭和相互傾軋卻讓他十分失望，陳誠將此視為與腐敗同等重要的、國民黨的軟肋。陳誠對政爭傾軋之害的深刻認識源於其自身經歷，他本人就曾多次處於內鬥漩渦的風口浪尖。

91　「函呈檢附意見具申及年終檢討文件等三件備供參考」(1944年5月10月)，收入何智霖編，《陳誠先生書信集：與蔣中正先生往來函電》，下冊，頁570。

92　《陳誠日記》，華中師範大學圖書館藏，1944年1月本月反省錄。

93　《陳誠日記》，華中師範大學圖書館藏，1944年1月17日。

94　陳誠著，何智霖等編，《陳誠先生書信集：家書》，下冊，頁535。

（一）鄂東爭端

抗戰時期與陳誠矛盾最多的當屬第五戰區的李宗仁，雙方衝突的本質是蔣系與新桂系之間的爭鬥，一個典型的事件是1940年代初的鄂東爭端。[95]1938年，湖北省代主席嚴立三於派遣省府委員程汝懷組織鄂東行署，處理鄂東行政。程在鄂東組建遊擊隊，收編了偽軍數萬人。1941年4月，軍事委員會批准成立遊擊總指揮部，程汝懷被任命為總指揮。然而，鄂北、鄂東屬於第五戰區的作戰地帶，當地行政人員均由軍方委派，鄂東行署和遊擊隊的設立勢必影響其權力。按照陳誠的說法，是直接干涉了他們私設關卡、橫徵暴斂、作威作福等醜行，鄂東爭端遂起。[96]

第五戰區作戰區在津浦線一帶，司令官為李宗仁、副總司令為李品仙。早在1940年底，二李就先後派人見陳誠，批評鄂東種種腐敗，甚至誣稱程汝懷通敵。陳誠立即回電表示將嚴令程汝懷整飭地方，剔除腐敗。然而陳誠通過其他管道得知，二李表面上與之虛與委蛇，暗中卻在中央開展驅程運動。次年5月29日，李宗仁致電陳誠，要求裁撤鄂東行署，恢復專員制，並推薦第五戰區一二七師副師長曹茂琮擔任專員。[97]陳誠對此非常不滿，提出行署存廢須提交中央討論，人事問題可從長計議。熟料6月23日李宗仁發來電報，稱已經撤銷鄂東遊擊總指揮部，總指揮程汝懷免職，遊擊隊將由第五戰區副軍長程樹芬接收。陳誠對此憤怒異常，遂將此事提交省府會議，以省府會議的名義恢復第二區行政督察專員公署與區保安司令部，專員及區保安司令由程汝懷兼任。其後命令程汝懷將原屬遊擊部隊改編為保安旅團，報請中央備案及通知李宗仁。程樹芬的接收部隊和新改編的保安旅團發生對峙，

95　蔣介石嫡系與新桂系的鬥爭，可參見王續添，〈略論抗戰時期蔣桂之間的矛盾鬥爭〉，《學術論壇》，1990年第1期（南寧，1990.1），頁102-104。

96　陳誠，《陳誠回憶錄：抗日戰爭》，頁219。

97　陳誠，《陳誠回憶錄：抗日戰爭》，頁220。

戰火一觸即發。[98]國民黨中央得知後，立即電令各有關方面避免衝突，靜候中央處置。最終於12月6日頒布調整鄂東遊擊隊辦法的電令，承認了第五戰區撤銷遊擊總指揮部的事實，依第五戰區意見設置遊擊指揮官；並將保安旅團撥三分之二兵力給遊擊隊，餘之三分之一爲保安團，但統歸第五戰區指揮。鄂東遊擊隊正、副指揮官幾次更改，最終分別由胡舜生和蔣章驥擔任。程汝懷雖然仍在鄂東行署任職，但已經被架空。即便如此李宗仁仍對其耿耿於懷，最終以鄂北第五戰區行政督察專員李石樵取而代之，陳誠徹底讓步。[99]

陳誠雖然接受了國民黨中央的決定，但內心並不服氣。不過他理解蔣的苦心，如果逼迫桂系過重，李宗仁可能再造兩廣事變那樣的反蔣事件。陳誠自認出於「兩利相權取其重」，爲了全民族的利益，才做出了妥協。後來陳誠進一步指出：「事後痛定思痛，覺得問題的核心，還是在於制度。抗戰八年間，我們的廟堂之謀，究竟是『以政制軍』呢？還是『以軍制政』呢？似乎二者都不是，我們所強調者，乃是所謂『配合』。配合之爲義，可爲個別獨立之兩元，也可爲從屬一方之一元。仁者見之謂之仁，智者見之遂謂之智矣。糾紛之相繼而起，不亦宜乎。」[100]陳誠在鄂東爭端上不免意氣用事，但是最後能從制度上反省派系鬥爭，還是難能可貴的。

有趣的是，雖然陳誠事後承認鄂東爭端是派系之爭，但在當時卻採用了反共的話語。陳誠將遊擊隊改編爲保安旅團時，強調遊擊隊曾多次進攻日僞和中共的李先念、羅厚福等部，共軍是其主要的攻擊目標。[101]爲防止李品仙

98　陳誠，《陳誠回憶錄：抗日戰爭》，頁221。

99　陳誠，《陳誠回憶錄：抗日戰爭》，頁222。

100　陳誠，《陳誠回憶錄：抗日戰爭》，頁223。

101　「電呈鄂東實情請釋東顧之憂」（1941年8月24日），收入何智霖編，《陳誠先生書信集：與蔣中正先生往來函電》，下冊，頁497。

干政，陳誠要求蔣介石撤銷豫鄂皖邊區遊擊隊總部，而給予保安旅團師級編制，但強調的重點仍是防止中共發展。1941年9月9日陳誠給蔣介石的函電中，更是痛斥五戰區腐敗給共產黨發展帶來機會。陳誠要求蔣介石將第五戰區的鄂北、鄂東劃給第六戰區，他強調說如此調整既可使各戰區軍政一致，又可限制中共發展。為減小改革阻力，陳誠稱亦可在收復宜沙後乘機調整，但目前須嚴令各級長官整飭軍紀，如此人民不致脫離國民政府，自可收防制中共之效。[102]當然，蔣介石對各種關係心知肚明，出於維護大局的考量並未支持陳誠的意見。

（二）糧食之爭與歌電風波

　　與鄂東爭端相伴的是糧食之爭，同樣是陳誠與第五戰區之間的爭端。1941年6月，國民黨中央召開第三次全國財會會議，通過了田賦徵實和公購糧食等案。該年下半年，陳誠指斥第五戰區在轄境內強迫收糧、民不堪命，為此呈請中央，由省府代購軍糧、統一調配。當時核定湖北購糧150萬石，其中50萬石給六戰區，100萬石給第五戰區。然而第五戰區堅稱需要190餘萬石糧食，雙方僵持不下。國民黨中央從中調停，給予五戰區150石糧食的配額。[103]第五戰區並不買中央的帳，堅持要陳誠補充40萬石糧食的缺額。陳誠對這一配額標準也十分不滿，他認為第五戰區所謂的糧荒實由腐敗造成。據他所得情報，第五戰區經常盜賣軍糧、戰區總監私存大量糧食、部隊長在各地購置田產等等。陳誠憤憤不平地認為，國民黨中央非常清楚這些情況，只是為了團結抗日不得不容忍。陳誠以鄂北遭遇天災和部分重要產糧區淪陷為由，拒不增加第五戰區軍糧，雙方的爭議再次鬧到中央。國民黨中央多

102「函呈為防制奸好發展建議調整五六戰區轄境」（1941年9月9日），收入何智霖編，《陳誠先生書信集：與蔣中正先生往來函電》，下冊，頁498-500。

103 陳誠，《陳誠回憶錄：抗日戰爭》，頁213。

次召開會議，並派督糧團到湖北視察。陳誠對糧食部長說，軍糧如果實在不足，可以由中央酌情調撥以互通有無，並請裁撤後方不必要的機關。[104] 蔣介石得知後，批評陳誠講話不負責、學官僚，並指示陳誠與第五戰區司令李宗仁面談。1942年11月，陳誠、李宗仁在長官部開會，長官部方面堅稱第五戰區所需糧食不是有無問題，而是徵購方法問題，有槍就不怕無糧。陳誠對此種言論深感震驚。其後在鄂北召開行政會議，李宗仁聲稱現在軍隊較以往減少，沒有缺糧的道理。陳誠為避免事態惡化不得不妥協，先搶購20萬石糧食給第五戰區，另外20萬石次年春天另行購買，軍糧之爭暫時告一段落。陳誠認為這只是彌縫一時之舉：「割據自雄的軍閥觀念一日不能清除，則國家統一也不過是一種形式，還要企圖解決什麼問題，豈不是近於妄想？」[105]

陳誠耿耿於懷的另一事件是所謂的「歌電風波」。這是一樁無頭案，幕後操縱者不得而知。1941年5月檢察院委員王陸一奉命到第六戰區巡查軍紀，並於6月5日發「歌電」給國民黨中央黨部秘書長吳鐵城，吳又將電文轉交行政院和軍事委員會。軍事委員會根據電文發布訓令給各單位：「六戰區公務員及部隊間，每稱羨從事貿易人士之得策，或相傳某戰區某人乘時致富、某公務員改職營商之暴發，言不離物價，情不離貨財。此種心理上之危機，將至士無鬥心、民無固志，寵賂之彰，足以亡國，一時趨向如此，非一地皎然獨異，即長此可以淡泊不移。祈轉呈總裁，或向常會報告，請嚴厲誡制此種貪鄙風氣，以還敵愾等語；除分函外，相應函達，即希查照通飭告誡為荷！」陳誠看到訓令後非常詫異和氣憤，認為所述內容與自己轄區真實情況不符，完全是造謠汙蔑。遂發文質問王陸一，並向吳鐵城喊冤。幾經調查

104 陳誠，《陳誠回憶錄：抗日戰爭》，頁214。
105 陳誠，《陳誠回憶錄：抗日戰爭》，頁215。

發現，原來中央秘書處竟然私自修改了王陸一電文，張冠李戴地將其他地區
的問題加給第六戰區。陳誠懷疑有人故意所為，是政敵的陷害，但中央出於
某種考慮，完全沒有追究責任的意思，最終該事件不了了之。當然這一事件
也可能只是謄錄電文的秘書一時筆誤，但陳誠卻極為敏感地將它上升到政治
鬥爭的高度，直至晚年都難以釋懷。[106]

（三）無解的難題

　　作為國民黨內部鬥爭的親歷者，陳誠對政爭傾軋深惡痛絕。1940年3月
他在致蔣介石的電文中稱：「本黨諸同志，往往不能互相諒解，只顧個人小
組織的利害，與個人系統的發展，而不顧整個國家民族的立場，以及其他或
同屬同學或同屬有志青年之死活。摩擦牽掣，造謠中傷，無所不用其極。由
於精神力量，全消耗於同室操戈之中，而置共同敵人於不顧。事之可痛，孰
甚於此？以言今後之對策，首須決然消滅此種內在的矛盾，使其能大徹大
悟，方可以克敵制勝。」[107]陳誠在同月的另一封電報中則痛陳政治部的人事
傾軋，批評國民黨黨員慣於相互中傷，不顧公共敵人；對抗戰前途毫無主
張，唯擅長拉幫結派、相互攻訐。陳誠沉痛地說：「本黨之危機與可痛，不
在倭寇之侵略，不在共匪之搗亂，實在本身之分歧。尤以抗戰四年來之血的
教訓，已充分證明中國之危機在內而不在外，在己而不在人。」[108]陳誠在回
憶錄中也指出，國民黨人才建設的障礙主要內部派系和中共兩個因素，前者
重於後者，「故切實與徹底的消滅小派系，乃今日第一之急務。」[109]

---

106 陳誠，《陳誠回憶錄：抗日戰爭》，頁120-123。

107 「再呈關於政治部共產黨偏組織等問題之所見」（1940年3月27日），收入何智霖編，《陳
　　誠先生書信集：與蔣中正先生往來函電》，下冊，頁433。

108 「呈復政治部人事傾軋糾紛特甚謹請另予委用」（1940年3月29日），收入何智霖編，《陳
　　誠先生書信集：與蔣中正先生往來函電》，下冊，頁439。

109 陳誠，《陳誠回憶錄：抗日戰爭》，頁183。

　　雖然陳誠對國民黨的政爭傾軋有著清醒的認識，但很難提出有效的解決方案。政爭與腐敗不同，人們較容易對腐敗作出道德評判和採取對策，而派系政爭中當事人的是非對錯卻不易判定，很難用行政命令解決。國民黨派系繁多，中央政府下轄勢力各自為政的情況非常普遍，派系鬥爭也就在所難免。蔣介石顧及抗戰團結大局，只能適當平衡各方利益，因此不免會引起利益受損方的不滿。作為利益爭鬥的當事人之一，陳誠素為蔣介石所器重，因此很容易招人妒恨；更兼他性格剛直、嫉惡如仇，做事難免有剛愎自用、不能容人之嫌，故經常會得罪人。更重要的，陳誠是蔣介石的嫡系，與其他派系的舊軍閥存在核心利益的矛盾，這些矛盾在一定程度上已經超越了個人恩怨。陳誠與何應欽、李宗仁等將領多有矛盾，與其他將領之間也時有齟齬，蔣介石為了大局多次規勸陳誠適度收斂。陳誠雖然大都聽命於蔣，但對其調解方式也頗有微詞，他不時表達對蔣的不滿：「對委座希望，審察群情，有新改進，勿可好人之新惡，惡人之新好。」[110]陳誠在日記中曾感歎：「傾軋之禍甚於壅蔽，妒忌之患烈於黨爭」，其實是對自身經歷的憤憤不平。[111]諸多事件反映出陳誠在派系鬥爭中，同樣不能保持冷靜和清醒，同樣難以超越自身的局限性，正所謂當局者迷。不過他試圖從源頭上改變國民黨內部分裂狀況的努力，還是值得肯定的。

六、結論

　　最後筆者似乎有必要回應兩個問題。其一，歷史上很多領袖出於鼓動、宣傳、避諱或其他政治目的，其言論可能不乏言不由衷的成分，那麼陳誠的抗戰言論是真實思想的表達嗎？其二，陳誠生前非常重視個人資料的保存與

110《陳誠日記》，華中師範大學圖書館藏，1944年1月本月反省錄。
111《陳誠日記》，華中師範大學圖書館藏，1939年2月25日。

整理，他於1950年代設立「石叟資料室」，先後整理出版的「石叟叢書」就達84冊、1,000餘萬字。陳誠如此熱衷於保存個人史料，是否有刻意修飾文獻、以博後人激賞的嫌疑呢？

對於第一個問題，本文盡可能迴避了陳誠的演講、報告、發表於報章的文章等史料形式，因爲這些資料的確可能存在上述問題。對於第二個問題，筆者認爲陳誠史料的核心部分人爲修飾的可能性較小，至少本文徵引的幾種史料具有相當的可靠性，理由如下。第一，陳誠家書多爲陳誠與夫人譚祥的私人通信，這是當事人表露情感的主要載體，陳誠刻意美化私密信函的說法顯然不合邏輯。第二，陳誠與蔣介石的往來函電所涉內容均爲軍政大事，陳誠必然會以國事爲重而實事求是，不可能爲後世留名而刻意修飾。第三，陳誠日記的內容多爲流水帳式的日常紀錄，可與歷史事實互證。間或夾雜一些評論和感慨，亦可與家書、函電及其他史料緊密印證。比如陳誠對國際關係的看法及遠征軍派遣諸事，與其他史料的核心觀點別無二致。而且陳誠在日記中並非都是對自身的美化，他時而牢騷滿腹，時而指名道姓地批評一些將官，乃至於表達對蔣介石的不滿。第四，陳誠回憶錄係晚年請人整理，修飾加工的可能性最大。但是回憶錄大部分文字是在原始檔案基礎上的加工整理，輔以少量陳誠的晚年記憶，比照抗戰時期前述文獻形式，可發現主要內容和觀點差別甚微。陳誠家書、函電、日記、回憶錄等可以互相印證，且與同時期他人文獻嚴密呼應，由此觀之，陳誠所遺文獻的可靠性是有保證的，這就決定了陳誠的抗戰言論是他眞實思想的表達，極少有虛飾作僞的成分。不同類型史料內容的一致性，也彰顯出陳誠表裡如一、胸襟坦蕩的個性。

綜合陳誠抗戰時期的言論和文本，我們可以得出如下結論：對於日本侵略者，陳誠持毫不妥協的抵抗態度，並與各種形式的失敗論作堅決鬥爭。他善於判斷日本的侵略規律和動向，提出並貫徹了諸多行之有效的戰略戰術，

他長期堅持的持久戰、消耗戰等方針順應了抗戰規律。陳誠強調自力更生是符合中國國情的法寶，對內必須圍繞抗戰開展全方位的建設和改革，加強自身實力是硬道理、是克敵制勝的關鍵；對外要努力創造良好的外交環境、積極爭取外援，但絕不能唯外援是賴，而要努力認清列強唯利是圖的本質，以維護中華民族利益為根本出發點。對於戰時國共關係陳誠持謹慎態度和保留意見，他從內心深處不相信共產黨，故在是否反共問題上飄忽不定，中共始終讓陳誠感到寢食難安。陳誠對國民黨內部的腐敗和政爭則痛加批判，認為這是影響抗戰取勝最重要的內部因素。他居安思危地指出，腐化分歧不除，必將亡黨亡國。

　　陳誠的上述見解和主張看似龐雜，實則均圍繞抗戰救亡這一主題展開。對於日本侵略者，陳誠的重點是認清形勢、制定對敵戰略戰術，可謂直接的抗戰意見。對於內政外交，陳誠思考的是如何依靠自身力量夯實抗戰基礎，創造良好的內外環境。對於黨內和黨際關係，陳誠著眼於團結抗戰以及維護國民黨的長遠利益，同樣是為了爭取國民黨領導下的抗戰勝利。總之，抵禦外侮、爭取民族獨立是抗戰時期陳誠的第一使命，陳誠的系列主張秉承了民族國家至上的原則，並適當兼顧了國民黨的利益。

　　陳誠的主張總體上是務實有效的。比如他一再強調的總體戰、持久戰、消耗戰方針，是符合中國實際的抗戰方略，抗戰能夠堅持到勝利與國民政府長期秉承這些方針不無關係。再如外交方面，陳誠不相信具有殖民色彩的英美，更敵視社會主義的蘇聯，但他並不會因此將列強的幫助排斥在外。陳誠不但主張爭取歐美的外援，而且不惜與社會主義蘇聯結盟。陳誠明白中國僅依靠自身力量無法打敗日本，其持久戰原則在一定程度是等待英美加入戰局，因此當太平洋戰爭爆發的消息傳來他終於鬆了口氣，認為持久抗戰的目的終於達到了。陳誠對國共關係和國民黨內在問題的分析也非常精準，他一

針見血地指出內耗和腐敗是導致外地入侵的根本，國民黨若不從根本上自我改變是沒有希望的。陳誠的見解也極具前瞻性，比如他對戰時國際關係與日本動向關係的分析，其後情形與他的判斷基本一致。再如抗戰曙光已經顯現之際，陳誠卻未雨綢繆地爲國民黨的前途憂心忡忡，強調再不厲行變革將有全盤崩潰之勢，結果戰後的政局完全印證了陳誠的預言。

　　需要指出的是，陳誠的很多抗戰主張與國民政府的總體方略一致，或者說符合了蔣介石的個人意志。觀點一致不代表陳誠僅爲國民政府的傳聲筒，更大的可能是陳誠等一批有影響力的官員影響了蔣介石，參與了國民政府總方略的制定。至於陳誠的意見在多大程度上影響了國民政府的抗戰策略，需要根據具體情況具體評估。至少可以確證，陳誠提出的軍需獨立、軍糧統籌、軍隊整編等方案基本上被蔣介石採納，並將部分方案推廣於全軍；陳誠在湖北的建設方案後來被應用於臺灣，是爲臺灣經濟復興的重要保證；陳誠對於蔣在某些關鍵時刻的決策，也起到至關重要的影響作用。當然，陳誠與蔣介石之間也時常發生意見衝突，遠征軍事件即是典型。陳誠往往會據理力爭，如果力爭無效則會默默服從。總體上看，陳誠在抗戰問題上的出發點是爲了國家和民族的存續，雖然他的意識形態值得商榷，但其愛國之心和智慧識見值得稱道。

國共內戰時期陳誠與東北戰場

林桶法

天主教輔仁大學歷史學系教授兼系主任

一、前言

　　提到陳誠，可能會聯想到：土木系、蔣介石、黃埔軍校、抗戰、臺灣省主席等，過去的論著有許多陳誠相關的傳記之作，[1]但常以訛傳訛。隨著史料的開放，有關陳誠方面的相關研究，學術論著增加，對陳誠有較公允的評述。[2]然大部分集中在抗日戰爭或臺灣時期，國共內戰時期陳誠的研究集中在

1　舉要如孫宅巍，《蔣介石的寵將陳誠》（河南：河南人民出版社，1990）；中國政協浙江省委員會文史編輯部編，《陳誠傳》（北京：華藝出版社，1991）；徐揚、寇思壘，《陳誠評傳》（臺北：群倫出版社，1986）；孫宅巍，《陳誠晚年》（合肥：安徽人民出版社，1996）；黃亦兵，《蔣氏寵臣：陳誠》（蘭州：蘭州大學出版社，1997）；郭大風，〈陳誠──蔣介石政權中的特殊人物〉，《湖北檔案》，2001年1-2期（武漢，2001.2），頁93-96等。

2　舉要如陳紅民，〈合作中的波折──1960年前後蔣介石與陳誠關係之研究〉，收入吳淑鳳、薛月順、張世瑛執行編輯，《近代國家的型塑：中華民國建國一百年國際學術討論會論文集》，下冊（臺北：國史館，2013），頁987-1012；黃道炫，〈君臣師友之間──「圍剿」期間的蔣介石與陳誠〉，收入汪朝光主編，《蔣介石的人際網絡》（北京：社會科學文獻出版社，2011），頁43-54；蕭如平，〈蔣介石與黃埔嫡系的培植：以陳誠為例〉，發表於「全球視野下的中國近代社會暨第二屆蔣介石與近代中國國際學術討論會」，浙江：浙江大學，2012年6月8-10日；李也，〈抗戰初期的陳誠〉，《遼寧師範大學學報（社會科學版）》，1995年第4期（大連，1995.7），頁79-80；于麗、田子渝，〈陳誠與湖北抗戰〉，《抗日戰爭研究》，2000年第3期（北京，2000.9），頁129-145；曾成貴，〈陳誠與武漢抗戰〉，《湖北大學學報（哲學社會科學版）》，2008年第4期（武漢，2008.7），頁21-

對整軍的論述，較少對陳誠在國共內戰期間的戰役進行研究，對其在軍事布局及戰事的檢討仍然不足。[3]

　　本文根據陳誠的日記（含已出版及未收錄於出版的數位版）及相關的檔案文獻，對於陳誠在東北軍事剿共部分進行探討。全文分為三方面：一，戰後陳誠的籌謀與角色：以1946年日記的觀察，主要根據國史館已出版的《陳誠先生日記》為依據，討論陳誠對東北的關注與決策；二，戰後初期國府對東北的軍事布局與四平街戰役，將探討戰後國軍剿共的布局與因應、東北的戰略部署。並略述陳誠在戰後整軍的貢獻、擔任參謀總長期間的功績。其三，陳誠與東北戰局，討論陳誠在兼任東北行轅展開期間的軍事布署，並檢討公主屯等戰役失敗及其原因。

二、戰後陳誠的籌謀與角色：以1946年日記的觀察

（一）戰後陳誠日記要點

　　陳誠自江西剿共時期（1931-1935）起即重視個人資料的保留與整理，1950年代更特設「石叟資料室」，保存其參與國政的重要史料。在其個人的

26：溫靜靜，〈陳誠研究綜述〉，《唐山師範學院學報》，2012年第1期（唐山，2012.10），頁53-56等。另有英文著作，如 Donald G. Gillin, "Problems of Centralization in Republican China: The Case of Ch'en Ch'eng and the Kuomintang," *The Journal of Asian Studies*, 29:4 (Aug., 1970), pp. 835-850.

3　劉鳳翰，〈陳誠與抗戰後之整軍（上）〉，《近代中國》，第117期（臺北，1997.2），頁71-94；劉鳳翰，〈陳誠與抗戰之後之整軍（下）〉，《近代中國》，第118期（臺北，1997.4），頁94-114；張建基，〈國民黨「復員整軍」述評〉，《軍事歷史研究》，1994年第2期（南京，1994.5），頁94-100；張世瑛，〈抗戰勝利後國民政府「軍隊國家化」的努力〉，《中華軍史學會會刊》，第5期（臺北，1999.12），頁185-204；鄭為元，〈尋找消失的番號：「抗戰後」國軍整軍研究之商酌〉，《軍事史評論》，第11期（臺北，2004.6），頁1-26；汪朝光，〈簡論1946年的國共軍事整編復員〉，《民國檔案》，1999年2期（南京，1999.5），頁105-112；程嘉文，〈國共內戰中的東北戰場〉（臺北：國立臺灣大學歷史學系碩士論文，1997）；金冲及，〈較量：東北解放戰爭的最初階段〉，《近代史研究》，2008年第4期（北京，2006.8），頁1-28等。近著有蕭協聖，〈陳誠在東北〉（臺中：國立中興大學歷史學系碩士論文，2014），對陳誠在東北戰役的論述較多。

資料中，值得注意的是日記，陳誠日記有兩個版本，一是中央研究院近代史研究所掃描的數位影像檔；一是從微縮片轉製的影像檔。目前典藏於國史館，時間自1931年2月至1964年1月，2015年7月正式出版。[4]陳誠戰後日記殘缺不全，根據何智霖的統計，數位版方面，1945年僅有17頁，1946年有47頁（集中在4月之前），另微卷版方面，1945年戰後日記有11頁，行事曆有82頁；1946年分別為66頁（《石叟日記（一）》，1-4月）、59頁（《石叟日記（二）》，4月30日-7月17日）、1949年有38頁（6月3日-7月16日），[5]已出版的日記，以1946年保存最為完整，但也只是集中在1月至4月（第2冊，頁685-708），其中有關兼任東北行轅主任期間的東北戰事部分幾乎全無記載，無法精準了解陳誠在戰後的意見，也不能依此分析其角色，綜合已出版的日記及數位檔資料，只能從中得到幾個要點：

其一，關心整軍事宜：抗戰勝利後，陳誠主持軍政部，展開部隊復員與接收工作，1946年的日記集中於任命參謀總長之前，也就是主持軍政部時期，自抗戰後期，陳誠接任軍政部長以來，最重要要務在整軍，整軍的目的一方面是節省經費的開支，一方面是因應美國的要求，而最重要的目的則在提升戰鬥力，歷經「豫湘桂」戰役（一號作戰）後，為提升戰力召開黃山軍事會議，即以整軍為要務。抗戰結束前雖然經過多次的整軍，仍未能達到預期的目標，戰後軍事復員的重點亦在整軍，官兵的編餘與安置成為陳誠戰後的重點工作，因此在日記中多次提及整軍的問題，在1945年8月30日記事本中特別提到幾件事：偽軍改兵工、游擊部隊編併、忠義救國軍與別働隊

4　呂芳上，〈序〉，收入陳誠著，林秋敏等編校，《陳誠先生日記》，第1冊（臺北：國史館、中央研究院近代史研究所，2015），頁v。

5　何智霖，〈從陳誠相關日記看江西剿共時期的蔣中正〉，發表於「日記中的蔣介石兩岸學術討論會」，金門：財團法人中正文教基金會、中國社會科學院近代史研究所、國立政治大學人文中心、中國近代史學會，2014年12月19-21日。

取消。[6]10月12日又記到：「整軍的問題、僞軍縮編、整軍經濟與年度配合等項。」[7]

　　1946年日記所載整軍的部分較多，如在大事記中提到整軍的理由：「本黨的基礎可以說建設在無知識的士兵身上，如現有的部隊不加以整理，並進而建設新軍，恐一切不易有妥善辦法，此雖爲治標而不得已的辦法。」所預定最重要是整軍與建軍，最感痛苦的是：「現存官兵的生活無法改善，編餘官兵的生計不能解決。」[8]1月2日對兵役署指示：1.各部隊士兵實行退役；2.常備兵缺額可招志願兵補充；3.原征兵械應即行結束。

　　其二，對東北的關注：1945年9月10提到到東北的部隊爲第三十二軍、第四十軍、第五十二軍、第九十二軍、第九十三軍等，無其他進一步說明，但在10月1日又提到：東北的補給、服裝、待遇等。10月12日提到與馬李樂夫的談話：俄國不希望中國有大部隊到東北，將來爲美國所利用。[9]

　　其三，處事之態度：在日記中陳誠亦常思反省，並論述其意見，如在1946年1月5日上星期反省中提到：「要有遠大的眼光、要用國家的人才、要用應用的錢。」[10]2月1日在上月反省錄中提到：凡是由人民或官兵汗血換來的代價不能犧牲在政治家的會議席上。又提到：離開民衆的利益而來講革命絕不會叫人相信。

　　其四，書寫與蔣介石的對話與意見：陳誠算是蔣介石部屬中較敢向蔣建言者，有時甚至在日記中提到：「委座又爲群小所包圍」。[11]陳誠對事情的觀

6　《陳誠日記》，國史館藏，數位版，1945年8月30日。

7　《陳誠日記》，國史館藏，數位版，1945年10月12日。

8　〈1946年本年大事表〉，收入陳誠著，林秋敏等編校，《陳誠先生日記》，第2冊（臺北：國史館、中央研究院近代史研究所，2015），頁685。

9　《陳誠日記》，國史館藏，數位版，1945年11月14日。

10　陳誠著，林秋敏等編校，《陳誠先生日記》，第2冊，頁687。

11　《陳誠日記》，國史館藏，數位版，1944年5月13日。「群小」包括何應欽、孔祥熙等。

察有其細膩之處，1946年1月26日提到：為大將者不可干涉幕僚業務，不可管細事，但不能離開士兵或借他人之手做中間之弄斷。委座一生無缺點，惟對於幕僚不甚放手，且管細事而離開人民與士兵，且不能解決人民與士兵的痛苦。[12]2月9日提到對蔣的報告：「有我不多，無我不少，不可以為某事非我不可，不可或以某種位置來安置我。」[13]陳誠為蔣的重要將領，也常呈蔣提供有關軍政的意見，日記上有時也會摘錄其重要的內容，如2月19日上電蔣：1.改善官兵生活，並提高低級公教人員待遇；2.解決復員後官兵生計——兵工政策。3.改革軍事最高機構；4.檢討人事。蔣的指示要點亦會加以記錄，2月23日，面謁蔣，蔣指示其應趁東北問題打擊共黨、對於整軍應注意高級機構的調整，在3月28日記到：「軍事最高機關決採用美國辦法。」[14]

（二）戰後初期的陳誠

　　國軍的整軍自抗戰前就已經開始，但並無具體成效，隨著抗戰爆發，1938年召開的南嶽會議，整軍的問題再度被提出；整軍更成為1944年的黃山會議的重點，蔣介石於該年8月18日接閱第一戰區整軍意見書後甚感欣慰。[15]陳誠預計在1945年調整為二百個師，陳誠自認為：「黃山會議不啻給當時奄奄一息的軍事，打了一劑強心針。」[16]抗戰勝利後，陳誠仍任軍政部長一職，負責軍事復員與接收之籌畫，其中最重要的工作為整軍，1945年9月，陳誠曾與美國魏德邁將軍（Albert C. Wedemer）談到整編的目標，第一步以一百二十個師，第二步減為九十個師。[17]雖然相當困難，但正如《大公報》

12　陳誠著，林秋敏等編校，《陳誠先生日記》，第2冊，頁692。

13　陳誠著，林秋敏等編校，《陳誠先生日記》，第2冊，頁697，1946年2月9日。

14　陳誠著，林秋敏等編校，《陳誠先生日記》，第2冊，頁706，1946年3月28日。

15　《蔣中正日記》，史丹福大學胡佛研究所藏，1944年8月18日。

16　何智霖編，《陳誠先生回憶錄：抗日戰爭》（臺北：國史館，2005），頁152。

17　陳誠在「整軍方案」中亦提到1946-1947年第一期，目標為一百二十個師。參見「石叟言

1945年11月10日社評〈應該全國大裁兵〉中所言：國家軍費支出占總支出的四分之三。[18]不整軍一定擠壓到其他的經費預算，戰後確實已不需要像抗戰時期那麼多的軍隊，加以美國的壓力，戰後整軍工作勢在必行，為凝聚共識，分別於1945年11月及1946年2月召開復員整軍會議、軍事復員會議，邀集高級將領討論整軍的具體辦法，目的是減少空缺、補實兵力、提升戰力、改善官兵生活、舒緩財政壓力等等。軍政部據此擬定三期的整軍辦法，蔣介石於1946年反省錄中提到：「第一期整軍計畫業已完成，其間減少各師番號而改編成各旅者，約有八十餘單位，軍官退役人數共有十六萬之眾。」[19]

身為軍政部長，在整軍與提供軍事發展上，陳誠已竭盡所能奔走各方，但整軍工作甚為複雜，非一蹴可幾，戰後的軍事復員大約分為整編、安置二大方面，國共本期透過重慶會談及政治協商會議解決共軍復員問題，但未有共識，如何處理「偽軍」、「游擊部隊」、「紅軍」等都是當務之急，其中整軍牽涉到國內軍事派系及中共之外，也牽涉到美國的態度，由於經費困難，加以並無完整的配套措施，因此編餘官兵的安置與整軍雖有初步成果，但仍不盡理想，且引起相當大的反彈，也造成陳誠為許多人批判的地方，特別是東北兵敗之後詆誹的聲浪更大。

1946年5月，國府接受美國軍事顧問團的建議，決定撤銷軍事委員會及其軍令部、軍政部、中國戰區陸軍總司令部，設立國防部。31日，正式發布命令，陳誠任參謀總長兼海軍總司令。力主對中國共產黨用兵，曾經在《中央日報》上稱3個月剿滅中國共產黨，其實在戰後蔣介石確實希望能迅速解決中共，1945年10月13日，蔣介石下達剿共的密令，要求各軍努力進剿，

論集」(1945年)，《陳誠副總統文物》，國史館藏，典藏號：008-010109-0002-064。

18　〈應該全國大裁兵〉，《大公報》(重慶)，1945年11月10日，社評。

19　高素蘭編，《蔣中正總統檔案：事略稿本》，第68冊(臺北：國史館，2012)，頁249。

以完成任務。[20]1946年6月13日，蔣電陳誠時也提到必須速戰速決，要求情報要準確、準備要充分、行動要迅速。[21]因此此項意見可能是秉承蔣介石的意旨。陳誠被任命為參謀總長後，尚未正式宣誓就職，便遵照蔣介石的命令，通過鄭州綏靖公署主任劉峙，指揮第五、第六綏靖區的部隊約10個整編師30萬人，6月26日，向中原解放區李先念部發動進攻。陳誠又調動第一綏靖區李默庵部、蘇北綏靖區李延年部和第五軍邱清泉部，向蘇中、蘇北中共控制區發動大規模的進攻。7、8月間，蘇中中共控制區部隊在粟裕、譚震林的指揮下，國共展開對戰，國軍雖取得海安等城，但損失亦不輕。

　　1947年1月9日，陳誠報請裁撤軍官總隊，1月17日前後，陳誠往來於徐州、開封、鄭州一帶指揮軍事。1月24日，陳誠赴魯南視察，部署軍事。1月26日，陳誠坐陣徐州督戰，聲言「黨國成敗，全繫魯南一役，只許成功，不許失敗。」陳誠任參謀總長期間自認為：「我在參謀總長任內，致力最多的是建立各種制度，諸如人事制度、兵役制度、補給制度、訓練制度、預算財務制度等，都花過很大的氣力。再就是出發戰地撫循士卒，傳達統帥意旨，與各地區高級將領策劃剿共部屬，也還收到一些激勵士氣的效果。」[22]陳誠於1946年至1947年間，先後到達鄭州、徐州、濟南、青島、北平、瀋陽、歸綏、太原、蘇北、張家口等地。從其視察的重點，不難看出當時綏靖的重心是在津浦、隴海兩線的交叉線。其次為北平、錦州、熱河三角地帶內的共黨勢力必須盡速殲滅，以穩定華北、東北之戰略基礎。曾就戰地觀感，向蔣進行報告，其要點如：1.從速調整戰鬥序列，並嚴格檢討部隊長人選；2.調整裝備；3.選擢卓越指揮官；4.加強能作戰部隊，逐次整頓，不能作戰部隊從

20　這份密令曾被中共所獲，參見中共中央文獻研究室編，《毛澤東年譜》（北京：人民出版社，1993），頁35。

21　葉健青編，《蔣中正總統檔案：事略稿本》，第66冊（臺北：國史館，2012），頁96。

22　吳淑鳳編，《陳誠先生回憶錄：國共戰爭》（臺北：國史館，2005），頁102。

速裁併；5.分期調整部隊編制，將二四制逐漸改為三三制；6.變更青年師性質與任務；7.正名定分，敵我分明；8.闡明政府對武裝叛徒的態度；9.糾正和談錯誤思想；10.取締共黨在後方都市的活動等。[23] 從參謀總長的角色言，確已善盡其職。

三、戰後初期國府對東北的軍事布局與四平街戰役

戰後最重要的課題是接收與復員，為達到接收的目標，國府將重點擺在受降，1945年8月12日，唐縱將侍從室擬定的《日本投降後我方處置之意見具申》呈蔣，其中軍事方面提出八項意見，綜合其重點：其一，為防止奸偽乘機進占重要城市與收編敵偽武裝及爾後恢復淪陷區秩序起見，似應發動全線部隊從速推進，並特別派遣部隊進據各重要據點；其二，飭各戰區向上海、南京、北平、天津、天津、廣州、武漢、徐州、青島、濟南、東北等地推進；其三，向美國交涉空運及海運，以為接受日本投降，收復華北打擊奸偽企圖作準備。[24]

在強調受降的同時，蔣認為應從根本上去解決，也就是進行軍事剿共，但初期又不能大張旗鼓，作大規模剿共計畫或行動，因此希望進行剿共時必須速戰速決。為因應戰局發展，實施「分區防禦」和「總體戰」新的戰略，即採取「聯省剿共」的防禦方法，蔣強調：「今後的戰略不能再像從前那樣分散兵力作全面控制，為了打擊共軍牽制國軍的陰謀，對若干據點，有時不能不暫時放棄，俾能集中兵力，機動使用。改變過去有進無退，重地輕人的觀念，改正過去到處要守，到處挨打，處處設防，處處薄弱的弊端，集中力量

---

23 吳淑鳳編，《陳誠先生回憶錄：國共戰爭》，頁103-105。

24 唐縱著，公安部檔案館編注，《在蔣介石身邊八年：侍從室高級幕僚唐縱日記》（北京：群眾出版社，1991），頁686-687。

削弱共軍戰鬥力。」[25] 各區的戰略問題不擬討論，僅就東北的戰略加以介紹。

國府對東北的布局為何？甚值得關注，東北戰事，不只攸關東北的保衛，也關係整個中國的戰局，倘無東北之敗，自無華北的局部和平，徐州會戰也不致全面敗北，更無其後大陸的易手。戰後中共為落實「向北發展，向南防禦」的戰略布署，自9月至11月，先後調往東北的部隊，即有11萬人，幹部2萬餘人。中共中央先派幹部到蘇聯的占領區，建立共黨的組織、地方政權，發動與組織群眾，建立地方武裝。由彭真、陳雲、程子華、伍修權、林楓等到東北，組成東北局，以彭真為書記。之後又派高崗、張聞天、李富春等去東北。前後共有4位中央政治局委員、20多位中央委員和後補委員，占中共第七屆中央委員會將近三分之一成員，可見中共對東北的重視程度。

東北的戰略方面，美國方面大部分認為是蔣介石策略的失誤，史學家道克巴尼（A. Doak Barnett）指出：

> 蔣不理會最好的軍事勸告，並派遣若干國民黨最現代化的部隊和裝備至東北，而當時共產黨部隊在那裡控制了大部分鄉村地帶，而且東北與大陸其他地區連結的補給和交通線脆弱不堪。[26]

陶涵（Jay Taylor）在研究蔣介石時也有同樣的看法，他認為：「戰後的大事則包括：馬歇爾使華調處失敗、蔣錯誤決定在東北孤注一擲。」[27] 這一點徐中約也提到：「蔣決意收復東北，他稱此舉乃中國推行八年抗日戰爭的根本原因。魏德邁將軍懷疑國民黨是否有能力控制東北，他曾建議蔣首先鞏固

---

25 《總體戰》，南京國民政府新聞局印行，《南京國民政府行政院檔》，中國第二歷史檔案館藏，檔號：3621.022/2023。

26 A. Doak Barnett, *China on the Eve of Communist Takeover* (New York: Frederick A. Praeger, 1963), p. 11.

27 陶涵，《蔣介石與現代中國的奮鬥》（臺北：時報文化出版企業股份有限公司，2010），頁19。

長城以南和長江以北的地區，以及確保華北的交通線。蔣否決了這項建議，把精銳的近五十萬部隊投入東北。」[28]蔣卻認爲是受美國的影響，1951年8月7日，蔣介石檢閱他在1945年11月的講詞〈勦匪戰術之研究與高級將領應有之認識〉後在日記中記到：「本日重閱34年11月15日〔按：應爲16日〕講詞，至東北問題一節，極感爲何當時不依此原定方針貫徹到底，而後竟爲依賴外交，誤信馬歇爾（George C. Marshall）之主張態度，將最精華各軍開入東北，以致捨本逐末，無法挽救矣。」[29]其後再度記道：

> 如果我於34年11月決定撤回長春行營以後，明知自力不足，不能接收東北之政策，不因以後美國助我軍接收東北，以爲可恃，而堅拒接收，一任俄國之霸占，將我國軍全力先行肅清關內共匪，則決不致如今日之失敗，此乃依賴外力，轉變政策，決心不堅之報應，一著失利，則全盤皆敗矣。[30]

以上兩則日記所記，似乎認爲是上了美國和馬歇爾的當，蔣介石1945年11月16日的講詞：

> 統帥部原定派三個軍接收東北，後來又加派二個軍，一共五個軍。現在蘇聯不負責任，藉口登陸的地點爲共軍占領，給我們以種種阻礙，因此我們軍隊入境，事實上非常困難。而且我們即令將這五個軍開入了東北，仍不能確實掌握地方，東北的主權仍然不得完整，一切接收都不能進行，建設更無從談起。在這種情形之下，我們寧可將東北問題暫時擱置，留待將來解決。我決定將東北行營移駐山海關。而以原來準備開入東北的五個軍，加入華北方

---

28 徐中約著，計秋楓、朱慶葆譯，《中國近代史》，下冊（香港：中文大學出版社，2002），頁631。

29 《蔣中正日記》，史丹福大學胡佛研究所藏，1951年8月7日。

30 《蔣中正日記》，史丹福大學胡佛研究所藏，1951年10月25日。

面，首先來肅清華北方面的土匪，先安關內，再圖關外。這種由近及遠的政策，我想一定不會錯誤的。[31]

　　蔣明確的認為：「誤信馬歇爾的主張」和「依賴外力」而致失敗，其後多次演講及其所著《蘇俄在中國》書中，不斷強調此點。蔣永敬在研究這段歷史時特別提到：「我們可以了解馬氏所執行的美國對華政策，不僅為安撫中共不使投入蘇聯懷抱；顯然也是『以共制蔣，以蔣制蘇』；中共從而利用之，不僅『以蘇制蔣』，而且也是以『馬〔美〕制蔣』。如此，蔣氏的下場，可想而知矣。」[32]但魏德邁則認為：「蔣委員長認為不收回東北，將使他在東北有失威信，或竟至在國內失去希望。」[33]

　　雙方的論調南轅北轍，但都指出部分的事實。蔣介石與美國對東北的態度並非始終如一，因應戰局的變化而互作調整，且各自的內部意見亦不一致。因為政策並未一致，因此必須要分段討論。有關國共在東北的交戰經過大致分為四個時期，其一是接收時期，自1945年8月15日至1945年12月21日馬歇爾抵華，戰後初期發生臨錦戰役，此期蔣及美國都希望國軍能順利進入東北進行接收；其二是交涉與交戰時期，自1945年12月底至1947年1月馬歇爾離華，此期發生四平街戰役，國府以政治解決為主，也受限於軍事三人小組的調處，打打停停；其三是國共激戰時期，1947年4月至1948年1月，此期發生北寧路附近的戰役、公主屯戰役等，陳誠於此期間任東北行轅主任一職，整頓東北的政治與軍事企圖扭轉戰局；其四是最後決戰時期，1948年1月至1948年11月，最主要為遼瀋戰役，蔣介石決定調整機關，1948

<hr>

31　秦孝儀主編，《總統蔣公思想言論總集》，卷二十一演講（臺北：中國國民黨中央委員會黨史委員會，1984），頁189-190。

32　蔣永敬、劉維開著，《蔣介石與國共和戰（1945-1949）》（臺北：臺灣商務印書館，2011），頁18。

33　魏德邁著，程之行譯，《魏德邁報告》（臺北：光復書局，1959），頁311。

年1月17日，正式成立東北剿匪總司令，衛立煌爲總司令，趙家驤爲參謀
長，鄭洞國及范漢傑爲副總司令，最後仍然失敗，國軍逐步自東北撤退。

　　國府的立場先是以完成東北的接收爲主要目標，藉由美國的協助完成軍
隊至東北布防的政策，熊式輝任戰後東北行營主任，名義掌有東北的黨政軍
大權，但在軍事上主要由長官部杜聿明負責。該部係1945年10月16日，國
府將昆明防守司令部改隸東北行營管轄的東北保安司令部。杜聿明率所部第
十三軍（石覺，轄第四師、第五十四師、第八十九師）、第五十二軍（趙公
武，轄第二師、第二十五師、第一九五師）、第六十軍（曾澤生）、第五十三
軍（周福成）、第七十一軍（陳明仁）、第九十三軍（盧濬泉）、新一軍（孫立
仁）、新六軍（廖耀湘）、新七軍（李鴻）及第二〇七師（羅友倫）等約20餘萬
人，10月中旬後陸續向東北推進。本擬由大連登陸，因蘇聯反對，決在營口
及葫蘆島登陸，但當10月27日、28日，國軍由二艘美國軍艦運送開抵葫蘆
島時，卻遭岸上的共軍射擊，登陸受阻，不得不折回青島待命。蔣決定改由
大沽口登陸，並搶修秦皇島至山海關的鐵路，再經由鐵路運送軍隊出關。[34]
石覺便感慨的說：「初期派往東北的七個軍，竟費時八個月之久，方完全到
達。」[35]

　　1946年1月起，國軍的後續部隊陸續抵達，包括新一軍（軍長孫立人），
轄新三十師、新三十八師、第五十師；新六軍（軍長廖耀湘），轄第十四師、
新二十二師、第二〇七師；第七十一軍（軍長陳明仁），轄第八十七師、第
八十八師、第九十一師。五月以後，又調來第六十軍（軍長曾澤生），轄
第一八二師、第一八四師、暫二十一師；第九十三軍（軍長盧濬泉），轄暫

34　蔡盛琦編，《蔣中正總統檔案：事略稿本》，第63冊（臺北：國史館，2012），頁316。
35　陳存恭、張力訪問，《石覺先生訪問紀錄》（臺北：中央研究院近代史研究所，1986），
　　頁265。

十八師、暫二十師、暫二十二師。其中新一軍和新六軍是屬抗戰時期的駐印軍，全部美械裝備，火力堪稱全陸軍之冠。而其他幾個軍，在當時國軍中，也算是上等的部隊。由此可見蔣對東北的重視。

國軍進入瀋陽後，展開周邊的接收工作。新一軍、新六軍、第七十一軍的主力部隊於1946年3月中旬起，進攻瀋陽附近的各城鎮，其中攸關東北戰局轉變者為四平街戰役，四平戰役發生於1946年4月18日至5月下旬，這是國共在東北軍事較量的重要戰役。國軍共有6個軍，即新一軍、新六軍、第七十一軍、第十三軍、第五十二軍及第九十四軍一部（其中新一軍、新六軍、第十三軍、第七十一軍全部為美械裝備），共約20餘萬人，一開始毛澤東即重視四平街的地位，致電中共東北局，要求他們「全力控制長春、哈爾濱及中東路全線，不惜任何犧牲。」[36]其後毛強調：「必須在四平、本溪兩處堅持奮戰，將兩處頑軍打得精疲力竭，消耗其兵力，挫折其銳氣。」共軍在四平街的主力為吉遼野戰軍區周保中的主力，配合遼東（程世材）、遼熱（呂正操）兩野戰軍區各一部，在戰役之前主要的部隊有：黃克誠師的七、八、十等3個旅，梁興初的山東一師，羅華生的山東二師，楊國夫七師的二十、二十一兩個旅，鄧華的一個旅及從北滿調來的三五九旅，七師的砲兵旅，總數約8萬人。占據遼北各要地，積極興築工事，阻止國軍北上。[37]本來毛及中央要求固守四個月，林彪雖不完全同意，只得勉力而為。[38]

蔣亦重視四平戰役，曾給熊式輝及鄭洞國密電，限4月2日前拿下四平

36　中國人民解放軍軍事科學院編，《毛澤東軍事文集》，第3卷（北京：中央文獻出版社，1993），頁153。

37　「毛澤東關於在四平本溪堅持奮戰爭取時間有利於我之和平的指示」（1946年5月1日），收入中國人民解放軍軍事科學院編，《毛澤東軍事文集》，第3卷，頁195。

38　楊奎松，〈一九四六年國共四平之戰及其幕後〉，《歷史研究》，2004年第4期（北京，2004.6），頁14。

街，[39]4月5日，新一軍沿鐵路向四平攻擊前進，第七十一軍在其左側，以約略平行的路徑北上。15日，第七十一軍在金家屯以北遭共軍襲擊，第八十一師有一個團被殲滅，[40]19日，國軍已經攻占四平以西的老四平等外圍據點，開始攻城。因林彪集中14個師或旅約10萬人左右的兵力，以四平市為中心，組成一條50公里長的防線，來防禦國軍的攻擊。眼見四平保衛戰的形勢更加嚴峻，22日，林彪緊急調整部署，命令四平週邊部隊轉向四平以北附近地域，接近守城部隊，一面準備隨時應援，一面迫敵分散，以尋求殲敵戰機。林彪為恐共軍全線崩潰，連夜緊急撤退。四平方向戰場自4月底開始進入對峙狀態，雙方均難以取得進展。其後國軍在空軍的支援下，從4月28日起發起全面進攻，擔任本溪保衛戰的中共部隊防線被突破，終於無法達成死守任務，於5月2日全部撤出防禦陣地，但直至5月中四平街戰役才算結束。

　　檢討此次戰役，共軍失敗主要是指揮官林彪過份自信，企圖一舉將國軍主力殲滅，但國軍火力較大，配以空軍，加以陣地戰經驗較豐富，林彪主力被擊敗，是共軍在東北的空前敗仗。[41]毛建議林彪應主動放棄四平，由陣地戰轉變為運動戰，變被動為主動。[42]這次四平街會戰，雖然共軍失敗，中共中央不但不予譴責，且多方肯定，認為：「四平我軍堅守一個月，抗擊敵軍十個師，表現了人民軍隊高度頑強英勇精神，這一鬥爭是有歷史意義的。」[43]

　　當林彪敗退後，白崇禧主張乘勢窮追，縱不能生擒林彪，也須將共軍主

39　鄭洞國，《我的戎馬生涯》（北京：團結出版社，1992），頁413。

40　鄭洞國，《我的戎馬生涯》，頁416。

41　李宗仁，《李宗仁回憶錄》（臺中：永蓮清，1986），頁873。

42　「中央關於堅守四平不可能時應主動放棄的指示」，收入中國人民解放軍軍事科學院編，《毛澤東軍事文集》，第3卷，頁224。

43　「中央關於主動放棄四平準備由陣地戰轉為運動戰給林彪的指示」（1946年5月19日），收入中央檔案館編，《中共中央文件選集（1946-1947）》，第16冊（北京：中共中央黨校出版社，1989），頁166。

力摧毀，「以永斷禍根」。[44]陳明仁認為戰事瞬息萬變，時機稍縱即逝，應立刻揮軍窮追。熊式輝對於追擊共軍則深不以為然，致白崇禧電：

> 此次會戰，軍力消磨，損失甚重，既無增援之師，而補充器械亦不足數，且屬太遲，因知其力大減，其數可驚，為章兄日前來瀋，知之甚詳，明知全局各地均頗緊張，言兵言械，俱非容易，為東北匪軍增加迅速，我則不然，相差懸殊，戰力愈弱者損耗愈大，因之影響士氣，動搖人心，今日東北情況確實如此。[45]

鄭洞國亦認為：「這次四平街會戰雖然國民黨軍隊暫時勝利而告終，但我們並未達到消滅解放軍主力的戰略目的。」[46]蔣不僅不贊同追剿，且在美國的壓力下於1946年6月6日頒布停戰命令。以致後來國共內戰的失敗，對此白耿耿於懷，白先勇提到：

> 父親一向冷靜沉著，喜怒不輕易形於色，但不止一次，我親眼看到他晚年在臺灣，每提起這一段往事時，猶自扼腕頓足，憾恨之情，溢於言表，我很少看到父親論事如此激動，即使論到徐蚌會戰另一個與他糾葛甚深的戰役，他也沒有像對四平街會戰感到如此痛心惋慨，四平街會戰最後竟功虧一簣，一著棋錯滿盤皆輸，這是父親一直耿耿於懷，到他晚年亦常引以為憾的一件恨事。[47]

44　郭廷以校閱，賈廷詩、馬天綱、陳三井、陳存恭訪問兼紀錄，《白崇禧先生訪問紀錄》，上冊（臺北：中央研究院近代史研究所，1984），頁458。

45　熊式輝著，洪朝輝編校，《海桑集：熊式輝回憶錄（1907-1949）》（香港：明鏡出版社，2008），頁589。

46　鄭洞國，《我的戎馬生涯》，頁422。

47　白先勇，《父親與民國：白崇禧將軍身影集》（臺北：時報文化出版企業股份有限公司，2012），頁213。

　　停戰令把蔣原先預計的作戰計畫打亂，使國軍主力的新一軍、新六軍、第十三軍、第五十二軍、第六十軍、第七十一軍、第九十三軍，全部投入東北，也種下後來欲罷不能的窘境。但戰後東北的問題甚為複雜，其中涉及美、蘇、國、共四角關係，絕非重用東北人或趁機追剿就可解決。

　　四平街戰役之後，統帥部為紓解東北軍事困難，不得不做更張，其一，縮小光復後控制地區，以遷就現有兵力，其二，歸併東北地區軍政指揮機構，以統一權責。[48]如此雖然可以集中兵力，由面而線，但主動放棄遼東、熱西各地，使長春、四平、瀋陽、錦州各別陷於孤立，統一機構方面，撤銷東北保安司令長官部，與東北行轅合併，由參謀總長陳誠兼任東北行轅主任。

四、陳誠與東北戰場

（一）戰後陳誠對東北的軍事整頓與部署

　　有鑑於戰後東北問題複雜、東北行轅主任熊式輝處理不當，蔣介石乃於1947年8月29日任參謀總長兼任東北行轅主任，行轅全權負責東北軍事政治。這項人事命令並沒有引起太多的意見，一方面陳誠的形象清廉，陳嘉驥認為：「接替熊式輝出任東北行轅主任的陳誠，為人公正廉明，嫉惡如仇，是國人盡知的當年國軍將領中，少數過著清廉儉樸生活的高級將領。」[49]再方面陳誠自北伐以來深受蔣的信任，三方面陳誠與戰後東北的軍政領袖亦有淵源，如遼北省政府主席劉翰東為保定軍官學校第八期同學，守大同的將領楚溪春為其長官。

48　三軍大學編纂，《國民革命軍戰役史第五部：戡亂》，第4冊（臺北：國防部史政編譯局，1989），頁21。

49　陳嘉驥，《東北變色記》（臺北：漢威出版社，2000），頁105。

　　早在1946年陳誠即提到解決東北問題：1.中共部隊自鐵路線兩旁俾國軍得順利接收蘇聯撤退城市及地區，恢復中國之主權。2.為避免以後衝突起見，中共部隊不得開往現在住的以外任何地區。3.整編與統編方案應在東北提前實施，俾中共軍一軍之駐紮地區，可以根據該方案劃定之。[50]他到東北後即對外宣示：「要六個月內恢復東北優勢，收復東北一切失地。」[51]陳誠兼東北行轅主任是蔣的意旨，此人事命令一直到1947年7月初都還未決定，本來蔣曾詢問白崇禧是否願接東北行轅主任一職，白崇禧於7月23日呈報難以接任，當晚，蔣召見陳誠，陳誠本以身體狀況不佳、東北問題複雜為由提請蔣再考量，蔣於7月24日日記記到：「彼輩只知爭權利，而不肯略盡責任，畏難避重，但增予憂辱而已。」[52]8月2日蔣再召見陳誠，決心請陳誠負責指揮東北軍政，陳誠只得答允。29日，蔣正式令派陳誠接東北行轅主任。

　　由於7月美國總統特使魏德邁將軍蒞華，並赴東北訪問，認為東北現狀與人謀不臧有關，陳誠在兼東北行轅主任之前，奉蔣之命到東北巡視，7月12日抵瀋陽，與熊式輝主任及東北高級將領會談，13日及14日分別接見東北耆老及東北各省市長，對東北的問題已有部分的了解，[53]8月14日電陳蔣時特別提到東北黨團故需整理，但目前嚴重性在軍事。[54]

　　1947年9月，陳誠到達東北後，9月30日提出調整機構、整理軍隊、建立制度等三大重點。[55]對於東北軍事戰略方面，認為應該點線面並重，以攻為守。目前可說是政略、戰略皆無，國軍只注重到點的得失，四平解圍後，

50　《陳誠日記》，國史館藏，數位版，1946年，雜記。

51　鄭洞國，《我的戎馬生涯》，頁459。

52　《蔣中正日記》，史丹福大學胡佛研究所藏，1947年7月24日。

53　吳淑鳳編，《陳誠先生回憶錄：國共戰爭》，頁250。

54　吳淑鳳編，《陳誠先生回憶錄：國共戰爭》，頁253。

55　吳淑鳳編，《陳誠先生回憶錄：國共戰爭》，頁255。

瀋陽一時尚無危險,就自以為轉危為安,而忽略整個東北戰局面,其實還是岌岌可危。東北戰場的危機,已不是單純只在軍事作戰上,潛在的危機更是影響戰場的勝敗;已經不應該問收復幾個省、幾個市,而應該問收復幾個鄉、幾個鎮。[56]以當時東北的局面來說,點是孤點、線則斷斷續續不連貫、面則支離破碎;若據點一失,則線即斷,線斷則面無,支撐是十分單薄的。在遼寧、錦西一帶出城5里以外,便在中共控制之下;連人民繳納賦稅,都是繳給中共。遼北一帶,雖然沒有共軍出沒,但國軍方面亦難以接收。

從政略和戰略來說,要主動出擊、改守為攻,以攻擊代替防守,才有繼續在東北生存的可能。若坐等共軍來襲,只想著防守,那東北各據點會漸漸的被中共蠶食掉,整個東北必定淪陷無疑。[57]為此,陳誠提出幾個整體方向性辦法:(一)戰略必須抽調重兵,立刻採取主動,以攻為守;政略亦必相配合,立圖前進。(二)應集中物力,修復中長鐵路,使線能連貫,以保衛長春、策援吉林、鞏固四平、威脅哈爾濱。(三)為預防中長鐵路遭受襲擊,應注重吉海、瀋海兩鐵路之搶修與保衛。為預防大石橋―營口線之遭受破壞,應注重溝幫子―營口線之整理與掌握,務期線能通而無阻、點能連而不孤、面能以點線為屏障,而能日趨展開。(四)大部接收之省分如遼寧,應運用政治方法,由點線展開搜索。必須使散匪肅清,全面安定。(五)各臨近匪區縣府,應一律改為戰時體制。平時不限其經費,而限其完成民眾組訓;戰時不限其守城,而限其不得離境。(六)未接收之省市,應簡化機構,滲入敵後,隨時予中共以襲擊,相機作面的推進,以配合大軍之反攻。[58]

56　蕭源聖,〈陳誠在東北〉,頁52。

57　「東北問題參考資料」(1945年4月14日),《陳誠副總統文物》,國史館藏,典藏號:008-010506-00009-003-05。

58　「東北問題參考資料」(1945年4月14日),《陳誠副總統文物》,國史館藏,典藏號:008-010506-00009-003-05。

在東北軍事整理方面，陳誠部隊整編情形：（一）東北地方原有13個保安司令部及其所屬部隊，另外尚有12個步兵支隊，及騎兵部隊大小單位甚多，大都空虛紊亂，不堪作戰。為充實戰力，乃加以整編。將東北保安部隊改編之11個暫編師，為迅速整理加強戰力起見，擬專設3個督訓處。將步兵分別整編為3個軍，將騎兵改編為騎兵司令部，將3個旅及兩個獨立團，其餘編為3個團。所有整編部隊其待遇與裝備均與國軍同。又為便於指揮作戰，復將原有及新編之11個軍即其配屬部隊，編為4個兵團司令部，分別統率。如此單位略為簡化，層次比較分明，指揮較有系統，軍紀亦稍見嚴肅。（二）東北各省尚各擁有保安團隊，大多只存番號，毫無實力可言。但經常均照編制開支，虛耗國帑，莫此為甚，亦應一律加以編併。除遼寧、遼北、吉林三省保安司令部，原有2個保安團各編併為1個團，安東、松江、嫩江三省保安司令部，各改為民政廳保安科，原有1個保安團保留1個保安隊，做為省府守衛之用外，其他各省保安司令部及保安團，一律取消。剩餘兵員以充實保留之保安團。編餘幹部即集中訓練，以從事匪區內之地下工作。

陳誠命秘書朱懷冰與中央訓練團東北分團主任胡家驥商量，成立東北政工大隊，網羅各保安部隊到分團受訓，俾幹部與保安部隊脫離，然後計畫把部隊納入國軍正式組織之內，本來是一項極好的計畫，但各縣市保安隊的幹部與士兵，對此項計畫格格不入。[59]

在機構與人事方面，陳誠見於東北大局已居劣勢的事實，為求事權統一，首先撤銷保安司令部，直接由東北行轅指揮作戰；為掃除東北接收人員以權謀私的惡習，撤換瀋陽市長金鎮，由董文琦接任，並槍斃瀋陽市公務局長李榮倫，撤換遼寧省政府主席徐箴，原任副司令長官鄭洞國接任行轅副主任，參謀長趙家驤調往錦州，第五十二軍軍長趙公武離開東北，本由梁愷代

59　陳嘉驥，《東北變色記》（臺北：漢威出版社，2000），頁107。

理，後換由「土木系」的覃異之擔任。人事的處理有大快人心，但也有引起誹議者，如免除四平一戰有戰功的陳明仁等，由劉安祺接任。陳明仁雖有戰功，並獲得青天白日勳章，但一方面與遼東省政府主席劉翰東不合，劉安祺認爲：「陳明仁這個人我蓋棺論定，他能打仗、能練兵，是一個標準的好軍人，但是和東北人沒處好。」[60]在8月10日調第七十一軍軍長爲東北行轅第二兵團司令官，發表劉安祺爲軍長時，陳明仁已有戀棧之意，蔣則直接批示：「應絕對奉命令，不得有違。」[61]一方面四平街戰役後，出現搶掠物資情勢，此與第八十七師有關，陳誠呈報徹辦陳明仁的理由爲：第七十一軍軍長任內對所部不加約束，縱取擾民，搶掠救濟物資。[62]陳誠又把保定時期的長官楚溪春先是調任東北行轅總參議，其後任爲瀋陽防守司令，鄭洞國對陳誠的看法爲：

> 他在國民黨將領中，算是作風比較廉潔的人，做事也喜歡大刀闊斧，雷厲風行，有些魄力，且善於辭令，這是他的長處，但他的野心很大，一有機會便想吞掉別人的隊伍，排除異己。[63]

蔣介石對於東北的人事問題甚爲感到不滿，日記中記到：「東北人事與機構皆不能健全，若不能從速改正，則匪之野心更張，雖無力來攻亦不能不來擾亂，故急令辭修速往負責以資鎮攝，如我一方主持能使匪異攝，則匪雖欲來犯亦必不敢輕動也。」[64]因此陳誠到東北，蔣賦予之重要任務即是進行人

60　張玉法等訪問，《劉安祺先生訪問紀錄》（臺北：中央研究院近代史研究所，1991），頁90。

61　周美華編，《蔣中正總統檔案：事略稿本》，第70冊（臺北：國史館，2012），頁539。

62　周美華編，《蔣中正總統檔案：事略稿本》，第71冊（臺北：國史館，2012），頁126。

63　鄭洞國，《我的戎馬生涯》，頁461。

64　《蔣中正日記》，史丹福大學胡佛研究所藏，1947年8月2日。

事的調整。

在整頓和組建軍隊上東北行轅就地成立3個新軍，這3個新軍是利用現有的保安區、交警部隊整編為暫編師，再與現有部隊各師混編而成的。分別是新三軍，以新六軍之第十四師為基礎組建，加入暫五十九師與原第十三軍的第五十四師，軍長由第十四師師長龍天武擔任（「土木系」）。新五軍，以第五十二軍之第一九五師為基礎，加入暫五十四師與華北調來的第九十四軍之第四十三師，軍長由因四平解圍有功獲頒青天白日勳章第一九五師師長陳林達擔任。新七軍，由新一軍之第三十八師為基礎，加入暫五十六師與暫六十一師，軍長由原新三十八師師長李鴻擔任（孫立人部）。而新一軍、新六軍、第五十二軍則各編入一個暫編師以作為補充，再把青年軍二〇七師（許多官兵為東北人）擴編為第六軍。[65]其他方面，則把由偽滿軍隊改編的保安團再改編為第五十八師，把騎兵支隊擴編為騎兵師（3個旅），還增加炮兵、戰車、汽車等部隊，且東北當局鑑於東北國軍在數量上已居少數，華北國軍也無法時常支援或常駐東北，故請准中央自華中等其他地方戰場抽調兩支勁旅（第四十九軍、第五十三軍）到東北歸東北行轅指揮，希望藉以挽回頹勢。此時東北地區國軍計有：第六軍、第十三軍、第四十九軍、第五十二軍、第五十三軍、第六十軍、第七十一軍、第九十三軍、新一軍、新三軍、新五軍、新六軍、新七軍、新八軍、暫五十八師，共計14個軍，兵力40萬左右。此外並酌增砲兵、戰車、運輸等部隊，希望能轉守為攻，爭回主動權。[66]

65　程嘉文，〈國共內戰中的東北戰場〉，頁45。

66　三軍大學編纂，《國民革命軍戰役史第五部：戡亂》，第4冊，頁21。

（二）陳誠的東北軍事作戰

1、打通北寧路的作戰

國軍兵力分布情形如下：第六十軍守吉林、小豐滿一帶，新七軍守長春，第七十一軍兩個師守四平，暫五十八師守營口，第五十二軍一個師守本溪，第十三軍守熱河，第五十三軍守西豐，第九十三軍守錦州一帶，第二〇七師守撫順及營盤，其餘守瀋陽及其外圍的鐵嶺、新民等地。從以上各軍守備地區而言，雖然瀋陽、鞍山、本溪、四平、長春、吉林、小豐滿等重要城市仍在國軍手中，但除瀋陽地區還有些許「面」外，其他都是孤「點」。此時國軍與共軍從表面上看，在東北的實力相差不遠，但實際上國軍在東北因戰略上須分守各處，不同於共軍主力專司野戰，把守備交由其解放區的地方武裝部隊，故實力分散易被共軍以大吃小各個擊破。

對於東北戰場的戰略方針，陳誠認為過去東北國軍的戰略失策是未把北寧路錦州至瀋陽段以西的解放軍徹底肅清，致使關外與關內的聯繫始終有被切斷的危險，打通北寧路極為重要。為此，他首先調集新由蘇北調來的第四十九軍及由華北抽出的第四十三師，投入熱河東部地區，企圖在短期內將北寧路瀋錦線以西地區的解放軍，一舉掃蕩乾淨。在中長線上，陳誠將過去的「全面防禦」改為「機動防禦」，有計畫的收縮兵力，保衛重點城市。簡單來說就是「確保北寧，打通錦承，維護中長，保衛海口。」陳誠的意見，鄭洞國等將領也認為從軍事戰略角度上來說是合理的。為實現打通錦承路的計畫，陳誠在9月6日調動3個師由綏中、興城、錦西分三路向中共熱東解放區建昌進攻，以維護錦州至山海關鐵路的暢通。

中共在得到國軍出動的消息後，放棄原本要攻取北寧路的計畫，命令八縱、九縱集中兵力迅速出發尋找戰機，殲滅來犯的國軍。共軍第八縱隊從建昌出發，向錦西西北山區的新臺邊門、梨樹溝門地區前進，9月13日在梨樹

溝門與國軍暫五十師發生戰鬥，國軍暫五十師3個團在共軍第八縱隊二十四師4個團包圍下，被殲滅大部分。國軍暫二十二師在獲知暫五十師於梨樹溝門戰敗後，立即從新臺邊門撤至離錦西不遠的楊家杖子，1947年9月16日被共軍第八縱隊二十二師、二十三師、二十四師和獨立一師圍殲，國軍再敗。

陳誠在得知暫五十師和暫二十二師相繼慘敗後，爲北寧路的安危立即命令第四十九軍軍長王鐵漢，率第七十九師和第一〇五師（各缺少1個團）4個團，向楊家杖子出擊。中共方面則以八縱二十二師、二十三師、二十四師和獨立一師共4個師10個團，從北面重點突破，而九縱則布置在楊家杖子南和東南要道上，進行阻擊和打援。由於四十九軍初期進展順利，故輕敵深入中共在楊家杖子部署好的口袋中，遭到共軍合圍。9月20日，新台兵門共軍東竄樓房江一帶，另一部圍攻楊家杖子，兵力約4萬餘人，戰鬥從9月21日下午一點到9月22日黃昏前結束，剛從蘇北調入東北支援的第四十九軍，在這次遼西戰場楊家杖子之役後，可說損傷過半。

自9月13日梨樹溝門戰鬥開始，到22日的第二次楊家杖子戰鬥結束，國軍一共損失了：暫二十二師、暫五十師2個團、第四十九軍第七十九師和第一〇五師的4個團，以及其餘派往楊家杖子的救援部隊約1萬2千多人。第四十九軍軍長王鐵漢自請處份仍無濟於事。有鑑於東北戰事緊急，蔣介石於9月25日曾告知陳誠決定抽調華北3個師增防關外，以鞏固北寧路爲優先。9月27日，陳誠向蔣報告：「東北地位重要，環境複雜，加以軍政、經濟集中一身，實感不能兼顧，懇請就胡宗南、范漢傑或羅卓英三員中，選派一員，前來相助。」[67]蔣即批示由羅卓英前往襄助。該戰暴露國軍戰役幾個缺點：通信中斷、各部隊未能統一指揮及協調，以致各自突圍，陷於混亂等問題。

在遼西戰場楊家杖子之役後，爲了重新打通北寧路，10月2日，陳誠請

67　周美華編，《蔣中正總統檔案：事略稿本》，第71冊，頁139。

李宗仁督促侯鏡如軍長率郭惠蒼、留光天兩部迅速出關，蔣下令在華北的傅作義出兵援助，派出華北第九十二軍和第一〇四軍，由侯鏡如指揮，向熱河出擊。

陳誠命調駐長春的新一軍主力回防瀋陽，長春改由新七軍防守。在打通北寧路的戰鬥中，由於華北國軍的支援，再加上侯鏡如記取第四十九軍前次兵力分散、輕敵冒進的教訓，採取了「集結強大兵力，機動靈活作戰」的戰術，穩紮穩打，使共軍不易各個擊破，終於打通了北寧路。

在侯鏡如北寧路作戰成功後，陳誠記取其作戰方式，制定作戰方案：「以瀋陽及其外圍城市為依托，將新六軍、新五軍、第四十九軍等部隊組成一個強大的機動兵團，準備在南滿地區，特別是北寧路以西地區，與共軍主力展開決戰。」[68]但中共東北解放軍為策應北寧路方面的作戰，於10月初在北滿地區發起大規模的秋季攻勢，打亂陳誠的部署。1947年10月1日起中共東北解放軍主力一縱、二縱、三縱、四縱、十縱分路向中長路進發，向四平街南北地區的國軍發動攻擊。2日，中共第三、第四兩個縱隊趁夜急行軍迂迴繞過了西豐的國軍，鑽進了金寨子溝、威遠堡等地，國軍第五十三軍主力第一一六師兵力分布於西豐外圍各地，因此在後撤沿途遭受到共軍的截擊，駐守昌圖和威遠堡等地的國軍，也受共軍各個擊破，後續補上的共軍並順道殲滅了西豐其他後撤的國軍。此時在駐守貂皮屯和開原東南八棵樹一帶的第五十三軍之第一三〇師（2個團）在救援第一一六師途中，也先後被共軍殲滅，師長劉潤川被俘，不久法庫、彰武等地亦相繼失守。至此第五十三軍的兵力也和第四十九軍一樣，不足原先的一半，同時四平與瀋陽之間的聯繫也被中斷。

國軍在遼西接敗仗後，10月4日，蔣介石決定後以東北兵力不足，擬親

68　鄭洞國，《我的戎馬生涯》，頁463。

飛北平督調部隊增援。[69] 10月8日，飛往瀋陽，在聽取陳誠匯報後，提出「鞏固瀋陽及其與關內的交通關係，加強瀋陽以北各據點的守備力量，以求確保」的方針，命令新六軍回到鐵嶺。同時應陳誠請求，調華北的第九十二軍之第二十四師、第九十四軍之第四十三師、第十三軍之五十四師、暫三軍的第十師、第十一師和騎兵四師共6個師兵力出援東北。中共方面在得知華北國軍向瀋陽及其以北地區增援後，將主力轉向長春、永吉方面作戰，以部分兵力包圍永吉，並相繼攻克德惠、農安等城，與熱河及遼西地區的解放軍相呼應，先後殲滅國軍暫五十一師、暫五十七師大部，並一度占領了新立屯、黑山、阜新等地。

國軍在華北方面國軍的支援之下，張垣綏靖公署主任傅作義派出安春山的暫編第三軍，與整編騎兵第四師，保定綏署配合借調第九十二軍，再加上東北行轅的第一九五師，於10月15日在新民、新立屯一帶集結，17日攻彰武縣城。共軍因誤判國軍兵力，便以六縱反撲彰武，遭到暫三軍和整編騎四師的包圍攻擊，在後撤途中又遭國軍騎兵追擊，損失慘重。第一九五師宣稱將共軍縱隊砲兵營，連人帶砲全部俘獲。瀋陽方面號稱是國軍自1946年打下四平、長春以來大的勝利。實際的戰局對國軍是不利，蔣在10月19日的日記記到：

> 東北軍事以辭修近日舊病時發恐其不能勝任此煩劇為慮。以我軍近增傅部與侯軍其兵力不為不雄厚而進展滯遲如此，阜新又失，究不知其如何部屬，彼尚請求抽調膠東部隊，其實不能有益於東北而使整個戰略有礙，故怯之然，心甚不忍也。[70]

69　《蔣中正日記》，史丹福大學胡佛研究所藏，1947年10月4日。

70　《蔣中正日記》，史丹福大學胡佛研究所藏，1947年10月19日。

蔣認為戰敗皆因「將領畏縮不前懼匪如鬼，貽誤戰機」所致。[71] 11月1日，蔣電陳誠要求傅作義部暫編第三軍抽調出關，仍應回調為宜。

11月5日共軍秋季攻勢結束，前後殲滅國軍甚多，據陳誠呈報各部隊自9月15日至11月30日統計，傷亡失蹤及被俘官兵為3萬7千餘人。[72] 共軍的統計約7萬人，許多城鎮被占，東北國軍處於被分割狀態，兵源、糧食及煤電來源陷入困境。面對東北危急局面，陳誠除處份作戰不力的闕漢騫、李默庵、張雪中，被迫轉為「重點防守，保持軍力，保住瀋陽」的作戰方針。

期間，國共雙方在開原、昌圖、永吉、彰武、萬金台等地發生戰鬥，[73] 國軍逐漸失去戰略優勢，以萬金台地區作戰為例，12月26日，共軍一縱、三縱、六縱、十縱等4個縱隊，由石佛寺以西，乘水面冰封，越過遼河，由遼南與抵萬金台以南的第四縱隊會合，進攻瀋陽，東北行轅為爭取先機，令第五十三軍守備鐵嶺、開原，掩護第九兵團（轄新三軍、新六軍），向中長路以西之共軍進行攻擊，另以第七兵團之第七十一軍，掃蕩北寧路瀋陽、新民兩側共軍，新五軍（轄第一九五師、第四十三師）由南向北，進剿遼河以南共軍，以第五十二軍向老邊溪南地區進出；12月28日，新三軍之第五十四師，於全盛堡附近與共軍第六縱隊激戰，國軍守備萬金台的第二〇七師一部，遭共軍圍攻，傷亡慘重，損失兩個營。[74] 年底，國軍的幾個新軍相繼擴編完成，並把之前遭受共軍嚴重損傷的部隊加以補充，此時國軍在東北總兵力有12個正規軍、30個正規師、14個暫編師，加上保安隊和地方武裝，共有58萬人。而中共方面在秋季攻勢後，兵力增長到73萬，其中正規部隊有42萬餘人。

71 《蔣中正日記》，史丹福大學胡佛研究所藏，1947年10月23日。

72 周美華編，《蔣中正總統檔案：事略稿本》，第71冊，頁602。

73 三軍大學編纂，《國民革命軍戰役史第五部：戡亂》，第4冊，頁25-33。

74 三軍大學編纂，《國民革命軍戰役史第五部：戡亂》，第4冊，頁34。

1947年11月28日，陳誠派李樹正處長到北平面呈蔣有關最近中共在東北的攻勢，提到：目前共軍可參戰的兵力，約40萬人以上，占全國共軍的百分之四十五左右，同時以獲得外緣關係，裝備日漸充實，甚至超過一般國軍部隊；國軍方面的兵力，連同第九十二軍在內，目前正規師26個及保安區改編之暫編師11個，可參戰兵力約20萬人。作戰方面，共軍方面，9月初判斷在20萬人，此次參戰11個縱隊約20萬人；作戰經過，9月28日至10月10日，共軍發動八縱對熱河進攻；九縱對北寧路錦州、錦西；七縱對新民；八縱對營口攻擊，為國軍擊退。10月7日至23日，中共企圖破壞北寧路，以一縱的獨立師對鐵嶺東南進攻，四縱及十一縱對撫順東營盤發動進攻，10月16日至11月18日，共軍全面進攻，11月18日戰事告一段落，國軍死傷2萬8千餘人，共軍傷亡約10萬人。

2、公主屯會戰

1947年底，陳誠為了打通與關內的交通，決定由瀋陽派大軍向西北出擊，捕殲共軍主力，國軍在此有四個軍及兩個師，防守著陣地四周環列形成一口袋地形，處於外線包圍有利的態勢。當時陳誠的部署如下：1.第四十九軍以新民為基地，左翼延伸到白旗堡，右翼沿巨流河向東伸展，與布防老邊的第七十一軍連接，正面由新民向北推進，逼近公主屯。2.第七十一軍據守基地，除左與第四十九軍，右與新一軍連接外，正面推向公主屯路線左側。3.新一軍鎮守瀋陽北面門戶的馬三家子，與第七十一軍及新六軍連接，堵住共軍進犯瀋陽。4.新六軍防守瀋陽至鐵嶺沿線，難與新一軍連接，北與第五十三軍相呼應。[75]

國軍的口袋戰術布置妥當後，中共發動大規模的冬季攻勢，打亂了陳誠預計的部署。對於國軍收縮兵力重點防守的情形，共軍若分散兵力，則打不

75　陳嘉驥，《東北變色記》，頁115。

了一個師左右較大的據點，而較小的據點又已經無存，因此決定採取集中大力量，分割其中一部，加以殲滅的策略。12月16日完成對新立屯國軍的包圍，二縱、十縱二十九師包圍法庫；七縱包圍彰武；一縱、三縱、六縱進至新民、鐵嶺、瀋陽之間等待；四縱逼近瀋陽；九縱也從北鎮向新民進發。共軍這一舉動，分割了瀋陽西北的衛星城市，並截斷北寧路，嚴重威脅瀋陽的安危。陳誠在得知共軍行動情報後，下令駐鐵嶺的新六軍第二十二師增援法庫，但在第二十二師進至鐵嶺與法庫間的鎮西堡、調兵山一帶即遭遇到共軍第三縱隊的襲擊而後撤。共軍此一舉動，讓陳誠料定共軍將攻打瀋陽，遂準備派戰略機動部隊的第九兵團等部，從瀋陽、新民、鐵嶺，分三路向瀋陽以西的公主屯地區出擊。其後，共軍以八縱進至白旗堡、繞陽河；九縱進至打虎山；四縱進至海城、遼陽；同時以一縱、二縱、三縱、七縱，4個縱隊進攻公主屯。12月30日，蔣對戰事甚為焦慮，電陳誠告知已催促第九十二軍出發往援。

　　1948年元旦，陳誠集中15個師的兵力，分三路向彰武、法庫方向推進。在這場戰鬥中，陳誠與林彪——國共兩軍的主將，以圍殲的戰術，結果東北野戰軍達到戰役殲敵的預定目標。號稱國軍五大主力之一的新五軍軍長陳林達發現自己進入險境，立即給坐鎮瀋陽指揮的陳誠發急電，請求從秀水河邊的公主屯退守到有堅固設防的遼河西岸小鎮巨流河。

　　1948年1月2日，新五軍第一九五師及新三軍由新民向公主屯前進，東北行轅命新一軍與新六軍對新五軍予以有效支援，新六軍需於5日到公主屯與新五軍會師。當新一軍與新六軍沿瀋陽—法庫公路，與共軍發生戰鬥時，新五軍已將共軍七縱擊退，攻占登士堡，新三軍也攻占黎巴彥、舊門、舊旗堡等地。當即遭到扼守該地之第六縱隊第十六師的強力阻止，新五軍則已挺進至公主屯並將其地共軍包圍。4日，林彪親率一縱、二縱、三縱、七縱

等近10餘萬主力部隊，向公主屯新五軍處進發，並迅速將其合圍。新五軍軍長陳林達即發電報於東北行轅，請求退守設有良好防禦工事的巨流河。東北行轅副參謀長趙家驤主張讓新五軍迅速放棄公主屯等據點，會同各部，據守遼河以南及瀋陽，以攻勢防禦擊破共軍。陳誠表面同意，但卻遲遲無法下定決心，以至於一天後，陳誠下令新五軍向瀋陽撤兵時，新五軍已被共軍合圍。而後新五軍一再急電請援，陳誠認為共軍以4個縱隊進犯公主屯，是國軍殲敵的良機。因此下令新五軍陳林達部堅守公主屯，盡力拘束共軍。另令第九兵團司令廖耀湘，指揮精銳的新三軍、新六軍為打擊部隊，並以第七十一軍及第四十九軍協同攻擊，分途急進。

　　陳誠認為以當時情況，國軍若配合得當，必可收縮口袋將共軍擊潰，陳誠對於作為機動兵團使用的新五軍，究竟應退至遼河邊固守，還是應堅持現有突出位置進攻，舉棋不定。他命令新六軍廖耀湘部，務必於5日前抵達公主屯，與新五軍會師。但卻因廖耀湘兵團未能遵命行動前進遲緩而失敗。6日拂曉，新五軍被壓縮於以公主屯為中心方圓10公里的狹小地區內，據守村落工事頑抗待援。新五軍被包圍後，東面兩路國軍從5日開始西進，企圖增援，但遭解放軍第十縱隊、第一縱隊等部阻擊，停止於距公主屯20公里處的遼河西岸，不能前進。6日晨，解放軍在密集炮火支援下，繼續向新五軍猛攻。第三縱隊第七師在攻克安福屯的戰鬥中，集中各種炮50門猛攻一點，隨即進行猛烈衝擊，殲滅第一九五師一部。

　　在新五軍苦守五晝夜，遭共軍殲滅時，新六軍離公主屯僅10里之差。當時廖耀湘原可指揮新六軍就近解圍，但廖耀湘卻畏首畏尾，按兵不動，坐失救援時機。公主屯會戰終在1月6日畫下句點，解放軍殲滅國軍新五軍軍部及第一九五師、第四十三師共2萬餘人，陳林達與兩個師長被俘，繳獲各種炮261門、各種槍6,880支（挺）、騾馬1,409匹、運輸車137輛，給東北國

軍以沉重打擊。

1月7日，陳誠向蔣報告戰事發展的結果：

> （一）匪一、三、六、七縱隊，自微日起，在公主屯以南地區，圍攻我陳林
> 達部，匪我激戰，迄虞辰，我一九五師部隊，傷亡殆盡，四十三師部隊，
> 一傷亡慘重，據空軍本午偵察報告，除皇家山〔公主屯西南〕尚有我軍符號
> 外，餘均無發現，該軍似已被匪解決。（二）我增援之廖兵團，被匪十縱隊
> 阻止於東西蛇山子，劉兵團被匪一縱隊之獨二師，北滿獨立師，及四縱隊主
> 力，阻止於興隆店附近，未能到達指定地點解圍，我軍目前能使用之兵力，
> 不足四個軍〔約八個師〕，固本會戰之情勢甚爲險惡，除各部隊戰況，隨時
> 電陳外，謹電鑒核。[76]

8日，再向蔣報告形勢險惡，王叔銘報告中共乘天候惡劣之際加強對國軍的攻擊，當天，蔣電陳誠、傅作義等將領，將到瀋陽會商大局。9日，張群電熊式輝說明東北以損失兩個師，東北岌岌可危。熊式輝見湯恩伯及劉斐時提到，將建議何應欽取代陳誠。[77] 10日，憤怒的蔣介石親率國防部作戰次長劉斐、陸軍副總司令范漢傑赴瀋陽開會，追究東北1947年冬季戰役戰敗責任。11日，赴行轅開會，會議中，陳誠表示曾經要求廖耀湘馳援新五軍，而廖耀湘堅決表示沒收到相關電報。會中蔣雖生氣，最後未做任何處分，但蔣認爲陳誠對廖耀湘的指責並非全然事實，除於1月12日電廖慰勉稱廖之國軍爲東北的骨幹，要其恢復革命精神、任勞任怨、有急必救。同時致電陳誠，表示已請衛立煌接任東北行轅主任，俟其到東北，其可回京養病。[78] 這

76　吳淑鳳編，《陳誠先生回憶錄：國共戰爭》，頁289-290。

77　熊式輝著，洪朝輝編校，《海桑集：熊式輝回憶錄（1907-1949）》，頁658。

78　周美華編，《蔣中正總統檔案：事略稿本》，第71冊，頁124-125、134。

場會戰也是陳誠在東北打的後一場戰役，加以病疾，黯然離開東北。

1948年1月17日，設立「東北剿匪總司令部」，另衛立煌為東北行轅主任，兼任東北剿匪總司令。對於陳誠的棄職，王世杰相當憂心，在日記中提到：東北軍事日趨艱危，陳辭修以病解除其指揮之職返京，衛立煌往代，易將之事在此艱危情形下舉行，軍隊又頗為複雜，前途極可慮。[79]

從整個東北問題而言，有些是戰後客觀因素的影響，如從整個東北國共的攻防而言，國軍較居劣勢，推其因素：

其一，接收東北之國軍，大部分來自抗戰時期的大後方，運輸、推進不易，且來自不同體系，協同不一；反觀共軍從冀察晉魯等地北上，得地利之便，較早進入東北。

其二，國際方面，戰後東北成為國共美蘇的角力點，國軍亟欲收復東北，國府原希望蘇聯協助其進入東北完成接收，但蘇聯多方阻撓，利用機會奪取其利益，並藉此扶植中共，建立其在東北的根據地，美國本來希望國軍早日完成接收，使蘇聯不致在東北坐大，因此協助國軍登陸，但也僅止於從旁協助，並沒有積極阻止蘇聯在東北的行動，美國戰略顧問所提之意見亦無法發揮作用，在這場角力中，國府失利，蘇聯利用中蘇友好同盟條約及其後的談判中順利劫奪財物，並協助共軍建立根據地，國軍遲遲無法順利完成接收工作，當國軍進入東北時，共軍已陸續往東北集結，並在東北建立據點，且利用美國調處國府宣布停戰的時機，重新整訓、部署，取得相對的優勢。蘇聯積極協助共軍，共軍配合蘇軍的撤退行動，蘇軍一走，共軍馬上進駐，且提供接收自日本的裝備及武器。

其三，停戰命令的影響，國府一方面受限於中蘇友好同盟條約，未能在

---

79 王世杰著，林美莉編校，《王世杰日記（排印本）》，下冊（臺北：中央研究院近代史研究所，2012），頁892，1948年2月9日。

第一時間抵達東北進行接收及布防，一方面宥於馬歇爾的調處，在國軍戰局占上風時，被迫頒布三次停戰命令，使共軍得以趁機整訓布防，國軍失去制敵機先，只得採取守勢，常常陷於被動，由於受到美國調處的影響，國軍士氣倍受打擊，馬歇爾調處失敗，又將大部分責任歸咎於國府，美國開始拖延對華的各項援助，反觀蘇聯對中共的支援始終如一，國軍在東北漸失優勢。

從陳誠兼任東北行轅以來戰敗的問題而言，又可分成下列幾點：

其一，將領不睦的問題，蔣介石在日記提到：「檢討公主屯失敗經過行轅以廖耀湘部赴援不力為言，而實際上乃陳林達不能固守據點待援及行轅指導無方所致。」、「以東北將領不睦驕傲與怯懦自棄，辭修處置無方更為苦悶。」、「黨政軍各種舞弊貪婪怯懦悲觀等之弱點逐漸暴露而至層出無窮，而其一般失敗亡國心理亦日漸表現殊堪駭異，尤其東北將領之精神，一片絕望悲歎之消息更足感懼。」[80]

其二，各部隊不能協調，彼此猜忌，逃避責任，人事不和，縱橫不能聯繫。平常缺乏聯合作戰的教育，將領缺乏協同一致的精神，根本沒有同仇敵愾生死與共的精神。[81]國軍將領間發生嚴重的爭執，東北保安司令長官杜聿明與軍長孫立人不合，地方人士對熊式輝不滿，士氣低落，人心動搖，6月11日，共軍圍攻四平街，熊式輝向國防部報告時談到，國軍經多次會戰後，軍力耗損，既無增援，補充器材既少又遲，共軍則增加甚速。[82]共軍進入四平街與陳明仁部惡戰，熊以東北窮於應付，一再請辭求去，國府於8月20日先調整東北戰場之指揮機構及人事，撤銷東北保安司令長官部，將其職權併

---

80 《蔣中正日記》，史丹福大學胡佛研究所藏，1948年1月11日、1月27日、1月31日上月反省錄。

81 蔣中正，〈革命實踐研究院軍官訓練團成立之意義——中華民國三十九年五月二十一日在圓山軍官訓練團講〉，收入秦孝儀主編，《總統蔣公思想言論總集》，卷二十三演講（臺北：中國國民黨中央委員會黨史委員會，1984），頁254。

82 聶榮臻，《聶榮臻回憶錄》（北京：解放軍出版社，1984），頁646-650。

於東北行轅之內，以收軍政統一指揮之效，原東北行轅主任熊式輝去職，派參謀總長陳誠兼任，掌東北軍政全局，原東北保安司令長官杜聿明調爲副主任。陳誠在東北後將國軍正規軍擴充至14個軍，並整頓軍紀，懲辦貪汙人員（汽車團團長馮愷），但陳誠求功心切，措施操切，引發內部反彈，陳明仁因而求去。陳嘉驥談到：「杜聿明在大勝之餘，國防部下令冒險進攻東邊道，挫傷了國軍的銳氣，杜聿明又與石覺、孫立人等重要將領，在戰略上有了意見參差，形成將帥失和，使大好形勢爲之不變。」[83]何定藩認爲：「東北剿共失敗原因，將領的不一致及一部分人的貪墨，紀律的敗壞等，使局勢愈來愈糟。」[84]

其三，陳誠的指揮問題：陳誠以參謀總長兼東北行轅主任，作戰時雖易於全盤掌控，但職務繁重，無法專心認事，以公主屯戰役爲例，陳誠強調已令廖耀湘部支援陳林達，廖卻認爲未收到此指令，陳則提到請羅卓英電示，羅卓英如未即時電示或有失責，但事關當時戰局，爲表重視及愼重，應親自指示，陳誠只好自認指揮無方所致。陳誠的另一問題是個性執著，不易與人溝通，與許多將領並不融洽，蔣在日記中即提到：「陳辭修只知愛譽，而不知受人包圍，以致與德鄰感情不良。」[85]

其四，從東北的戰略與指揮而言，蔣介石自北伐以來，以統帥身分對各戰場進行部署與指揮，優點是易於掌控全局，並做全盤的作戰規畫，缺點是常與前線指揮官在戰略戰術上有所分歧，如此一來是前線指揮官懈怠職權，等候最高指揮官的指示；二來是無法因應特殊的環境做有效的戰略部署，以戰後東北的策略而言，第一階段自危完成受降與接收的工作，但接收後如何

83　陳嘉驥，《東北變色記》，頁2。

84　何定藩編，《陳誠先生傳》（臺北：反共出版社，1966），頁65。

85　《蔣中正日記》，史丹福大學胡佛研究所藏，1942年9月8日。

因應東北特殊的環境做進一步規劃，因此常常占點而無法守住線與面，這一點陳誠相當清楚，提出打通北寧線的構想，但以當時國軍在東北的軍力與共軍相近，甚至還稍顯劣勢的情況下，如何完成點、線、面結合的目標，其實有其困難度；加以中共善於發動秋季、冬季攻勢，使具有優勢空軍的國軍反無法發揮其作用；從戰略的指導言，中共黨政軍較一致，國軍中央與地方不一，派系問題又相當複雜，陳誠無法扭轉戰局與國軍協同不一有關。

五、結論

　　自日本投降後，中國最為複雜者為東北地區，由於雅爾達密約的簽定，使戰後東北形成美蘇國共角力的關係。以四平會戰為例，國軍東北保安司令部見於四平街之戰如曠日持久，必將予中共可乘之機，為圖絕後患，1946年5月14日，令兵團發動總攻擊，以新一軍為主力，抽調新六軍北上增援，加上空軍支援，一舉突破共軍陣地。16日，進行總攻擊，克復四平，23日，收復長春。國軍此役雖收復28個城鎮，但未能集中兵力，以致南北應戰，攻擊成功後，未能立即確實鞏固陣地，致使許多地區得而復失。[86]其後又受到停戰令的影響，未能及時追剿，喪失克敵制勝的時機；國軍除在戰爭中所受損失外，也暴露許多弱點，諸如前線指揮不夠果斷，各部隊及各兵種間的作戰不能充分協調，官兵士氣低落等等。[87]蔣在整個東北問題上，是有他外交上重要考量，蔣之所以將主力開往東北進行全面接收，雖受到美國方面的壓力與影響，但接收東北也是自抗戰以來蔣的政策，蔣不能完全把責任推給美國。全力接收與否，其實並不一定是主要的敗因，政策的反覆才是主要的原因。汪朝光認為：「蔣介石對東北問題的態度經常處於矛盾之中，在國

---

86 「四平保衛戰役案（一）」，《國軍檔案》，國防部史政局藏，檔號：543.6/6021.2。
87 鄭洞國，《我的戎馬生涯》，頁422。

民黨的全盤戰略中，東北處於相當重要的地位。然而當抗戰勝利之初，蔣企圖借蘇美之力收復東北計畫失敗後，他轉移重心於關內，尤其是華北，停戰協定簽訂後，由於關內不便大打，蔣又重新關注東北，導致東北戰火的擴大。」[88]東北方面的政策，蔣確實感受美國壓力，但其無決心，沒有採取「絕對的戰爭」或「絕對的和平」，致使決策反覆無常，才是其失敗的根本原因。

陳誠與東北戰場的問題，絕不能以1948年4月分國民大會檢討國內軍事問題情緒性的攻擊為主，當時會議中攻伐陳誠的最大口實，是作戰失利，其次是整軍、收編偽軍等問題。整軍及收編偽軍，從政策面而言並無太大的問題，不裁編機關、編餘官兵，國家的財政不能負擔，軍力無法提升，美國方面亦無法獲得援助，因此，問題不在該不該整軍，而是執行的細節，特別是在整軍的過程引起非嫡系部隊將領的反彈，認為陳誠借整軍排除異己，凸顯長期以來國府內部派系糾葛的問題。

至於整頓東北人事的紛爭，陳誠初抵東北時，主要的現象是社會癱瘓、經濟枯竭、民生凋敝、人心惶惑。例如原本盛產糧、煤的東北地區，居然面臨糧荒、煤荒的困境：不只所有物價直線上漲，甚至付高價都無從購買。而行轅所在地、官民聚集的瀋陽市，更常見人謀不臧的後遺症。陳誠針對接收紊亂，裁撤部分駢枝機構；尤對不良風氣，嚴查糾辦。陳誠到東北後的行政措施，不外乎進行人事調整，把多餘的機關和冗員裁掉，或另外安排到需要的地方，並將已殘破不堪的國軍，加以整頓補充。實際上可說只是在補漏堵水，過度著眼於小細節，對於根本上改變東北危局的方略甚少。[89]如前黑龍江省代主席馬占山在陳誠東北戰敗離開後曾說：「願一切服從中央，但兩年

88　汪朝光，《1965-1949：國共戰爭與中國命運》（北京：社會科學文獻出版社，2010），頁143。

89　蕭源聖，〈陳誠在東北〉，頁76。

來對政府在東北策略，始終不甚明瞭。」[90]因此不是陳明仁該不該去職的問題，陳明仁在四平街戰役雖有戰功，但專擅庇下卻也構成去職的充分理由。

　　東北戰事方面，如完全歸咎於停戰令或美蘇的影響，則似乎忽略戰略與政略的重要性，陳誠兼東北行轅主任期間，並非無法扭轉戰局，從整個大的戰略而言，中共的戰略明顯而一致，國軍則因派系及指揮問題導致無法相互支援，一開始陳誠打通北寧線的戰略相當正確，但國軍各軍仍以守點為重要考量，甚至糾葛在到底要守瀋陽還是錦州，根本的戰略是是否守住東北，還是將精銳的部隊自東北撤退至關內，陳誠離開東北只是國軍在東北戰局失敗的開端，並不是主因，白崇禧在國民大會中提到國軍損失一半的問題，如從陳誠主政東北的戰役算起，戰役的損失或許超過十萬人，但大的據點並未丟失，自不能以此論定國軍在東北的失敗陳誠要負最大的責任。

---

90 《大公報》（天津），1948年2月18日。

陳誠與政府遷臺初期中央政制的確立

劉維開

國立政治大學歷史學系教授

一、前言

　　蔣中正於1950年3月1日復行視事後，隨即任命曾任臺灣省政府主席、時任東南軍政長官的陳誠爲行政院院長，至1954年第一任總統任期屆滿前，提名陳誠爲第二任副總統中國國民黨候選人，經國民大會代表投票，當選中華民國第二任副總統，於就職前辭行政院院長，前後任職四年二個月。

　　陳誠長期追隨蔣氏，一向有「小委員長」之稱，然而自其1949年初受任臺灣省政府主席，嗣後因國共戰爭局勢逆轉，政府所掌控地區日漸縮減，臺灣地位益形重要，陳誠身爲臺灣行政首長，爾後擔任東南軍政長官，統領東南數省軍政事務，影響力漸增，擔任行政院院長，自然有其脈絡可循。在憲政體制下，行政院爲國家最高行政機關，對立法院負責，而行政院院長由總統提名，經立法院同意後任命，因此總統與行政院院長的權力分配，實爲此階段一個重要的問題。此外，政府遷臺後，雖然統治範圍大幅縮小，但仍維持中央與省、縣三級政府，中央政府所統治區域與臺灣省大致重疊，行政院是否需要維持大陸時期的組織架構？此外，行政院與臺灣省政府關係，尤其

在陳誠擔任行政院院長前期的臺灣省主席為吳國楨，兩人關係並非融洽，陳誠在人事之外，如何處理中央與地方業務重疊範圍，不使之發生衝突？本文擬以陳誠《四年行政院長之回憶》為主要資料，輔以陳氏日記、言論，相關當事人資料及報章雜誌報導等，對於陳誠與政府遷臺初期中央政制的確立進行探討，以期由政治制度的角度對政府遷臺初期的政局有進一步的理解。

二、行政院長的職權行使

蔣中正於1950年3月1日在臺北復行視事，繼續行使總統職權。蔣氏復行視事，就當時國家處境而言，實為大勢所趨，關鍵在於代總統李宗仁以養病為由，滯美不至臺灣，以致中樞無主，人心不安，在其所發表文告中有如下之說明：「去年元旦，中正鑑於共匪肆虐，生靈塗炭，國家前途之憂患方殷，而國人和平之期望彌切，……乃發表文告，重申以政治方法，解決中共問題之旨；復於一月二十一日依據憲法第四十九條『總統因故不能視事時，由副總統代行其職權』之規定，將總統職權交李副總統代行，原冀共黨幡然悟悔，弭戰銷兵，出人民於水火，拯國家於危亡。乃一年以來共黨匪徒初則破壞和談，殘民黷武，繼則擅改國號，僭立政權，最近更明目張膽，與蘇俄訂立偽約，出賣我國家領土資源，斷送我人民之生命財產，使國家淪為附庸，人民夷為奴隸。亞洲之形勢為之激變，世界之危機日益迫切。……李代總統自去年十一月積勞致疾，出國療養，迄今健康未復，返旆無期，於是全體軍民對國事惶惑不安，而各級民意機關對中正責望尤切。中正許身革命四十餘年，生死榮辱早已置諸度外，進退出處，一惟國民之公意是從。際此存亡危急之時期，已無推諉責任之可能。爰於三月一日復行視事，繼續行使總統職權。」[1]至於復行視事的法律依據，經多次研究，由司法院長王寵惠

1　蔣中正，〈復行視事文告──中華民國三十九年三月一日於臺北〉，收入秦孝儀主編，

對外公開說明，大法官林彬亦曾撰文陳述復行視事在法律上毫無問題。[2]而在蔣氏復行視事後面臨的第一個問題，就是行政院院長由誰擔任。除了蔣氏在復職後，依例應重新提名行政院院長，送請立法院同意外，行政院院長閻錫山在蔣氏決定復行視事的過程中，已於2月4日表達辭意，雖然尚未獲得批准，但辭意甚堅。[3]蔣氏最初徵詢曾任教育部長、外交部長之王世杰的意願，但王氏認為他擔任院長，沒有力量，不容易渡過當前局面，「如臺灣主席吳國楨不易接受命令；對軍事預算亦無辦法，因辭修（陳誠）必站在國防部方面講話」；且「對立法院之為難，亦深感應付為難」，因此並未接受，建議由時任東南軍政長官的陳誠出任。[4]就陳誠以往資歷，以及曾經擔任臺灣省主席之經歷而言，確實為適當人選，但是蔣氏了解陳誠個性甚強，不一定適合，因此最初對於王氏建議並不同意，認為「辭修之心理病態，決不能擔當此重任也」；[5]經過再三考慮，並多次約見陳氏討論相關問題後，最後仍決定由陳氏繼任行政院院長，於2月20日召見陳氏告知此事，囑其準備接任。[6]陳誠則一再推辭，對蔣氏表示其不適合出任該職之理由：「一、對於軍事雖不敢認

《總統蔣公思想言論總集》，卷三十二書告（臺北：中國國民黨中央委員會黨史委員會，1984），頁254-255。

2　關於蔣中正復行視事經過，參見劉維開，《蔣中正的一九四九：從下野到復行視事》（臺北：時英出版社，2009），頁301-320。

3　關於閻錫山辭職原因及所引發之政治效應，參見劉維開，《蔣中正的一九四九：從下野到復行視事》，頁297-301。

4　《蔣中正日記》，史丹福大學胡佛研究所藏，民國39年2月7日；傅正主編，《雷震日記（一九五〇年）：第一個10年（二）》，雷震全集32（臺北：桂冠圖書股份有限公司，1989），頁49，1950年2月26日。

5　《蔣中正日記》，史丹福大學胡佛研究所藏，民國39年2月1日。

6　《蔣中正日記》，史丹福大學胡佛研究所藏，民國39年2月20日。關於陳誠出任行政院院長過程，蔣中正日記中所記與陳誠日記中所記略有出入，蔣氏日記係先徵詢王世杰意願，不同意後，於20日告知陳誠接任院長；陳則謂19日蔣告知將由其出任院長時，婉拒並推薦王世杰，20日，蔣氏同意徵詢王，如果王不同意，就由其負責，並囑作準備。筆者以為人事任用由蔣氏決定，居於主動位置，陳誠係被徵詢或告知，為被動地位，因此以蔣氏日記為主。

為所長，但是本分，並目前須要有人負責。二、對地方不易配合。三、因身體不能勝任。四、性情不適宜」為由，請蔣氏另行考慮他人。[7]但是在蔣氏以命令方式囑其擔任的情況下，實無法拒絕，[8]自記道：「我度德量力，尚有自知之明，實在不敢貿然應命。無如總統一定要我幹，直接、間接地談了有九次之多，後來是以命令式的非要我接受不可。我如再堅持己見，即等於有意抗命，未免有悖初衷；而且見危不能受命，亦非以身許國之道。於是我終於接受了總統的命令。不過我當時表示，在沒有適當人選之前，我可以暫時應命，絕不願久尸此位，以誤國家。」[9]

　　依憲法規定，行政院院長由總統提名，立法院同意後任命；另依中國國民黨規定，從政黨員在總統提名或任命之前，需完成黨內程序，由中央執行委員會常務委員會（簡稱「中常會」）通過。蔣氏於3月4日中午先行約見部分中央常務委員午餐，說明行政院院長提名陳誠經過，希望大家支持，俾立法院順利通過；下午5時召開中央常務委員及非常委員會委員談話會。談話會開始，蔣氏先說明過去失敗之原因，復說明目前時局危急，如其最後失敗為匪所清楚，不如犧牲個人之成見與權利，共同來挽救危局，最後提陳誠就行政院為最適當之人選，並說明陳之短處在病後易發脾氣與性急，但此種短處應予以原諒，而長處甚多，如負責勇為絕非他人所能及，以目前環境，任何人均乏勇氣打開此種危難局面，惟陳誠可以勝任。講話結束後，首先由居正發言，表示贊成；繼李宗黃發言，認為陳誠一切均勝，惟每出規行事；蕭錚發言，認為陳誠最好專任軍事；邵華認為陳氏不能駕人；谷正綱則認為現役軍人不能任行政院長。李、蕭、邵、谷四人，被認為所謂CC之死硬派，

7　陳誠著，林秋敏等編校，《陳誠先生日記》，第2冊（臺北：國史館、中央研究院近代史研究所，2015），頁735-736。

8　陳誠著，林秋敏等編校，《陳誠先生日記》，第2冊，頁737。

9　薛月順編，《陳誠先生回憶錄：建設臺灣》，上冊（臺北：國史館，2005），頁105。

除他們反對外，其餘均贊成。而在質疑陳氏為現役軍人時，蔣氏則答以可請其退役。[10]6日，中常會臨時會議通過總裁提出「行政院院長閻錫山同志辭職照准，推陳誠同志為行政院院長案」；7日，總統府將提名咨文送達立法院，曰：「行政院院長閻錫山呈請辭職，情詞懇摯，已予照准。茲擬以陳誠繼任行政院院長。陳君籍隸浙江青田，畢業保定軍官學校，忠貞幹練，公正廉勤。歷任師軍長、總指揮、總司令、司令長官、政治部長、軍政部長、參謀總長、行轅主任、省政府主席等職，部署周詳，績效彰著。去歲受任東南軍政長官兼臺灣省政府主席，對於整軍禦敵、政治經濟諸項設施尤多建樹，深為臺省人民所愛戴。現值鞏固臺灣、策畫反攻大陸之際，陳君敭歷中外、文武兼資，對於剿匪戡亂深具堅定信心，出任行政院長必能勝任愉快。爰依憲法第五十五條第一項之規定，提請貴院同意，以便任命。」[11]

　　由於陳誠個性強烈，「與人不能相處」，[12]黨內外人士如雷震、蔣勻田、陳啟天、谷正綱等，均認為由陳氏主持行政院並不適宜：一、因其為軍人，不要總統、副總統、行政院長均為軍人；二、以辭修專治軍，如兼理政務，必致貽誤軍事；三、辭修近來脾氣不好，如長院不出三個月，內則與政院同仁不能相處；外則與立院不易合作，請其長政院則是毀了他。[13]立法委員中亦有以假投票決定院長人選之主張表達反對，甚至有傳聞CC派委員擬挽留閻錫山以為抵制等。[14]蔣氏對於假投票一事，甚為憤怒，自謂：「不禁怒從中來，痛憤莫名」，痛斥彼等「至今還未有覺悟，仍如往耳，在南京無法無

10　傅正主編，《雷震日記（一九五○年）：第一個10年（二）》，頁54，1950年3月4日。

11　薛月順編，《陳誠先生回憶錄：建設臺灣》，上冊，頁105-106。

12　《蔣中正日記》，史丹福大學胡佛研究所藏，民國39年1月31日後「上月反省錄」。

13　傅正主編，《雷震日記（一九五○年）：第一個10年（二）》，頁49，1950年2月26日。

14　傅正主編，《雷震日記（一九五○年）：第一個10年（二）》，頁54-55，1950年3月4日。

天以致有今日亡國之悲劇，是誠死不回頭矣」；[15]然而有鑒於大陸時期提名行政院長的經驗，對於CC派委員在立法院之力量不敢大意，於6日舉行中常會之前，先約見CC派之精神領袖陳立夫談話，謂：「立夫對辭修組院有所要求」；[16]並親自主持黨籍立法委員茶會，徵詢提名陳誠為行政院院長意見，以爭取立法委員支持。蔣氏的作法顯然發生了效用，陳立夫於同意權行使前一日親自設宴，邀請陳氏與立委餐敘，席間說明黨團結之必要，黨籍立委應一致投同意票。[17]對此，陳誠以「黨內團結」形容，謂：「這時，黨內團結的空氣很濃厚　大局如此，假如再不團結，亦唯有同歸於盡耳。陳立夫先生對於團結的努力，尤足使人感動。本年二月初間，我從南部巡視回來，在火車上和他不期而遇，傾談數小時，披肝瀝膽，國家至上的觀念，彼此同之。這次總統提名咨文送出的那天，他曾分批邀宴本黨立委於臺北賓館，我也應邀作陪。席間他說：『要救中國，非求團結不可。我為黨內團結奔走，現在已是第三次。過去有人指我和果夫是CC，如果CC這個名詞仍然存在，那末就是我和辭修先生兩人。』立夫先生這番熱心，對於次日立法院所投的同意票當然不無影響。」[18]

3月8日，立法院行使同意權，計出席委員388人，同意票306張，不同意票70張，廢票及棄權票12張，同意票為總票數的77%，隨即由總統發布命令，任命陳誠為行政院院長，為中華民國行憲後第五任行政院院長，亦為政府遷臺後首位行政院院長。

陳誠於立法院同意權通過後，函呈蔣氏致意，曰：「自維獻身革命，祇求有裨於國家，有利於民生，個人成敗利鈍，在所不計，當努力圖報黨國，

15　《蔣中正日記》，史丹福大學胡佛研究所藏，民國39年3月4日。

16　《蔣中正日記》，史丹福大學胡佛研究所藏，民國39年3月6日。

17　陳誠著，林秋敏等編校，《陳誠先生日記》，第2冊，頁746。

18　薛月順編，《陳誠先生回憶錄：建設臺灣》，上冊，頁106。

以答鈞座之知遇。……今後對於立監兩院同仁，自當開誠相處，向民主法治之途邁進，並力謀黨內同志之團結，以舒鈞座之藎慮。」[19] 並於總統任命後發表書面談話，重申其擔任臺灣省政府主席提出的治臺方針「人民至上，民生第一」，略曰：「今後一切措施當恪遵國父遺教，以臺灣為三民主義實驗區；遵照總統訓示，鞏固臺灣及其他反共基地，以確保全體民眾生命財產之安全，並積極作反攻大陸之準備。同時根據民眾需要，貫澈『人民至上，民生第一』之主張。並依據憲法規定，實行民主政治，團結一切反共力量，以消滅賣國殃民之共匪，抵抗對我侵略之蘇俄。尤其國際間反共民主國家間之聯繫合作，當本自助人助之精神，而力求加強。」[20] 而其首要工作則為確定副院長及各部會首長。

　　陳誠對於人事安排，為尊重蔣氏，先與其商議後方才決定，但亦有所堅持，認為「人事應予總統運用，但須注意：與政策配合而確能執行政策者最低限，一般批評歷屆政府之貪污無能，首先除去政院首長之貪污者。」[21] 人選上，陳氏以為「『用新人行新政』，是每次行政院更迭所必有的呼聲，當然值得重視；但光是『新人』還是不夠，必須再加上賢能的條件。」[22] 以副院長為例，蔣氏認為以吳國楨為副院長兼臺灣省政府主席最為適宜；[23] 王世杰亦曾向蔣氏表達不願任院長，但可以任副院長之意，[24] 陳氏顯然另有主張，決定以曾任翁文灝內閣副院長之張厲生再任副院長，出乎外界意料。對此，蔣氏記道：「雪艇不知人對其副院長極端反對也，其他用人不能明示理由，只

19　何智霖編，《陳誠先生書信集：與蔣中正先生往來函電》，下冊（臺北：國史館，2007），頁743-744。

20　薛月順編，《陳誠先生回憶錄：建設臺灣》，上冊，頁106-107。

21　陳誠著，林秋敏等編校，《陳誠先生日記》，第2冊，頁742。

22　薛月順編，《陳誠先生回憶錄：建設臺灣》，上冊，頁107-108。

23　《蔣中正日記》，史丹福大學胡佛研究所藏，民國39年3月8日。

24　傅正主編，《雷震日記（一九五〇年）：第一個10年（二）》，頁49，1950年2月26日。

有受人不諒之苦心而已。」[25]再如財政部長一職，吳國楨曾向蔣氏表示陳氏預定之財政部長人選嚴家淦不能與其配合，要求自兼，但陳氏並不接受，仍以嚴氏爲部長，蔣氏亦無法強制，只能於日記中記道：「國楨以財政部長人選不能與其省府合作，要求其自兼部長相脅，其多半當受美國在臺之使館人員之影響也。余以名單已定，而且已提常會不能改動告之，而彼仍要求不置，美使館亦間接表示支持國楨，心滋不懌，最後仍照原定名單提案通過，不管美國之態度如何也。」[26]陳氏則在「因時因地而制宜」的考慮下，任吳國楨爲政務委員兼臺灣省主席，他認爲「政府遷臺以後，中央與地方的關係已然密切到不可分割，省主席能兼上一席政委，則中央與地方的設施自無扞格不入之弊。」[27]至於行政院秘書長一職亦頗費周章，蔣氏屬意黃少谷出任，黃氏不願，但以其職牽動總統府秘書長亦無法定案，最後仍由黃氏擔任。另外教育部長程天放、內政部長余井塘爲CC派主要人物，似符合前述蔣氏所記「立夫對辭修組院有所要求」，[28]因此行政院各部會首長人事決定的過程，可以說是蔣、陳兩人相互妥協的結果，蔣氏稱：「與辭修談各部長及其他重要人事甚久，最後決定自覺較合理想，但已煞費苦心。」[29]

3月12日，總統明令公布行政院副院長、各部首長、政務委員及秘書長，爲：

副院長　張厲生

政務委員　吳國楨

　　　　　王師曾

---

25 《蔣中正日記》，史丹福大學胡佛研究所藏，民國39年3月11日。

26 《蔣中正日記》，史丹福大學胡佛研究所藏，民國39年3月11日。

27 薛月順編，《陳誠先生回憶錄：建設臺灣》，上冊，頁106-107。

28 傅正主編，《雷震日記（一九五〇年）：第一個10年（二）》，頁59，1950年3月11日。

29 《蔣中正日記》，史丹福大學胡佛研究所藏，民國39年3月11日。

　　　　　　楊毓滋

　　　　　　田炯錦

　　　　　　蔡培火

　　　　　　黃季陸

　　　　　　董文琦

　　內政部長　余井塘

　　外交部長　葉公超

　　國防部長　俞大維

　　財政部長　嚴家淦

　　教育部長　程天放

　　司法行政部長　林　彬

　　經濟部長　鄭道儒

　　交通部長　賀衷寒

　　蒙藏委員會委員長　余井塘（兼）

　　僑務委員會委員長　葉公超（兼）

　　秘書長　黃少谷

　　其中除葉公超續任、嚴家淦由經濟部長改任財政部長、王師曾留任政務委員外，其餘均為新任。

　　憲法第五十三條規定：「行政院為國家最高行政機關。」第三十七條規定：「總統依法公布法律，發布命令，須經行政院院長之副署，或行政院院長及有關部會首長之副署。」行政院院長不僅為全國最高行政首長，且對總統發布命令有副署權，行政院院長與總統之間的關係十分微妙。而依據憲法第五十七條規定，行政院對立法院負責，提出施政方針及施政報告，並接受立法委員質詢。因此對於政府體制究為總統制或內閣制，就學理上頗有爭

議，陳誠對此則從實務來看，表示：「依照憲法，『行政院為國家最高行政機關』，並對立法院負責；據此，一般人認為我們的現行行政制度有似於責任內閣制，這種看法並不為錯。但如英、法等國的責任內閣，內閣首長是由政黨產生的，不像中國的行政院長是由總統提名經立法院同意的。中國行政院長的產生，和美國閣員的產生倒一模一樣，而美國是總統內閣制；從這一點看，說中國所行的不是責任內閣制，也未為不可。杜魯門不會任命和他政見相左的國務卿，艾森豪也是如此；故中國政府的行政院長不能不尊重總統的政見，不只是理所當然，而且也是勢有必至。再則，中國的建國理想以三民主義為根據，亦即以民有民治民享的原則為依歸，這也是載在憲法的。三民主義本是國民黨所信奉的主義，既經納入憲法的範疇，也就成了全國國民所信奉的對象。所以為行政院長者，無論在黨的立場或就國的立場而言，不但要擁護憲法，並且還要奉行主義。他沒有別出心裁或標奇立異的需要，這是很明顯的。」因此「行政院是責任內閣，也不是責任內閣，行政院長可以有政治抱負，但不能脫離總統的意旨和主義與憲法的限制。這就是說，假如我這一任院長幹得好，是總統的領導有方和主義與憲法的行之有效；反之，假如我幹得不好，無可抵賴，是怪我不堪負荷罷了。」[30]對於就任行政院院長後必須宣布施政方針的擬定，決定大的原則和理論不談，「因為那都是主義與憲法裡的東西，不必拉來裝點我們的門面」，[31]只就國家的現狀，針對以往的得失陳述意見，陳述幾點意見，作為就任以後力行的準則。

　　陳誠對於施政方針及施政報告的內容十分重視，親自擬定施政方針提要，經3月17日新閣組成後的首次院會審議後通過，再發交各部依提要草擬詳細施政計畫，確定後送院，由副院長張厲生及六位政務委員組織施政計畫

30　薛月順編，《陳誠先生回憶錄：建設臺灣》，上冊，頁113。
31　薛月順編，《陳誠先生回憶錄：建設臺灣》，上冊，頁114。

審查委員會進行審查，審查完成後，提交院會討論，於29日經行政院院會
通過後，咨送立法院。3月31日下午，陳誠率全體閣員列席立法院第五會期
第十一次會議，報告新內閣的施政方針，並接受立法委員質詢。陳誠為使施
政方針能在立法院獲得支持，在方針擬定的過程中，與副院長張厲生聯合分
批邀請立法院各委員會立法委員，交換行政院施政方針對於各該委員會負責
業務之意見。[32]

　　陳誠將施政的總目標以「確保臺灣，準備反攻」八個字含括，外交方
面，把握國際情勢，一面爭取國際間的同情與合作，一面擴大國際反侵略反
極權的力量，為世界和平與人類正義而奮鬥；軍事方面，屬行精兵政策，核
實員額，簡化機構，嚴格整訓，加強加強陸、海、空軍之統一指揮與協同作
戰，注重政治、經濟、文化與軍事力量的綜合運用，以期發揮總體戰的效
能；政治方面，維護憲法尊嚴，為民主政治奮鬥，實施地方自治，確立民主
政治的基礎，提高司法效率，保障人民的權利與自由；在財政經濟方面：財
政方面，必須屬行開源節流，以收支平衡為目標；經濟方面，側重軍用與民
生日用必需品的生產與流通，貫澈減租政策，漸求達到「耕者有其田」之目
標，加強重要物資的掌握，規畫進口物資的利用，調節供應，穩定物價，且
視需要進行合理的配給制，以適應戰時的需要。總而言之，「在政府方面，
少用一分力量於生產和戰鬥無關的業務，就是減輕一分民眾的負擔；在民眾
方面，多用一分力量於生產和戰鬥有關的工作，就是增加一分勝利的把握。
政府的政略和戰略必須以財政、經濟為準衡，而人力和物力要使用得切當、
使用得有效，要以精神的力量彌補物質的不足，更要以公平的措施均衡民眾

---

32 陳誠著，林秋敏等編校，《陳誠先生日記》，第2冊，頁755-756。按：3月27日中午邀請
　立法院內政、邊政兩委員會立法委員，交換行政院施政方針對於內政、邊政意見；晚，
　請外交、僑務兩委員會立委，交換外交、僑務意見。3月28日中午請國防、交通兩委員
　會立委，交換行政院施政方針對於國防、交通意見；晚，請經濟委員會立委，交換經濟
　意見。

的負擔，才能達到增進生產持久作戰的目的。」[33]這個施政方針就是陳誠第一次擔任行政院院長的四年之間主持院務的藍圖，相關行政計畫都是根據這項方針加以調整而制定。陳誠日後回顧這四年的施政作為，表示：「在這四年當中，凡是我們所作所為的確是沒有踰越這方針的軌範；揆諸『言顧行，行顧言』之義，稍可引以為慰耳。」[34]

三、調整行政機構

行憲後之行政院依《行政院組織法》，設十五部、三會、一局：內政部、外交部、國防部、財政部、教育部、司法行政部、農林部、工商部、交通部、社會部、水利部、地政部、衛生部、糧食部、主計部、資源委員會、蒙藏委員會、僑務委員會、新聞局。[35]1949年3月21日，《行政院組織法》修正，將社會部、地政部、衛生部併入內政部；糧食部併入財政部；農林部、工商部、水利部及資源委員會併為經濟部；裁撤新聞局；裁撤主計部，改設主計處；成為八部、二會、一處：內政部、外交部、國防部、財政部、教育部、司法行政部、經濟部、交通部、蒙藏委員會、僑務委員會及主計處。[36]政府遷臺後，雖然有臺灣、福建、浙江三省，但是只有臺灣是一個完整的行政區域，其他兩省只領有少部分外島地區，亦即中央政府實質管轄的區域與臺灣省高度重疊。加以各部會在由南京至廣州、重慶、臺灣之遷徙過程中，人員資遣，組織緊縮，部分單位甚至只有「一顆大印和空的衙門」。[37]因此陳誠在籌組內閣時，首先面臨的問題是行政院是否繼續八部二會的組織架構，

33　薛月順編，《陳誠先生回憶錄：建設臺灣》，上冊，頁114-115。

34　薛月順編，《陳誠先生回憶錄：建設臺灣》，上冊，頁116。

35　《總統府公報》，第一號（南京：總統府第五局，民國37年5月20日），第2版。

36　《總統府公報》，第二十七號（南京：總統府第五局，民國38年3月31日），第1版。

37　林桶法，《1949大撤退》（臺北：聯經出版事業股份有限公司，2009），頁206。

還是要再裁減。事實上，早在其獲得提名之前，已與蔣氏就此達成初步的結論，即行政院組織「仍保持原體制，酌予縮小，不宜大事改張」；[38]迨其經立法院同意，謁見蔣氏時，提及行政院組織問題，主張「八部兩會擬暫勿調整，因目前最重要者為軍事機構，擬先將軍事機構調整後，再及其他，總統甚同意」。[39]因此行政院確定維持原有的組織架構，但是在用人行政方面力求緊縮。陳誠於日後回憶這個決定時，表示：「省自有其本身的政府與議會。中央在臺，究竟應是象徵性的呢？抑是實際負責的呢？也是很值得重視的問題。不過當時大家有一個共同的認識，就是：中華民國並沒有滅亡，國家一日不亡，國家自有國家的規模，所謂『麻雀雖小，肝膽俱全』是也。不過把牛的肝膽裝在麻雀的肚子裡是不可以的，所以我對於行政院的改組雖仍維持前任八部兩會的體制，但在用人行政方面絕對力求緊縮。」[40]行政院八部、二會、一處的組織架構，於1952年11月增設新聞局後，[41]沿用至2010年，其間雖然因應政務需要，陸續增設二十餘個部會機關，但《行政院組織法》未作修正。至2010年2月，行政院組織再造，大幅修正《行政院組織法》，設十四部、八會、三獨立機關、一行、一院及二個總處（共二十九個機關），於2012年1月1日開始施行。

　　行政院的組織雖維持不變，但由於實質管轄區域與臺灣省高度重疊，中央所處理的政務與臺灣省地方事務全無關聯者十分有限，中央各部會與臺灣省政府各廳處的工作尤多疊床架屋，引起民眾不滿。因此「簡化機構、節省開支成為一時極迫切的要求」，[42]財經部門首當其衝，進行大幅度調整。

38　陳誠著，林秋敏等編校，《陳誠先生日記》，第2冊，頁742。
39　陳誠著，林秋敏等編校，《陳誠先生日記》，第2冊，頁746。
40　薛月順編，《陳誠先生回憶錄：建設臺灣》，上冊，頁107。
41　《總統府公報》，第三七四號（臺北：總統府第一局，民國41年11月25日），第1版。
42　薛月順編，《陳誠先生回憶錄：建設臺灣》，上冊，頁295。

　　財經部門的機構調整，分爲幾個方面進行，第一是經濟部組織調整：經濟部遷臺之初，原有三廳六司三處一室（秘書、參事、技術三廳，工業、商業、礦業、農林、水利、總務六司，統計、會計、人事三處，視察一室），共有員額八十人。1950年5月，實行緊縮，將秘書廳改爲秘書室，參事廳改爲參事室，技術廳與視察室併入參事室，六司仍舊，統計處併入會計處後改爲主計室，人事處改爲人事室，合爲六司四室，共設員額六十人。第二是經濟部附屬機關的整併：經濟部附屬機關在廣州時，有四十一個單位：屬於工業、商業、礦業部門者十一單位，屬於農業、林業、漁業、牧業部門者二十四單位，屬於水利部門者六單位，共計職員二千三百六十餘人。遷臺後，分別裁併結果，僅保留資源委員會、中央標準局、中央水利實驗處、中央農業研究所等四機構；原有無線電總臺畫歸交通部接管，原有駐美、英、菲三國商務參事撤銷，改設駐美商務參事及助理參事三人，連同四機構職員，總共保留一百一十餘人。[43]復以資源委員會主管業務與經濟部性質重疊，於1952年9月予以撤銷，主管業務移歸經濟部直接辦理。第三是整理財經審議機構：中央政府爲鞏固臺灣之財政、經濟，曾採行若干臨時措施，以適應特殊情勢，先後設置各項財經審議聯繫機構，如各項委員會及小組等。然時日既久，越設越多，至1953年夏，此種委員會或小組已有四十多個單位，在運用上出現問題。經財政部長嚴家淦會同臺灣省政府主席俞鴻鈞共同提出調整原則：（一）簡化機構；（二）集中事權；（三）分明責任，對於已失時效或無必要者裁撤，性質相同者歸併，共裁撤或歸併二十餘個單位。保留及改組的單位是：（一）行政院原設之財政經濟小組委員會，改組爲經濟安定委員會，採主任委員制，規定其職掌爲行政院與臺灣省政府關於財政、經濟政策及其重要措施之綜合、設計、審議與聯繫，其決議案件經行政院核定

43　薛月順編，《陳誠先生回憶錄：建設臺灣》，上冊，頁295-296。

後，交主管機關負責執行；（二）關於國際貿易及外匯管理業務，照下列各
項辦理：1.國際貿易及國外匯兌之立法、政策方針之確定以及對外洽定一般
性之貿易協定，由主管部報請行政院核定辦理。2.一般進口、出口貿易及外
匯管理業務，由行政院授權臺灣省政府設置外匯貿易審議小組辦理，該小組
受財政部、經濟部之指導。3.臺灣省美援聯合委員會裁撤，其工作由行政院
美援運用委員會接辦。其中尤以經濟安定委員會之成立，各界期待頗深，認
爲「臺灣經濟得此有力的合理的機構爲之策畫推動，將來的進步發展可以預
期。」[44]第四是整頓公營事業：對於公營事業，各方責難頗多，陳誠曾於中國
國民黨黨內會議中表示，過去的責任與今後的改進，政府均在研究中，如組
織、人事、業務、待遇、開支等等，均希望有合理的辦法，並希望與會者
多給資料。[45]他認爲公營事業的範圍太大，違背國父遺教的，所以要收縮公
營事業的範圍。1951年8月，行政院院會曾通過出售公營事業五項原則，這
是他在行政院院長任內收縮公營事業的發端。爲配合「實施耕者有其田」政
策，出售工礦、農林、水泥、紙業四公司，藉以償還地價之一部，這是收縮
公營事業大規模的一次實施。1952年12月，行政院院會通過《公營事業移轉
民營條例》，經立法院審議通過後，於1953年1月26日，總統明令公布。該
條例規定公營事業範圍如下：（一）直接涉及國防秘密之事業；（二）專賣或
有獨占性之事業；（三）大規模公司或有特定目的事業。除上項事項外，所
有公營事業均得轉讓民營。按照這項條例規定，公營事業逐漸收縮，使公
營、私營事業都能有一合理的個別發展途徑。[46]此外，加強公營事業董監事
制度、加強財務管理、整頓生產技術等，亦是整頓公營事業的重要內容。在

44　薛月順編，《陳誠先生回憶錄：建設臺灣》，上冊，頁299。

45　陳誠著，林秋敏等編校，《陳誠先生日記》，第2冊，頁765。陳誠在日記中，以「國營事
　　業」稱呼公營事業。

46　薛月順編，《陳誠先生回憶錄：建設臺灣》，上冊，頁301-302。

加強公營事業董監事制度方面，陳氏曾就董監事人選問題，指示財政部長嚴家淦、經濟部長鄭道儒，「對於國營事業董理事會人選之原則：（一）不必由高級官員兼，（二）不必專物色一般所謂上海流氓，（三）每一人不必兼若干個董事或理事。」[47]

　　對於行政機構調整的必要，陳誠頗有感慨，曾於主持會議後自記：「下午，院務會議，主要案〔為〕各部會機構調整，以本院機構之複雜混亂，即可知政治之腐敗，尤以在國外之機構，凡私人所派代表均極有錢，而政府正式之機構，如使領館及各代表團，已四個月未發薪水——可嘆。而最腐敗者為所有金融之機構各董事，無非官僚與流氓之集團〔已面報總統〕。」[48]至於行政機構調整的成效，他於日後回憶持肯定的態度，曰：「我接長行政院以後，對於機構的調整曾下了最大的決心，任何責難在所不計。當時，這樣做的主要目的是為了財政上的節流，這是不錯的，但也確實顧到行政的效率問題。在三十九年一年，我們裁撤了八十四個行政單位、五個國營事業單位，歸併了七個行政單位、兩個國營事業單位，緊縮了四十二個行政單位、二十二個國營事業單位；此外，軍事方面不必要的機構和空虛的番號也裁併了不少。四十二年六月，我們又把四十幾個財經單位統一編併而成一個經濟安定委員會，事權、責任都比以前簡單明瞭多了；這一措施證明我們對於行政機構的調整，隨時都在密切注意中，對於行政效率總是有一些好處的。」[49]其中所稱「行政的效率問題」，除調整行政機構外，陳氏還思考到機構層級太多的問題，希望有所改革，他說：「以行政院這一部門來說，行政院本身至少有五級〔院長、副院長為一級，秘書長、副秘書長為一級，處或室為

47　陳誠著，林秋敏等編校，《陳誠先生日記》，第2冊，頁764。
48　陳誠著，林秋敏等編校，《陳誠先生日記》，第2冊，頁757。
49　薛月順編，《陳誠先生回憶錄：建設臺灣》，上冊，頁196。

一級，科爲一級，承辦人爲一級〕，所屬部會大體分四級〔部長、次長爲一級，司處爲一級，科爲一級，承辦人爲一級〕，其設有署局者，可能還要多一、兩級至兩、三級。部會所屬業務機構，除廠、場、公司外，或稱局或稱處或稱會無定制，而編制級層普通多在三、四級之間。從這樣的一個組織體系來說，假如有一件須經政策決定的業務，如電力加價，從主管基層業務的承辦人起，至少要層轉十二、三個級層，院長始能過目。如須會辦之件，則每會一個部會，就非多經半倍或一倍的級層不能完成手續，這就無怪公文稿面常呈治印展覽之大觀了。」曾交由各部會研議國防部所提出簡化行政級層，主張撤除「科」這一級的建議，各部會所持意見不一，於1950年4月提行政院院會討論，決議：「原則通過，其有特殊原因必須分科者，須專案呈准後始得設置；其原任科長者改稱專員，原任科員者改稱辦事員，待遇仍舊。」[50]但是科長、科員名義載在官制，各機關的編制組織均有法規，對於行政院的決議案，主管全國公務員人事業務的銓敘部僅同意是一種臨時措施；關於官職名稱和編制的改變，並不贊同。經過行政院與銓敘部多次溝通，達成折衷意見：「改」由行政院改，但是「任審」手續仍須依照法規。「於是簡化級層一案，和『換湯不換藥』也就所差無幾了。」[51]

　　陳誠擔任行政院院長期間，除了調整行政機構外，還有一件與政制有關的工作，即整理法規。他認爲「法令多如牛毛，不但人民在法令面前，如對丈六金身摸不清頭腦；就是立法、行法的政府人員，敢說熟習一切法令者，恐怕也找不到幾個。所以辦起事來，有的人就公然無視法令，雖違法而不辭；有的人就舞弄文法，唯私利之是圖」，[52]爲改變此種情形，決定整理

50　薛月順編，《陳誠先生回憶錄：建設臺灣》，上冊，頁196-197。

51　薛月順編，《陳誠先生回憶錄：建設臺灣》，上冊，頁197。

52　薛月順編，《陳誠先生回憶錄：建設臺灣》，上冊，頁201。

法規。他指示行政院先擬定三項整理法規的原則：（一）根據憲法制定的法規，目前仍全部繼續適用者，應予保留。前為適應動員戡亂需要而制定之法規是否適用於臺灣之環境，應加檢討，分別擬議修正或廢止。（二）一法令內，一部分仍須保留者，應將不適用之部分迅予修正；同一事項散見於數法令，內容雷同者應予歸併，內容牴觸者應予修正。（三）施行期間已久，與現時情況已不相合，或與現行政策相悖，或已有新法可資適用者，應予分別廢止。[53]根據以上原則進行整理工作，至1951年8月，統計應行廢止之法規，共1,206種，即先行呈報總統並分行各在案；應行保留及修正之法規，仍繼續進行整理。1951年12月至1952年2月，由行政院秘書處召集各部會處主管人員連續開會四次，審查法規整理之結果，計應保留者2,876種、應修正者724種、應廢止者除1951年8月公布者外又有480種，前後共應廢止法規1,686種。此項整理結果經呈報總統，奉指示：「關於簡化法令規章者，擬予保留之法規，應迅行繼續研究審查，力求簡化便民；應予修正及廢止之法規，應迅即分別辦理修正、廢止手續具報。」[54]行政院隨即進行第二階段整理，至1953年6月，由第一階段保留及應修正的法規共計3,600種，經再度整理後，又減少了569種，僅餘3,031種。前後兩階段廢止的法規總計2,033種。簡化到了這個地步，實已簡無可簡。整理法規工作，至此暫時告一段落。而此項整理，對於行政效率的提升，應有一定助益，如陳誠所稱：「讓法令規章陳陳相因、有加無減，好像『野火燒不盡，春風吹又生』的亂草一般，其足為行政效率之累，是可以斷言的。所以我們敢於相信這次整理法規工作絕不徒然。」[55]

53　薛月順編，《陳誠先生回憶錄：建設臺灣》，上冊，頁201-202。

54　薛月順編，《陳誠先生回憶錄：建設臺灣》，上冊，頁202。

55　薛月順編，《陳誠先生回憶錄：建設臺灣》，上冊，頁202。

四、中央與省的關係

前已述及，政府遷臺後，管轄的範圍雖然含括中國大陸東南沿海地區，但主要區域實為臺灣省，相關資源大致重疊，因此行政院在施政上亟需臺灣省政府之支持。陳誠與臺灣省政府主席吳國楨為前後任，以往在各自工作領域發展，沒有什麼特別的交誼，但在吳國楨繼陳誠出任臺灣省政府主席後，兩人關係並不融洽，關鍵因素就在於臺灣省主席一職。陳誠係在美方壓力下辭卸，由吳國楨繼任，而在這個過程中，吳必欲取得省主席的態度，使陳誠對吳深有反感，稱「其必欲獲取省政的陰謀，自始即甚明顯」；[56]而吳氏在就任後，因為省政府人事安排引發軒然大波，甚至造成省參議會休會抗議，吳認為此係陳誠在幕後指使，對陳心生不滿。[57]陳、吳不睦，在政壇已為公開之事，蔣氏於正式提名陳誠為行政院院長人選之前，仍多方徵詢意見，目的在化解陳氏提名之後可能遭遇的阻力。3月2日晚，蔣氏約見張羣與吳忠信談話，吳以現任行政院長既已辭職，繼任人選，應早決定，所提之人，總以立法院易於通過為原則；蔣氏即表明屬意由陳誠擔任；吳曰：「如提辭修，必須與現任臺省主席吳國楨，先求諒解，必須與各派系說明，以免發生困難。」[58]陳、吳兩人間關係不睦，蔣氏亦十分清楚，曾將其決定先行告知吳國楨，意在使其有心理準備，吳之反應強烈，立即表示辭職，但蔣氏似乎僅將此事視為陳氏個性所致，並未顧及對施政的影響。記道：「吳國楨以辭修出長行政院，其心不安，堅求辭職，此在意中事，應懇慰之，如何使之安心服

56　薛月順編，《陳誠先生回憶錄：建設臺灣》，上冊，頁87。

57　吳回憶稱：「陳誠的臺北市長游彌堅非常仇視蔣渭川，陳誠抓住這個機會給我難堪。在他的鼓動下，通過游的策劃，由陳誠安排進許多半山裡人組成的省參議會群起抗議，反對任命蔣渭川，他們找我要求撤回任命。」參見裴斐、韋慕庭訪問整理，吳修垣譯，《從上海市長到「臺灣省主席」(1946-1953年)：吳國楨口述回憶》(上海：上海人民出版社，1999)，頁113。

58　《吳忠信日記》，民國39年3月2日。

務。辭修氣狹量小，動輒嚴斥苛求令人難堪奈何。」[59]吳國楨亦指稱陳氏在公開場合指稱他用「欺詐手段獵取省主席一職」，使其「怒不可遏」，此後「儘管他是行政院長，但由於大部分權力都集中在省政府，所以不管我制訂什麼計畫，我就自行其是，不同他商量。」[60]另一方面，前已述及在陳氏安排行政院各部會首長人事過程中，吳國楨曾經向蔣氏表達擔任財政部部長一職的意願，但陳氏並未接受，更加深兩人之間的嫌隙。陳誠曾批評吳氏，曰：「吳國楨主臺以後，他自己覺得有特殊的政治背景，有恃無恐，遇事爲所欲爲，很闖了一些禍。我就唯恐人家說我小氣，容不得人，對他更特別客氣，處處尊重他的意見，非至萬不得已，絕不和他爭辯。我這樣對他，自信是相忍爲國，誰想卻更助長了他的驕橫之氣。」[61]

陳誠曾在抗戰期間擔任湖北省政府主席，也是政府遷臺時的臺灣省政府主席，對於省政與國政的區分，以及臺灣的特殊情形有相當了解，他說：「湖北比臺灣爲大，而體制只是一省；臺灣比湖北爲小，而體制卻是一國。省主席行使一省的職權，在省政範圍以內，要求各方面的密切配合，並不是很難的事；但以一省之小的地方，卻要辦理一國之大的業務，欲求各方面都配合得很好，就未免所望過奢了。最顯著的如軍備問題，是以反攻復國爲目的的，卻要以一個小省的力量來支應，欲其不影響財政、經濟、教育文化各方面的發展，又如何可能？」[62]他以教育爲例說明。陳誠的教育理想主張計畫教育，從湖北省政府主席到臺灣省政府主席，在教育上均如此主張。依照他的計畫教育，有兩個重點：（一）使所有學齡兒童無論貧富皆有就學的

59　《蔣中正日記》，史丹福大學胡佛研究所藏，民國39年2月27日。

60　裴斐、韋慕庭訪問整理，吳修垣譯，《從上海市長到「臺灣省主席」（1946-1953年）：吳國楨口述回憶》，頁131。

61　薛月順編，《陳誠先生回憶錄：建設臺灣》，上冊，頁424。

62　薛月順編，《陳誠先生回憶錄：建設臺灣》，上冊，頁180。

機會，就是教育機會均等，即各國所稱「義務教育」或「強迫教育」，所有教育經費均由政府統籌，雖貧家子弟亦可入校就讀；（二）按照各人的資質便利其升學，並按照各人所學輔導其教業，就是每一個學生自入學以至畢業就業，均由政府妥爲計劃。[63] 但是計畫教育需要公費制度以爲之輔翼，因爲臺灣的軍費負擔過重，公費制度自不能貫徹實施；公費制度之不能貫徹實施，就是私費制度不能加以限制，於是私人辦學不但不能禁制，且必須加以獎勵。「私人辦學雖也可以予以法令上的約束，究不如政府自辦之能得心應手，如是而欲實施計畫教育，焉能望其可以推行盡利？」他進一步以畢業生問題說明「國」與「省」的不同，謂：「現在我們臺灣辦的教育，完全是國家規模的教育：專科以上學校一個跟著一個辦起來，有如雨後春筍一般；一批一批的畢業生接踵而至，多如過江之鯽。欲使這樣多的畢業生都能就業，幾乎是一個無法想像的事。不用說我們還是一個產業落後國家，即使產業已經相當發達，究竟一省的範圍有限，如何容得下以國家規模造就出來的青年？畢業生不能就業，則我們的教育豈不成了無目的的教育？無目的的教育，還能說是計畫教育麼？……把牛的肝膽裝在麻雀的肚子裏是不可以的，因爲那是可以把麻雀脹死的。所以我們以治國之道治臺灣，談不到理想計畫，設非光復大陸，光是教育上的無政府狀態就足以使我們一籌莫展。」對於畢業生的就業計畫與人事制度無法配合，亦頗爲無奈，曰：「因老病而退休，因庸劣而淘汰，因優異而升遷，因適任與否而遷調，是使人事新陳代謝與各得其所的古今不異之良法。……然而看看我們的人事制度，有無發揮新陳代謝與各得其所的作用呢？恐怕還很有一段距離。目前臺灣政府機關用人，幾乎完全停滯於有進無退的狀態，差不多都是一膺公職，即等於進了養老院。這種人事制度，就是在就業機會多的國家，也是無法善後的。」主張「學校畢業

63　薛月順編，《陳誠先生回憶錄：建設臺灣》，上冊，頁77。

學生應先見習，見習合格始能錄用；錄用官階各有一定停年，如大學畢業初任委任某級，停年假定爲一年，一年期滿，成績優異即予升級，否則即予淘汰，以下各級均同此；升級至無可再升，即規定退休年限，勒令退休。這樣，後面有來的，前面有去的，多少可以發生一點新陳代謝作用。」[64]但是在現實狀況下，他也明白這個建議只是一種空想，很少有實現的可能，對於所主張的計畫教育事實上增加了一層障礙。

　　陳誠主持行政院期間，對於省、縣地方事務，最重要的是實施地方自治。實施地方自治原本是陳誠於1949年主持臺灣省政時開始試行，但是僅完成部分設計準備工作，至其主持行政院務後，就在此設計準備工作能正式施行。實施地方自治，首先是訂頒法規，先後完成《臺灣省各縣市實施地方自治綱要》、《臺灣省各縣市議會組織規程》、《臺灣省各縣市議會議員選舉罷免規程》、《臺灣省各縣市長選舉罷免規程》等十餘種，使地方自治工作之推行得以循序漸進，不致踰越規範，亦不至無所適從。次一步驟，就是縣、市行政區域之實行調整。行政院爲愼重起見，先確定了六項原則以爲施行的張本，爲：（一）臺灣省政府及臺灣省參議會合組「臺灣省各縣市地方自治督導委員會」，負責協助設計，並督導實施各縣、市地方自治一般工作，及處理對於各縣、市行政區域調整方案之實施各項問題。（二）凡須調整區域之各縣、市，由縣、市政府及縣、市議會合組各該縣、市調整區域籌備委員會，負責區域調整之籌備事項。（三）省督導委員會應就各方面擬之各縣、市行政區域調整方案草案，綜合詳細研究，妥愼擬定調整草案，於三十九年七月底前，送由縣政府轉呈行政院核定。（四）各縣、市調整區域籌備委員會應根據核定之調整方案，進行各項籌備工作，並定自八月至九月底止，爲籌備期間；籌備期間，籌備工作至相當程度時，得分設縣（市）小組會，籌辦

64　薛月順編，《陳誠先生回憶錄：建設臺灣》，上冊，頁181-182。

新縣（市）政府成立事宜。（五）各縣、市籌備委員會，於籌備工作完成後，應請縣、市政府，呈報省政府核定公布調整區域，並公布辦理選舉日期。（六）縣、市籌備委員會，因特殊情形未能於規定期間完成籌備工作者，得由各縣、市政府呈報省政府酌予展期。

　　根據以上原則，臺灣省各縣市地方自治督導委員會1950年7月組織成立。該會綜合研究各方所提調整方案，製成新方案，呈由臺灣省政府轉報行政院後，復經院會審慎研討，終於是年8月16日，通過《臺灣省各縣市行政區域調整方案》頒布施行，其要點為：

　　（一）全省劃分為臺北、基隆、臺中、臺南、高雄等五省轄市，及臺北、宜蘭、桃園、新竹、苗栗、彰化、臺中、南投、臺南、嘉義、雲林、高雄、屏東、臺東、花蓮、澎湖等十六縣。（原臺北縣劃分為臺北、宜蘭兩縣；原新竹縣劃分為桃園、新竹、苗栗三縣；原臺中縣劃分為彰化、臺中、南投三縣；原臺南縣劃分為臺南、嘉義、雲林三縣；原高雄縣合屏東市劃分為高雄、屏東二縣）

　　（二）澎湖、花蓮、臺東三縣及臺北、基隆、臺中、臺南、高雄五省轄市，行政區域照舊。

　　（三）各縣、市之區域調整後，以原有縣轄區及省轄市之界線為界線。

　　（四）各省轄市改併為縣後，其原設之區在市街地段者，合併為縣轄市；在市郊地段者，依照社會情形改為鄉鎮，其區域照舊。

　　陳誠稱：「這一方案遠自三十六年〔1947〕起即開始研究，歷時三年，直至是時始成定案，確是折衷各級民意機關、專家學者及富有實際行政經驗人士各種意見的一種綜合產物。舉凡自然形勢、歷史沿革、面積人口、經濟文化、交通建設與行政管理等等，均曾予以周詳之顧慮。其結果雖然還不能使人人感覺滿意，但就大多數的觀點和最合理的角度看，實已善盡其最大的努

力了。」[65]而這個五市、十六縣的行政區域劃分，一直沿用到1967年7月，臺北市改制為院轄市後，才逐漸改變。

第三步驟就是督導選舉。第一屆縣、市議員的選舉，自1950年7月開始，分六期舉行；至1951年1月，各縣、市如期辦竣，分別成立了縣、市議會。第一屆縣、市長的選舉，自1950年10月開始，亦分六期舉行。其中一次當選者，有五縣三市，其餘縣、市亦照預定日期舉行；惟有因得票未過半數不能一次選出者，經舉行複選產生。僅苗栗一縣，第一次因當選者為現役軍人，經高等法院判決當選無效，於1951年7月重行選舉；又因投票公民未超過半數，經解釋須再行投票，至7月29日始告正式產生。對於選舉結果，陳誠稱：「這次臺灣省縣、市議員和縣、市長的選舉，在中國是破天荒的一次創舉，想要它完全符合理想，自然談何容易。但『一人一票』是做到了，『祕密投票』也做到了。而投票率平均都在百分之八十以上，這尤其值得使人興奮，因為這足以顯示本省人民的守法精神和關切自治。」[66]

當時中央與地方行政事務方面最容易發生衝突者，主要為財經部門。首先為機構方面，陳誠任臺灣省政府主席時，曾呈准中央在省政府下設置「臺灣區生產事業管理委員會」，以統一管理臺灣省區內各生產事業之生產計畫、聯繫配合等事宜，頗具成效。政府遷臺後，中央主管公營事業機關在臺灣辦公，生產事業管理委員會之任務必須有所變更，以免造成政令紛歧。1950年4月，行政院院會決議修改該會組織規程，以求適合實際需要。修改要點有以下三項：（一）原規程中之「統一管理」字樣，改為「督導推進」。（二）原規程所列該會之職掌，原規定由該會審議事項，於審議後呈請省政府核定施行或呈報省政府備案者，改為重大事項由該會審議後，屬於省營事

65　薛月順編，《陳誠先生回憶錄：建設臺灣》，上冊，頁191。

66　薛月順編，《陳誠先生回憶錄：建設臺灣》，上冊，頁191。

業者，呈請省政府核定施行；屬於國營事業者，呈由省政府轉該事業主管機關核定施行；屬於國、省合營事業者，以該會之決議為準，分別交該事業之董事會施行。其不甚重大事項，則均由該會審定施行或呈請省政府核定施行。（三）原規程第四條：「各生產事業之董事會及監察人暫停行使職權，由該會代為行使」之規定，予以刪除。經過此一番修改，生產事業管理委員會在不觝觸中央行政系統原則之下，仍得發揮它原有的功能。

其次在租稅方面。租稅為供應政府開支的主要財源，1951年6月，政府公布《財政收支劃分法》，規定國稅系統計有：所得稅、遺產稅、印花稅、關稅、鹽稅、礦區稅、貨物稅及臨時稅課等八種。政府遷臺之前，中央稅收係委託臺灣省政府辦理；政府遷臺後，中央與省同在一地，行政上凡能統一辦理者，以不必各自為政較為合理。再則各種稅法沿用已久，大多已不合時宜，重新修訂為事實上所不能避免。但修訂稅法並非短時間所能完成，在舊法當廢而新法尚未產生期間，臺灣省政府於1950年12月擬訂《臺灣省內中央及地方各項稅捐統一稽徵條例》，作為過渡的辦法以為因應。自1951年1月1日起施行，原定以一年為期；期滿後，因各項稅法多在修訂中，且臺灣情況未變不必多所更張，仍就原稽徵條例修正沿用。以後每年如此，直至陳誠離任時，臺灣租稅還是由臺灣省政府統一稽徵。

第三為劃分財政收支系統。1928年北伐完成、全國統一後，國民政府召開第一次全國財政會議，建立三級制（中央、省、縣）財政收支系統之規定。1941年，召開第三次全國財政會議，決議將各省財政併入國家系統，縣市單位為自治財政系統，是為兩級制之財政收支系統。1946年，第四次全國財政會議決議恢復中央、省（院轄市）、縣（市）三級收支系統制，鄉鎮財政編列單位預算列入縣（市）總預算中。1949年，因剿共軍事失利，中央為加大地方權責，將國稅（關、鹽兩稅除外）一律交由地方代徵、代支。政府遷

臺後，地方代爲收支之臨時措施顯得十分不適宜，而1946年頒布之《財政收支系統法》亦因時勢變遷有亟待修訂之必要。行政院於1950年11月，責成主計處、財政部、臺灣省政府會同研議改訂辦法，擬訂四項修訂要點：（一）現行憲法關於稅收明定劃分爲國稅、省稅及縣稅，故本草案將《財政收支系統法》改稱爲《財政收支劃分法》。（二）各級政府財政之劃分，爲中央、地方均衡權責之重要關鍵。本草案一方面儘量符合憲法之規定，以求原則上之一致；一方面儘量顧及地方情形，以期能適應各種不同之環境。（三）本草案期能適用於全國，故於稅課收入之劃分，採分稅分成兩種制度，並仍保留補助之規定，庶使盈虛調劑有相互抱注之用。（四）舊法失之於內重外輕，此次修訂草案對於地方財源無論省級、縣級均力求充實，以促進其發展。其著者如：1.舊法以地稅50%歸縣市局，30%歸中央，20%歸省。新法完全指定爲地方稅，以70%歸縣市局，30%歸省；惟院轄市以30%給中央。2.舊法所得稅、印花稅全爲中央稅。新法以印花稅20%、所得稅10%給省，另以印花稅30%、所得稅10%給縣市局。3.舊法縣市局稅無「其他特別稅課」，新法增列，在臺灣爲「戶稅」。4.舊法「專賣」爲中央獨占事業，地方政府不得爲之。新法爲顧及實際情形，於此項收入條文後增列「專賣經中央政府特許，省政府亦得舉辦。」[67]陳誠對於改進方法，感覺相當滿意，認爲過去財政權均集中於中央，省以下無財政可言，責成地方辦事實爲強人所難。此次修訂收支系統能注意及此，是一件可喜的事。[68]

　　《財政收支系統法修正草案》於1950年12月送請立法院審議，該院對於省政府亦得舉辦專賣之規定表示異議。惟臺灣省菸酒專賣的時間已久，爲各項經建事業之財源；一旦改隸，牽涉問題太多，辦理甚爲困難。乃將「省政

67　薛月順編，《陳誠先生回憶錄：建設臺灣》，上冊，頁364-365。
68　薛月順編，《陳誠先生回憶錄：建設臺灣》，上冊，頁365-366。

府亦得舉辦」字樣刪去，改為「委託省政府代辦，並將收入全部補助臺省」等語，始得照案通過，並於1951年6月公布施行。因新法有補助協助之規定，使三級系統硬性的劃分得到較有彈性的實用。自1952年起，財政上的統籌調度成為政府平衡收支的一項重要措施，統籌範圍以中央與省為限，不涉及縣市鄉鎮。因此，縣市鄉鎮成為一個集團，除由省依法補助外，就其自身收入統籌調劑，自求平衡；中央與省另成一個集團，所有收入合併統籌分配。如此一來，亦使政府所面臨財政上的困境得以突破。[69]

五、結語

1950年3月1日，蔣中正復行視事，繼續行使總統職權後，提名陳誠為行政院院長，經立法院同意後任命，成為中華民國行憲後第五任行政院院長，亦是政府遷臺後的首位行政院院長。對於陳誠而言，深刻理解此時的中華民國政府雖然擁有大陸東南沿海地區浙江、福建、臺灣等省，但完整的只有臺灣一省，亦即中央政府實質管轄區域與臺灣省政府管轄範圍高度重疊，反應在施政業務上，不免有疊床架屋的情形。陳誠認為「把牛的肝膽裝在麻雀的肚子裡」是不可能的事，但是中央政府畢竟要有中央政府的規模，所以行政院的組織架構，維持大陸時期的八部、二會、一處，但是在人事上力求精簡，以節省支出。他由業務重疊性最高的財經部門著手，包括縮減經濟部組織，整併經濟部附屬機關，整理財經審議機構，整頓國營企業等，成效十分良好。除了調整行政機構外，對於法規亦進行整理，修正不適用者，淘汰不合時宜者，總共廢除了2,033種法規，並達到提升行政效率的目的。另一方面，中央政府如何與地方政府在施政上維持良好的關係，亦是此一時期的重點。

69　薛月順編，《陳誠先生回憶錄：建設臺灣》，上冊，頁366。

　　陳誠與臺灣省政府主席吳國楨的關係並不融洽，但是對於地方事務，中央仍有其工作內容。此一時期，行政院對臺灣省政府的重要工作之一，是實施地方自治。除制訂相關法規及進行地方行政首長及民意代表選舉外，最主要的是行政區域的調整，將全省劃爲五省轄市、十六縣。此項行政區域的劃分，一直持續到1967年7月，臺北市改制爲院轄市，才逐漸發生變化。此外，陳誠對於中央與地方業務最容易重疊的財經部門十分注意，在機構功能調整及租稅辦理、財政收支劃分等方面，予以明確的區分，使彼此不致混淆。

　　綜合而言，陳誠作爲政府遷臺後的首位行政院長，在中央與地方在制度上的若干作爲，不僅確立政府遷臺以後的政治制度，對於日後中華民國在臺灣的政治發展，亦有深遠的影響，值得重視。

反共抗俄？反攻大陸？確保臺灣？
——陳誠在臺灣時期的革命言論初探

彭劍

華中師範大學中國近代史研究所副教授

一、引言

關於國共兩黨，人們長期以來有一種根深柢固的近乎常識的觀念：共產黨是革命的，國民黨是反革命的。近年有學者揭示，不但共產黨長期以革命黨自居，國民黨也如此。在以「革命」為神聖的年代裡，雙方都將「革命」的桂冠戴在自己頭上，同時將「反革命」的帽子送給對方。[1]這種情形，就是在國民黨敗退臺灣前後，也無改變。1949年初，當共產黨高歌猛進，宣稱要將革命進行到底，將「反革命」的國民黨政權徹底推翻的時候，國民黨的高級將領陳誠也說「現已至與反革命者短兵相接之時」，並說「反革命者無時不想阻撓革命。」顯然，他所說的「反革命者」是中共，中共所阻撓的「革命」則是國民黨的事業。[2]面對殘局，蔣介石於1949年初引退，旋即從南京乘

1　王奇生，《革命與反革命：社會文化視野下的民國政治》（北京：社會科學文獻出版社，2010），第3、4章。

2　陳誠，《陳誠回憶錄：建設臺灣》（北京：東方出版社，2011），頁309-310。同年底，陳誠在發給余漢謀的電報中說：「弟以為目下負責，全憑革命需要，豈計個人得失。」參

飛機到杭州，轉往溪口。陳誠於1月21日趕到杭州，向蔣介石請示今後的施
政重點，究竟是「行憲」還是「革命」？蔣介石沉吟了一會，很肯定地告訴陳
誠：「我們當然要繼續革命。」[3]中共言論中的反革命頭子蔣介石，在一敗塗
地的時候，居然說出「繼續革命」的話，眞是一件頗有意味的事情。

　　蔣介石深思之後，在「行憲」與「革命」中選擇了「革命」，這就意味
著，在其後的一段時間，在國民黨統治下的地區，「革命」仍會成爲壓倒一
切的中心工作。果然，翻閱陳誠的文獻，發現在臺灣時期，「革命」堪稱他
言論中的關鍵詞。

　　陳誠的革命言論涉及面非常廣泛，從國民黨的革命歷史，到孫中山、蔣
介石的革命領袖地位、他本人的革命經歷、革命歷程中最慘重的失敗（丟掉
大陸），到當下的革命環境與革命任務，從暴力的革命到不見硝煙的革命，
從革命精神到革命實踐，可以說包羅萬象，面面俱到。最引起我興趣的，是
他關於當下革命主題的言論。他對目前革命主題的言說，有「反共抗俄」、
「反攻大陸」、「確保臺灣」等不同提法，而這些提法在一定程度上反映了國
民黨的革命策略，也反映了其在革命問題上的無奈。學界對1949年以前國
民黨的革命言行已有所探討，對1949年以後該黨的革命言論則鮮有涉及。
本文希望通過對陳誠在臺灣時期革命言論的梳理，加深對近代中國「革命」
問題的理解。

二、反共抗俄

　　一般情況下，革命乃是一種國內政治運動，是在野者用暴力手段奪取統

見「電余漢謀盼約集各方共挽危局」（1949年12月8日），收入何智霖編，《陳誠先生書信
集：與友人書》，下冊（臺北：國史館，2009），頁351。

3　陳誠，《陳誠回憶錄：建設臺灣》，頁12。

治權的一種方式。陳誠言說中的革命，則不僅僅是一場國內的政治鬥爭，且帶有國際革命的色彩。這種國際色彩，最典型地在其「反共抗俄」的言論中體現出來。

　　1951年1月31日，陳誠作爲行政院院長，主持行政院第170次院會。期間談到，「凡未參加反共抗俄工作者，對其地位與權利，應有所限制，此即『革命的民權』之義。」[4]這一段話明確告訴我們，「反共抗俄」是一件革命工作。[5]在這裡，「反共」和「抗俄」看起來是並列的兩項事務，「反共」是針對中國共產黨而言，「抗俄」是針對蘇聯而言。在很多場合，陳誠言論中的「反共」和「抗俄」確實是並列的兩件事務，所指也分別是中共和蘇聯。[6]不過，在有的場合，陳誠所反的「共」，又不僅僅是中國共產黨，而是指全世界的共產主義。

4　陳誠，《陳誠回憶錄：建設臺灣》，頁386。

5　關於陳誠的「反共抗俄」是一種革命事業，還可以從如下言論中得到證明：1952年10月12日，陳誠出席國民黨第七次全國代表大會第二次會議報告三年來的政府施政。其書面報告中寫道（因陳誠正在病中，書面報告是由他人代爲宣讀的）：「過去的已經過去了，我們決不怨天尤人。展望將來，我們深信革命的前途仍是非常光明的。但奮鬥的過程將是異常艱苦的。反共抗俄不是一種單純的軍事戰爭，乃是包括政治、經濟、社會、文化各方面全體性的戰爭。」1954年11月12日，陳誠談紀念孫中山的方法：「革命原來就是犧牲個人貢獻於社會及人類的事業，國父所能貢獻於社會人類的，已無保留地貢獻出來。今天我們在臺灣建立行館以及紀念碑亭，只能算是紀念的起點。正如總統在碑上題的『匡復中華的起點，重建民國的基地』。我們要真正紀念國父，還要以此爲起點，以此爲基地，學習國父的革命精神，在總統領導之下，並遵照總統今天在紀念國父建黨六十週年的訓詞努力，來完成反共抗俄、復國建國的大業。」1955年6月16日上午10點，陳誠到鳳山主持陸軍官校三十一週年紀念慶祝大會。閱兵後發表講話，有云：「軍校近三十年來的歷史，也就是一部國民革命史。現在我們撤出大陸，今後我們的使命，是反共抗俄，復國建國。我們對反共抗俄已有此信心，就是因爲軍校學生已重整旗鼓，恢復了黃埔精神。我們國民革命軍有四大口號，即：嚴守紀律、服從命令、實行主義和完成革命。這四大口號最重要的就是服從命令，這是反共抗俄勝利的一個要訣。」參見陳誠，《陳誠回憶錄：建設臺灣》，頁455、550、563。

6　比如，在陳誠的手稿中，有如下一條：「目前唯一的敵人：蘇俄與共匪。唯一的使命：反共抗俄。」《陳辭修先生手稿》，V2，頁62，華中師範大學圖書館藏。又如，1951年7月7日，爲紀念盧溝橋事變14週年，陳誠發表告軍民書，號召人們「發揮抗戰精神，來完成反共抗俄的大業」，並謂「當前蘇俄與共黨之頑強兇悍，更勝於抗戰時期之敵人。」參見陳誠，《陳誠回憶錄：建設臺灣》，頁409。

　　1951年9月1日，陳誠出席臺北記者節慶祝大會，在講話中，他就「反共抗俄」的工作，談了一通自己的看法：

> （一）列寧早已說過，共產主義國家和資本主義國家之間的對立和衝突，是絕對不可避免的，其結果不是你克服我，就是我克服你，要想蘇俄和民主國家並存在這個地球上，簡直是不可想像的事。（二）史達林認為這個世界上有五種對立：第一種是資本主義國家工人和中產階級之間的對立。第二種是殖民地和非獨立國家的解放運動與資本主義國家間之對立。第三種是戰勝者與被征服者之間的對立。第四種是勝利國家之內各黨派各人物之間的對立。第五種是共產主義國家與民主國家之間的對立。蘇俄的對外侵略行動，就是拿這些對立做基礎，運用這些矛盾實行其赤化世界的陰謀。所以反共抗俄最基本的工作，就是消除我們自己內部和國家之間的各種矛盾，大家團結起來。（三）加強實力的準備，實行全球性的戰略。史達林說過共產主義的偉大成就之一，就是不作僥倖的打算。所以民主國家實力強大之後，自可消弭大戰於無形。最後謂蘇俄的戰略運用是整個的，所以我們對抗蘇俄的侵略，也要採用全球性的戰略。所謂全球性的戰略，至少具有以下幾點意義：第一，民主國家要有一個全球性的安全組織；第二，一切戰略的決定必須就整個形勢作通盤考慮。尤其要針對敵人，積極爭取主動，採取最少代價獲得最大效果的措施，予敵人以致命的打擊；第三，共同反侵略的最高原則，應本「有錢出錢，有力出力」的原則，以貢獻於全體，尤其要充分發揮和利用各個不同國家的優點。[7]

　　陳誠此處所談的「反共抗俄」，沒有一語涉及中共，他所引用的列寧和史達林的話中，「共產主義國家」顯然是泛指，而陳誠此處所反的「共」，則

7　陳誠，《陳誠回憶錄：建設臺灣》，頁414-415。

是以蘇聯爲核心的共產主義國家。凡此，均顯示了陳誠革命論中的「國際」
色彩。並且，陳誠在此將世界分爲兩個陣營，一方是以蘇聯爲代表的共產主
義國家，另一方則是「民主國家」。這一段談話，頗爲巧妙地徵引敵方首腦
的議論，得出蘇聯與民主國家不能共存於世界、民主陣營必須設法消除各自
國內的矛盾和本陣營內國家間的矛盾、民主陣營必須採取全球性的戰略的結
論，他對敵方顯然有相當瞭解。他所提出的全球性戰略，如民主國家必須建
立一個全球性的安全組織、要有通盤的考慮、須確立共同行動的原則、充分
發揮和利用各民主國家的優點等等則顯示，在他眼中，「反共抗俄」不僅僅
「反」和「抗」的客體（共產陣營）是國際性的，「反」和「抗」的主體（民主
陣營）也是國際性的。

　　國民黨在臺灣的早期統治，給人留下的印象並非民主，而是獨裁。[8]但
是，在這裡，陳誠卻明確將國民黨統治下的臺灣納入到了民主陣營中。反覆
在陳誠的言論中出現的與「民主國家」同義的詞語，是「自由世界」或「自由
國家」。

　　1953年11月8日，美國副總統尼克森攜夫人抵達臺灣從事訪問。蔣介石
夫婦、陳誠等均赴機場歡迎。陳誠應廣播記者之請，在機場發表談話時說：
「尼克森副總統是一位智慧超人、眼光遠大、酷愛和平、反共堅決的政治
家。他此次亞洲之行，對於亞洲的安全、世界的和平、人類的幸福，是一種
很大的保證。他來到我們自由中國，對於我們反共抗俄的奮鬥，有無限的鼓

8　1956年3月19日，蔣介石以革命實踐研究院兼院長的身分主持聯合作戰研究班第七期開
　學典禮並訓話。典禮後有聚餐。聚餐結束，陳誠發表談話，其中第二點頗有意味：「外
　人懷疑總裁是獨裁，這是共黨有計畫的造謠，我以爲與其說總裁獨裁，毋寧說我們各級
　幹部不負責，我們真能負責，總裁獨裁的謗言，自然不會存在了。」陳誠，《陳誠回憶
　錄：建設臺灣》，頁582。可見在1950年代，臺灣就有人指責蔣介石獨裁。在陳誠的手
　稿中，我們發現了如下的文字：「政府回大陸，是否如過去作風？」、「獨裁與民主」，參
　見《陳辭修先生手稿》，V2，頁212，華中師範大學圖書館藏。似乎陳誠寫這個紙條的時
　候也認爲，國民政府有一個在獨裁和民主之間艱難抉擇的問題。

勵。尤其對於鐵幕內的人民，更是莫大的安慰。」[9]

1954年8月9日，陳誠應邀參加臺北市編輯人協會年會，並就戰爭與和平問題發表演說，其中有言：「今天自由世界如有一種明朗積極而堅強的領導，姑息主義者與一些徘徊觀望的國家，會由畏懼而勇敢，由怯懦而堅強的。」[10]

1955年12月24日上午9點，陳誠主持光復會第二次全體委員會議開幕儀式。在致詞中，他在分析國際形勢之後說道：「自由世界與鐵幕集團之間，遲早必有總結算總解決的一天。」[11]

1956年9月1日下午，陳誠應邀參加臺北市新聞記者公會慶祝第十三屆記者節大會，在致詞中談到，中共正在配合蘇聯的和平攻勢，對「臺灣海外僑胞」和「自由世界人士」進行宣傳戰，不過，他認為這種宣傳戰並不可怕，其中的一個重要原因，就是「自由世界的國家極大多數是維護正義崇尚民主的」。[12]

和民主一樣，國民黨統治臺灣初期，自由也是一個稀缺物件，在很多渴望自由的人士眼中，那是一個自由嚴重缺失的年代。但是，這卻沒有妨礙國民黨將治下的臺灣稱為「自由中國」，[13]將自己視為自由世界中的一員。既然

9　陳誠，《陳誠回憶錄：建設臺灣》，頁504。

10　陳誠，《陳誠回憶錄：建設臺灣》，頁545。

11　陳誠，《陳誠回憶錄：建設臺灣》，頁576。

12　陳誠，《陳誠回憶錄：建設臺灣》，頁598。

13　1951年8月8日，陳誠致函張發奎，其中有言：「今後局勢必須凝結所有自由中國之各種力量，並促成全世界一切反共國家之結合，方足以摧毀當前之大敵。」參見「函張發奎盼范臺共赴國難」（1951年8月8日），收入陳誠，《陳誠回憶錄：建設臺灣》，頁643。1954年1月15日日記中寫道：「方、錢、黃等三員由各界推定，代表自由中國民眾赴韓歡迎義士。」參見《陳誠日記》，華中師範大學圖書館藏，1954年1月15日，檔案名：430114-0115。1952年12月5日，陳誠列席立法院報告行政院之施政。除書面報告外，並作口頭提要報告，其中有云，自他就任行政院長以來，經過努力，「掃清了危疑震撼的陰霾，露出了安定進步的曙光，使自由中國每個人的心中，都重新建立了希望。」參見陳誠，《陳誠回憶錄：建設臺灣》，頁463。1952年12月31日，陳誠在主持行政院274次

是自由世界的一員，「反共抗俄」就不再僅僅是國民黨的孤獨奮鬥，而有了眾多的同道。並且，給自己貼上「民主」、「自由」的標籤，同時給敵人貼上完全相反的標籤，「反共抗俄」便有了一件正義的外衣。

在這場世界性的反共抗俄事業中，臺灣居於什麼樣的地位？陳誠在1952年10月12日宣稱，臺灣已經是「亞洲反共的燈塔」。[14]在此稍前，同年3月1日，爲蔣介石「復行視事二週年紀念」，[15]陳誠發表廣播演說，其中有云：「總統是反共抗俄的中心，我們要爭取反共抗俄的勝利，必須鞏固這個中心。支援維護我們總統的領導，這不僅是我們的需要，同時也是整個自由世界的需要。」[16]聽他的口氣，蔣介石儼然是全世界反共抗俄的中心，世界革命的領袖。

總而言之，在陳誠的言論中，反共抗俄是一場世界性的革命，在這場革命中，國民黨所領導的「自由中國」占有非常重要的地位，蔣介石的地位尤其重要。

三、反攻大陸

以上種種，說陳誠的革命論具有國際色彩則可，說陳誠是一個國際革命論者則不可。原因很簡單：陳誠所鼓吹的革命，落腳點其實是在國內。他真正關心的，並不是「共產主義的幽靈」將吞噬全世界，而是中國共產黨奪了國民黨的江山。對他而言，革命的最現實的主題，是反攻大陸，收復大

院會時說：「我們自由中國防範共諜是很嚴的，而許多民主國家對此認爲我們不民主，由此事也可說明我們的工作不夠深入，不能爭取廣大的瞭解。」參見陳誠，《陳誠回憶錄：建設臺灣》，頁467。諸如此類的言論不一而足，足見當時國民黨是將自己定位爲「自由中國」。

14　陳誠，《陳誠回憶錄：建設臺灣》，頁455。

15　蔣介石在1949年下野，於1950年3月1日宣布「復行視事」，即取消李宗仁的「代總統」資格，自己繼續當總統。

16　陳誠，《陳誠回憶錄：建設臺灣》，頁441。

陸。[17]

《陳誠回憶錄：建設臺灣》一書的第三部分，是「陳誠言行紀要」，收錄了陳誠在1949至1956年間的大量言論，其中有很多就是關於反攻大陸的。七年之中，陳誠面向行政官員、司法官員、國大代表、交通人員、記者、文藝人員、護士、農民、軍人、華僑、國民黨員、大學師生、外國友人等大量群體談過反攻大陸的問題，或說明為什麼必須在他們這一代收復大陸，或表達當政者收復大陸的決心，或分析反攻的時機，或號召人們努力工作，投身到反攻行動中去，或要求人們開始考慮收復大陸之後的建設問題，涉及到方方面面。從這些言論中，我們也可以感受到，陳誠對於反攻一事，經常懷有一份樂觀心態。

按規定，行政院長每年必須向立法院報告政府施政一次。1951年11月23日列席立法院報告施政時，陳誠說：「希望下次報告不在臺北而在南京」。[18]這無異於說，他希望在一年之內收復大陸。

1955年10月31日，為慶祝蔣介石69歲生日，在總統府前廣場主持青年反共救國團慶祝蔣介石生日暨慶賀該團成立三週年紀念大會時，陳誠說：

17　從如下言論可知，陳誠確實是將反攻大陸作為革命問題的。1952年10月12日，陳誠說：「過去的已經過去了，我們決不怨天尤人。展望將來，我們深信革命的前途仍是非常光明的。但奮鬥的過程將是異常艱苦的……我們必須運用政治、經濟、社會、文化的力量為軍事反攻鋪好道路，到了時機，即可運用軍事力量打開收復大陸之門。」參見陳誠，《陳誠回憶錄：建設臺灣》，頁455。1956年11月1日上午，陳誠參加海外洪門昆仲於臺北舉行之懇親大會並致詞，其中有云：「洪門組織是愛國的孤臣孽子於明末清初創始的，自始就是一個革命組織，最初以『反清復明』為行動目標，現在中華民族又遭遇空前未有的國難，洪門弟兄無疑的要協同政府完成反共復國的任務。希望洪門弟兄團結起來，行動起來，在革命的歷史上再寫出最光輝的一頁。」參見陳誠，《陳誠回憶錄：建設臺灣》，頁603。1958年1月2日，陳誠在日記中寫道：「周至柔談及政策問題，在軍事上究：一、獨立反攻？抑聯合反攻？二、原子戰爭？或舊式戰爭？予以為反共是長期而整個的問題，而我們祇有擇革命戰爭之一途。但革命戰爭絕對不能專恃情報工作，必須從政策上著眼。」參見《陳誠日記》，華中師範大學圖書館藏，1958年1月2日，檔案名：470102-0103。

18　陳誠，《陳誠回憶錄：建設臺灣》，頁428。

「希望在明年的今天，我們能以反攻復國的勝利，作為向總統祝賀七十大慶的獻禮」。[19]

1956年11月12日，應中央社記者之請發表國父九一誕辰紀念感想時，陳誠說：「如果我們的一切，都能達到收復大陸的要求，那麼，明年此日在南京謁陵，也不是不可能的」。[20]

如此這般，陳誠一而再再而三地跟人相約「明年」在大陸相見，其對收復大陸，顯然相當樂觀。

陳誠的反攻大陸言論中，尚有一類值得關注，那就是，他不只一次宣稱，反攻大陸的工作早已開始。注意到這類言論，對於我們全面理解陳誠在反攻問題上的思想底蘊也許是有幫助的。

1953年6月29日，陳誠接見旅泰華僑回國觀光團，告以：「國軍正等待良好時機反攻，至政治、經濟、文化各方面之攻勢，均已開始發動。」[21]

1954年11月9日，陳誠在臺北賓館舉行茶會，招待來自菲律賓、泰國、日本、高棉、南越及香港六地區歸國華僑祝壽團及觀光團，談稱：「大家關心的是政府何時反攻大陸。實則政府在政治經濟方面，早已開始反攻，至於軍事反攻，亦隨時可以到來。」[22]

1955年6月3日，接見菲律賓華僑藝宣隊時，陳誠談到：「大家關心的反攻問題，事實上我們政治、經濟反攻，已經開始。軍事方面亦正在充分準備中，軍事反攻的時間，是隨時都可以到來的。」[23]

同年9月5日下午，陳誠主持華僑文教會議閉幕典禮，期間說道：「軍事

19　陳誠，《陳誠回憶錄：建設臺灣》，頁572-573。
20　陳誠，《陳誠回憶錄：建設臺灣》，頁604。
21　陳誠，《陳誠回憶錄：建設臺灣》，頁490。
22　陳誠，《陳誠回憶錄：建設臺灣》，頁549。
23　陳誠，《陳誠回憶錄：建設臺灣》，頁561。

反攻時機，已不在遠，政治反攻仍在不斷繼續。」[24]

1956年6月6日上午，陳誠在中國工程師節慶祝大會致辭，其中有云：「我們對大陸的政治反攻業已開始」。[25]

從上述可知，陳誠是將反攻一事分為軍事反攻和政治反攻、經濟反攻、文化反攻等不同方面的。這一認識，他在1951年就有了。是年11月14日，在主持行政院第211次院會時，他說：「我有一點意見，就是一般人觀念上總以為反攻是純軍事上的事，應當加以挽正，強調政治經濟反攻的重要性。」[26]而在其他場合，他還把軍事反攻以外的其他種種反攻總稱為「精神反攻」。[27]軍事反攻雖然沒有什麼行動，但精神反攻則從50年代初就開始了，並且取得了不小的勝利，確實可以給陳誠自己以及其他關心反攻問題的人們一些精神上的慰藉。但是，反攻大陸的關鍵是軍事，在這方面不能有切實的行動，靠「精神反攻」的「成就」來獲取精神上的快感，說明在反攻問題上，陳誠雖然有眾多充滿樂觀的言辭，但在他思想的深處，似有難言之隱。

這一難言之隱就是，究竟能否反攻？

關於這一問題，我們想從反攻時機入手談。蔣介石和陳誠都有一個看法：中共進攻臺灣是他們反攻大陸的好時機。[28]這個看法其實表明他們的反

24　陳誠，《陳誠回憶錄：建設臺灣》，頁569。

25　陳誠，《陳誠回憶錄：建設臺灣》，頁588。

26　陳誠，《陳誠回憶錄：建設臺灣》，頁424。

27　陳誠在反思他1950至1954年擔任行政院長期間的反攻問題時說：「我們等待的時間不能毫無限度。在此等待期中，我們的軍事反攻雖不可能，但是政治反攻、經濟反攻、文化反攻則是可以好好地做一下的——我們不妨統稱此種反攻為精神反攻。這幾年來，我們在精神反攻方面，可以說都小有成就；大陸同胞引領東望日益熱烈，可見我們的政治、經濟、文化，已然在大陸上擁有了灘頭陣地。假如我們的政治更民主、經濟更繁榮、文化更進步，人民的生活更日臻於富強康樂，則大陸同胞之望臺灣將真如大旱之望雲霓。此種精神反攻的力量，不但可使大陸人民歸心於我，就連共軍、共幹也必群情嚮往，盼我來蘇，那時我們的軍事反攻將僅僅一種不可少的步驟。」參見陳誠，《陳誠回憶錄：建設臺灣》，頁181。

28　1955年4月11日，陳誠在革命實踐研究院對黨政軍聯合作戰研究班第五期研究員講話時

攻大陸不是一種積極的進攻，而是帶有防禦色彩。如果他們反攻大陸的念頭非常強烈，遇到大陸攻臺的機遇，一定會非常興奮。但是，陳誠1958年8月4日的日記卻提供了相反的資訊：

> 赫毛在北平開會，今後之行動，余認為中共以軍事行動威脅兩大國家以達其政治勒索之目的，其軍事行動之目標自然是臺澎。以此次颱風為例，僅一晚之颱風，使各地通訊斷絕，東部整天無消息。再加一般苟安之心理，如匪機來轟炸，可能使我癱瘓。今日總統對莊大使談赫毛會談後一定決定有軍事行動，語氣似感太緊張與急切，而莊似有不以為然之態度。[29]

　　赫魯雪夫於1958年7月31日祕密訪問北京，8月3日離開。蔣介石於4日召集陳誠、美國大使莊萊德等開會，交流意見。陳誠對此事的看法是，中共在此後必然會有對臺的軍事行動，但他擔心，如果中共使用空戰，臺灣會陷入癱瘓，顯然，他是不願意中共此時發動進攻的。至於蔣介石，考慮到中共必然會有軍事行動，一時似乎有些亂了方寸，陳誠用了「緊張」、「急切」這樣的字眼，在「緊張」前面還加了一個「太」字，可見，他也是不願意在此時遭到中共進攻的。由此看來，利用中共攻擊作為反攻大陸的時機，確實有很強的防禦色彩，甚至可以說，這一說法有掩飾其不願積極反攻的深心。

　　以當時的情勢判斷，對國民黨而言，確實無法積極反攻大陸，而只能確保臺灣。上引日記中提到臺灣東部的通訊設施在一場颱風之下立即癱瘓，反

說：「大家關心何時反攻的問題，總裁兼院長說過，共黨何時進犯我們，就是我們反攻最好的時機。」1956年3月23日上午9點，陳誠對考取自費留學生三百餘人講話，談到反攻大陸的四個時機分別是：「（一）共黨內部發生變亂時；（二）共黨犯臺時；（三）韓戰或越戰再起時；（四）世界大戰爆發時。」陳誠，《陳誠回憶錄：建設臺灣》，頁558、583。陳誠手稿中有一頁寫著：「反攻大陸與確保基地（黨政軍如何配合？）反共時機最好在匪進犯被我擊潰時。」參見《陳辭修先生手稿》，V2，頁96，華中師範大學圖書館藏。

29　《陳誠日記》，華中師範大學圖書館藏，1958年8月4日，檔案名：470804-0805。

應了一個問題：臺灣的硬體設施有限，不足以應付大的變亂，更不要說一場
反攻大陸的戰爭了。關於這一點，國民黨高層是有清醒認識的。陳誠1950
年出任行政院長時盱衡時局，說了如下一段話：

> 論國土，僅只剩下一些分散的島嶼；論人民，連老弱婦孺在內不過八百多
> 萬；論武裝，幾十萬殘破的部隊，固有戰志而無戰備，全部軍火的總合也不
> 夠打一兩天的仗；論財力、物力，就更不堪設想了，臺灣物產豐饒固然不
> 錯，但供一省之需若有餘，以供一國之用則不足。須知財物的匱乏就是生活
> 的困窮，生活這問題最為現實而且殘酷。政府解決不了人民的生活問題，反
> 而陷人民生活於愈益不堪之境，這樣的政府其實正是革命的對象。[30]

條件如此，自己都有可能被革命，又如何能實現反攻復國的革命目標？
關於臺灣資源與反攻大陸之需要之間的差距，這一段言論還不是最典型的。
最典型的表述，是如下一段：

> 打一很粗淺的比喻，假如某甲有一百塊錢的本錢，只合做一點沿街叫賣的小
> 生意；可是他的親戚、他的朋友，卻一定要他開一間包羅萬象的百貨公司，
> 大家好藉此機會沾點光，至少可以多買一點便宜貨，能夠把子弟介紹進去管
> 一點事，那就更好。這種要求與期望，對不對呢？成不成呢？它的答案誰都
> 知道是反面的。中國的社會太落後了，臺灣的力量太有限了，而一般國民知
> 識的與道德的水平實在也無法說是高尚；這就是我們反攻復國的全部本錢，
> 以這點本錢要做這樣大的事業，是不是和拿一百塊錢本錢開百貨公司的情形
> 一樣呢？我看實在沒有什麼分別。[31]

30　陳誠，《陳誠回憶錄：建設臺灣》，頁74。
31　陳誠，《陳誠回憶錄：建設臺灣》，頁305。

這是陳誠1954年2月12日出席立法院接受質詢時說的一段話，可以說痛徹骨髓，但也洞見癥結。拿只能沿街叫賣做點小生意的本錢去開百貨公司，當然是太難了。而要以臺灣的力量反攻大陸，其難度正與此相同。當然，以100元起家的生意人，未必不能建起一家百貨公司，以臺灣的力量，也未必不能承擔起反攻大陸的重任，但是，需要滿足一定的條件。對此，陳誠也有闡釋：

> 那麼反攻復國就全然無望了麼？那倒也未必盡然。一百塊錢開百貨公司，又何嘗絕對不可能，所有親親友友，如都能放下揩油的觀念，能投資的投資，能設計的設計，能跑腿的跑腿，大家克勤克儉，協力同心，一致促其有成，百貨公司還是可以開張宏發的。最怕的是大家認為開百貨公司是某甲一個人的事，親親友友坐享其成則可，助一臂之力則不可，不但不肯助一臂之力，而且還從旁橫挑鼻子豎挑眼，不是這個不對，就是那個不好，使某甲左支右絀，礙手礙腳，終至一動也不敢動，這樣，百貨公司可真就開不成了。反攻復國的問題，亦猶是也。大家必須和衷共濟，盡心竭力，以求其成；如反而相率置身事外，一味說風涼話，甚至還有人站在黃鶴樓上看翻船，惟恐天下不亂，這樣，反攻復國不知增加多少困難了。大家要記取：我們今日的本錢太小了、條件太差了，真要有心反攻復國，最先決的條件，就是人人對於我們今日的現狀要有充分的體認，從而建立起彼此的諒解。人人都能「有諸己而後求諸人，無諸己而後非諸人」，一切事情就好辦多了。[32]

問題是，在陳誠看來，人們並未按照用100元本錢開百貨公司的要求行事，而是相反。他在1950年初的日記中寫道：「投降乎？逃跑乎？自殺乎

32　陳誠，《陳誠回憶錄：建設臺灣》，頁305。

〔自私自欺〕？革命乎？大家都知道只有革命，但大家都走自殺的路。」[33] 1月 8日，王世杰訪問陳誠，陳誠在日記中記道：「王希望我須積極，余先以余並不消極，但不知從何處積極起。現一般均走自殺之路（自私自欺），我人究竟革命乎，自殺乎？」[34] 1月10日，陳誠又在日記中記道：「余以為目前大家均尚無革命決心，而且仍走自殺之路。」[35] 人心如此，如何用百元本錢開成百貨公司，如何利用臺灣有限的資源完成反攻大陸的任務？

在陳誠筆下，隨著時間的推移，普通人的心理，除了「自殺」之外，[36] 尚有了「苟安」。前引1958年8月4日日記中所擔心的「一般苟安之心理」，即此之謂也。1955年12月12日上午主持革命實踐研究院總理紀念週時，陳誠所談「到臺六年，大家意志反見消沉」，[37] 也是苟安心理的表現。「自殺」也好，「苟安」也好，都是與革命精神相違背的。3月12日是孫中山的諱日。1958年3月12日，陳誠感歎：「今年是國父逝世三十三週年紀念，回憶當時，正在東江作戰，當時全體官兵咸抱祇有奮鬥犧牲才能補國父逝世於萬一。較之今日彼此爭權爭利爭言爭氣而革命精神之消失，無怪大陸之淪陷也。」[38] 豈但一般人失去了革命精神，陳誠在1954年甚至一度懷疑，他自己的革命精神也

---

33 《陳誠日記》，華中師範大學圖書館藏，1950年1月1-7日「上星期反省錄」，檔案名：390101-0107。

34 《陳誠日記》，華中師範大學圖書館藏，1950年1月8日，檔案名：390106-0107。

35 《陳誠日記》，華中師範大學圖書館藏，1950年1月10日，檔案名：390110-0111。

36 陳誠1954年3月30日主持行政院第336次院會時的如下談話顯示，那時「自私自欺」的「自殺」現象還是比較嚴重的：「財政危機如此之大，實為令人憂慮之事。吾人縱有做中流砥柱之宏願，亦只能支持一個短期，長期如此，就是鋼鐵柱子，也抵不住狂瀾，何況又是一隻破船。行在中流，風狂浪急，船上的人，既不齊心，又不協力，還有人想把這隻船裝飾成為花花綠綠的一隻遊艇，歌舞昇平，有人想在這船上做小生意，自私自利。」參見陳誠，《陳誠回憶錄：建設臺灣》，頁528。

37 陳誠，《陳誠回憶錄：建設臺灣》，頁575。

38 《陳誠日記》，華中師範大學圖書館藏，1958年3月12日，檔案名：470311-0312。

有些消退了。[39]沒了革命精神，當然無法完成反攻大陸這樣的事業。

四、確保臺灣

不過，除了「反攻大陸」，陳誠的革命主題中，尚有「確保臺灣」一層。1950年5月19日，陳誠寫道：「有臺灣才能反攻，能反攻才能復興。」[40]可以看出，在陳誠眼中，保住臺灣，乃是為反攻大陸服務的，自然屬於革命的範疇。[41]

陳誠在1949年12月12日主持臺灣省行政會議閉幕典禮時強調：「施政總目標只有一個，即『配合軍事，確保臺灣』。」[42]施政目標中沒有「反攻大陸」字樣。從1950年1月的日記來看，「確保臺灣」是他那時最關注的問題。[43]1月5日，他記道：「臺灣的重要性，稍有智識的人士多知道，用不著再說，我們決盡最大的力量來確保之。」[44]1月23日，他在中央黨部做報告，第一個大題

39　1954年，陳誠當選為副總統，他在跟蔣介石談自己為何不宜兼任行政院長時說過如下的話：「這幾年來，有人說我修養有進步，我則認為修養進步可能就是革命精神的退步。」參見陳誠，《陳誠回憶錄：建設臺灣》，頁539。

40　《陳辭修先生手稿》，V2，頁105，華中師範大學圖書館藏。

41　「人心如此，豈但談不到反攻復國，就是求能確保臺灣，恐怕也還有問題；所幸這一類型的人，尚不太多，然已足夠扯累反攻復國大業而有餘了。所以我們今日的當務之急，照國父的話說，就是革命必先革心；照總統的話說，就是要打倒自私自利的個人主義以掃除革命建國的障礙。」參見陳誠，《陳誠回憶錄：建設臺灣》，頁303。從此類將確保臺灣放在革命語境下言說的表達方式，也可知在陳誠的心中，確保臺灣屬於革命的一部分。

42　陳誠，《陳誠回憶錄：建設臺灣》，頁342。

43　蔣介石命陳誠為臺灣省政府主席，賦予他的最重要的使命，就是確保臺灣。傅斯年1949年1月4日致電陳誠云：「介公命公長臺，開有深意，必須保持最後堡壘，以為復興之基。目前中樞動盪，公宜即就任，不便猶豫。」參見「傅斯年來電」（1949年1月4日），收入何智霖編，《陳誠先生書信集：與友人書》，下冊，頁325。次日，陳誠復電云：「弟已於今日先行接事，介公深意，及先生等善意，恐仍需有識者共同努力，方能有濟。」參見陳誠，「電覆傅斯年請速駕來臺共負巨艱」（1949年1月5日），收入何智霖編，《陳誠先生書信集：與友人書》，下冊，頁325。

44　《陳誠日記》，華中師範大學圖書館藏，1950年雜錄，檔案名：雜錄P1。之所以能判斷此項內容係1月5日所記，乃因為該頁頁眉標注了時間。

目，就是「確保臺灣」。[45]26日，在草山研究院，又講「確保臺灣」。[46]日記本裡黏貼了1月24日《中央日報》刊登的陳誠講話，標題是「只要敵愾同仇，臺灣必能確保」。[47]從他在公開場合發表談話的講題來看，他對確保臺灣是有信心的。不過，從私密的日記裡「決盡最大的力量來確保之」一語也可看出，在那個時候，對於能否確保臺灣，也還是心裡沒譜的。[48]

　　1950年3月，陳誠由臺灣省政府主席改任行政院長。由「地方官」變爲「中央官」之後，考慮問題的方式也有了變化，此前思考的重點在臺灣，此後則偏重於全局。經斟酌，他將自己這一任內閣的施政總目標確定爲：「確保臺灣，準備反攻。」與主政臺灣時的施政重點相比，增加了反攻的權重。不過，從陳誠回憶這一總目標時的如下言說來看，在「確保」與「反攻」之間，似乎還是偏重於「確保」：

> 我們施政的總目標可以八字盡之，就是：「確保臺灣，準備反攻」。「我們政府所在地臺灣，已成爲中華民族在黑暗中的燈塔，維繫著四億同胞衷心的期望。我們保持臺灣，也就保持了擁有世界五分之一人口而持有悠久歷史文化的偉大民族的團結力。我們深信惟有堅強進步的臺灣，才能領導大陸上反共抗俄的民族革命運動；惟有民主法治的臺灣與大陸上的極權暴政作爲比照，才能使我海內外愛國家爭自由的同胞堅定必勝的信念、集中救國的意志。中共深知全國人民一致擁護的中央政府一天存在，其在中國大陸的勝利便一天不能確保，蘇俄更深知臺灣一天存在，蘇俄在亞洲的鐵幕便一天不能完成。

---

45 《陳誠日記》，華中師範大學圖書館藏，1950年1月23日，檔案名：390122-0123。

46 《陳誠日記》，華中師範大學圖書館藏，1950年1月26日，檔案名：390126-0127。

47 《陳誠日記》，華中師範大學圖書館藏，1950年1月22日，檔案名：390122-0123。

48 1963年8月27日，陳誠在寫給張屬生的信中說：「我政府自大陸淪陷遷臺以來，吾人之處境，無時無刻不在忍辱負重苦撐之中。」參見「函覆張屬生吾國處此國際局勢更須有慎重之考慮與積極之準備」（1963年8月27日），收入何智霖編，《陳誠先生書信集：與友人書》，下冊，頁443。

我們不能忽略中共還掌握著陸軍數量上的顯著優勢，並且蘇俄正用盡一切方法幫助中共建立海、空軍，時時刻刻在準備從事進犯臺灣的軍事冒險。」根據這些理由，我們覺得我們提出「確保臺灣，準備反攻」的總目標是不錯的。總統對臺灣的重要性，更說過「過此一步，即無死所」的話，尤足提高我們確保臺灣的警覺性。[49]

原來，確保臺灣不僅僅是進一步反攻大陸的基礎，更是保住風雨飄搖的國民黨政權的需要。反攻是長久之計，生存則迫在眉睫。「過此一步，即無死所」，確保臺灣，當然比什麼都來得重要。並且，就實力來看，「確保」就已經很有壓力了，「反攻」是短期內無法顧及的。從陳誠分析自己任行政院長期間的財政狀況時所說的如下一段話，可知他對此是有清醒認識的：

我們當前的國策是確保臺灣和準備反攻，這是「攻」「守」兼備的兩面政策。我們要知道，我們當前的敵人無論從人力、物力、財力哪一方面講，都比我們強大多少倍；對付如此強大的敵人，單講「守」，我們所需要的支出已非我們的負擔能力所能勝任，何況還要加上「攻」？

高層的認識如此，可以想見，在陳誠任內，反攻是不會有什麼實質性舉措的。本來，他的施政目標中，對反攻一事，說的是「準備」，而不是「實施」。雖然如此，陳誠這一任內閣還是被人們稱為「反攻內閣」。[50]之所以會如此，固然和人們對陳誠的施政目標理解出現了偏差有關，也跟陳誠等黨政高層常把「反攻大陸」掛在嘴邊有關。不斷宣稱要「反攻」，倒不是他們有意愚弄百姓，畢竟，反攻大陸是他們的遠景目標，常說「反攻」，既可警醒

49　陳誠，《陳誠回憶錄：建設臺灣》，頁77。
50　陳誠，《陳誠回憶錄：建設臺灣》，頁179。

聽眾，也可使自己不忘初心。如果說，陳誠在回憶錄裡所說的「從『反攻內閣』四個字上，可以看出大家對我的期望是多麼殷切。匆匆四年，行政院長的任務，我是交代了；但大家殷切期望我的，卻還是一張白紙，思之未免汗顏」，[51]跟他在公眾場合發表的講話一樣官味太足不可徵信，那麼，他在日記中所記下的1954年正月初一的如下感想則讓我們深信，國民黨高層其實是很想收復大陸的：「一年又一年。古人所謂在莒三年，今吾人在臺五年多矣〔三七年十月來臺〕。早起，萬感交集。」[52]

　　但是，即使在陳誠卸任行政院長之後，[53]在他的有生之年，所實現的目標，也只是確保臺灣，而未能反攻大陸。內中原因很複雜，從陳誠留下的日記來看，以臺灣一省無力支持反攻大陸的大業恐怕是最關鍵的，[54]人心之自私、敷衍、缺乏革命精神的狀況沒有隨著時間的推移而改觀，[55]高層對反攻時機的認識存在分歧等也不容忽視，而美國是否願意支持反攻也是一個重要因素。從陳誠日記判斷，陳誠和蔣介石之間，就1961年是否為反攻大陸的時機發生過分歧。是年4月28日，陳誠在日記中寫道：

　　　　總統約見，談在金門研究共匪力量，並不如其數字之大。並分析匪陸海空軍
　　　　實力，我決可反攻，預定八月間開始。惟對經濟及國際間困難甚多。余以為

51　陳誠，《陳誠回憶錄：建設臺灣》，頁179。

52　《陳誠日記》，華中師範大學圖書館藏，1954年2月3日，檔案名：430203-0204。

53　此處專指他1950-1954年間擔任行政院長，後來，他還曾經以副總統兼任過行政院長。

54　1960年10月10日，陳誠參加閱兵，當日在日記中寫道：「我們拿什麼反攻大陸，更應檢討。」可見在他看來，當時還不具備反攻的實力。參見《陳誠日記》，華中師範大學圖書館藏，1960年10月10日，檔案名：491009-1010。

55　1961年10月10日，陳誠記道：「今日為五十年國慶紀念，一般僅注意表面形式，而不能埋頭苦幹，謀求反攻之實際準備，實為可應。」參見《陳誠日記》，華中師範大學圖書館藏，1961年10月10日，檔案名：501010-1011。在此之前，1958年初，方治赴金門勞軍時收到士兵信函，發現士兵竟然提出了「究竟為誰作戰」的問題，並且說「照現在情形，想打回大陸是做夢」，可見有些士兵革命精神嚴重不足。參見《陳誠日記》，華中師範大學圖書館藏，1958年1月9日，檔案名：470108-0109。

陸海軍情形與總統所說大體相同，惟空軍因我人數太少，至多只能作兩次至三次會戰。對於經濟，須有半年至一年，自己支持，決不能望美國支持。時間，八月正在秋收，對戰有利，因反攻時最大困難是民食，不能不預作準備。[56]

蔣介石認為1961年8月是反攻的好時機，陳誠則認為，8月確實是反攻的好時機，但當年8月不行，最主要的原因，是經濟方面如不依靠美國支援，自己備戰，需要半年至一年的時間。

蔣介石還將自己的主張跟國防部長俞大維說了。據陳誠5月1日日記可知，俞大維也反對在1961年反攻，並且，其反對的理由非常簡單，就是反攻必須得到美國的同意，才有可能成功：

俞部長來訪，談渠與總統商反攻。渠意如不能得美國之同意，決不可行。我反攻大陸，如無美國協助，斷難成功。總之共匪必敗，我須忍耐，把握反攻時機。不然，失敗後再重整旗鼓，絕不可能。[57]

到了7月2日，蔣介石又約見陳誠，說擬於8月間開始軍事行動，陳誠否定了蔣介石的這一方案，蔣介石勃然大怒，幸虧宋美齡出來勸架，雙方才平息下來，但反攻一事，也就繼續擱置起來：

九時總統約見。總統擬於八月間開始軍事行動，余以為反攻自當義無反顧，惟目前是否為反攻適當時機，應考慮。總統未〔等〕我講完即大發怒，以為我懷疑三軍不能戰，破壞統帥威信，阻撓其反攻。我告以總統如此說法，是懷疑我的人格，我非但不能做事，亦且不能做人。我們反攻戰，不能算定

56 《陳誠日記》，華中師範大學圖書館藏，1961年4月28日，檔案名：500427-0428。
57 《陳誠日記》，華中師範大學圖書館藏，1961年5月1日，檔案名：500501-0502。

戰，但決不能糊塗戰，最低限度也做到捨命戰。試問如何令三軍捨命？以運
輸工具言，如不給交通部相當期間，如何集中船隻？其他可不必言。正吵得
屬害時，夫人出來作和事老。以後總統亦轉心平氣和，說必須積極準備。[58]

　　蔣介石以1961年為反攻良機，陳誠則以1962年為反攻良機，但也未能
付諸實施，其原因，就是沒有得到美國的支持。關於這一點，陳誠在1963
年日記的「大事表」中所寫的如下一句可為明證：「去年一年是反攻良機，因
美國關係而未能行動。我人已忍至無可再忍之階段，今後只有爭氣而已。」[59]
翻閱陳誠1962年的日記，確實有多處談到美國與反攻的問題，諸如3月26
日：「訪何敬之，談反攻大陸，渠以為如不能得美國同意，須慎重。」[60]何敬
之，即何應欽。6月10日：「上午訪胡秩五先生，談備戰情形及美政府對反
攻大陸之政策較前稍有轉變，並不反對，惟希望行動之時間與方法與彼洽
商。余以為在未行動前，對中美關係必須容忍，使其不惡化。惟我所賴於美
國者，最重要者為同情，其次為糧食，而非武器，更非美國軍隊。」[61]6月17
日：「接見胡秩五先〔生〕〔今日下午離臺返港〕，研究（一）美國懷疑我，如
反攻大陸遭遇失敗怎麼辦？（二）如反攻勝利，蘇俄參加作戰怎麼辦？（三）
大陸匪軍有無動搖情形？」[62]7月5日：「總統指示對柯克大使談話……美國政
府最近所發表不支持中國反攻大陸之說，必須以事實來澄清，並希以大使地
位促成中美進一步合作。」[63]凡此，均可見反攻問題實仰賴於美國的支持。

58　《陳誠日記》，華中師範大學圖書館藏，1961年7月2日，檔案名：500702。

59　《陳誠日記》，華中師範大學圖書館藏，1963年大事表第3頁，檔案名：03民國五十二年
　　大事表P3。

60　《陳誠日記》，華中師範大學圖書館藏，1962年3月26日，檔案名：510325-0326。

61　《陳誠日記》，華中師範大學圖書館藏，1962年6月10日，檔案名：510610-0611。

62　《陳誠日記》，華中師範大學圖書館藏，1962年6月17日，檔案名：510617。

63　《陳誠日記》，華中師範大學圖書館藏，1962年7月5日，檔案名：510705-0706。

　　當然，蔣介石和陳誠等人也意識到仰賴美國的危險性，並希望能夠自力更生。1963年，蔣介石甚至決定，只要美國不妨害，就要反攻，並派陳誠、張群等出使東南亞、日本等國，爭取支持。[64]在陳誠的日記中，確實看到了他在是年出訪越南、菲律賓等國的紀錄。但是，反攻一事，仍成泡影。並且，在陳誠是年的日記中，仍有很多美國影響反攻的言論，[65]可見美國因素實在是揮之不去的。

　　陳誠於1965年3月去世，是年無日記。1964年元旦是陳誠日記中最後出現的一個元旦，在這一天，他寫道：「希望能早日復國，使我夫婦及全國同胞均能過平靜日子，斯願足矣。」這一天，他到總統官邸簽名慶賀新年，年邁的孔祥熙問他「何時可回大陸」，他「無言以對」。[66]希望反攻大陸的心情依然如故，對何時能打回大陸的迷茫也依然如故。

五、結語

　　從陳誠在臺灣時期的革命言論，我們可以看到國民黨從大陸敗退之後在

---

64 「六時，總〔統〕邀余與嶽軍、雲五及昌煥談：（一）國際問題，（二）反攻大陸問題（並不希望美國同意，但希望不妨害我反攻），（三）囑余等多注意並研究，（四）囑余從速訪問菲、越、泰，囑嶽軍訪日，爭取同情我反攻大陸，（五）總統昨日赴中南部視察三軍。」嶽軍，張群；雲五，王雲五；昌煥，沈昌煥。參見《陳誠日記》，華中師範大學圖書館藏，1963年2月3日，檔案名：520203-0204。

65 諸如2月8日：「十時，黃少谷來訪，來談國際及美國對我國反攻大陸不利情形。」參見《陳誠日記》，1963年2月8日，檔案名：520207-0208。2月10日：「魏道明夫婦昨自美返國，今日十時約談約一小時，談及美國全國人民均反共，但均怕戰爭，及對我國反攻大陸不利情形。」參見《陳誠日記》，華中師範大學圖書館藏，華中師範大學圖書館藏，1963年2月10日，檔案名：520209-0210。5月26日：「訪俞大維，談訪美要員，結論均不願在此時有何行動，只求平安無事，欲助我反攻大陸，絕不可能。」參見《陳誠日記》，華中師範大學圖書館藏，1963年5月26日，檔案名：520526。7月18日：「令侃先生由美返國，談美國對於兩個中國終未放棄，並有人主張，如其待共匪有原子彈再與妥協，不如乘此共匪最困難之時妥協較易。美國負責者又在做夢乎？願步英國後塵乎？但無論如何，我國對反攻大陸之決策決不因之動搖也。」參見《陳誠日記》，華中師範大學圖書館藏，1963年7月18日，檔案名：520717-0718。

66 《陳誠日記》，華中師範大學圖書館藏，1964年1月1日，檔案名：530101。

革命問題上的策略，也可以看到其在革命問題上的無奈。本文所說的策略，是指為了實現反攻大陸，而高唱反共抗俄，將自己打扮成反對國際共產主義的模樣，以便獲得國際的支持而言，而不是一直以來人們所認為的那種策略。這種觀點認為，敗退臺灣之後，國民黨高層已經知道反攻大陸無望，他們自己也不想反攻大陸了，但還是不斷宣揚反攻大陸，乃是一種穩定人心、轉移視線的策略。從陳誠的言論來看，他無疑知道反攻大陸的希望不大，但若說他不想反攻大陸，則不正確。因為他不但在公開場合大談反攻大陸，就是在私密的日記裡，也不時流露出反攻大陸的強烈願望，並因不能反攻而苦悶彷徨。公開的言論或有演戲的成分，但私密的日記裡吐露的則大體都是心聲。因臺灣資源有限，高層對反攻時機認識分歧，加上一直得不到國際尤其是美國的認可，反攻大陸終成泡影，實現了的，只有確保臺灣一層。這不僅僅是陳誠的無奈，也是整個國民黨政權的無奈。從陳誠留下的文獻中，我們能讀出這種無奈。若將視野放寬，我們一定能從眾多國民黨高層人物的文獻中讀出這種無奈。

　　透過陳誠的革命言論，還可以加深對中國近代革命問題的理解。長期以來，人們都以1949年為中國革命的終結點。以1949年為終結點，中國共產黨看到的是革命的勝利。大陸各界看待革命，都以此為基調。但是，近年來，有學者提出，看待中國革命，不能以1949年為終結點，而當以1976年為終結點。因為在1949年以後，大陸還發生了一連串的革命事件，尤其是文化大革命，延續了10年之久。若以文革結束的1976年為終結點，人們看到的是革命的失敗。這種見解很給人啟發，但似乎也忽略了臺灣。如果我們意識到，大陸言論中「反革命」的國民黨，在1949年以前其實一直以革命政黨自居，敗退臺灣之後，也長期高唱革命之歌，則我們看待1949年這個時間節點時，當會有不同的認識。國民黨失去了大陸，固然是革命的失敗，但

還不是徹底的失敗，因為他們還有臺灣這一個革命的基地，更重要的，是他們還有反攻大陸的革命理想。在1949年以後，海峽兩岸都有相當長時間還在繼續革命事業，以1949年為中國近代革命的終結點確實不妥。大陸的革命，隨著文化大革命的結束，證明是失敗了。臺灣的革命，也隨著時間的推移，而成為一個無法實現的夢想。因此，中國革命的失敗，就不僅僅可以從大陸方面的文革之失敗得到證明，同時也可從臺灣方面「反攻大陸」的夢想破滅得到證明。

臺灣土地改革政策的決策與宣傳（1949-1953）

任育德

國立中正紀念堂管理處研究典藏組副研究員

一、前言

土地改革不只涉及經濟面，也涉及政治面。在現有研究成果中，有一種基礎研究思路在強調決策者脫離地域利益考量，具有自主性，指出國民黨成員自中國大陸撤退來臺後不受臺灣地主階級束縛，得以施行土地改革。有論者修正自主性說法，認為決策者仍部分妥協於地主階級之要求，指出政府內部之地主勢力為保障將來返回中國利益，爭取放寬保留地標準，使臺灣土地改革帶有妥協性質。[1]也有親身經歷者從臺灣地主階級觀察視角言，以為土地改革有藉機打擊本地地主階級作用之說。[2]在前述觀點之外，另有研究者從

1　強調決策者自主性論點之代表著作如Thomas Gold, *State and Society in the Taiwan Miracle* (Armonk, New York: M. E. Sharpe, 1986), p. 64；劉進慶著，王宏仁、林繼文、李明峻譯，《臺灣戰後經濟分析》（臺北：人間出版社，1992），頁72-73；侯坤宏，〈光復初期臺灣土地改革運動中的政府、地主與佃農〉，收入中華民國史料中心編，《中國現代史專題研究報告》，第17輯（臺北：中華民國史料研究中心，1995），頁273-314等。修正自主性說法見劉進慶著，王宏仁等譯，《臺灣戰後經濟分析》，頁76；黃樹仁，〈臺灣農村土地改革再省思〉，《臺灣社會研究季刊》，第47期（臺北，2002.9），頁195-248。

2　此一觀察視角或可以彭明敏的回憶做為代表，參見彭明敏，《自由的滋味：彭明敏回憶錄》（臺北：前衛出版社，1988），頁155。

歷史制度論出發，針對糧政制度進行研究，指出日本殖民統治臺灣後期，國家與地主、佃農之間的關係已因戰時糧政體制與相關業佃制度管制，以解決戰時糧食壓力問題有所改變，地主力量之削弱並非始於戰後。戰後初期長官公署無法有效運用日治時期糧政體制，反而形成地主力量復甦之趨勢。[3]薛化元教授則以個案研究指出，陳誠1949年主掌臺灣省政確實奠定中華民國政府統治之基盤；[4]周濟教授亦透過個案分析方式指出陳誠在臺灣經濟發展所具有之奠基作用及意義。[5]不論是從歷史、經濟制度分析，或是個案分析臺灣政治決策者論述，或從更寬廣，或從相對細緻面不同程度地形成相關研究成果。

　　既然如此，研究者是否能在前述研究及成果之外另闢蹊徑，亦即透過處理土地改革政策推行前期，由政府介入實施決策制訂實施及其宣傳，探討黨政最高領袖蔣中正、政策制訂及推動者陳誠、國民黨之間觀點及其觀感與立場之微妙差異？這正是研究者可以藉由相關史料重新檢視歷史的環節與方式之一。同時，妥慎運用政黨報紙《中央日報》，以為觀察分析政策陳說之文本，加上政黨相關檔案與史料，相關參與者回憶或日記，就成為本文寫作探討相關宣傳陳說分析之依據與素材。

3　劉志偉、柯志明，〈戰後糧政體制的建立與土地制度轉型過程中的國家、土地與農民（1945-1953）〉，《臺灣史研究》，第9卷第1期（臺北，2002.6），頁111。

4　薛化元，〈陳誠與國民政府統治基盤的奠定──以一九四九年臺灣省主席任內為中心的探討〉，收入中國的關鍵年代學術討論會編輯委員會編，《一九四九年：中國的關鍵年代學術討論會論文集》（臺北：國史館，2000），頁261-284。

5　周濟，〈陳誠與臺灣經濟發展〉，「陳誠與現代中國學術研討會」，臺北：財團法人陳誠文教基金會、財團法人中正文教基金會、財團法人亞太科學技術協會、財團法人臺灣民主基金會、香港珠海學院亞洲研究中心、上海淞滬抗戰紀念館、國立政治大學人文中心、國立政治大學社會科學資料中心，2015年3月5日。

二、在戰爭動員需求下開始的臺灣減租

陳誠受總統蔣中正之命，出掌臺灣省政府主席。蔣中正於1949年1月21日宣布引退前安排人事，其一是以陳誠出掌臺灣省政府主席。陳誠初感躊躇，經蔣致電催促後才接事。蔣於1949年1月3日致電陳誠促其迅速就職，陳知「時事急迫」才「未便再辭」。陳於該月5日接任省主席職。蔣得知此事後，電示陳「甚慰」，並予治臺六點施政、用人指示。[6]陳誠主掌臺灣省政一年，掌握黨政軍三大權限，對內揭櫫「人民至上，民生第一」。為實現前者，展開地方自治方案（成立臺灣省地方自治研究會、擬訂各縣市實施地方自治綱要、重新劃分全省行政區域及縣市長民選）之研究與實施；而為達到後者，宣布進行土地改革（以三七五減租為最先實施），以求穩定內部社會及經濟秩序，減低中共「土地改革」對佃農的吸引力。對外抵抗中共攻擊，對內重建政權，是陳在臺灣統治的最高目標。[7]因此，陳以政經措施回應美國關切，鞏固政權內部以爭取本地人民支持，用意甚明。如果以在中國在對日戰爭中的「大後方」重要人力與糧食來源之一的四川當成對照組，即知陳誠舉動有其用意。四川因土地往大地主及不在地地主集中，即便在軍隊徵糧政策下有「大戶獻糧」舉動，仍舊引發四川民間怨聲載道，埋下內部社會不穩定因素。到國共內戰時，即便於1948年在四川實施「二五減租」以作為防止四川地方社會秩序崩潰的最後手段，民間仍然強烈不信任以利己為行動目的

6 陳誠口述，吳錫澤筆記，〈陳誠主臺政一年的回憶〉，《傳記文學》，第63卷第5期（臺北，1993.11），頁16；〈電示臺灣省政府陳誠主席治臺方針——中華民國三十八年一月十一日〉，收入秦孝儀主編，《總統蔣公思想言論總集》，卷三十七別錄（臺北：中國國民黨中央委員會黨史委員會，1984），頁382。

7 徐鼐謂土地改革為陳誠主意，未先向蔣報備。參見馮世欣，〈我所知道的三七五減租〉，《傳記文學》，第53卷第4期（臺北，1988.10），頁100；陳誠，〈地方自治與民主政治〉（1949年8月15日陳主席對臺灣省地方自治研究委員會講詞），收入張屬生編，《臺灣省地方自治研究會專刊》（臺北：臺灣省地方自治研究會，1950），頁1-2，國立政治大學社會科學資料中心孫中山紀念圖書館藏。

之大地主會配合該政策，甚至有報紙輿論表明贊成中共八項停戰主張，將土地改革與沒收官僚資本列在一起，和富裕地主階級進行切割。[8]

陳誠曾表示，他生於農村，掛記著中國農民生活痛苦與土地分配不平均，地主坐享高額地租，佃農為高額地租剝削，不得溫飽，自耕農難以靠耕作維生等情境。因此，他相信孫中山民生主義言，解決土地問題可以連帶促進資本流向工業建設，促進國家工業化並力促實現。而臺灣在戰後日本獨占企業與日本人所有土地沒收歸公，由政府放租農民，但無法解決私有耕地集中與租佃關係不良，「要把臺灣作為反共抗俄的基地是有問題的。」[9]因此，從一開始土地問題不只涉及經濟，也是政治與軍事的問題。這一言論也是在鋪陳及強化政府實施政策訴諸普遍的公平。

在這一思考基礎下，我們就發現陳誠在1949年2月1日兼任臺灣省警備總司令一職時宣示「無論軍事政治，都要以『人民至上』『民生第一』為前提」是有用意的。2月23日招待留臺立法委員便餐，會中宣示要採行三七五減租，實施地方自治。3月1日，在全省行政會議揭幕時，陳誠表明省府經濟方向，實施三七五減租與土地政策之推行為工作之一。他表示減租政策實施是有益的：「三七五減租的實行，可以避免共產主義的殘酷鬥爭，而自能調和地主與農民之間的關係，逐漸達到民生主義的目的。現在農民終歲辛勞，不得溫飽，自然不會努力生產，減租政策施行後，一方面改善了農民生活，一方面增加了糧食的總產量，實為解決民生問題最重要的方法。」[10]減租

8　〔日〕笹川裕史，《中華人民共和国誕生の社会史》（東京：講談社，2011），頁33-35、124-125。

9　薛月順編，《陳誠先生回憶錄：建設臺灣》，上冊（臺北：國史館，2005），頁53-55。若從現存國史館《陳誠副總統文物》留有國民黨農民講習所編定《蘇俄之農業政策》、《社會革命與農民運動》（中國國民黨農民運動講習所編印）、《日德意三國之農民運動》，則此話有其淵源。相關資料參見〈文件─專著與講詞─其他〉、〈文件─臺灣省政府─其他〉，國史館藏，典藏號：008-010303-00010-001、008-010303-00014-001。

10　薛月順編，《陳誠先生回憶錄：建設臺灣》，下冊（臺北：國史館，2005），頁493、

目的一在穩定內部社會關係；二在提升農產，進而支援臺灣以及大陸的軍糧供應。它是被視為穩定政權的媒介之一。畢竟，政府不可能付出大量資金作為徵收或收買土地用，就無法鼓勵佃農購買土地；也不敢立刻使用暴力手段解決土地問題，[11]在衡量利益之下，以減租作為解決土地問題之第一步便成為當下環境具可行性之優先選項。

在臺灣省長官公署時代租佃關係就已退步，省農林處1946年12月底發公告表示租額維持1945年10月25日原狀，不承認地主強迫佃農增加地租。但有研究者指出。此一公告並未發生實質效果。同時省府以特定時點租額為凍結地租依據，可能的原因是新版土地法地價條款於現實上窒礙難行，也並未辦理規定地價。[12]臺灣省廢除行政長官公署改為省政府後，曾努力改善私地租佃條件，但成果有限，從屏東市推行起三七五限租的宣傳與實行。臺北縣政府也奉省府推行二五減租之令制訂地租上限，但後者準備工作並未實際施行。原因可能與省府誤解上級政府二五減租政策，錯誤引用法源，延宕法規制訂過程，宣傳甚至意外引發臺灣省地主意外反應與不滿。1947年底後，政府便於收購大戶餘糧，不得不選擇停止減租政策，並藉以緩和社會緊張關係，以不違反魏氏上任安撫二二八事變後臺灣民心之目的。[13]臺灣在上一次大規模「總體戰」[14]——中日戰爭結束後，面臨缺糧問題，卻未獲得田賦

496、497。

11　薛月順編，《陳誠先生回憶錄：建設臺灣》，上冊，頁55。

12　陳兆勇，〈土地改革與政權鞏固：戰後臺灣土地政策變革過程中的國家、地主與農民（1945-1953）〉（臺北：國立臺灣大學社會學研究所博士論文，2011），頁66-67。

13　詳見陳兆勇，〈土地改革與政權鞏固：戰後臺灣土地政策變革過程中的國家、地主與農民（1945-1953）〉，頁67-70。

14　總體戰是指為了實行戰爭，對國內政治以至經濟的所有資源，均加以動員的戰爭型態。出自德國魯登道夫《總體戰》一書。20世紀後期漸有研究者以「總體戰」概念審視帝國主義統治之崩潰，代表性著作見近藤正己著，林詩庭譯，《總力戰與臺灣：日本殖民地的崩潰》，上冊（臺北：臺灣大學出版中心，2014），頁2。原文版見〔日〕近藤正己，《總力戰と台灣：日本植民地崩壞の研究》（東京：刀水書房，1996）。

減免，又在短期內新一波「總體戰」——國共內戰，省產糧食遭徵收充作軍糧，同時餘糧收購隱藏稅的提高也使得地主將負擔轉嫁給佃農。臺灣社會又因戰爭造成工業設施破壞，戰後失業問題嚴重，有論者稱之產生「競佃」現象，導致租佃條件惡化。[15]

　　正因為行政機構前此有過內部研議，使得陳誠在上任後兩個月體認到徵糧與減租問題必須同步處理，並顧及地主、佃農、政府之間互動平衡，得以較快做出政策反映。在陳誠對外宣示前，1949年2月1日臺灣省地政局擬定《臺灣省私有耕地租用實施辦法草案》簽請省府會議公決，該案建議於1949年第一期稻作實施。但在省府會議討論決定前，陳誠在農民節慶祝大會表示要從三七五減租著手。2月12日第86次省府會議決定該案付委審查，18日省府會議按審查小組意見修正通過辦法，要求地政局立即研擬施行細則。這也是3月1日全省行政會議公布前的前置準備工作之一。2月24日，《臺灣省私有耕地租用辦法施行細則草案》、《臺灣省推行三七五佃租督導委員會組織規程草案》、《臺灣省各縣市推行「三七五」租佃委員會組織規程草案》、《臺灣省私有耕地租約登記注意事項草案》等配套法規送省府會議討論，於3月11日89次省府會議列案討論，再經小組與省府會議討論修正，4月1日第92次會議修正通過。此時，全省行政會議雖然支持實行三七五減租，但要求範圍僅及於私地，確立公私耕地雙軌的減租政策。同時在糧政建議上繼續田賦徵實和徵收公學糧，調整隨賦收購與累進收購大中戶餘糧。[16]4月14日，臺灣省政府公布《臺灣省私有耕地租用辦法》及施行細則，4月22日該辦法送省參議會「查照」，要求省參議會轉照各縣市民意機關協助執行。《私地減租辦

15　劉志偉，〈戰後土地關係轉型中的國家、地主與農民，1945-1953〉（新竹：國立清華大學社會人類學研究所碩士論文，1998），頁36-37。

16　葉惠芬，《陳誠先生從政史料選輯：臺灣省政府委員會會議記錄》（臺北：國史館，2007），頁57-60、133-135、152-153、161、183-185、215-221、258-267、343-346。

法》報行政院「核備」，在行政院核准前逕自施行。這也令研究者指出，陳誠治下省府在私地減租法規制訂過程中顯示堅定決心，以及急於在1949年第一期稻作予以實施心理。以當時中央行政忙於應付大陸時局的態度，實施此一手段的重點可能還是要避免來自省參議會的拖延或阻撓。[17]

或許從1949年3月3日，陳誠向蔣中正上書就可窺見他急切的態度：

> （一）自抗戰勝利臺省光復以還，最可慮者。爲造成大地主與暴發戶，以致貧富懸殊。……因此造成許多失業者，無以維生。……（三）臺省工礦及農產品等事業，都爲國營，其收入自屬於中央，而地方財政，無法解決，致人民生活日苦。同時中央留臺人士，率多有地位有財產者流，養尊處優，任意揮霍，相形之下，臺人對中央印象極壞。如欲爭取民心，則對多數失業之民眾，不能不加以注意。因此省府曾經規定三七五減租，先從嘉惠農民方面著手。但黨員有袒護地主者，亦有地主即黨員者，執行頗多困難。……此外對於軍事方面：（一）軍糧原預算係七萬五千人，現每月增至十七萬人。而實際人數，則不足五萬人。希望中央能將不必要單位機關，盡量設法歸併或減少，並指定負責機關，統籌辦理，力求核實。[18]

在陳誠一方的記述，則稱4月14日法令公布之擬定過程「先徵詢地方政府及民意機關之意見，然後邀集專家學者及有關機關人員，集會研討多次。」4月22日發布省政府布告揭示推行三七五地租五要點，言明實施時間爲第一期農作物收割繳租起算。「地主不得藉故撤佃，佃農不得無故抗租。如有不肖份子蓄意破壞，從中阻撓者，定予依法嚴懲。」[19]次日，省府指令

17　陳兆勇，〈土地改革與政權鞏固：戰後臺灣土地政策變革過程中的國家、地主與農民（1945-1953）〉，頁90。

18　薛月順編，《陳誠回憶錄：建設臺灣》，下冊，頁498-499。蔣中正當時是國民黨總裁。

19　薛月順編，《陳誠回憶錄：建設臺灣》，下冊，頁501-502。該文件月分記爲3月，此處引

「各縣市在期限內完成三七五減租」；5月10日「各地推行三七五減租之地租委員會成立」。[20]行政機關強力運作態度清晰可見。在1947年二二八事變爆發後，1949年4月6日陳誠又派兵弭平臺灣大學與省立師範學院學潮「肅清匪諜」（即所謂「四六事件」），此時再宣示「依法嚴懲」，自不容臺灣民間輕忽以對，政策內向的取向意義頗為明顯。

三、陳誠實施減租政策

研究者注意到，陳誠雖身兼臺灣省主席、臺灣省警備總司令，但在1949年5月1日始正式就任臺灣省黨部主任委員，[21]因此陳誠不可能像在湖北實施二五減租前例，從設計到實施即憑藉戰時體制以軍治黨及立即運用黨作為助力，目前見不到此一階段相關黨部文件留存，或與此不脫關係，仰賴陳誠個人及省府方面留下資料就是無可避免之事。

陳誠為了在臺灣執行戰爭動員所推動土地政策，對臺灣既有佃農順服地主、地主顧及生計倫理與佃農間之幾世代情誼互動，[22]自是巨變也勢必造成大幅衝擊。陳誠並非不知此一情況，面對臺灣士紳可能的反彈，基層農民未

用時已按照4月予以處理。

20 中央研究院資訊科學研究所，「戰後臺灣歷史年表網路版」：
http://twstudy.iis.sinica.edu.tw/twht/Professional/Reference.asp?EventID=17112；
http://twstudy.iis.sinica.edu.tw/twht/Professional/Reference.asp?EventID=17149。（2015年3月28日點閱）

21 中央研究院資訊科學研究所，「戰後臺灣歷史年表網路版」：
http://twstudy.iis.sinica.edu.tw/twht/Professional/Reference.asp?EventID=17132。（2015年3月28日點閱）

22 張炎憲、高淑媛，《衝擊年代的經驗：臺北縣地主與土地改革》（臺北：臺北縣立文化中心，1996），頁263；徐世榮、蕭新煌，〈戰後初期臺灣業佃關係之探討——兼論耕者有其田政策〉，《臺灣史研究》，第10卷第2期（臺北，2003.12），頁44。徐、蕭同文指出臺灣土地擁有者具有中國認定「地主」者有限，大多土地擁有者實為「業主」。臺灣官方在「地主」定義與資格認定有所擴張，是政府威權意識型態主導所致。參見徐世榮、蕭新煌，〈戰後初期臺灣業佃關係之探討——兼論耕者有其田政策〉，頁57-60。

知的反映，他顯然選擇透過向記者釋放善意、向民眾及士紳喊話，試圖緩和外間情緒。9月1日在記者節招待新聞與文化界人士時，他表示：無事實之宣傳無法取信餘人，無宣傳之事實無法擴大影響。希望新聞文化界報導增產減租事實作有利報導，以攻破國外荒謬報導。9月2日招待三七五減租記者訪問團，記者肯定減租讓農村社會「煥然改觀」。陳誠即在招待會上表示，三七五減租是本省土地改革之開始，將來在農地方面以實現耕者有其田為最後目標。在市地方面以平均地權為最後目標。希望記者在宣傳方面與省政互相配合。攜手奠定復興基地工作云云。[23]

的確如陳誠預期，此一政策推動面臨來自民間壓力。他透露過，曾遭到地主及省議員方面施壓：

> 曾有省議員三十餘人到舍間相訪，無疑的他們都是屬於地主階級。而此一訪問也不是沒有目的的。於是我告以減租政策不是祇顧農民片面的利益，而實是雙方兼顧，以求互利的。中共對於地主採取的手段最輕的是「掃地出門」，其次則為「清算鬥爭」，乃至「鞭打活埋」，務求將地主盡行消滅而後已。故地主為自保計並為自己將來著想，實應擁護政府決策，以與共產主義相對抗。[24]

上面的說法可說是軟硬兼施，或者也可說是權力及地位不對等，統治者陳說中共統治對地主之威脅同時，亦暗示被治者一方地主與政府是同一陣線必須聯合，若不聯合則於彼此不利，引發農民反抗將使地主受害；如強逼政府執行強硬手法，受傷者必為地主。他抗拒來自地主與省議員壓力也由此可知。此一事實公開，也是在為其政策進行辯護，並得以建立其「講公

23　薛月順編，《陳誠回憶錄：建設臺灣》，下冊，頁519。
24　薛月順編，《陳誠回憶錄：建設臺灣》，上冊，頁62。

平」的施政形象。至於這是否為程序民主，處在戰爭危機以軍事動員為先階段，則並非其關注重心。不過我們也必須注意到，此時陳誠尚願區隔中國與臺灣地主差異，指出「尤其一般小地主，他們在生活上的享受與一般農民並無差異，所以我們對於農民生活固須設法改善，對於地主生活也不可完全忽視。」[25]他對外仍保留迴旋空間，以避免激發民間不滿。所以，要說此一政策是刻意剝奪地主權益說，由上述並無法取得有力根據。

在政策公布之後近半年，1949年10月4日，中國國民黨在臺北草山第二賓館召開中央非常委員會第二分會第二次會議，一段蔣中正講詞發言值得注意，茲引述如次：

> 二、政治方面。大凡人民與政府之所以不合作，甚或有惡感的發生，其主要原因，乃在於經濟方面，換句話說，在於能不能解決人民的生活。臺灣現在盡力推行增產計畫及三七五減租，人民已由怨望、觀望而進入希望，此項政策，可說已收到相當的效果。幣制改革以後，儲蓄習慣，重行養成，游資已回到生產之途，人民的經濟生活，已較前為安定。照計畫做去，臺灣的經濟，可以不成問題，三年以內有希望做到不要外援而能獨立支持的程度，明年度需要增產五千萬美金的物資，大體一無問題，所顧慮的是物資有限，而各方求太多，中央方面除要軍費外，還需要墊款，中央在臺的機構很多，據7月分統計，墊付的款子與軍費相等，8月分的墊款為3800多萬〔臺幣〕，以後擬加以限制，非經財部擔保的不予墊支，不如此做將影響經濟而有陷於通貨膨脹之虞，希望中央對此諒解，現在在臺國大代表一千多人，中央說要由地方墊支生活費，這筆費用相當大。有人說，日治時代是養雞取蛋，中央行的是殺雞取蛋，過去資源委員會在臺的做法實有未當，使臺灣人民大為失

25　陳誠，《如何實現耕者有其田》（臺北：正中書局，1951），頁103-104。

望。[26]

　　我們可以注意到，國民黨總裁蔣中正肯定陳誠在穩定臺灣政治、經濟社會秩序工作之努力，而且認為透過三七五減租已經為政府爭取到一定民心。這等於是黨領袖予陳誠之明確支持。的確，如果我們從1949年蔣中正與陳誠發生紛爭，是與陳誠不願就任東南軍政長官、拒絕撥借福建軍糧有關，[27] 並非實施三七五減租，即知在此方面議題，蔣是放手讓陳誠行動。

　　由此，我們再看1950年10月25日，蔣中正發表《告全省同胞書》就有跡可循，這是形之於外的肯定陳誠及中國農業復興委員會努力。蔣在該文指出政府推出三七五減租政策，「換定租約佃農已達到三十六萬四百七十三戶，減租的佃耕面積，計有二十六萬四千五百六十二甲，而佃農因減租所得的利益，用到家庭生活和子女教育方面的，已增進了國民的健康和知識，其中大部分都用在農業生產的上面，使今年糧食生產量達到了二十年來最高的紀錄，比光復之初增加了百分之八十六。」[28]這一言論也就不令人感到意外了。從這段言論也看得到黨政軍領袖對農民意向的關注，畢竟在現實上，佃農對政府推行土地改革政策是否會真正達到使農民擁有土地是抱持半信半疑的態度，甚至到土地改革政策實施公地放領、真正擁有田地之前，持此態度者並不罕見。[29]因此，政府如何展現落實政策的能力就是不容忽略的環節。

　　如從蔣中正在1920年代後期至40年代在大陸推動土地政策，或以戰爭

26　「黃少谷呈蔣中正中央非常委員會第二分會第二次會議紀錄」(1949年10月4日)，《蔣中正總統文物》，國史館藏，典藏號：002-020400-00029-067。

27　劉維開，〈遷臺初期的蔣、陳關係 (1950-1954)〉，收入黃克武主編，《重起爐灶：蔣中正與1950年代的臺灣》(臺北：國立中正紀念堂管理處，2014)，頁14。

28　蔣中正，〈臺灣省光復五週年紀念告全省同胞書——中華民國三十九年十月二十五日〉，收入秦孝儀主編，《總統蔣公思想言論總集》，卷三十二書告 (臺北：中國國民黨中央委員會黨史委員會，1984)，頁282-283。

29　張炎憲、高淑媛，《衝擊年代的經驗：臺北縣地主與土地改革》，頁238。

導致停頓，以失敗告終，或以負責人員缺乏教育、法規缺失，但他並不反對施行土地改革已顯而易見。甚至如蔣夢麟於1952年指出的，1948年他擔任農復會委員時，即建議蔣中正以江蘇無錫爲土地改革實驗區，獲得接受。[30]事實上，在大陸有過執行土地改革經驗之幹部，先後來臺成爲減租運動之主力，也是不可忽略的。[31]陳誠則於1941年間指定湖北西部恩施等八縣、北部隕西等六縣實施二五減租，也曾引起各方注意。[32]1949年5月，蔣中正研究孫文民生主義時，曾提到「實行二五減租，保障佃戶，施行所得稅，遺產稅，籌辦社會保險，推進勞工福利，推廣合作事業，實行平均地權，節制資本，一是以民生主義社會建設及其政策實施爲要務。」[33]9月，陳誠研究英國工黨組織政治後，向蔣中正表示「故今日本黨即應就當前國民生活迫切需要，且爲事實上所能做得到者，確定數項基本政綱政策，責成從政同志限期貫徹，以昭大信於國人，一新中外之視聽。」[34]所以，二者在此一政策具備安定內部社會、爭取民心作用是具有共識，確認政策內向性方向。既然陳誠具有強烈執行政策之意志、注意新訊息之熱忱、尊重專業之意願，蔣夢麟領導之農復會才有活動空間，[35]從而某程度地降低反國民黨運動在鄉村內之影響力。[36]

---

30 〈蔣夢麟讚揚限田政策，喻爲劃時代決定〉，《中央日報》（臺北），1952年7月25日，第2版；蘇聖雄，〈蔣中正與臺灣土地改革初探（1949-1956）〉，收入黃克武主編，《重起爐灶：蔣中正與1950年代的臺灣》，頁295-305。

31 蕭錚，《土地改革五十年：蕭錚回憶錄》（臺北：中國地政研究所，1980），頁343。陳淑銖，《從減租到扶植自耕農——抗戰時期至戰後國民政府的土地改革（1937-1949）》（臺北：文史哲出版社，2002），頁344。

32 陳誠，《如何實現耕者有其田》，頁2-3、8-15。

33 秦孝儀總編纂，《總統蔣公大事長編初稿》，卷七下冊（臺北：中國國民黨中央委員會黨史委員會，1978），頁297-298。

34 何智霖編，《陳誠先生書信集：與蔣中正先生往來函電》，下冊（臺北：國史館，2007），頁708。

35 按農復會（全名中國農村復興聯合委員會）是少數美援並未斷絕，且美方指派人員服務之工作單位。蔣夢麟，《新潮》（臺北：傳記文學出版社，1969），頁21。

36 此係美方外交官Lindsay Grant（1958-1961年經濟官）的評估。Nancy Bernkopf Tucker,

陳誠曾經指出,他進行並塑造輿論之全力支持,「致使少數頑強惡劣份子,知所戒懼,不得不銷聲匿跡,以共法令之尊嚴,各級學校機關及社會法團,在推行之過程中,亦大都一致動員,組織宣傳隊,深入農村,普遍宣導,給予政府以執行上之協助不少。中國農村復興聯合委員會,在改善農民生活、增加農民生產、復興農村經濟的目標下,對全省減租工作,亦曾給予精神上與物質上之助力。」[37]換言之,動用政府手上持有宣傳媒介進行輿論塑造,說明宣揚政策利多之同時,也藉此要壓制反對政策聲勢,使反對者喪失輿論發言空間及透過發言集結同情者勢力進行後續動作,也是陳誠此時在宣傳政策之作法。

其次,日本殖民政權統一臺灣全島後,積極建立戶政、地政、警政系統基礎,已有一定基礎行政能力 (infrastructural power),[38]也為中華民國政府在臺灣進行土地改革增添憑藉並減少阻力。1949年5月20日宣布戒嚴,在肅清中共潛伏勢力優先目標下,立法院又通過《懲治叛亂條例》,濃厚威權氛圍瀰漫社會,[39]陳誠復向省參議會 (以地主階級為主) 表示,請其「幫忙」通

China Confidential (New York: Columbia University Press, 2001), p. 76.

37 薛月順編,《陳誠回憶錄:建設臺灣》,上冊,頁62。

38 政治社會學者Michael Mann在*States, War and Capitalism: Studies in Political Sociology*分析:國家權力包括壟斷性權力 (despotic power) 與基礎行政權力 (infrastructural power),前者是傳統國家權力的特徵,後者則是植基於物質基礎發展,物質基礎越強,國家社會實際穿透民間社會,有效執行政策的能力就越高。現代國家之基礎行政權力是比較強的。Michael Mann, *States, War and Capitalism: Studies in Political Sociology* (Oxford: Blackwell Publication, 1988)。黃靜嘉亦說明土地、林野調查整理及人口、舊慣調查是殖民地統治之奠基工作,其目的是為便利「殖民資本主義發展」,並非出自對殖民地民眾善意,遺留者只因「戰敗而帶不走」。參見黃靜嘉,《春帆樓下晚濤急:日本對臺灣殖民統治及其影響》(臺北:臺灣商務印書館,2002),頁123-127、247-248。

39 薛化元,〈陳誠與國民政府統治基盤的奠定──以一九四九年臺灣省主席任內為中心的探討〉,頁271-272;陳誠也不諱言臺灣1949年4月6日 (同日發生「四六事件」) 起,便「集中目標對付匪諜」。參見〈中央非常委員會第二分會第二次會議紀錄〉,收入陳鵬仁主編,《中國國民黨黨務發展史料:非常委員會及總裁辦公室資料彙編》(臺北:近代中國出版社,1999),頁114。

過三七五減租案及連帶法案，很難不令省參議會心生警惕，蔣夢麟即描述爲
「先禮後兵」。政壇其他人士亦曾參與疏導臺灣大地主。[40]如果我們再看陳誠
指出的「各級法院與警察人員的通力合作，以及縣市參議會的通電擁護」，[41]
或許就更能體會其中深意。

　　有學者析論：省參議員對土地改革政策的反映是處於被動處境，僅不
過善盡催促、配合、修正與補偏之功能。[42]領袖、大地主級的省參議員，受
困於土改正當性，既無法與省府公然對立，也無法改變政策方針，亦難明言
虧損，如林獻堂只能滯日不歸以示抗議。[43]中小地主雖有異音，[44]亦因力量有
限而選擇服從，擔任地方民代者甚至在日本教育培養守法精神下親手執行官
方政令。[45]故論者謂「地主階級的政治弱勢無疑降低了土地改革的立即反對力

40　蔣夢麟，《新潮》，頁16；馮世欣，〈我所知道的三七五減租〉，頁100。蔣經國曾勸說疏
　　導大地主，參見陶涵（Jay Taylor）著，林添貴譯，《蔣經國傳》（臺北：時報文化出版企
　　業股份有限公司，2000），頁197。

41　薛月順編，《陳誠回憶錄：建設臺灣》，上冊，頁62。

42　鄭梓，《戰後臺灣議會運動史之研究：本土精英與議會政治》（臺中：作者自印，1993增
　　訂版），頁135-175。民政廳長楊肇嘉動吳國楨出面停止三七五減租，陳誠即組織考
　　察團，用考察團報告證明成效良好，取得繼續實行依據。參見董文琦口述，張玉法、
　　沈松僑訪問，沈松僑紀錄，《董文琦先生訪問紀錄》（臺北：中央研究院近代史研究所，
　　1986），頁189-192。

43　與林獻堂交情深厚的蔡培火，曾說「中上級地主的人，吃不合理的虧損相當大」。而林
　　家土地多屬「田」，最後即爲政府徵收。參見蔡培火，〈蔣總裁招待黨籍立法委員茶會發
　　言〉，1950年3月6日，收入張漢裕主編，《政治關係──戰後》，蔡培火全集四（臺北：
　　財團法人吳三連臺灣史料基金會，2000），頁57；林博正講，林蘭芳記錄，〈說我霧峰
　　林家〉，《臺灣文獻》，第57卷第1期（臺北，2006.3），頁84；黃富三，《林獻堂傳》（南
　　投：國史館臺灣文獻館，2004），頁184。

44　丘念臺在1949年底以監委身分至臺灣各地視察，報告各地對三七五減租執行方法多有評
　　議，如限制佃農耕地面積、小地主限額准收自耕、減輕押租金退額、重訂地目、依照收
　　成實物進行三七五減租、檢討法律政令以免抵觸。參見「丘念臺呈蔣中正感謝派員慰問
　　及賜藥費旅費並附民國三十八年冬臺灣民意考察報告一冊」，《蔣中正總統文物》，國史
　　館藏，典藏號：002-080101-00045-018。

45　如臺北縣的盧纘祥、王以文等、屏東縣的張吉甫等均親手執行政令。王以文解釋自己會
　　親手推行政令，係因日本教育所培養的守法精神。參見張炎憲、高淑媛，《混亂年代的
　　臺北縣參議會（1946-1950）》（臺北：臺北縣立文化中心，1996），頁99。

量」，[46]也有其道理；配合度較高的地主代表如盧纘祥、張吉甫日後獲得官方扶植，[47]亦為不爭事實。

唯整體而言，國民黨擺出威權姿態，較中共在新統治區以否定地主之社會地位，強力推動土地改革、塑造新社會方式，作法上相對和緩。劉進慶便精確指出，土地改革是「以安定為著眼點，利基在國府、地主、農民三者妥協的基本線上而推進。安定與妥協，這正是貫徹臺灣農地改革的邏輯。」[48]近著也指出，維持農業生產，在護佃同時，地主權益仍有一定程度保障，也是東亞日本、韓國、臺灣國家在戰後實施土地改革的主要特色。[49]這些觀察論據在前述論證中仍然有一定說服力。

四、土地改革政策持續推進：決策與宣傳

繼陳誠出任臺灣省主席的吳國楨，在任期內繼續陳誠推動之私地減租，也進行地目調整和修改扶農貸款條件，如1950年1月他允諾針對地目等則問題舉辦土地普查予以調整，6月省府公布施行臺灣省地目等則調整辦法，該年10月完成調整。接受美國教育的吳國楨，也改善貸款利率從最高年息20%減低為10%，以減輕農民償還本息負擔。[50]在吳國楨省主席任內，他以「公務繁忙」為由，鮮少召開國民黨省政治綜合小組會議，實因透過省務會議即可

---

46 黃樹仁，〈臺灣農村土地改革再省思〉，頁203-208。

47 盧纘祥其後出任宜蘭縣長。張吉甫（時任屏東市議會議長）因熱心推行三七五減租，提供代書業務，協助農民辦理相關事宜，獲得中小農民擁護，日後出任國大代表。大地主不滿張推動佃農拒納租穀給地主，舉發、視其為「共產黨」。參見劉捷，《我的懺悔錄》（臺北：農牧旬刊社，1994），頁97-98；許伯埏著，蔡啟恆、川島真日語編輯，傅奕銘摘譯，《許丙·許伯埏回想錄》（臺北：中央研究院近代史研究所，1996），頁118。

48 劉進慶著，王宏仁等譯，《臺灣戰後經濟分析》，頁73-74。

49 陳兆勇，〈土地改革與政權鞏固：戰後臺灣土地政策變革過程中的國家、地主與農民（1945-1953）〉，頁98；笹川裕史，《中華人民共和国誕生の社会史》，頁193。

50 〈臺灣省政府代電中華民國三十八年十二月二十九日事由：為扶植自耕農貸款利息減輕為年息百分之十希遵〉，《臺灣省政府公報》，卅八年冬字第78期，頁1049。

解決綜合小組議案，故無須動用黨機器。各縣市政治綜合小組亦未能按期開會。[51]行政勢力實爲文人出身的吳國楨最大憑藉。

　　此時中華民國開始面臨憲政體制原針對中國而設計，國府遷臺後因國家領土與臺灣省高度重疊，第二級政府數量有限的局面。如依照《省縣自治通則》規定開放省長民選，省長民意基礎將遠大於國民大會間接選出的總統，相關法規遂遭延擱。[52]即如行政改革委員會建議由行政院訂定《臺灣省政府組織條例》，使省府組織獲得法律依據，調整組織職掌，進行行政改革，但仍遭行政院擱置。[53]在中央行政法規的自治制度，臺灣省在鄉鎮縣市級的行政首長及代議機構（含議會及代表會）完全經由民選產生；但到省級的行政首長則採行官方指派的委員合議制度；1950年代臺灣省代議機構則依行政規程，由「省參議會」、間接選舉之「臨時省議會」，再變更爲直接選舉之「臨時省議會」，1959年再由官方依行政院命令通過更名爲「臺灣省議會」。因此，省級機關的自主性甚低。也有研究者研究從參議會到臨時省議會期間之法定職權演進過程，指其具備「參與議事、聊備諮詢的參諮機關之本質」。[54]從1950年開始，分六期在臺灣實施首次地方自治縣市長民選，自是省政與國政大事。在制度設計下，地方選舉既可向臺灣民間釋放善意，不致威脅統

51　羅才榮，《革命民主政黨運行之研究》（臺北：中國國民黨中央委員會設計考核委員會，1966），頁17，中國國民黨文化傳播委員會黨史館藏，檔號：615/1179；上官業佑，《我們的領導作風與今後的努力途徑》，頁12；「中改會秘書處41年5月分工作報告」，中國國民黨文化傳播委員會黨史館藏，油印件，檔號：會6.4-1/84。

52　薛化元，〈臺灣地方自治體制的歷史考察——以動員戡亂時期爲中心的探討〉，收入中央研究院臺灣研究推動委員會編，《威權體制的變遷：解嚴後的臺灣》（臺北：中央研究院臺灣史研究所籌備處，2001），頁180。

53　行政改革建議案檢討小組委員會編，《行政改革建議案檢討報告》（臺北：行政改革建議案檢討小組委員會，1963），頁156-157。

54　鄭牧心，《臺灣議會政治四十年》（臺北：自立晚報文化事業出版部，1987），頁164；項昌權，《臺灣地方議會與地方政府之權責與其相互關係之檢討》（臺北：臺灣商務印書館，1980，第2版），頁57。

治秩序，又能刺激並吸納臺籍人士進入體制，實屬一舉兩得。也因此，執政國民黨在1950年代後期瀕臨重大天災（八七水災）後，蔣中正總裁一度指示可以酌予延期舉辦縣市長與鄉鎮長選舉。但臺灣省政府檢討後認為，選舉宜如期舉行，也獲得國民黨中常會通過。[55]在此一大環境態勢發展下，執政者如何動員與收編各類組織進入政治（含黨政）體制並加以運用，為國民黨建立更廣泛的動員機制，並應付攸關現實生存戰爭動員之需，爭取進入地方社會、被民眾看見，就是必須考量者。

在陳誠離任省主席、就任行政院長前，他依然關注減租政策實施狀況。[56]1950年3月就任行政院長的陳誠，在該年10月3日向立法院第六會期第五次會議進行施政報告，指出1950年度施政方針，是以「確保臺灣反攻大陸」為中心任務，往後當更進一步以「建設臺灣反攻大陸」為中心任務，要以臺灣作為反攻大陸重建國家的示範，[57]或許就是方向暗示。陳誠正式表態，則在1951年2月4日農民節慶祝大會致詞，針對行政院三七五減租考察團考察結果，他提出：一、不能為少數人利益，忽視大多數人的利益。二、土地資金出路應選擇生產建設，不應從事賭博投機事業。量價不宜輕易提高，以免帶動物價上漲導致經濟崩潰。同月28日，他針對蔡培火提出小地主生活保障問題，指出可另行專案研究，至政策實施受到影響者，不可冠以「大地主」、「小地主」名稱為藉口，如某部分人生活真成問題，政府應另謀補救之道，「斷不可以此牽涉到政策問題」。[58]這反映到行政院並不欲改變減

55　「反共抗俄總動員會報62次會議紀錄」（1959年10月14日），中國國民黨文化傳播委員會黨史館藏，鉛印、手寫油印，檔號：7.6/69。國民黨第八屆167次中常會（1959年10月28日）確認臺省政治綜合小組研討意見，「依法照常舉行」。

56　如沈時可來告，省府委員楊肇嘉欲推翻三七五減租，蕭錚談論臺灣省土地問題，1950年1月11日、2月3日。參見陳誠著，林秋敏等編校，《陳誠先生日記》，第2冊（臺北：國史館、中央研究院近代史研究所，2015），頁717、726。

57　薛月順編，《陳誠回憶錄：建設臺灣》，下冊，頁585。

58　薛月順編，《陳誠回憶錄：建設臺灣》，下冊，頁613、616-617。

租政策之執行，但也不欲因「大地主」、「小地主」、「農民」形成社會分化問題造成社會秩序潛在危害與不安，使統治秩序受到危害。這可說是由政策執行者進行說明與內部意見整合步驟的表現。陳誠之所以如此，自有原因。

當時農復會、臺灣省政府注意到新的租佃問題——「退耕（退佃）」，因此省府規定地方政府對尚未核准的退耕案件一概不予核准，已被核准者則需經省府再進行實地調查，嚴予糾正。[59] 1950年11月，農復會土地組組長湯惠蓀指出撤佃退佃問題表面看似不同，實則為一，司法機關不明瞭政府政策，判決地主勝訴，將影響減租政策成效。[60] 可以發現，這一段時間政府對小地主在行使法律權——撤佃自耕，一度無法可施，司法行政部曾以訓令要各級法院切實體會政府政策旨意，「務使業主不得逞其權勢，施其迫誘」，以確切保障農民利益。[61] 在中央法規上進行補足，以解決與民法、土地法抵觸，是從1950年11月22日通過行政院版《三七五減租條例》草案，同月30日送立法院審議。12月4日，國民黨中央改造委員會第37次會議決議：三七五減租應繼續貫徹實行，此案應令立法委員黨部轉知立法委員同志，在原則上予以贊同。[62] 但因該會期來不及完成立法，直至1951年5月25日修正通過減租條例，6月7日總統公布施行，始告完成。在該法規中，政府將原訂租約期一律延長為至少6年，這自是予欲收回田地自耕之小地主一項打擊。研究者就指出，該減租條例為加強護佃，也有矯枉過正的問題，如刪除私地減租辦法遏止佃農無故欠租條款，使減租法規有增無減。因此，從1950年起政府在

---

59 《中央日報》（臺北），1950年7月19日，第4版。

60 《中央日報》（臺北），1950年11月29日，第4版。

61 《司法專刊》，第1期（臺北，1951.9），頁26。

62 中央委員會秘書處編，《中國國民黨中央改造委員會會議決議案彙編》（臺北：中央委員會秘書處，1952），頁74。

解決租佃問題過程中，越來越有偏向強調保護佃農的現象。[63]《中央日報》亦
藉由刊載租佃糾紛報導藉機抨擊地主呈現態度。[64] 1951年臺灣省自治地方選
舉結束後，國民黨改造委員會提出檢討案，其草案檢討選舉缺點意見之一
即有「流氓土劣及地主勢力之活躍」，改進建議「流氓土劣及地主勢力之抬
頭應加防止」，該案經改造會委員各抒意見後，決議交回原小組重新整理改
正提出下次會議核定，於1951年6月27日中央改造委員會160次會議修正通
過，改用更隱晦地「社會不良勢力」帶過。[65]顯示國民黨內浮現壓抑地主勢力
之聲音。這也是陳誠一方面制訂法規，另一方面對外表態的根本理由。

可以注意到陳誠談話指出當前中華民國政府遷臺，就是因為孫中山提出
革命性耕者有其田政策，卻無法見諸實行，使中共打出「土地革命」招牌以
「分田」辦法欺騙人民而得逞之陳述外，更可注意下列話語：

> 農民是需要土地的，農民的生命寄託在土地上，農民自己有了土地，生命才
> 有寄託。我國農民佔人口最大多數，他們生命都有了寄託，然後天下才能真
> 正太平。本人有鑑於此，所以前年在省主席任內，堅決實行三七五減租，
> 以為達到「耕者有其田」的初步辦法。後來又決定放租全部公地，扶植自耕
> 農，以期逐步達到「耕者有其田」的目的。……至於大陸土地問題，我們一
> 定要本著「耕者有其田」的原則去做。我認為大家不想大陸則已，若想回大
> 陸，一定要有從頭做起的決心。……在反共抗俄的今天，反對實行「耕者有

---

63 陳兆勇，〈土地改革與政權鞏固：戰後臺灣土地政策變革過程中的國家、地主與農民
（1945-1953）〉，頁178-180。

64 1951至1952年間，媒體多報導正面減租成果，間有反面報導，但《中央日報》1951年7
月至8月間報導宜蘭佃農李家成退耕案，也反映官方對地主觀感並不算良好，陳兆勇於
相關案件之分析可資參考。參見陳兆勇，〈土地改革與政權鞏固：戰後臺灣土地政策變
革過程中的國家、地主與農民（1945-1953）〉，頁197-200。

65 中央委員會秘書處編，《中國國民黨中央改造委員會會議決議案彙編》，頁195-196。

其田」，實際上就是幫助敵人，反對自己。[66]

　　在戰爭總動員、穩定農民（特別是小農）與自有土地之聯繫感、使農民成爲社會秩序穩定因素而非動亂因子，是陳誠所關切的政治目標，也是他在對內說明、對外宣示明言之處。這和1949年初關切重點並無二致。陳誠發言中，有部分淺白不假修飾之用字在動員戡亂時期法制下所可能於地主之間引發的心理震撼──「幫助敵人」，可能也不在話下。1951年12月3日，陳誠蒞臨臺灣農學會第二屆年會講話，也表示農業、工業要相互配合，急其所急，先其所先，政府要糾正取締擾亂物價之奸商以保障社會生活安定與經濟建設發展。[67]陳誠在此重申訴諸分配的公平性及強調政府應有強力行政措施作爲。

　　此外，陳誠言論有其基調，也就是同年稍早的2月4日蔣中正〈告全國農民書〉所言：三七五減租「爲將來收復大陸後整個農業問題的解決和農民生活的改進，預立了良好的楷模。」[68]幾日後的2月8日，蔣中正即對吳國楨、陳誠就土地改革提出指示：

> 二年來臺省實施三七五減租成績，以及其中缺點均應切實研究檢討與充實改
> 正。今年應以改革土地稅，依照平均地權之原則，參酌當地實際情形，擬訂
> 法規，限期實施，並以此爲省政中心工作之一。[69]

　　3月16日，蔣中正手擬高級黨政訓練方針，其中包括「民生主義具體

66　薛月順編，《陳誠回憶錄：建設臺灣》，下冊，頁640-641。

67　薛月順編，《陳誠回憶錄：建設臺灣》，下冊，頁682。

68　蔣中正，〈農民節告全國農民──中華民國四十年二月四日〉，收入秦孝儀主編，《總統蔣公思想言論總集》，卷三十二書告，頁294。

69　何智霖編，《陳誠先生書信集：與蔣中正先生往來函電》，下冊，頁753。

化，甲、平均地權，乙、耕者有田」等條。[70]這的確也顯示黨政軍領袖對土地問題思考確實含括向中國大陸進行宣傳之層面。繼續持續土地改革，拉攏小農並安撫地主就是必須繼續執行下去的政策。這再度顯示土地問題不只是單純內向性經濟及社會問題，也是政治問題之意義。我們現在可得知國民黨有中共頒布土地改革法「懷柔政策」以圖「挽救人心」之內部分析報告，[71]足見其未敢輕忽中國大陸重大政策動向，亟思因應之道。

在黨政軍權力三合一領袖蔣中正指示及支持下，1951年6月陳誠即擬議《臺灣省私有耕地改革綱要》，進行內部研究，在地籍總歸戶工作完成後，擬訂耕者有其田即為陳、蔣思慮之事。在此得稍為補充，若無1951年8月農復會先行在屏東、高雄試辦完成地籍總歸戶，再配合此一經驗舉辦各縣市地政人員講習，於9月進行全省地籍歸戶，於1952年3月完成，將相關結果交政府進行統計計算，於4月完成，供政府考量計算徵收、保留耕地依據，後續政策將難以推行。[72]此時由專業人士加入及協助進行土地資料整理，也是行政院長陳誠尊重專業並得用人之長表現。

1952年4月中，蔣中正思慮限田制度可能走向，該月21日，蔣中正在陽明山莊演講「土地國有的要義」，指出民生主義均富的方法，第一就是實行限田與耕者有其田，在土地國有原則下，允許私有財產制度（含土地所有權）合理存在。6月7日，蔣以較多篇幅鋪陳想法：

---

70 《蔣中正日記》，史丹福大學胡佛研究所藏，1951年3月16日。

71 「張其昀呈報蔣中正據吳俊升等稱最近中共頒布土地改革法等懷柔政策企圖挽回人心綜合報告」（1950年7月27日），《蔣中正總統文物》，國史館藏，典藏號：002-080200-00342-024；「共匪土地改革現狀及偽土地改革法內容要點」（約1950年），《蔣中正總統文物》，國史館藏，典藏號：002-080200-00342-024。

72 湯惠蓀，《臺灣之土地改革》（臺北：中國農村復興聯合委員會，1954），頁62-63。有學者指出，此一工作仍有其缺漏，忽略共有地之共有人持分歸戶。參見陳兆勇，〈土地改革與政權鞏固：戰後臺灣土地政策變革過程中的國家、地主與農民（1945-1953）〉，頁218-219。

共產主義是要徹底消滅私有財產制，民生主義是保護合理的私有財產制，而且獎勵合理的私人企業，共匪則不僅沒收私人資本，而且要徹底消滅私人資本。我們將來亦認合作農場爲耕者有其地與平均地權的方法之一，但必由人民自己管理與經營，在互助合作之下，養成民有、民享與民治的制度，決非如共匪集中在其僞政府之手，以合作名義，而實爲沒收充公，置民於死地也。[73]

　　蔣中正上述言論清楚顯示，他以土地問題、維持私有財產制度、自營制度以和中共有所區隔，是宣傳「自由中國」重要象徵之一。這不啻是爲陳誠開啓許可實施耕者有其田與限田信號，也爲陳誠遭遇問題時透過黨政軍領袖以黨政雙管齊下方式處理奠下基礎。

　　1952年5月，陳誠在臺灣地政當局與專家會議中提出原則性意見，期望於次年實施耕者有其田政策，於1952年完成準備：要在業主、佃農利益並重條件下，顧及農村社會安定考量下實施進一步土地改革；並其以臺灣經驗作爲亞洲土地改革先導。也在此時，提出地主保留地標準（限水田2至3甲）、地價補償等構想。他指出相關原則成爲臺灣省政府擬定《臺灣省扶助自耕農條例草案》依據，在草案送到行政院後又經討論審查修正爲《實施耕者有其田條例草案》，特別於1952年11月12日通過。11月28日即送立法院審議。[74]事實上，在此期間的1952年7月24日，國民黨中央改造委員會371次會議審議省府擬訂扶植自耕農條例時，會中經過三小時討論，「決議限於明年元旦實施限田開始，并以此爲明年施政之中心也。」他強力指示時間、施

73　蔣中正，〈土地國有的要義〉，收入秦孝儀主編，《總統蔣公思想言論總集》，卷五專著（臺北：中國國民黨中央委員會黨史委員會，1984），頁45-46；《蔣中正日記》，史丹福大學胡佛研究所藏，1952年6月7日。

74　薛月順編，《陳誠回憶錄：建設臺灣》，上冊，頁168-174。

政重點、各單位配合：「應於明年一月起推行限田政策，責成本黨從政負責同志，將上項政策之執行列為明年施政之中心，而黨的活動，亦應於此為有效之配合，……俾本黨所一貫主張之民生主義，得於最短期間獲得進一步之實現與成功。」[75] 這即是為陳誠推動相關措施予以認可，並要求黨政各機關予以配套措施準備，及相關宣傳之進行。可以注意到，臺灣省議會議長黃朝琴的發言，在報紙中占了一小塊篇幅，指稱「限田政策為不流血革命」，該辦法雖尚未完成立法程序，但與中共推行土改實不可同日而語，「政府的限田政策，則顧到地主的利益，可說是不流血的革命。再大敵當前的今天，實施此一政策，實在是一件很有意義的事情。」黃朝琴仍不無審慎地表示，上述發言是「個人意見」。[76] 以臺灣省臨時省議會議長身分如此表述以及刊載於報紙，自有要以其省級民意機關代表發言為政策背書之意，要穩定民間情緒，使代議士認同政府施政用意鮮明。政策要地主「配合」及「服從」意向亦已鮮明。未久，《中央日報》陸續刊載報導指陳地主應配合政策宣導及配合實例。[77] 省黨部所屬臺通社發布臺籍人士鄒清之發言，表示具有國民黨員身分之地主更應配合政策，率先示範。[78] 政策外在走向要地主犧牲小利、扶植小農態勢已明。在土地數量不可能快速取得擴張，從既有土地重新分配，實施限田政策，在當時環境下是決策者不可免的思考方向。

75 《蔣中正日記》，史丹福大學胡佛研究所藏，1951年7月24日；中央委員會秘書處編，《中國國民黨中央改造委員會會議決議案彙編》，頁465。

76 〈黃朝琴譽限田政策為不流血革命〉，《中央日報》（臺北），1952年7月25日，第3版。後人亦有指出這是一項巨大的社會經濟工程之說。參見黃俊傑，《戰後臺灣的轉型及其展望》（臺北：臺大出版中心，2006，增訂版），頁61。

77 〈雲林一開明地主祖傳耕地率先交出〉，《中央日報》（臺北），1952年8月8日，第3版。陳誠直到日後仍在意土地改革如不使地主有出路，阻力之大超乎預料，「因議會即彼等之勢力，任何法案均不易通過也。」參見陳誠著，林秋敏等編校，《陳誠先生日記》，第2冊，頁981，1958年12月12日。

78 〈促進工業化必須實行土地改革，省黨部紀念週，鄒清之昨日報告扶植自耕農問題〉，《中央日報》（臺北），1952年8月12日，第4版。

　　陳誠動用政府行政力量，此時尚不足以在黨內做出最終決定，又面臨行政、立法院協商與立法院內成員生態，面對法案產生爭議陷入僵局，終究需黨政軍最高領袖蔣中正出面處理。蔣在1953年初自訂該年度「政治經濟之建立」七項工作計畫之一，即包括處理耕者有其田及限田問題兩項問題，[79]而這與行政、立法院內爭端有關，有黨人稱之為「派系鬥爭痕跡顯然」，[80]這自然也影響到蔣注意黨內問題予以處理。他約見行政院長陳誠議事，「次商立法院對耕者有其田案之情勢，辭修必欲爭執其名稱，余認為不必如此也。」[81]這顯然是原則性指示。1月8日中常會，他再度提出原則性指示力挺行政院，展現黨主席權威：「十時入中央黨部開常會，對立法院所議耕者有其田案與扶助自耕農案名稱之爭執暫時保留，屬先解決其內容主要問題，對公田決不准保留，對契稅乃以耕者得田後，不超過其三七五時期之負擔為標準，是否免契稅，交由行政機關與立法院商決也。」因此，當1月21日立法院終於通過議案後，他認為貫徹黨紀與「實現主義」均值得有成就感：「本日立法院對耕者有其田案三讀通過，完成立法程序，此為本黨革命以來，實現主義第一之基本案件，亦即業〔革〕命事業之中心問題也。又立法院議事規則，對於記名投票、點名表決之方式亦補充修正，此亦最近本黨黨員對黨之決議與意旨，最後仍能遵奉執行，可知黨紀已經提高矣，殊值自慰。」，「耕者有其田案，立法院於周初照所指示之要旨順利通過，完成法定手續，關於殘廢老幼以及血系弟兄之公田，准予保留三甲之規定，實為最合情理之裁決，頗覺自慰。」[82]

79 《蔣中正日記》，史丹福大學胡佛研究所藏，1953年1月本年工作總目標。

80 陶晉生編，《陶希聖日記：1947-1956》，下冊（臺北：聯經出版事業股份有限公司，2014），頁672。

81 《蔣中正日記》，史丹福大學胡佛研究所藏，1953年1月6日。

82 《蔣中正日記》，史丹福大學胡佛研究所藏，1953年1月21日、24日。

相較於蔣中正以原則性指示，並持樂觀態度、意欲消解黨內派系紛爭，地方黨部中高層反映則相對微妙。究竟肯定土地政策政策實施有效，是否等於有助提升黨在民間的「被看見」？臺灣省黨部成員顯然未抱樂觀：

> 一、土地政策有相當成果，農村經濟、農民生活、農村社會都有改進。二、個別農民談話中，對土地政策多表正面肯定。三、租佃委員中，完全不識字者5%，但由於年齡較長，高於45歲以上，對於國語聽講感到很大困難，更不了解土地政策是本黨的一貫政策，僅知是陳誠、吳國楨的德政，甚至說是農復會的功勞，反映黨的宣傳不能與政策配合。四、未能發掘同情者入黨，培養其為組織幹部，實為今後努力目標。[83]

顯然省黨部的工作就在於要如何將政府土地改革政策的受益者——小農從同情者轉為政治上的支持者，從感謝個別從政黨員如吳國楨、陳誠，進而轉化成選票投給支持政黨，是國民黨亟思解決之問題與未來努力之目標。但陳誠在民間小農中具有之受歡迎度，也由此而見。

省黨部會有此想法，並非意料之外。1952年8月間，在臺灣省黨務人員訓練班，是吳國楨以從政黨員身分講述省政及現階段政策。同日另一則報導則是雲林、嘉義、臺南三縣租佃委員會陳情代表至省黨部召開記者會。雲林縣代表們在前一日已由省地政局派員陪同至立法院、行政院、省議會、省政府、中央改造委員會、總統府、內政部、農復會陳情。[84]此中雖見黨機關運作協助痕跡，如協助召開記者會，但最後帶代表去陳情的仍是由地方省府出面，黨政之間微妙的差異感於此可見。

83　柯德厚，〈把握時機，推展農運：輔導東南部各縣市租佃委員講習觀感及心得〉，《臺灣黨務》，第42期（臺中，1952.10），頁11-12。

84　《中央日報》（臺北），1952年8月8日，第3版相關報導。

不過，國民黨中央委員會之後撰寫一份檢討報告仍然指稱，黨組織雖有缺點，在擔任配合宣傳政策之「發動機」角色上仍不容忽視，報告說到：

> 本黨中央雖曾策動各級黨部及各機關從政同志督導各級人員對實施耕者有其田實施條例及施行細則悉心研討，加深認識，並發動軍、公、教人員利用村里民大會，村里動員月會，對耕者有其田，進行宣傳工作，及組織宣傳工作隊、文化工作隊等巡迴宣傳，又發動各級學校師生分組下鄉訪問農民，收到宣傳實效。惟以農民智識水準較低，條例及施行細則文字深奧，而工作進度之規定又太迫促，不容有較充裕的時間進行宣傳工作，兼以各縣市黨部經費拮据，人手不足〔苗栗縣黨部每月宣傳費僅300元，花蓮350元，東北區12縣市超過1千元者不多，平均不及10%，且不能固定支用，而每縣擔任宣傳工作人員多者3人，少者1人〕。無力充分利用宣傳設備及普遍深入廣大農村，致使一部分地主與農民，對此一政策之意義及實施辦法，尚不能徹底明瞭，今後仍應繼續擴大宣傳，務使此項政策能夠家喻戶曉。[85]

蔣中正聽取報告後，指示包括「為配合實施耕者有其田政策之推行，農田與水利會之改革至關重要。農會總幹事人選一定要以懂得農業技術者擔任，臺灣省政府與省黨部應特加注意。水利會組織龐大，且多虧欠，臺灣省政府應研究具體改革辦法。」、「實施耕者有其田政策之推行，卓著功績之地政人員，政府應予獎勵與培植。」、「各院部會派遣督導團或視導團到各縣市去訪問實施耕者有其田情形，應先與行政院聯繫，統籌辦理，庶免地方疲於接待。」等項。[86]蔣再度以原則性指示表示將各股力量以為政權使用之態

85　「反共抗俄總動員會第十五次會報會議記錄」（1953年8月26日），附件〈各級黨部配合實施耕者有其田工作檢討報告〉。該報告由中央委員會第五組、第一組、第四組、第六組及設計考核委員會共同撰寫。

86　「反共抗俄總動員會第十五次會報會議記錄」（1953年8月26日），附件〈各級黨部配合實施耕者有其田工作檢討報告〉。

度。或許，強調將政令宣傳「滲透至民間」作用，磨練整體組織運作，是宣傳機構當時更在意的部分，效果如何則另作考量。為擔起「發動機」角色，國民黨也在《各級黨部推行實施耕者有其田工作綱要》中規定，要「注意考察承領耕地農民中之優秀份子，設法爭取吸收其入黨，以擴大本黨社會基礎」，[87]的確也表現黨及政權想爭取民間力量以為己用之構思。

　　在黨系統之外，官方系統的確不放過可能機會進行宣傳，藉以塑造中華民國與中共政權之不同。一例是1950年11月行政院通過減租法案前，國民黨黨報《中央日報》已刊登與中華民國政府持友好關係之美國斯克利普斯霍華德（Scripps-Howard）報系記者駱卡斯報導為華盛頓《每日新聞》（The Washington Daily News）刊登，稱中華民國在蔣總統指導下「正進行民主革命」，經濟改革方面，「最有力的是土地改革」，實行三七五減租後，許多農人可以首次送子弟入學，並有力購買農具因此，糖和米的出產倍增，臺灣不缺食糧。該報導說明副標之一亦為「土地改革成功生產倍增」。[88]1951年3月10日《中央日報》頭版左一欄更放入日本盟軍總部派專家協助臺灣推行土地改革新聞，[89]此一新聞刊載顯具兩重意義：一為強調中華民國與美國駐日盟軍的親密感，次為強調土地改革獲得外國肯定認可之必要，由黨方媒體釋放消息之意義自不容忽視。

　　1951年6月5日，該報再度以頭版篇幅刊登陳誠向美聯社記者談話，聲明「政府返回大陸後須進行土地改革」，在該訪問中陳誠稱中共實行「恐怖

87　中央委員會第五組編，《中國國民黨土地政策與臺灣省實施耕者有其田》（臺北：中央委員會第五組，1954），頁103。

88　〈華盛頓每日新聞撰文盛讚臺灣革新運動成功〉，《中央日報》（臺北），1950年11月19日，第3版。耐人尋味的是，《每日新聞》是美國華盛頓區域的下午報，與其他四家主要報紙競爭，為戰地記者Ernie Pyle新聞事業出發之報，1972年整併入《華盛頓星報》。"The Washington Daily News," Wikipedia, available from http://en.wikipedia.org/wiki/The_Washington_Daily_News; accessed 9 Feburary 2015.

89　〈臺推行土地改革，盟總派專家協助〉，《中央日報》（臺北），1951年3月10日，第1版。

的統治」，實行土地改革是引誘民眾參軍的手段；他向逃亡在外地主喊話尋
求支持之同時，也表示地主若隨政府返回大陸，得瞭解情勢與前不同，有所
取捨，配合政府改革。[90]在上述提及《中央日報》報導，很巧合的是用上陳誠
與美國駐臺記者談話後發表新聞報導，再由國內報紙翻譯報導方式進行宣
傳。這種方式既有向外宣傳，亦有對內營造不同來源方肯定中華民國政府作
為之作用在內。這一方式的重複運用，也在於當聯合國秘書長曾依照經濟暨
社會理事會決議案檢送關於土地改革之問題單請中華民國官方解答，以便編
擬報告提供該理事會舉行第一屆會議予以考慮。陳誠即於1952年12月3日備
妥相關答覆資料，交予相關機構進行回覆。外交部除將相關問題交予行政院
外，亦交予省政府、內政部詳予解答，再由外交部彙整回覆；外交部再為聯
合國大會通過關於土地改革決議案請各國提供農業改革方案資料，電請省政
府併案，洽由內政部儘速核辦見復。[91]這其中，《中央日報》曾在頭版下方以
部分篇幅，刊登中央社特稿，表示聯合國經社會通過建議，鼓勵各國實施土
地改革，擬成立土地改革基金委員會訊息，[92]強調與世界各國趨勢的合拍感。

　　而就目前留下來的官方史料也顯示，陳誠有關臺灣土地改革的說明，也
很快出現英文版、日文版，這的確顯示臺灣政治高層期望宣傳相關主張的意
向。因此，陳誠在其中所扮演之政策說明者角色由此可見。至於在陳誠側翼

90　〈政府返回大陸後，須推行土地改革〉，《中央日報》（臺北），1951年6月5日，第1版。

91　「答覆聯合國秘書長所詢有關臺灣土地改革問題資料」（1952年12月3日），《陳誠副總統
　　文物》，典藏號：008-010805-00010-001；「外交部據聯合國秘書長依照經濟暨社會理事
　　會決議案檢送關於土地改革之問題單予解答以便編擬報告提供該理事會於舉行第一屆
　　會議予以考慮查我政府近來推行三七五減租與限田政策成效車著似可乘機達國際宣傳之
　　效乃抄同原復問題單與決議案電請省政府內政部詳予解答並再為聯合國大會通過關於土
　　地改革決議案請各國提供農業改革方案資料電請省政府併案洽由內政部儘速核辦見復，
　　外交部檢送聯合國關於土地改革之問題單與聯合國秘書長有關節略中文譯文電請行政院
　　秘書處查照轉陳」（1953年1月9日），《臺灣省政府檔案》，國史館藏，典藏號：004-0601-
　　0007。

92　〈聯大經社會通過建議鼓勵各國土地改革擬設立土地改革基金委員會〉，《中央日報》（臺
　　北），1952年12月25日，第1版。

方面，對內以蕭錚領導之中國土地改革協會會員大會相關新聞報導，如長官書面致詞、重要案件討論，在報紙版面大幅報導，強調以臺灣土地改革作為收復大陸之先導性示範，也是反映當下時代氛圍之意見。[93]同日新聞刊載張廷休演講，其中有強調實現孫中山平均地權理念之語，[94]也是要向社會各界宣示土地改革是實現社會公平正義手段之意義，或許也可視為是要取得言論有利立場的作法。這再度呼應了陳誠早於1949年呼籲社會公平正義之言論。

五、結論

本文在第一部分指出，1949年推行三七五減租，是希望在地主、佃農、政府之間互動平衡，在戰爭動員需求下要達到徵糧與社會穩定雙重需求。陳誠以臺灣軍政領導人身分推行減租政策，面臨來自省內壓力，並不輕言退讓，而以訴諸社會公平正義向外界喊話。

1949年，國民黨總裁蔣中正已肯定陳誠在穩定臺灣政治、經濟社會秩序工作之努力，且認為透過三七五減租已經為政府爭取到一定民心，是黨領袖予陳誠之明確支持。陳誠用省政府掌握宣傳媒介進行輿論塑造，說明宣揚政策利多之同時，藉此壓制反對政策聲勢，使反對者喪失輿論發言空間及透過發言集結同情者勢力有其他動作，也是陳誠執行宣傳手法之用意。陳誠注意新訊息、尊重專業、強力執行政策之意志，的確也給予農復會等機構施展空間，亦是不可忽視之處。

1950年起中華民國在冷戰環境之下，有塑造自由中國以與中共政權區隔的需要，使減租、限田等土地改革政策進一步推行取得合法性。陳誠作為行

---

93 《中央日報》（臺北），1951年7月9日，第3版相關報導。

94 張廷休，〈土地改革之今昔——為中國土地改革協會年會所作〉，《中央日報》（臺北），1951年7月9日，第3版。

政院長，將政策上升至統治區全境以及日後反攻大陸之示範，必須取得立法程序正當性。黨總裁蔣中正復行總統職權後，作爲黨政軍最高領袖，的確也給予陳誠及行政權背後支持與指導力道。因此，決策、宣傳涉及黨政部分，也確見較多運作痕跡與嘗試運作國內外宣傳，也提供宣傳機構操演機會。陳誠此時勇於出面說明政策實施，並很快出現英文版、日文版翻譯，也顯示臺灣政治高層期望宣傳相關主張之意向。這也突顯陳誠在其中所扮演之政策說明者角色。

陳誠與臺灣經濟發展

周濟

財團法人中華經濟研究院諮詢委員

一、前言

　　經濟發展是國家現代化的重要一環，陳誠在臺灣推動各項經建計畫成果，為世人所稱羨，是陳誠對中國現代化的具體貢獻。現代化有很多面向，從經濟發展的角度解讀，是一個經濟體如何從落後、封建的傳統農業社會轉換（transform）到進步、現代化工業社會的過程。轉換是否成功？在於改革（reform）的績效及其後續政策的推動。

　　1949年國民政府遷到臺灣，當時臺灣以農業生產為主，歷經二次大戰的摧殘，初期接收的粗糙，以及國共內戰的牽累，以致民生凋敝，物價高漲；且有大批軍民陸續移入，人心浮動，政府財政負擔沉重。陳誠在此時刻，臨危受命，接任臺灣省省主席，以不到一年時間推動三七五減租，促進農工生產，幣制改革，推動地方自治，並安定社會秩序。

　　陳誠的一番作為讓臺灣經濟脫離二次大戰後的困境，隔年三月蔣中正在臺復行視事，陳誠被提名為行政院院長，從更高的層次繼續推動各項建設。自1953年起，政府開始一系列經濟建設的中期計畫，釐訂國家發展目標及

策略，循序推動現代化政策。第一期（1953-1957）以增加農工生產、促進經濟穩定和改善國際收支為重點，有計畫地利用臺灣有限資源從事經濟發展。此期間陳誠率領內閣和省政府完成公地放領、耕者有其田等土地改革，建立產業生產和貿易擴展機制，並實施穩定物價的財政和利率政策。1954年後陳誠連續獲選中華民國第二、三任副總統，襄贊總統蔣中正主政國事。此期間陳誠仍任美援運用委員會主任委員，並一度兼任行政院長，是政府主管經濟發展的最高首長。實際業務交由尹仲容領導的財經團隊推動，擬定「十九點財經改革措施」，從政府預算控制，產業發展，貿易擴展，金融與外匯創新，以及財政改革等方面著手執行，讓臺灣經濟突飛猛進。1965年3月5日陳誠過世，6月30日美援亦告中止，而臺灣經濟已經起飛，儲蓄大幅增加，外資大量引進，不但彌補美援停止後財源不足的缺口，也達到快速經濟成長與物價穩定的雙重目標，被譽為「經濟奇蹟」。[1]

　　1950年到2008年間，每人GDP平均成長率5.94%全球最高，[2]表現優異。2014年臺灣每人國內生產毛額（GDP）45,854國際元，在全球189個國家中排名第二十，屬先進經濟國家（advanced economies），[3]陳誠對臺灣經濟發展的貢獻功不可沒。

　　改革是件吃力不討好的差事，1949年陳誠接掌臺灣省政府，以國家存亡為己任，在各種反對的壓力下推動改革，並達成目標。陳誠如何達成這個目標，又如何領導政府財經團隊創造令人矚目的經濟發展奇蹟？令人好奇，是

1　Simon Kuznets, "Growth and Structural Shifts," in Walter Galenson ed., *Economic Growth and Structural Change in Taiwan: The Postwar Experience of the Republic of China* (Ithaca: Cornell University Press, 1979), p. 48. 以及葉萬安，〈臺灣究竟創造哪些經濟奇蹟？〉，《臺灣經濟論衡》，第8卷第8期（臺北，2010.8），頁15。

2　周濟，〈民國38年以後的經濟發展〉，收入劉翠溶、周濟主編，《中華民國發展史：經濟發展》，上冊（臺北：國立政治大學；聯經出版事業股份有限公司，2011），頁69。

3　國際貨幣基金(International Monetary Fund，Gross domestic product based on purchasing-power-parity [PPP] per capita GDP, Current international dollar)，2015年4月。

本文探討的重點。

　　土地改革是陳誠在臺灣最受矚目的政績，此項改革不但讓臺灣從農業社會轉向工業社會，也讓臺灣從過去的計畫經濟走向產業民營化和貿易導向的自由經濟。當時陳誠權限之大在歷屆臺灣省主席中可謂空前絕後，讓他得心應手發揮其行政及軍事才能，但也形成威權的統治體制。這種體制對後來的經濟發展影響如何？值得討論。

　　本文文章結構安排如下：除前言外，本文從陳誠在大陸推動土地改革經驗出發，探討為何陳誠異於其他國民黨將領，對土地改革特別熱衷且堅持？接著觀察他在臺灣省主席任內的主要政策，然後評析他的行政風格與威權統治的形成，再回來探討在陳誠領導下臺灣土地改革與經濟發展的關係，以及如何與財經團隊互動並推動經建計畫？最後在結論裡討論威權體制對後來臺灣經濟發展的影響。

二、陳誠在大陸的土地改革經驗

　　自古以來農民常在土地分配不合理的制度下討生活，陳誠出身於農村，對於中國農民生活的痛苦有深切的體驗。年事稍長瞭解中國土地分配很不平均，大部分土地歸地主所有，大地主自己不耕種，把土地出租，坐享高額地租收入。承租土地的佃農遭受高額地租的剝削，終年辛勞不得溫飽，深感解決土地問題是中國現代化的基本工作。他自保定軍校畢業後，都在軍事方面服務，但對於土地問題未能忘懷，一有機會就把握並堅定地為解決土地問題而努力。[4]

　　當時大陸人口八成以上務農，且半數以上是沒有土地的佃農，生活極

4　陳誠，〈如何實施耕者有其田〉，收入劉永年編著，《陳副總統紀念集》（臺北：大江出版社，1965），頁57。

爲清苦。國共兩黨都認識到分配不均的嚴重性，都主張土地改革以解決不合理的土地問題，惟兩者推動的方式有異。共產黨用踢去地主（kick out the landlord）方式，透過階級鬥爭，清算地主強奪土地，令農民組成集體農場共耕共營。國民黨則採買斷（buy out the landlord）方式，以合理的價格收買地主超量的出租土地，放領給現耕佃農，扶持佃農成爲自耕農，使農民享受自己耕作的成果。[5]

1926年10月國民黨北伐進軍兩湖，爲動員農民支援北伐，在廣州召開中央和各省區代表聯席會議，通過《最近政綱》，其中第七條：「減輕佃農田租百分之二十五」，是爲「二五減租」的濫觴。當時雖有幾個省區推行，但困難重重，隨作隨輟。[6]1932年國軍江西剿共，陳誠深入基層，了解共產黨推行土地改革對農民的影響。爲爭取農民的擁護，曾要求江西省政府施行「限田制度」，逐步向地主贖買土地，惟因觸及大地主利益而被拒絕。[7]

抗戰軍興，陳誠於1940年任第六戰區任司令長官，兼湖北省主席，終有機會在鄂西七縣和鄂北六縣實施「二五減租」政策，減輕農民負擔。陳誠明言：「減租之一大目的乃使階級鬥爭消滅於無形。」[8]當時湖北省採取的調和方式，設有調解委員會，以最大可能避免訴訟干戈。並訂考核辦法，由府派員分赴各減租區域，考核主佃雙方能否依照減租額實，是否存在威脅利誘、欺騙妥協、轉佃牟利等情形；各縣工作人員、區鄉鎮保甲長有無認真嚴

5　殷章甫，〈土地改革〉，收入劉翠溶、周濟主編，《中華民國發展史：經濟發展》，上冊，頁135-136。

6　陳誠，〈如何實施耕者有其田〉，頁57。

7　〈國民黨敗退臺灣後搞土改：力促「耕者有其田」〉（2011年12月29日），收入於「人民網」：http://history.people.com.cn/GB/205396/16756255.html。本文摘自趙國明，《臺灣　臺灣》（北京：九州出版社，2012）。

8　晉燃，〈中國國民黨大陸時期農地政策與實踐述要〉，《黃花崗雜誌》，第40期（紐約，2012.7），頁23。

格執行減租；減租登記是否遺漏，諸如此類，均責成詳細考覆。[9]第一年先做調查準備工作，隔年正式實施，兩年中農民負擔顯見減輕，農業生產因之增加，農民生活大為改善。可惜陳誠於1943年奉調遠征軍司令長官離開省主席職務，這個政策便逐漸變質。[10]

國民黨在大陸進行的土地改革，抗戰前有江蘇之土地整理、浙江之二五減租和河南之田賦整理。抗戰時期推行減租之地區計有，廣東省、湖北省等地；實施保障佃農之地區有廣西、浙江、廣東、湖北、安徽、江西、四川、綏遠等地；扶植自耕農有四川、廣東、湖南、湖北、江西、福建、浙江、陝西等省辦理。抗戰勝利後，1947年3月20日行政院發訓，要求各省「佃農應繳之耕地地租，依正產物千分之三百七十五計算」，其中農復會參與的改革工作先後有福建、廣東、廣西、貴州、雲南、陝西、甘肅和臺灣等省，當時臺灣由屏東縣先行試辦。[11]

三、臺灣省主席任內的主要政策

1948年12月29日，陳誠被提名為臺灣省政府主席。陳誠因事前未被諮詢，對此人事命令感到困惑，且手術後身體尚未完全康復，打算婉拒。蔣中正總統隨即函電謂：「如何不速就職，若再延滯，則夜長夢多，全盤計畫，完全破敗也。」[12]由此函電可感受到當時大陸政局與軍事變化之急促，也可體會蔣對陳的倚重。

當時國軍在大陸東北和徐州的戰役相繼失利，共軍已接近長江；中央政

9　晉燃，〈中國國民黨大陸時期農地政策與實踐述要〉，頁23。

10　晉燃，〈中國國民黨大陸時期農地政策與實踐述要〉，頁58。

11　晉燃，〈中國國民黨大陸時期農地政策與實踐述要〉，頁4-38。

12　何智霖編，《陳誠先生書信集：與蔣中正先生往來函電》，下冊（臺北：國史館，2007），頁719。

府的金圓券制度崩潰，造成嚴重的惡性通貨膨脹，人心惶惶，翁文灝內閣總辭，孫科繼任。而臺灣歷經第二次大戰的摧殘，初期陳儀部隊的粗糙接收，二二八事件對臺灣菁英的摧殘，以及國共內戰的牽累，致民生凋蔽，物價高漲，又有大量大陸軍民陸續遷入，政府財政負擔沉重，人心浮動。陳誠臨危受命，接任臺灣省省主席，以「人民至上，民生第一」爲目標，推動三七五減租，[13]促進農工生產，改革幣制，籌備地方自治，並從入境管制著手安定社會秩序。茲對這些政策說明如下：

（一）三七五減租

陳誠接任臺灣省省主席的首要任務是增加糧食生產，因爲臺灣被視爲反攻復國基地，必須生產足夠的糧食，供應大陸移進的大量人口和爲反攻大陸做準備。爲提高糧食生產，除提供技術、水利灌溉和肥料外，提升農民的生產意願更是重要，而降低佃租負擔則是提升生產意願的有效辦法。何況土地問題是國共雙方爭取農民群眾的重要策略，且陳誠一向重視土地改革，又有湖北省推動二五減租的經驗。因此擔任臺灣省省主席時，自然會想在這方面有所作爲，深知土地改革的重要性，且對可能遭遇到的困難也了然於心。

臺灣的農地租佃制度，是由清代的墾田制度和大小租制度演變而來，地主強勢，且帶有濃厚的封建色彩，相當不利於佃農。殷章甫將其歸納爲：1.佃租偏高，大部分水田租率在55%以上；2.租期短又不穩定，佃農在不安

13　事實上，三七五減租政策是將佃農繳給地主的地租設爲50%的二五減租政策。由於二五減租政策爲減輕佃農負擔，不問原來地租多寡，一律按照原租減少25%。當地租設爲50%，佃農所繳的地租就會由原來的50%降爲37.5%，即50%－（50%×25%）＝37.5%。「三七五減租」的名稱，首見於1929年8月8日國民黨中央常務會議通過的《浙江省佃農二五減租暫行辦法》辦法第二條：「土地收穫除副產應全歸佃農所有外，由佃業雙方就各該田畝情形，以常年正產全收穫量百分之三七.五爲繳租額，自行協定新租約。有「大租」、「小租」之分者，其分配比例斟酌當地習慣辦理，但兩租約之和不得超過正產收穫量百分之三七.五」。參見魏紹徵，〈從二五減租到三七五減租〉，《傳記文學》，第35卷第5期（臺北，1978.11），頁87-89。

中討生活；3.口頭契約多，佃農無保障；4.部分地主收取押租金，加重佃農
負擔；5.部分地主不管天災人禍，照樣收取定額租金；6.耕作副產品照同比
率收租。[14]

　　為使三七五減租順利開展，臺灣省政府於1949年4月10日公布《臺灣省
私有耕地租用辦法》，復訂定《臺灣省私有耕地租用辦法施行細則》、《臺灣
省辦理私有耕地租約登記注意事項》、《臺灣省推行三七五減租督導委員會組
織規程》及《臺灣省各縣市推行三七五減租督導委員會組織規程》等法規，
令行全省各縣市一律在當年第一期農作物時期辦理。

　　在當時臺灣省財政窘困情況下，陳誠還是撥出經費做好培訓、組織與簽
約等項工作。動員省政府各部門和各層級的力量，使得省政府上上下下都支
持這項工作。先用20天的時間召集各縣市地政、民政科股長、區長和自治
指導員舉辦講習會，講解有關法令，研究討論各項實際問題及解決辦法。再
由各縣、市政府招集鄉、鎮、區幹部舉辦講習所，讓全省4,000多人參加培
訓。

　　接著建立推行三七五減租的各級工作機構，由地方公正人士、人民團體
及民意機關代表暨與減租有直接利害關係之地主、佃農等代表，聯合組設縣
市推行三七五減租委員會。委員會除督導宣傳外，亦執行調處糾紛、評定正
產品收穫總量標準等工作。由於培訓和組織兩項工作的徹底執行，讓租約的
換定及登記工作，自當年5月下旬起，6月中旬止，僅短短1個月時間內，除
少數因糾紛或地主地址不明等特殊狀況外，均完成登記和換約，行政效率奇
佳。[15]

　　自1949年實施三七五減租以來，成績斐然，使得過去不合理的租佃制

14　殷章甫，〈土地改革〉，頁139-142。

15　殷章甫，〈土地改革〉，頁142。

度變爲合理可行，農業生產大爲增加，佃農生活也得到顯著改善。具體的成果包括：1.農業生產顯著增加30%以上；2.佃農生活得到改善；3.農地價格普遍下跌；4.佃農購置耕地案例增多；5.提高佃農對政府的信心；6.地主合法權益受到保障。[16]更重要的是，三七五減租的完成，爲臺灣土地改革奠定下基礎，讓後來的公地放領和耕者有其田政策順利推動；而土地改革的成功，又讓農業的剩餘資源流向工業部門，促進經濟快速成長。

　　能夠如此快速完成，陳誠認爲是：1.宣傳普遍徹底，一般人都能瞭解減租的意義；2.臺灣同胞具有守法精神，政令的實施易於貫徹；3.各方面通力合作，尤其中國農村復興聯合委員會（下稱農復會）在經費上及技術上協助甚多；4.幹部訓練及法令訂定等事前準備周詳，政令執行順利；5.省府具最大決心及有力支持，使各級人員都能勇敢去做；6.生產增加百分之二十，地主不因減租而受損，有利政策推導。[17]

（二）促進農工生產

　　農業生產方面，如前述三七五減租的施行，讓農民的佃租一律降爲37.5%，大幅提高農民耕作意願。另外政府調運大量化學肥料來臺，傾力修復生產化肥工廠，並採以工代賑方式搶修毀損的水利設施，讓農業生產大幅增加。[18]同時，一批農復會的農業專家隨著國民政府撤退，加入臺灣的農業研究，從事作物育種工作，繁殖優良稻、小麥、馬鈴薯、甘薯、甘蔗和蔬菜

16　殷章甫，〈土地改革〉，頁144-145。

17　陳誠，〈如何實施耕者有其田〉，頁66。陳誠決定實行三七五減租時有關的籌劃、起草減租法令，由主席辦公室主任徐鼐主辦，徐鼐在抗戰期曾任湖北咸豐縣長，爲人幹練頗有政聲。執行方面由省地政局施行，局長沈時可畢業於中央政治學校地政系，做過浙江省縣長，對地政業務非常熟悉，在灼熱太陽下奔走於各縣市督導減租工作，與糧食局局長李連春、水利局局長章錫綬，在臺灣的建設上，都有不能磨滅的功勳。參見馮世欣，〈我所知道的三七五減租〉，《傳記文學》，第53卷第4期（臺北，1988.10），頁99-103。

18　周濟，〈民國38年以後的經濟發展〉，頁82。

良種、大力修建種子倉庫、曬場、及堆肥舍等，對臺灣的農業發展有很大的貢獻。[19]

工業方面，當時臺灣的主要工業都是國營或國省合營事業，[20]由經濟部資源委員會（下稱資委會）管轄，由臺灣省墊付資金，又由臺灣人民努力生產，但所得結果均歸中央。且臺灣所需物資，又須在大陸內地按市價購回。當時被稱為「殺雞取蛋」、「竭澤而漁」的經營方式。[21]經陳誠一再向中央政府反映，中央逐授權臺灣省政府成立臺灣區生產事業管理委員會（簡稱生管會）接手管理，期有效加速生產。省主席陳誠為該會主任委員，徐柏園和尹仲容先後擔任副主任委員，實際執行業務。生管會掌握臺灣公營事業金融、原料、貿易、產銷、價格等各種營業上必要的資源，握有經營實權並參贊決策，很快便成為當時推動臺灣經濟發展的中心，舉凡工業生產、商業貿易、經濟政策、交通、外匯、金融等，皆在其控制之中。

許多重要工程和建設，經資委會等單位接收人員及原有員工胼手胝足的努力，克服萬難，千辛萬苦地進行重建工作。其中臺灣電力在盟軍轟炸下千瘡百孔，發電量只有正常的十分之一。原服務於臺灣電力公司的3,153名日籍技術員，於1946年4月20日至1949年8月3日間，陸續遣返日本。接收臺電的資委會工程師孫運璿與三、四十名大陸來的技師、及臺電的本地專業人員如朱江淮等人合作，帶領一群在學的高職及工學院學生，四處拼湊零件，

19　廖培安、陳希煌，〈農業發展〉，收入劉翠溶、周濟主編，《中華民國發展史：經濟發展》，上冊，頁111。

20　1946年2月資委會來臺接管日本人留下來的工礦生產事業時，將工礦各企業分為國營、國省合營及省營三類。國營指的是石油、鋁及金銅三項，撥歸國營後，成為資委會所屬事業；國省合營事業包括：糖業、電力、紙業、肥料、水泥和機械六項，股份資委會六成；臺灣省四成，管理權因資委會股份高而擁有；省營事業為以上各企業外，其他主要是日本人股份的企業。參見嚴演存，《早年之臺灣》（臺北：時報文化出版企業股份有限公司，1991，再版），頁14-15。

21　何智霖編，《陳誠先生書信集：與蔣中正先生往來函電》，下冊，頁728。

一邊修理，一邊學習，在五個月內復原臺灣80%的供電系統。化解日本人離開時留下「三個月後，臺灣將一片黑暗」的傳言。[22]另外，砂糖、肥料等生產事業工廠，以及鐵公路與碼頭等基礎建設也陸續修復。[23]

（三）實施幣制改革

　　從二次戰後到日人被遣回日本之前，臺灣金融秩序已開始紊亂，但仍以日本殖民時期的臺灣銀行券爲臺灣通行的貨幣。1946年5月日人撤回後，臺灣行政長官公署開始發行臺幣，最初核定發行臺幣30億元，但到1949年6月臺幣改制爲新臺幣前，發行額已達5,270億元，超額發行175倍，所造成的惡性通貨膨脹非常嚴重。1948年8月國民政府在大陸推動幣制改革，原定金圓券1圓折合臺幣1,835元。開始時採取固定匯率，隨著金圓券大幅貶值，臺幣也跟著大幅走貶，到同年12月間，改採機動匯率，仍趕不上大陸一日數變的物價波動，使臺幣愈趨劣勢。臺灣省政府爲此計畫改革幣制，以防止臺幣的崩潰。

　　1949年6月15日，在臺灣省主席陳誠與財政廳廳長嚴家淦的努力下，頒布《臺灣省幣制改革方案》，用幣值穩定的美元作爲計價單位，發行相當於4千萬美元的2億元新臺幣，以舊臺幣4萬元折合新臺幣1元兌換，用幣值穩定的美元作爲計價單位，並限定在臺灣地區流通，將臺灣經濟與大陸內地作有效切割。[24]惟新臺幣要能夠取信於民，需要有充分的發行準備。由於臺灣省曾陸續墊支中央經費，財政早已入不敷出，故在發行新臺幣前，由中央銀行撥交價值相當4,400萬美元的黃金80萬兩，這批黃金由蔣中正派人祕密運送

22　參見〈孫運璿〉，收入於「維基百科」：http://zh.wikipedia.org/wiki/孫運璿。

23　嚴演存，《早年之臺灣》，頁52-53。

24　潘志奇，《光復初期臺灣通貨膨脹的分析》（臺北：聯經出版事業股份有限公司，1980），頁87-88。

來臺，作爲新貨幣的準備基金。另外中央政府又撥出10萬噸物資，交由臺灣省政府處理，作爲新臺幣的另項儲備資金。由以上這些準備，發行的新臺幣奠定臺灣經濟初步基礎。[25]

另外陳誠又提出了一系列開源節流措施，以紓解極端窘困的財政困境：包括修正黃金儲蓄辦法、增加賦稅與公賣收入、提高交通等公用事業費率，裁減行政機構與員額。由生管會統籌管理各種生產事業，並且充分貸款，降低利息，促進輸出貿易。同時陳誠也提倡節約消費，對奢侈品課徵重稅。

但貨幣困境的解除，要到1950年6月25日韓戰爆發，美國從其國家戰略的考量，恢復對華援助才獲得較大的助力。透過美援的協助，以及政府決心推動預算制度，加強對外貿易，努力開源節流，終於讓新臺幣度過了發行初期的驚濤駭浪，成爲穩定的貨幣。1950年至1952年間，中央政府收支赤字由38%降爲4%，生產恢復，經濟復甦，臺灣省幣制改革方案終於獲得成功。[26]

（四）籌備地方自治

地方自治雖然未在陳誠省政府任內完成施行，但是提前實施地方自治確是陳誠施政的一貫目標，故逐步草擬各項方案，完成了各項立法準備工作。[27]臺灣光復初期，行政長官陳儀大抵利用日治時期的州廳體制，將臺灣劃分為8縣9省轄市的行政區域。惟此劃分逐漸產生人口不均，以及貧富差距過大等問題，雖然臺灣省政府已擬有《臺灣省各縣市行政區域劃分計畫綱

25　周濟，〈民國38年以後的經濟發展〉，頁82。

26　〈臺灣省政府公佈幣制改革方案〉，收入於「財政部財政史料陳列室」：http://museum.mof.gov.tw/ct.asp?xItem=3683&ctNode=62&mp=1。

27　葉蕙芬，〈導言〉，收入葉惠芬編註，《陳誠先生從政史料選輯：臺灣省政府委員會會議紀錄》，上冊（臺北：國史館，2007），頁17。

要草案》，然而各方共識仍然不足。[28]

1949年陳誠主政後，決定先行調整行政區域，再實施縣市地方自治。同年1月臺灣省政府參議會提議「由省參議會與民政廳共同組織委員，編制地方自治暫行辦法條章」，該建議由民政廳草擬，經省政府委員會修正通過組織「臺灣省地方自治研究會」。該會主要任務為：1.收集有關地方自治資料，2.調查有關地方自治實際問題，和3.研訂有關地方自治辦法。研究會委員25-29人，由省主席聘任。主任委員由張厲生擔任，成員包括6名外省籍學者，22名本省民意代表及地方人士。會中本省籍人士提建議為主，外省籍學者負責法令的草擬。曾在浙江推動「新縣治」的阮毅成是草擬法規的主要人物。

在為期四個月的會議中，陳誠常抽空到會指示，或親自主持座談會。他對委員們的意見，只要持論正大，並對地方有利，無不虛心接受。12月19日討論結束，研究成果包括《臺灣省調整地方行政區域草案》、《臺灣省縣市實施地方自治綱要草案》、《臺灣省縣議會議員選舉罷免規程草案》、及《臺灣省縣市長選舉罷免規程草案》，是日後製定臺灣地方自治法規的依據。[29]

1950年4月，行政院公布施行《臺灣省各縣市實施地方自治綱要》。新任省主席吳國禎根據臺灣省政府已報行政院核准之方案，執行完成行政區域重劃，全省由行政長官公署的8縣9市改劃為16縣5市。[30]並於同年8月及10月

28 呂育誠，〈地方自治百年成長與發展〉，收入趙永茂等，《中華民國發展史：政治與法制》，上冊（臺北：國立政治大學；聯經出版事業股份有限公司，2011），頁314。

29 高小蓮，〈臺灣省參議會推動地方自治之研究（1946-1951）〉（臺北：國立臺灣師範大學政治學研究所博士論文，2008），頁343-347，「陳誠時期之調整」。

30 1945年臺灣省行政長官公署分設8縣（臺北縣、新竹縣、臺中縣、臺南縣、高雄縣、花蓮縣、臺東縣、澎湖縣）、9個省轄市（基隆市、臺北市、新竹市、臺中市、彰化市、嘉義市、臺南市、高雄市、屏東市）與2個縣轄市（宜蘭市、花蓮市）。1950年8月，臺灣省劃分16個縣（臺北、宜蘭、桃園、新竹、苗栗、彰化、臺中、南投、臺南、嘉義、雲林、高雄、屏東、臺東、花蓮、澎湖）、5個省轄市（臺北、基隆、臺中、臺南、高雄），及陽明山管理局。參見〈臺灣行政區劃〉，收入於「維基百科」：http://zh.wikipedia.

開始辦理第一屆縣（市）長選舉及第一屆鄉（鎮、縣轄市、區）長選舉。

（五）安定社會

　　關於1949年臺灣的政經社會環境，陳誠認為：

> 在政治方面，政府信用並沒有建立，少數野心分子勾結外國不肖之徒，正從
> 事「獨立」「託管」活動。軍事方面，當時臺灣兵力有限，由大陸撤退來臺的
> 若干部隊，戰志消沉，紀律敗壞。財政經濟方面，金融動盪，通貨膨脹，物
> 資缺乏，物價高漲。社會方面，到處充滿消沉悲觀，和動搖失望心理。總
> 之，大陸局勢愈惡化，臺灣隱憂愈加深。[31]

　　顯示當時臺灣社會動盪不安民心飄浮不定。因此維持社會安定的相關措
施，逐步推出執行，且愈來愈嚴厲。

　　1月18日，陳誠以省主席身分兼任警備總司令部總司令，原警備司令彭
孟緝任副總司令。鑑於大量人口湧向臺灣，若不加限制，頓然增加的逾量人
口，將引起糧食供不應求的惡果。2月18日經省府會議決議和省參議會通過
《軍公人員及旅客入境暫行辦法》，於3月1日起施行，以行政措施強行限制
入境人員。外來臺灣者，需申請入境許可證，否則不准登岸。[32]

　　當時部分來臺軍人橫行不法，軍車橫衝直撞，交通秩序混亂，每天都有
人被車壓死的事件發生。陳誠以警備總司令身分，下令規定，凡不遵守交通
規則開車壓死百姓的士兵，就地正法。幾天後一輛軍用吉普車在臺北市南昌
街撞死人，肇事司機被逮捕經軍法會審後，陳誠就命令押赴出事地點槍決。

---

org/wiki/臺灣行政區劃。

31　陳誠，〈第七中全會三次會議中報告〉，收入何定藩編，《陳誠先生傳》（臺北：反共出版
　　社，1965），頁244。

32　何智霖編，《陳誠先生回憶錄：六十自述》（臺北：國史館，2012），頁115。

在陳誠雷厲風行的強勢作風下，士兵駕車肇事案件大幅減少。[33]

　　3月20日，臺灣大學和師範學院學生單車雙載遭警察拘捕，引發兩校學生不滿。29日，臺北市大、中學生舉行青年節晚會，以「結束內戰，和平救國」、「反飢餓，反迫害」等為訴求，號召全臺學生響應，令政府震驚。加上4月1日南京發生支持共黨主張的學生示威遊行，陳誠唯恐兩岸學生隔海唱和，於4月6日凌晨以學生「張貼標語，散發傳單，煽惑人心，擾亂秩序，妨害治安，甚至搗毀公署、私擅拘禁執行公務之人員」為由，逮捕兩校學生300餘名，是為「四六事件」。翌日，陳誠發表「整頓學風」聲明，以「政府整頓學風，已具決心，尚望今後各方皆能善盡其責，務使不再有此類事情發生，庶全體青年學生得以安心向學。」[34]陳誠認為這一事件是中共潛伏分子的有計畫行動，真正匪諜分子躲在幕後操縱，很少自己出面。因此將被逮捕的大部分學生在二十四小時內移送法院審理飭回，只留案情重大者數十人在軍法處偵訊。[35]

　　處理四六事件後，陳誠制定各種法令，嚴格控制出入臺灣人員和社會輿論。5月5日根據《全省戶口總檢查辦法》全省各縣市同時實施戶口總檢查，動員各級自治人員、憲兵、駐軍、警察，及公務人員、學生等，參加工作。統計結果顯示，當時臺灣全省共124萬5千餘戶，702萬6千餘口，違反戶政規定者14萬4千多人，各項人犯150名，讓潛伏分子大感容身無所，社會秩序，漸趨安定。[36]

33　孫宅巍，《陳誠晚年》（合肥：安徽人民出版社，1996），頁265。轉引自郭驥，〈存亡繼絕的三十八年〉，收入朱傳譽編，《陳誠傳記資料》，第2冊（臺北：天一出版社，1979），頁175。

34　歐素瑛，〈臺灣省參議會與中華民國政府遷臺〉，《臺灣學研究》，第13期（臺北，2012.6），頁138-139。

35　何定藩編，《陳誠先生傳》，頁247。

36　何智霖編，《陳誠先生回憶錄：六十自述》，頁115-116。

　　陳誠於5月19日發布《戒嚴令》，臺灣全境自20日零點起實施戒嚴，規定除基隆、高雄、馬公三個港口在警備總司令部監督下開放外，其餘各港口一律封鎖，嚴禁出入，並實施戶口檢查。爲控制輿論，祭出《戒嚴時期出版物管理辦法》，將爲共匪宣傳者，詆毀國家元首者，淆亂視聽足以影響民心士氣或危害社會治安者，挑撥政府與人民情感者等，列爲需查禁的出版物之列。並規定，凡在本地區印刷或出版發行之出版物，應於印就發行時，檢具樣本一份，送警備總司令部備查。[37]

　　4、5月間南京、上海相繼失守，6月21日國民黨在臺北召開東南區軍事會議，與會者包括東南區陸海空三軍將領與各黨政要員，陳誠任會議主席，會中決議設立「東南軍政長官公署」，統一指揮轄區內軍事政治，確立臺灣爲復興基地。8月15日，東南軍政長官公署成立，新任長官陳誠就職。[38]臺灣省警備總司令部奉命裁撤，另成立臺灣省保安司令部，由彭孟緝任保安司令。東南軍政長官公署下轄江蘇、浙江、福建、臺灣四省，統一指揮轄區內軍事政治，將嵊泗列島、舟山群島、福州、廈門及臺灣組成一個攻守整體。

　　此一安排在指揮東南區戰事與整建大陸撤臺軍隊上，發揮相當大的作用。金門與登步兩場勝仗，是國軍大陸作戰末期的最大勝利。在人心慌張、軍心搖動之際，有效地重振人心與士氣，改變國際觀感，並確保臺灣安全。而核實發餉制度的建立，矯正過去軍中吃空額的積習，不但節省公帑，也在軍中樹立良好風範，提高士氣。另外，嚴格規定撤退來臺部隊的入境程序：首先入境人員必須放下武器，然後登陸，行軍，宿營，接著疏散至全臺各地，接受編訓。由臺灣省防衛司令官孫立人將軍負責訓練，從思想、戰技及

37　孫宅巍，《陳誠晚年》，頁43-45。

38　參見〈東南軍政長官公署〉，收入於「維基百科」：http://zh.wikipedia.org/wiki/東南軍政長官公署。

體能上給予鍛鍊，提高國軍的作戰力。[39]

　　此一時刻，陳誠在臺灣不但集黨、政、軍大權於一身，且在隨後的金門和登步兩役打了勝戰，卻突然在12月29日辭去臺灣省省主席，[40]專任東南軍政長官。隔年3月10日，被選爲第五任行政院院長，東南軍政長官公署隨之撤銷。陳誠不到一年的省政府主席任內，在整頓治安和維持政局穩定上，盡了最大的心力。

四、行政風格與威權統治

　　陳誠剛接臺灣省省主席時，曾與前省主席魏道明及警備司令彭孟緝討論臺灣亟待解決問題，後電呈蔣中正闡述他的觀感和施政目標：

> 臺灣光復三年，一切基礎，尚未建立，地方對中央，每多疑懼。人民視政府，無非剝削。自二二八事變迄今，隔閡始終未除。尤以白先生〔崇禧〕前此來臺，代表中央所許臺民之條件，如臺人治臺、縣長民選等，陳義過高，履行不易。而臺人獨立運動，尤甚注意。今欲改變人民觀點，須先力求表現。目前共匪雖無海、空軍不能飛越來臺。但共產思想，無遠弗屆，更宜防患未然，故中央來臺人士，務使勿在此造成複雜局面，以免二二八事變之重演。[41]

　　電文顯示二二八事變的影響猶深，臺人獨立運動和來臺人士思想甚受政府注意。因此國民政府的治臺方向在於：如何安撫臺灣民眾，和避免大陸人

39　何定藩，《陳誠先生傳》，頁180-181。

40　爲爭取美援，政府決改由吳國楨接替陳誠爲臺灣省政府主席，但美援並未因省政府主席的更換而到來。直到隔年6月韓戰爆發後，美國才恢復對華援助。參見葉惠芬，〈導言〉，頁10-11。

41　何智霖編，《陳誠先生書信集：與蔣中正先生往來函電》，下冊，頁724-725。

士來臺造成干擾。對白崇禧代表中央承諾的「臺民治臺」雖有意見，但沒忽視。

　　事後來看，陳誠將近一年的省政府政績，確實朝這些方向著手進行。他認為要改變人民的觀點，就須「力求表現」，因此提出「人民至上，民生第一」的施政目標。在「民生第一」上力求財經政績表現，具體的政策是：1.三七五減租、2.促進農工生產和3.幣制改革；「人民至上」則求4.地方自治和5.整頓治安的表現，由籌備地方自治逐步實現臺民治臺的願景，讓縣市長及議員選舉隔年進行；治安方面由於大陸局勢惡化對臺灣安全造成嚴重威脅，陳誠採取出入境管理與戶口檢查，整頓學風以壓制學運及實施戒嚴等整頓治安措施，以防微杜漸，剷除亂源。[42]

　　以上所提各項政策環環相扣，相互影響，陳誠巧妙應用，以「治國如烹小鮮」般的細膩手法處理省政。在經濟方面堅持理念，態度放軟，手段溫和；對於治安問題則雷厲風行，態度強硬，手段嚴厲。兩者交互應用，讓嚴峻不容妥協，又不受歡迎[43]的政策改革得以順利推動。

　　眾所皆知，任何地方推動土地改革，一定會觸動當地大地主利益，而遭強烈的反對。陳誠決心要推行三七五減租和耕者有其田的土地政策時，一般人預料會遭遇到阻力。時為臺灣省參議會議長的黃朝琴在紀念陳誠訪談中提到：「因為當時臺灣的地方人士特別是省級的民意機關，似乎所有的省參議員都是臺灣各地有名的地主，對地主不利的土地改革，他們是可能會反對的。在社會上，一般地主，以及聽任地主指使的農民，也會不贊同土地改

42　葉蕙芬，〈導言〉，頁18。

43　哈佛大學教授Rodrik認為要達成經濟改革目標，政府的處境將會是嚴峻，不妥協，和不受歡迎的(This government will be austere, uncompromising, and unpopular if that is what is required to achieve economic recovery), 參見Dani Rodrik, "Understanding Economic Policy Reform," 1996, p.9。

革。這些問題陳辭公考慮過,他在每週一次的省政會報上,也提出這些事,但是他毅然地做了。」[44]

陳誠深知施行三七五減租必然引起地主強烈反抗,但他意志堅定,決心跟地主疏通。他強調:「我們推行的土地改革,其目的在調和階級的利益,決不是推翻某一階級,故在推行土地改革的過程中,應儘量增加農業生產,使增產糧食歸於大多數農民所有,這樣,既可使農民生活獲得改善,並可不致過分損害地主的正當收益。」並將三七五減租的實施和中國共產黨在大陸實施的土改加以區分,儘量向地主宣導,以減少實施阻力。[45]

至於陳誠如何讓三七五減租通過參議會審議?黃朝琴說:「陳辭公早在推行這些土地政策以前,每週邀請省參議員餐敘時,把他們說服了。」[46]陳誠在省主席任內,每一個禮拜,無論怎樣忙,總會抽出時間和省參議會的九位駐會委員聚餐。聽取他們有關省政的意見,也預先透露省府將推行的政策。且每次省府委員會集會時,都邀請省參議會議長或副議長列席瞭解省府現況,因此陳誠和參議會之間一直維持著很好的「公共關係」。[47]在府會頻頻的列席與餐敘中,雙方因諒解而友誼滋長,陳誠把握機緣,說服許多位有重大影響力的省參議員,一起支援與推動此項重大的土地改革。[48]

民意機構的通力合作事例,如董中生提到的:「參議會方面:這次推行『三七五』地租,各縣市參議會,多經通電擁護,這給予民眾的印象,是非常深刻的。至於臺中縣參議會籌提獎金,獎勵各區鄉鎮工作競賽,都給予執

44 黃朝琴,〈黃朝琴談往事・永難忘卅八年〉,收入何定藩主編,《陳誠先生傳》,頁36。

45 葉蕙芬,〈導言〉,頁24-25。

46 黃朝琴,〈黃朝琴談往事・永難忘卅八年〉,頁36。

47 黃朝琴,〈黃朝琴談往事・永難忘卅八年〉,頁36;歐素瑛,〈臺灣省參議會與中華民國政府遷臺〉,頁134。

48 鄭梓,《戰後臺灣議會運動史之研究:本土精英與議會政治(1946-1951)》(臺北:華世出版社,1988),頁157。

行工作人員不少鼓勵。」[49]而且，省府將民意代表納入推動三七五減租的組織中，四、五月間所成立的三級督導及輔導機構，都有民意代表參加。省參議會議長為全省推行三七五減租的首席督導委員，其他多位民意代表亦被聘為省級、縣市級或鄉鎮級的推行減租督導，由於民意代表的參與，遂將推行減租的阻力化為助力。[50]

因此在6月15日省參議會第七次大會開議時，三七五減租已接近尾聲，一切既成了事實。這項攸關全省所有業主及數百萬農民權益的政策與法案，事前既未送請參議會審查，事後省主席在參議會開幕式中亦隻字不提，反而宣布另一項更為迫切的「幣制改革」，似乎有意沖淡三七五減租對許多兼具地主身分的參議員造成的震撼與刺激。[51]

由於三七五減租條例是臺灣省的單行法，需要省參議會通過才能施行，當時三分之二以上的省參議員是地主階級，議案可能會在參議會中遭到杯葛。由於參議員懍於陳誠的威望，大多數的發言均表示須要慎重，以免造成不良的後果，不敢作正面的反對。在座的陳誠見無人公開反對，回首向議長黃朝琴說：「就這樣通過好了」。[52]

原先可能成為減租運動阻力的省參議會，讓這項法案在一片沉默中通過，[53]這之間的變化，與陳誠的決心及政治手腕的靈活運用有關。陳誠省主席推行減租運動的決心，從他對省參議會的一句談話，表露無遺：「我一切事都聽從民意，唯有這『三七五減租』案及聯帶的法案，務必請大家幫忙通

49　李筱峰，《臺灣戰後初期的民意代表》（臺北：自立晚報社文化出版部，1986），頁244。
50　李筱峰，《臺灣戰後初期的民意代表》，頁245-246。
51　鄭梓，《戰後臺灣議會運動史之研究：本土精英與議會政治（1946-1951）》，頁153。
52　馮世欣，〈我所知道的三七五減租〉，頁99-103。
53　孫宅巍，《陳誠晚年》，頁96。

過。」[54]蔣夢麟認爲：「握軍政大權的主席，說那些話，到底含有幾分先禮後兵的意義。」[55]李筱峰由此引申：「三七五減租推動的當時，當局爲表明實行的決心所形成的『權威氣氛』（Authoritarian atmosphere）確實有助於政策的進行。」[56]因爲四六事件、戒嚴令等治安措施的實施，正逢三七五減租進行換約階段，不論事出巧合，或刻意安排，「權威氣氛」讓減租政策得以推動。

　　蔣夢麟和李筱峰的說法都反映當時政府處理土地改革的手法。蔣夢麟應蔣中正邀請擔任農復會主任委員時曾提到：「農村建設如果不從土地改革著手，只是維持現狀，是不會成功的。……土地改革是要地主拿土地出來的，但要地主們拿土地出來，總好像是與虎謀皮，不是容易辦到的事，那是可能要用兵力來打老虎。」[57]顯示在當時時空環境下，很多人認爲推動土地改革需要用武力來推動。

　　但陳誠在臺灣的土地改革過程中，並沒有使用武力，而是用「曉之以理、誘之以利、動之以情」的軟實力來排除改革障礙，若有「脅之以力」也止於威嚇。當陳誠開始推行三七五減租工作，有一些地主對此並不擁護，他們因自己的收入減少三分之一，感到痛心。最初他們對減租工作還抱著觀望態度，以爲政府高呼實行減租，也許是雷聲大雨點小，不見得眞正確實進行。在換訂契約期間，當地方工作人員因地主不來蓋章而感到困難的時候，陳誠出巡了臺中，招集地方首長和士紳談話，主席很剴切地說：「三七五減租工作一定要確實施行，我相信困難是有的，刁皮搗蛋不要臉的人也許有，但是我相信，不要命的人總不會有。」後來陳誠又下一個命令，違抗或阻擾減租工作的送警備司令部，這一來地主們，不敢再觀望，換約工作順利展

54　李筱峰，《臺灣戰後初期的民意代表》，頁244-245。

55　蔣夢麟，《新潮》（臺北：傳記文學出版社，1967），頁21。

56　李筱峰，《臺灣戰後初期的民意代表》，頁254。

57　蔣夢麟，《新潮》，頁25。

開，各縣都如期完成任務。[58]

這與1947年屏東縣推行三七五減租工作的案例大異其趣，儘管當時屏東縣的地方政府和民意機關很認真地想做，但沒有魏道明省主席的積極支持，屏東縣的減租工作終究無法徹底執行。[59]陳誠執行三七五減租的決心與毅力，地主們感到政府認真推行政策，對於不換約的要抓送警備司令部的命令，讓地主們害怕。尤其正在那個時候，當局在臺北槍斃了一個肇禍的司機，他們心裡更恐惶，於是紛紛遵照規定換約。[60]

不過，「權威氣氛」不只形容當時地主們因應三七五減租政策的複雜心情，也顯示當時臺灣政治已陷入威權體制（Authoritarian regime）的泥淖。1949年5月19日發布的戒嚴令，固然是為了防範共產黨的滲透，但也意味著政府權力的擴張和人民自由的壓縮。「隨著大陸局勢愈惡化，臺灣隱憂愈加深。」[61]政府的防諜動作也愈頻繁。1950年上半年政府破獲300件匪諜案，涉案人數超過3,000人，[62]達到一個高峰。幸好下半年韓戰爆發，美國政府改變對臺態度，派第七艦隊巡防臺灣海峽，美援不久也跟著到來，臺灣脫離險境，嚴厲的高壓氣氛才開始放鬆。但戒嚴令要到1987年才解除，臺灣在威權統治下度過38年。

鄭敦仁認為「威權統治可能有助於經濟成長，但也有可能導致經濟災難。威權統治者有良性的，致力於國家發展，如南韓的朴正熙、臺灣蔣中正父子與新加坡的李光耀，但威權統治者更多是惡質的掠奪者，如菲律賓的

58　趙文山，《臺灣三七五地租運動的透視》（臺北：自由出版社，1949），頁52。

59　趙文山，《臺灣三七五地租運動的透視》，頁52-53。

60　李筱峰，《臺灣戰後初期的民意代表》，頁253。

61　陳誠，〈第七中全會三次會議中報告〉，頁244。

62　陶涵著，林添貴譯，《蔣介石與現代中國的奮鬥》，下冊（臺北：時報文化出版企業股份有限公司，2013），頁542。

馬可仕、薩伊的莫不度與尼加拉瓜的薩穆沙，其國家經濟殘破不堪有目共睹。」[63]而且無人可保證威權統治者不會濫用其不受節制的權柄，在此情況下一般民眾只能謹言慎行，不敢充分表達個人意見。

薛化元在探討陳誠與國民政府統治基盤的奠定時，認為陳誠的治臺成就「使原本因東北剿共失敗，而失去政治舞臺的他重登政治舞臺的第一線。他在臺灣所擁有的實權和建樹，不僅是他出任政院長、副總統、中國國民黨副總裁的重要原因，更為中央政府遷臺之初，完成強人威權體制，做好了社會上、政治上的前置準備工作。」[64]

五、由土地改革到經濟發展

自古以來農民常在土地分配不合理的制度下痛苦生活，中國歷代曾嘗試進行土地改革，即使是局部或輕微的，也未能成功。同時期，其他國家如墨西哥、菲律賓都有此問題，也未能改革。何以臺灣的土地改革能夠達成？嚴演存認為有三個原因：第一，國民政府鑑於大陸之慘痛經驗下了最大決心；第二，當時在臺灣有治權的人都非地主，且絕少與地主有關聯；第三，其時距二二八事件不久，且政府正是以鐵腕治理臺灣之時，臺灣人對中央，尤其是軍人出身的陳誠，頗為忌憚。[65]三個原因點出臺灣土地改革成功的核心，本文略作補充：第一，從石叟史料《王世杰日記》發現，1950年蔣中正復職時，閻錫山力主寓兵於農之制，蔣中正頗為其說所動。陳誠則認為閻錫山的

63　鄭敦仁，〈政治民主化的經濟意涵〉，收入施建生主編，《一九八〇年代以來臺灣經濟發展經驗》，（臺北：中華經濟研究院，1999），頁177。

64　薛化元，〈陳誠與國民政府統治基盤的奠定——以一九四九年臺灣省主席任內為中心的探討〉，收入中國的關鍵年代學術討論會編輯委員會編，《一九四九年：中國的關鍵年代學術討論會論文集》（臺北：國史館，2000），頁264。

65　嚴演存，《早年之臺灣》，頁51。

建議「必徒增紛擾」，堅持實施耕者有其田。[66]由此可知當時國民政府內部對臺灣實施土地改革尚有不同意見，蔣中正似乎沒有把耕者有其田當成解決糧食問題的唯一政策。若沒有陳誠在歷史發展關鍵點上的堅持，或許今天的臺灣已經不一樣。第二，「土地改革執行者是本地人」確實是土地改革難以執行的關鍵，如宋朝王安石變法，不成功的原因之一是朝中大臣多是地主；[67]陳誠在江西剿共時建議推行「限田制度」，卻為贛籍省主席所拒；[68]日本戰後的土地改革也需藉著盟軍總司令部（GHQ）的威權才推得動。[69]第三個原因強調二二八事件對臺人造成的陰影，與上節提到的威權統治論點吻合，而臺灣耆老林獻堂的出走，以及日後反對運動的興起，顯示土地改革並沒有獲得臺灣中上層地主的完全支持。[70]

　　值得注意的是，土地改革不是短期內可以一蹴可幾的。三七五減租在陳誠的動員下，不到半年就完成簽約手續，並獲得參議會通過，到九月完成大部分工作。但從過去陳誠在湖北實施二五減租的經驗得知，土地改革若不能普及貫徹，很可能人息政亡。[71]倘若陳誠在辭去省主席職位後就離開臺灣，臺灣的土地改革能否繼續推動是個未知數。所幸陳誠辭去省主席之後並未離

66　〈解讀石叟史料：蔣、陳情結微妙〉，《聯合報》（臺北），2005年3月3日。內容引自中央研究院近代史研究所出版的《王世杰日記》。王世杰在1963年5月8日的日記，補述1950年蔣中正復職時的兩大內政改革問題，其中第一個問題是土地改革，第二個是地方自治。中央研究院近代史研究所出版的《王世杰日記》有兩個版本，相關記載分別見於：中央研究院近代史研究所編，《王世杰日記（手稿本）》，第7冊（臺北：中央研究院近代史研究所，1990），頁75-77；王世杰著，林美莉編校，《王世杰日記（排印本）》，下冊（臺北：中央研究院近代史研究所，2012），頁994。

67　嚴演存，《早年之臺灣》，頁51。

68　〈國民黨敗退臺灣後搞土改：力促「耕者有其田」〉（2011年12月29日），收入於「人民網」：http://history.people.com.cn/GB/205396/16756255.html。

69　俞天任，〈戰後日本土地改革為何能成功〉，收入於「和訊網」：http://book.hexun.com.tw/2013-10-30/159202955.html。

70　戴國煇著，魏廷朝譯，《臺灣總體相：住民・歷史・心性》（臺北：遠流出版事業股份有限公司，1992），頁124-125。

71　陳誠，〈如何實施耕者有其田〉，頁67。

開臺灣，且在三個月後被擢升爲行政院院長，得以領導政府團隊繼續推動後續的土地改革。

　　爲確保三七五減租推行的成效，陳誠力促創法立案，乃於1950年由行政院擬定《耕地三七五減租條例》，經立法院通過，總統公布，讓以後全國減租工作的執行有所依據。1951年的「公地放領」將大部分公有土地放耕於農民，地價以正產物之二倍半計，分十年付清。1953年實施耕者有其田，地主保留水田三甲或旱田六甲土地，其餘由政府居間轉賣給租地的農民，農民得到的土地則以實物分十年付給政府。由於地價按1948年正產物產量2.5倍計，不隨日後產量增加而提高，對農民十分有利。因此農民購地耕作意願提高，樂於投入人力和資金以提高生產力，讓農業生產大幅增加，農民收入亦跟著提高。

　　根據羅斯托（W. W. Rostow）的經濟發展史觀，一個國家要從傳統農業社會轉型到現代工業化社會，農業部門扮演三個關鍵性的角色：[72]第一，提升農業生產力，供應更多的糧食，以應人口的增加，並爭取外匯。第二，農業生產力提高後，農業部門收入增加，農民的消費和投資需求提升，將刺激工業部門的生產需求，並帶來更多的稅收。第三，農業部門的多餘收入移轉至工業部門，投資到工業生產與技術提升，促成現代化經濟的不斷滋長。臺灣土地改革提升了農業生產力，讓農業部門順利地擔起經濟發展的關鍵性角色，並維持低廉之農產品價格與工資水準，完成「以農業培養工業」任務，奠定良好的經濟發展環境。

　　臺灣在此波土地改革的過程中，陳誠爲了實現土地改革的理想，要將公營公司股票轉給地主的作法，在當時中央政府統制觀念濃厚的環境下，引發了一連串關於公營事業民營化的大辯論，而這些辯論讓全國上下明瞭臺灣所

72　羅斯托著，饒餘慶譯，《經濟發展史觀》（香港：今日世界社，1965），頁41-43。

處環境和應走之路，促成臺灣脫離計畫經濟走向自由經濟，加速臺灣經濟現代化的腳步。[73]

　　美國史坦福大學胡佛中心研究員郭岱君指出：在籌備實施耕者有其田之際，由於農民購地要十年才能還清，而向地主取地的補償卻要馬上實現。在財政極為困難的情況下，時為行政院長的陳誠指示財經官員想辦法解決，財政部長嚴家淦和臺灣省財政廳長任顯群提出用四大公營公司的股票，配合實物土地債券和地主換地辦法。這個主意雖好，但立刻引起國民黨內一些人的反對。他們認為出售公營事業違反國策，而且水泥工業關係國防物資，不可交給民間經營。為了取得土地完成土地改革，陳誠決定把四大公營公司轉為民營，也得到蔣中正總統的支持。

　　但公營公司民營化，又觸犯了國民黨「節制私人資本、發達國家資本」的原則，引起一場關於經濟政策的辯論。主管工業計畫的尹仲容站在第一線，特別說明，這個政策最重要的意義是「以農業培養工業，以工業發展農業」，因為「土地分配給農民，農民的生產效率一定普遍提高；而地主把資金用於工商企業，工商生產也會隨之活潑起來，這是農工商最妥善的經濟配合」。他特別強調要鼓勵自由經濟中積極創新的精神。

　　在辯論各方交鋒進行之中，國民黨領導階層對經濟制度及意識形態的堅持在不知不覺中開始鬆動。各方的言論顯然引起蔣中正、陳誠等人對經濟問題的反思。陳誠在1953年國民黨第七屆三中全會的施政報告中，宣布政府決定積極發展民營經濟，他說：「我們認為凡是可以讓人民經營的事業，應該盡量開放民營，這不僅是發展國民經濟的一個基本原則，也是剷除官僚資本病根的一個有效辦法。」

73　郭岱君，〈半個世紀前臺灣改革路徑選擇的大辯論〉，《南方都市報》，2012年3月25日。收入於「但斌的博客」：http://blog.sina.com.cn/s/blog_4a78b4ee0102e05y.html。

　　1949年陳誠主政臺灣省，深深陷於敗退臺灣的恥辱中，時時抱著「雪恥復國」的決心。他在回憶錄序言提到：「在這一年〔1949年〕中，不獨致力於軍隊的整建與士氣的重振，而尤致力於政治的革新與經濟建設，我不敢以通常的省政自囿，實欲以孤臣孽子之心，確保此反共復國的最後基地與挽回已失的民心。」[74]陳誠軍人出身，原本很少想到經濟方面的事情，因為中國大陸的失敗，使得他到臺灣後，開始思索經濟的問題。對於經濟沒有搞好，到底什麼地方出錯，他認為經濟事務該讓專家來做。[75]

　　1949年臺灣省政的工業和財政政策分別交由尹仲容和嚴家淦兩位擔綱，尹除主掌中央信託局業務外，也兼任臺灣生產委員會副主委（主任委員陳誠），負責產業復興與對外採購，並參與上海資金調度至臺灣的計畫；嚴策劃發行新臺幣，並切斷臺灣與中國大陸財政聯繫，有效降低通貨膨脹及財政收支的混亂。

　　陳誠用人唯才，過去在軍中不論籍貫、派系，只要善戰，有才能，大都爭取加入十九軍；改任行政體系後，知人善任，尊重專業，充分授權。在1950年代及1960年代初，陳誠兩次出任行政院長，重用尹仲容和嚴家淦為主的財經技術官僚，信任他們，給他們空間，讓他們發揮所長，為臺灣培養一批財經方面的幹才，也創造了臺灣經濟快速發展的經驗。

　　王作榮指出，尹仲容思想活潑，心直口快，和其他財經官員討論政策時常常變成辯論、甚至爭論。而嚴家淦多扮演和事佬，緩和爭論。有時候這些爭論會把陳誠牽扯進來，遇到這種情形，嚴家淦就會為陳誠簡要地陳述各方觀點，並評估優劣得失，有了嚴家淦的分析報告，陳誠就容易做出決策

74　薛月順編，《陳誠先生回憶錄：建設臺灣》，上冊（臺北：國史館，2005），頁3。

75　郭岱君，《臺灣經濟轉型的故事：從計劃經濟到市場經濟》（臺北：聯經出版事業股份有限公司，2015），頁202。

了。[76]因此領導者與技術官僚良性的互動，使得陳誠能帶領那一批濟濟之士成就臺灣經濟快速發展、順利轉型的成績。[77]

但尹仲容剛到臺灣時，推行的是嚴格的管制政策，曾遭自由經濟學者的批評，被認爲是一位只知道計畫經濟工業發展，剛愎自用、滿腦子都是計畫經濟管制的官僚。[78]至於主管工業計畫的尹仲容的自由化思維如何產生？這對於二戰中從事計畫經濟工作同時相信「節制私人資本，發達國家資本」的經安會經建主導人是個很大的改變，而旅居海外華籍經濟學家向尹仲容引介現代經濟思維則是其中的關鍵。

1952年旅美經濟學家蔣碩傑回臺第一次見尹仲容，觀感是：「他〔尹仲容〕好像對經濟學不很重視，……所以沒有什麼東西談得攏。」[79]不過蔣還是送尹一本James E. Meade著作的《計畫與價格機能》（*Planning and the Price Mechanism*），尹仲容不但在兩個禮拜之內就把該書看完，印象非常深刻，而且還讓他的同仁傳閱。[80]此書作者在二次大戰期間做過英國戰時內閣的經濟處副處長，並與瑞典經濟學家B. G. Ohlin同獲1977年的諾貝爾經濟學獎。在這本1949年出版的書中，提到價格機能可讓生產資源的利用提高，因而使戰時的物質供應更爲充裕。[81]這在1952年國民政府遷臺，剛度過生存危機，農工業生產逐漸擴展，開始思考如何推動經濟建設之際，蔣碩傑送給尹

76　郭岱君，《臺灣經濟轉型的故事：從計劃經濟到市場經濟》，頁224，註45王作榮口述訪問。

77　郭岱君，《臺灣經濟轉型的故事：從計劃經濟到市場經濟》，頁210。

78　邢慕寰，〈尹仲容先生與我的一段交往：早期自由經濟觀念的溝通〉，《傳記文學》，第49卷第1期（臺北，1986.7），頁35。

79　陳慈玉、莫寄屏，《蔣碩傑先生訪問紀錄》（臺北：遠流出版事業股份有限公司，1995），頁79。

80　陳慈玉、莫寄屏，《蔣碩傑先生訪問紀錄》，頁79-80。

81　邢慕寰，〈一本書改造了尹仲容——追懷蔣碩傑先生〉，原載於《經濟日報》（臺北），1993年12月4日，後收入吳惠林編，《蔣碩傑先生悼念錄》，蔣碩傑先生著作集5（臺北：遠流出版事業股份有限公司，1995），頁55-60。

仲容的這本書，具有特別的意義。因為作者與尹仲容同樣在二戰期間從事戰時經濟工作，這樣的背景讓尹仲容對Meade的論述感同身受，印象特別深刻；而該書強調價格機能對經濟的重要性，讓尹仲容體會到自由經濟的好處。後來尹仲容寫信邀請蔣碩傑和劉大中於1954年回國為政府做外匯和貿易問題的研究，蔣劉兩人不負所望，提出單一匯率、貶值、外匯券、利率自由化和貿易自由化等迥異於當時流行的「保護主義」。此邀請搭起政府和海外經濟學家互動的橋樑，隨後海外學者回國建言機會增加，對臺灣經濟的貢獻日漸顯著。

　　1954年陳誠兼任行政院長，撤銷經濟安全委員會（經安會），另設行政院美援運用委員會（美援會），由尹仲容負實際責任，將單純的美援事務機構，轉變成負責推動全國經濟發展的實權機構。1958年3月，尹又兼任行政院外匯貿易委員會主委及中央銀行總裁，一時之間兼管外匯、貿易、金融等三項攸關國計民生的重大事務，將美援、外匯、金融、貿易、經濟設計及執行等權集於一身，得以大刀闊斧從事多項重大財經改革，建立現代化經濟的制度和基礎，成為開創1960年代臺灣高速經濟成長的關鍵因素。而1959年「十九點財經改革措施」是最重要的準則，主要內容包括解除不必要的經濟管制，使經濟體制自由化；進行外匯貿易的多項改革，拓展貿易新局；進行財經制度的變革，剷除經濟發展的障礙。[82]

　　當時另一個困難來自最高領導的意向。雖然總統蔣中正對對經濟改革一向支持，但反攻大陸的意志堅強，國防預算的改革不容置喙，而國防預算是「十九點財經改革措施」的重頭戲之一。陳誠一方面指示尹仲容率領美援會提出改革的方案，一方面設法說服蔣中正。1960年1月7日，陳誠帶著嚴

82　吳惠林，〈蔣碩傑先生經濟理念的現實印證與啟示──觀念力量的詮釋〉，收入於「財團法人中華經濟研究院」：http://www.cier.edu.tw/ct.asp?xItem=7700&ctNode=106。

家淦、尹仲容、李國鼎，到士林官邸當面跟蔣中正報告。行前沙盤推演，決定由嚴家淦擔任報告人。嚴家淦口齒清晰、委婉分析當前情勢、以及接受美方建議的利弊得失。蔣中正仔細傾聽，沒有什麼異議，很快就同意他們的方案。蔣中正在當天日記寫道：行政院提出的財經改革措施，「頗爲適當，予以同意」。[83] 而蔣中正的首肯，讓陳誠和尹仲容帶領的政府財經團隊，得以放手推動各項自由化的經濟建設。

　　1963年古巴危機造成國際糖價連續大漲，加上香蕉、洋菇和蘆筍罐頭出口激增，臺灣呈現一片繁榮。隨後10年間GDP平均成長率10.24%，人口成長2.53%；每人GDP從1963年的1,545美元躍升到1973年的3,448美元，平均成長7.71%。臺灣此刻已達到羅斯托經濟起飛的三個條件：[84] 第一，儲蓄率的大幅提升。出口增加導致所得增加，讓臺灣儲蓄率由過去平均5%一躍超過10%，合乎經濟起飛的門檻，且儲蓄率持續提升，維持在20-30%之間。第二，製造業快速成長。製造業因農產加工業發達及勞力密集產業的興起而快速發展，生產平均年增率由1950-1962年間的12.7%，上升到1963-73年間的19%，爲歷年來之最高；實質製造業產值由1963年的552億元新臺幣提高到1974年的3,304億元，占整體產業比重由14.5%上升到28.5%。第三，自力成長型態的形成。十九點財經改革措施的推出，結合國民政府在大陸的慘痛經驗，美援不可久恃的現實壓力，以及財經官員不斷學習新的財經思維及決策過程，終於塑造臺灣成爲自力型（self-sustained）經濟成長模式。[85]

　　雖然美援於6月30日終止。但臺灣的出口繼續快速擴張，從1960年的

83　郭岱君，〈從計劃經濟到市場經濟：蔣介石與尹仲容的改革因緣〉，《世界日報》，2011年12月11日。收入於「老虎jeff的博客」：http://blog.sina.com.cn/s/blog_64c5e95001014x62.html。

84　羅斯托著，饒餘慶譯，《經濟發展史觀》，頁59。

85　周濟，〈民國38年以後的經濟發展〉，頁91。

1.6億美元，驟增至1974年的30億美元，平均每年增加27.3%。由入超轉為出超，刺激國內投資大幅增加，帶動工業快速增產，創造大量就業機會。製造業就業率每年增加7.5%，失業率自1951年代初期6%以上，降至1960年代末期的2%以下。經濟成長率平均每年高達10.2%；物價每年上升3.3%。這樣的經濟表現與工業國家比較，毫不遜色。

　　諾貝爾經濟學獎得主Simon Kuznets稱臺灣經濟發展是奇蹟，認為快速經濟成長與物價穩定是每個國家所追求的目標，而臺灣是世界上第一個同時達成這兩項目標的國家。另外臺灣經濟快速成長下，所得差距逐步縮小，有別於其他國家成長愈快，貧富差距也愈大的現象。臺灣經濟起飛的表現，成為開發中國家發展的典範，「經濟奇蹟」、「新興工業化國家」、「亞洲四小龍」等稱號不脛而走。臺灣在此時不只經濟快速成長且物價穩定，同時儲蓄大幅增加，彌補美援停止後財源不足的缺口，進入自力成長的境界。

六、結論

　　前經建會副主任委員葉萬安，根據他親身經歷的臺灣財經政策與改革，列出創造臺灣經濟奇蹟的十位功臣，分別為：陳誠、蔣夢麟、俞鴻鈞、徐柏園、尹仲容、嚴家淦、蔣經國、李國鼎、孫運璿和俞國華等十位。[86]陳誠居首，恰如其位，因為他的堅持推動和執行土地改革，以及帶領後輩財經官員從事臺灣的經濟建設，從生管會、經安會、美援會、經合會和經建會一路走來，都是推動重要財經政策的關鍵人物，對臺灣經濟發展有卓越的貢獻。

　　陳誠在臺灣危急存亡的關頭，以過去大陸的失敗經驗為鑑，毅然決然進行各項改革，許多重要措施雖遭受各方激烈反對，但他以無比堅定的意志，化解各項困難，解除各方的疑慮，讓各項改革得以順利實施，且獲好評。

86　葉萬安，〈臺灣究竟創造哪些經濟奇蹟？〉，頁18。

陳誠施展改革的結果，使得1949年在大陸變色之際，臺灣局勢得以維持穩定，為中央政府遷臺之前的部署發揮極其重要的作用，替臺灣經濟發展奠定穩固的基礎，也成為其個人政治生涯的轉捩點，而後得以出任行政院長及副總統，在臺灣政局扮演更重要的角色。[87]

陳誠以陸軍一級上將之尊接任臺灣省省主席，不到一個月又兼任臺灣省警備總司令和臺灣軍管區司令，兩個月後受命指揮監督中央駐臺人員，5月1日兼任臺灣省黨部主任委員，8月15日再兼東南軍政長官。其權限之大，在歷屆臺灣省主席中可謂空前絕後，顯示中央授權之重，讓他得心應手地發揮其行政及軍事才能，也讓臺灣的政治生態成為強人推動的威權統治。

在陳誠任內的臺灣經濟發展，是由一連串的經濟改革所促成。這些改革能夠成功，基本上都通過「恪守撙節，不妥協，和經得起初期不被看好」的挑戰。從最早由陳誠親自主持的三七五減租，經由他在湖北的土地改革經驗，日本殖民臺灣進行的土地丈量和守法教育，以及農復會的協助，讓他得心應手地推動，再加上陳誠個人的意志與手腕，化解以地主為主的省參議會的可能杯葛，完成古今中外都難以順利推動的減租政策。

接續的改革政策推動，也都有不同的阻力出現，如：耕者有其田政策推動，需用公營事業股票向地主徵購土地，國民黨部分黨員和部分立法委員質疑這項政策違反三民主義的「節制私人資本，發達國家資本」精神而反對；乃至後來外匯貿易自由化，簡化匯率制度，以及促進貿易和獎勵投資時，又分別遭到開放或保護，加強或解除管制等政策方向的爭辯。財經團隊除了面對既得利益團體的關說，還要消解民意代表及社會大眾因不瞭解而反對的聲浪。團隊能夠堅持原議，勇往直前，貫徹政策的關鍵，在於中央主政者的強力支持。此一決策模式在陳誠過世後繼續運作，並造成臺灣經濟在1960-

---

87　葉蕙芬，〈導言〉，頁4。

1980年代的快速成長，每人所得大幅增加，財富跟著累積，讓臺灣逐漸走向富裕的社會。

威權統治下的經濟成長模式，有其時空背景，也可以持續一段時間的高度成長，但只靠資本、勞動力和技術等生產因素推動的成長，是追補型的成長（catchup growth），缺少廣納性（inclusive）政治制度和創造性破壞（creactive destruction）經濟制度的支撐，終究無法轉型為持久型成長（sustainable growth）。[88]所幸臺灣在1987年廢除戒嚴令，解除報禁，並舉行總統直選。目前臺灣的行政效率雖較以前減緩，但在民主自由環境下，廣納性政治制度逐漸形成，得以容忍創造性破壞的發生，讓持久型的經濟成長模式在臺灣萌芽。

1965年3月5日陳誠離開人間，6月30日美援亦告中止，臺灣經濟繼續快速成長，儲蓄大幅增加，外資大量引進，不但彌補美援停止後財源不足的缺口，也達成其他國家不容易做到的「成長快速與物價穩定」雙重目標，被經濟學家稱奇譽為「經濟奇蹟」。雖然陳誠的一生在此劃下句點，但由他奠定的臺灣經濟發展基礎，繼續朝著更成熟的現代化社會邁進，並接受來自國內外新的挑戰。

88　戴倫‧艾賽默魯、詹姆斯‧羅賓森著，吳國清、鄧伯宸譯，《國家為什麼會失敗：權力、富裕與貧困的根源》（新北：衛城出版，2013），頁473。原文版：Daron Acemoglu and James A. Robinson, *Why Nations Fail: The Origins of Power, Prosperity, and Poverty* (New York: Crown Publishers, 2012).